제국주의와 국제 정치경제

제국주의와 국제 정치경제

알렉스 캘리니코스 지음 | 천경록 옮김

책갈피

제국주의와 국제 정치경제

지은이 알렉스 캘리니코스
옮긴이 천경록
펴낸곳 도서출판 책갈피
등록 1992년 2월 14일(제18-29호)

주소 서울 중구 필동2가 106-6 2층
전화 02)2265-6354
팩스 02)2265-6395
이메일 bookmarx@naver.com

첫 번째 찍은 날 2011년 7월 25일

값 20,000원

ISBN 978-89-7966-086-9 03300
잘못된 책은 바꿔 드립니다.

일러두기

1. 이 책은 Alex Callinicos, *Imperialism and Global Political Economy* (Polity, London, 2009)를 번역한 것이다.
2. 인명과 지명 등의 외래어는 최대한 외래어 표기법에 맞춰 표기했다.
3. 《 》 부호는 책과 잡지를 나타내고, 〈 〉 부호는 신문과 주간지를 나타낸다. 논문은 " "로 나타냈다.
4. 본문에서 [ ]는 옮긴이가 우리말로 옮기면서 독자의 이해를 돕고 문맥을 매끄럽게 하려고 덧붙인 것이고, 지은이가 덧붙인 것은 [— 캘리니코스]라고 표기했다.
5. 본문의 각주는 모두 독자가 이해하기 쉽도록 옮긴이가 설명을 첨가해 덧붙인 것이다.

감사의 말

제국주의는 많은 사람들의 기대와 달리 냉전 이후에도 살아남았다. 더 중요하게는 조지 W 부시 정부 이후에도 살아남았다. 나는 마르크스주의적 제국주의 이론의 거대한 르네상스가 일고 있는 시기에 제국주의라는 현상에 관해 글을 쓸 수 있었다는 점에서 행운아다. 이 르네상스에 기여한 주요 인물들과 대화하는 가운데(그리고 때로는 충돌하는 가운데) 나의 이론을 가다듬을 수 있었으니 말이다. 신자유주의 세계화와 제국주의 전쟁에 반대하는 운동 진영에서 주로 개최한 다양한 사회 포럼과 토론회 덕분에 나는 질베르 아슈카르, 사미르 아민, 조반니 아리기, 다니엘 벤사이드, 로버트 브레너, 프랑크 데페, 피터 고완, 마이클 하트, 데이비드 하비, 데이비드 맥낼리, 토니 네그리, 리오 패니치, 클로드 세르파티와 토론하면서 많이 배웠다.

나는 또한 이 책 2장의 핵심 요지, 즉 자본주의와 국제적 국가 체제 간에는 필연적 관계가 존재한다는 주장을 《케임브리지 국제 평론》(Cambridge Review of International Affairs: CRIA)을 비롯한 여러 매체를 통해 개진할 기회를 누렸다. CRIA 편집자들에게 감사하며, 그중에서도 CRIA의 지면을 통해 마르크스주의와 국제적 불균등·결합 발전에 관한 논의의 활성화에 기여한 알렉스 아니바스에게 각별한 고마움을 표하고 싶다. 또, 내 견해를 버밍엄 대학, 케임브리지 대학, 런던 메트로폴리탄 대학, 노팅엄 대학, 골드스미스 칼리지에서 개최한 세미나를 통해 발표한 것과 영국 국제정치학회(British International Studies Association)의 역사사회학 그룹(Historical Sociology Group), 앙카라에 있는 중동 기술 대학(Middle East Technical University)에서 개최된 제7차 국제관계학 대회(International Relations Conference)에서 발표할 기회를 가졌던 것도 도움이 됐다. 이 행사들을 준비한 모든 이들에게 감사하며, 특히 말과 글로 날카롭게 비판해 준 곤소 포조-마틴에게 감사한다.

샘 애시먼, 크리스 하먼, 나이절 해리스, 저스틴 로젠버그, 앤드루 라이트, 그리고 익명의 검토자 한 사람이 이 책의 초고를 읽고 매우 유익한 코멘트를 해 줬다. 샘 애시먼과 앤드루 라이트는 모두 나의 논지와 일부 중첩되는 연구 성과를 낸 바 있다. 이들의 작업은 나에게 이론적으로 많은 도움이 됐다. 또한 저스틴 로젠버그와의 대화와 서신 왕래도 나에게 크나큰 자극이자 기쁨이었다. 오랜 동지인 크리스 하먼과 나이절 해리스는 그 누구보다 상세하면서도 가장 신랄하고 직설적인 비평을 해 줬다. 우리 셋은 모두 고인이 된 토니 클리프의 제자들이라 할 수 있는데, 스승에게 전수받은 건강한 지적 유산을 잃지 않으면서도 서로 정치적 견해 차이를 보일 수 있음을 다시 한번 확인했다. 특히 나이절 해리스는 나의 논리 전개 방향을 영 못마땅해 하면서도 끝까지 나의 작업을 지켜봐 줬다. 그의 친절과 인내심에 각별한 고마움을 표한다.

폴리티 출판사의 데이비드 헬드에게도 고맙다. 그는 나에게 제국주의에 관한 짧은 책을 한 권 써보지 않겠느냐고 제안했다가 결국 이 두꺼운

책을 넘겨받게 됐다. 데이비드 외에도 이 책이 세상에 나올 수 있게 해 준 클레어 앤셀, 헬렌 그레이, 세라 램버트에게 감사한다.

그러나 내가 가장 크게 빚진 사람은 샘 애시먼이다. 이 책이 다루는 여러 가지 주제에 관해 나는 샘과 쉴 새 없이 토론했다. 그녀는 나에게 단지 지적으로만 도움을 준 것이 아니라 심리적으로 힘든 시기에도 든든한 후원자가 돼 줬다. 이 책을 샘에게 헌정하는 것으로 작게나마 보답하고 싶다.

머리말:
이론의 제국, 제국 이론들

제국이 우리 곁으로 돌아왔다.[1] 그것도 아주 강렬하게. 이는 지난 몇 년 사이에 제국주의라는 것이 곳곳에서 피와 재난을 몰고 다니며 갈수록 우리 삶에 침투해 들어왔기 때문이다. 식민 지배를 연상시키는 군사 점령과 야심 찬 금융적·상업적 책략에서 드러나는 제국의 실체는 부인하기 어려운 것이 돼 버렸다. 물론 역사가들도 지적하듯이 제국은 흔히 자기 존재를 부정한다. 그러나 미국에서는 특히 조지 W 부시 정부 시절 괄목할 만한 담론상의 변화가 나타났다. 저널리스트인 론 서스킨드는 이라크 침공을 앞두고 전쟁 분위기가 한껏 고조되던 2002년 여름에 '부시 대통령의 고위 참모*와 주고받은 놀라운 대화 내용을 다음과 같이 보도했다.

그 참모는 나 같은 사람들을 가리켜 "현실주의 집단"이라고 부른다고 말했다. 그가 말한 "현실주의 집단"은 "눈에 보이는 현실을 열심히 탐구하면

---

* 나중에 칼 로브로 밝혀졌다.

해결책을 찾을 수 있다고 믿는" 사람들이었다. 나는 고개를 끄덕이며 계몽사상과 경험주의에 관해 몇 마디 중얼거렸다. 그는 내 말을 끊으며 "세상은 이제 더는 그런 식으로 돌아가지 않는다"고 했다. "이제 우리는 제국이다. 우리가 행동하면 그것이 곧 현실이 된다. 우리가 만든 현실을 당신들이 열심히 연구하는 동안 우리는 또 행동해서 새로운 현실을 만들어 낼 것이고, 당신들은 그 새로운 현실들을 또 연구하게 될 것이다. 역사의 행위자는 우리고 … 당신들은 모두 그저 우리가 하는 일을 연구하기만 하면 된다."[2]

실로 엄청나게 오만한 발언이었다. 조만간 이라크의 무장 저항 운동이이 같은 오만함에 응징을 가할 터였지만 말이다. 그런데 이처럼 미국을명시적으로 제국과 동일시한 것은 비단 부시 2세의 대외 정책을 추동한우파 국가주의자들과 네오콘들만이 아니었다. 지미 카터 대통령의 국가안보 보좌관을 지냈고 클린턴 정부 시절에 영향력 있는 인물이었으며 이라크 전쟁을 신랄하게 비판한 즈비그뉴 브레진스키도 1990년대에 세계질서를 명시적으로 제국에 비유했다.

미국의 전 지구적 권력은 어떤 면에서 과거의 제국들(비록 미국보다 지리적범위가 협소하기는 했지만)을 연상시킨다. 이들 제국은 가신들과 속국, 보호령, 식민지로 구성된 위계질서에 권력의 기초를 두고 있었으며, 일반적으로제국의 영역 바깥에 있는 자들을 야만인으로 여겼다. 속국, 보호령 따위의용어들이 구시대적으로 느껴질 수도 있겠지만 오늘날 미국의 영향권 내에있는 일부 국가들에게는 이런 표현이 어느 정도 어울린다.[3]

제국이라는 관점으로 세계를 이해하려는 경향은 오늘날 학계에서도 나타난다. 보수당 성향의 정열적이고 야심찬 경제사학자인 니얼 퍼거슨은 스스로 "영미식 세계화(Anglobalization)"라고 부른 주제에 관한 책을 두 권 썼다. 첫 번째 책은 "자유 시장, 법치, 투자자 보호, 비교적 덜 부패한 정부를 전 세계의 약 4분의 1에 해당하는 지역에 확립한 주역"으로서 대영제국을 찬양한다.[4] 두 번째 책은 "자유주의 제국"(퍼거슨은 이를 "경제적 세계화에 대응하는 정치적 세계화"로 묘사했다)을 옹호하며 지구상의 "실패한 국가들"을 위한 "유일한 희망"은 "경제 발전에 필수 불가결한 제도적 기초를 확립해 줄 능력이 있는 외세의 개입뿐인 듯하다"고 말한다. 퍼거슨은 한때 영국이 짊어졌던 "제국주의적 세계화"의 책무를 이어받을 수 있는 유일한 국가가 미국이라고 생각하지만 미국의 정치 문화가 그러한 구실을 뒷받침할 수 있을지에 대해서는 의문을 품고 있다.[5]

이렇게 영국의 옛 헤게모니를 그리워하는 사람은 퍼거슨만이 아니다. 그러한 향수는 영미 지배계급의 무의식에 깊이 각인돼 있는 것으로, 흔히 오늘날의 현안에 대한 그들의 태도와 중첩된다. 그렇지 않고서야 어떻게 피터 클라크 같은 명석한 중도파 역사가(그의 연구 분야는 영국 중도좌파의 역사다. 주체와 대상이 다분히 헤겔적인 방식으로 서로를 반영하는 경우라 하겠다)가 말년에 에드워드 기번을 모방하듯 《대영 제국의 마지막 1천 일》(The Last Thousand Days of the British Empire)이라는 제목의 대작을 썼겠는가? 그러나 많은 관심을 끈 클라크와 퍼거슨의 단행본들은 빙산의 일각일 뿐이다. 최근 몇 년 동안 영어권의 인문학계에서는 유럽 제국의 식민 통치와 그 여파를 주되게 연구하는 학과 과정이 폭발적으로 늘었고, 그 덕분에 식민지학(colonial studies)은 프레더릭 쿠퍼가 말한 "제국 사학의 막다른 골목"에서 벗어나 학제적 연구의 최첨단을 달리는 학문으로 변모했다.[6]

마르크스주의와 제국주의

이렇듯 제국과 제국주의는 다시금 학계에서 다루기에 부담 없는 주제로 복권됐다. 문제는 제국주의를 어떻게 이해하느냐다. 제국주의는 매우 광범하게 정의될 수도 있고 매우 협소하게 정의될 수도 있다. 역사학자들과 사회학자들은 제국주의를 특정한 정치적 지배 형식으로 바라보는데, 예컨대 마이클 도일은 제국을 "제국 사회가 종속 사회를 공식적 또는 비공식적으로 사실상 지배하는 것"으로 간략히 정의한다.[7] 쿠퍼는 이보다 더 느슨한 "포괄적 묘사"를 제시하면서, 지배하는 자와 지배당하는 자의 차이가 "거대하고 팽창주의적인(또는 팽창주의적 과거에 대한 기억을 간직한) 정치 단위, 그 구성원들 사이에 분열과 불평등을 양산하는 정치 단위"에 의해 재생산되고 제도화된다는 점을 강조하려 한다.[8] 제국주의를 이처럼 광범하게 초역사적으로 정의한 것은 고대 로마와 중국, 오스만제국, 무굴제국, 그 밖에 더 현대적인 제국까지 포괄하기 위함이다. 이와 대조적으로, 제국주의를 매우 구체적인 역사적 현상과 등치시키는 경우도 있다. 이에 따르면 19세기에 유럽 열강들이 추구했고 이후 미국과 일본이 추구한, 세계를 자국의 지배 하에 공식적으로 복속시키려 한 정책이 곧 제국주의다.

고전 마르크스주의의 제국주의 개념은 누구보다도 레닌이 정식화했는데, 이는 앞서 살펴본 개념들 중 전자보다는 더 구체적이고 후자보다는 더 일반적이다. 마르크스주의 관점에서 제국주의는 초역사적인 정치 형태도 아니고 특정한 국가 정책도 아닌, "자본주의 발전의 특수한 단계"다.[9] 그런데 이상하게도, 식민지학과 포스트식민주의 이론이 발흥했지만, 내가 지식인으로 살아온 기간 중 상당히 오랫동안(특히 1980년대와 1990년대에) 제국주의를 바라보는 이러한 시각은 학계에서 천대받았다. 프레드 핼리데이가 불평했듯이, 1990년대 들어 사회과학계가 매우 집착했던 세계화 관련 논의는 "이 과정[세계화]을 분석하는 데서 핵심이 되는 두 가지 용어가 없거나 억압된" 탓에 많은 어려움을 겪었다.[10] 그 용어는 바로 자본주의와 제국주의였다. 심지어 마르크스주의 좌파들 사이에서도 제국주의론은 무시되거나 과거의 유물로 치부됐다. 인도의 마르크스주의 경제학자인 프라탑 파트나익은 1990년에 "제국주의는 도대체 어디로 갔는가?"라고 물으며 다음과 같이 토로했다.

외부인 입장에서는 지난 10여 년 사이에 미국의 마르크스주의 담론에서 나타난 놀라운 변화에 주목하지 않을 수가 없다. 그 변화인즉, 이제 제국주의에 관해 이야기하는 사람이 거의 아무도 없다는 점이다. 나는 영국 케임브리지에서 경제학을 가르치다가 1974년에 떠났고 15년 뒤에 다시 서방 세계로, 이번에는 미국으로 돌아왔다. 내가 떠날 때 즈음에는 제국주의론이 마르크스주의적 논의에서 아마도 가장 중요한 위상을 차지하고 있었다. 특히 미국에서는 제국주의와 관련해 너무나 많은 글이 쓰이고 너무 열띤 토론이 벌어져서 유럽 마르크스주의자들은 미국 마르크스주의자들이 제3세계주의에 오염됐다고 비판할 정도였다. … 오늘날의 사정은 전혀 다르다. 젊은 마르크스주의자들은 제국주의라는 말을 들으면 표정이 멍해진다. 동유럽 사태, 페레스트로이카 등의 뜨거운 현안들이 논의되지만 결코 제국주의론을 바탕으로 논의되지는 않는다. 또한 파나마 침공이나 니카라과와 엘살바도르 내전에 대한 급진적 분노도 제국주의에 대한 이론적 분석으로 발전하지 않는다. 해가 지날수록 제국주의라는 주제는 마르크스주의 간행물에서 자취를 감췄다.[11]

이 같은 지적 전환을 보여 주는 대표적 사례는 빌 워런의 유작 《제국주의: 자본주의의 개척자》(Imperialism – Pioneer of Capitalism) (1980)다. 이 책은 식민주의가 세계 자본주의 체제의 역동성과 자유를 남반구에 전파했다면서 식민주의를 본질상 진보적인 것으로 묘사한다. 그의 관점이 조지 W 부시와 어쩐지 닮았다는 느낌이 든다면 아마도 틀린 느낌은 아닐 것이다. 오늘날 제국주의가 엄연히 존재함을 완강히 부인하려는 경향이 옛 좌파 지식인들 사이에서 가장 강력하게 나타나는 것도 어쩌면 이 같은 관점 때문인지 모른다. 영국에서 이러한 지식인의 대표적 사례는 노먼 제라스다. 그는 괄목할 만한 업적을 쌓은 마르크스주의 철학자였지만 최근에는 아프가니스탄 전쟁과 이라크 전쟁을 열렬히 지지했고 이에 맞서는 반전 운동을 격하게 비난했다. 그는 전쟁을 반대한 사람들의 지적 오류가 "대다수 사회주의 좌파들"이 공유하는 "반제국주의"에서 비롯한다고 주장하며 다음과 같이 말했다.

비록 이제는 좌파가 더 진일보한 이론적 모델들을 갖추었다고는 하지만, 어떤 국제적 갈등이 일어났을 때 좌파들에게 중요한 것은 오직 하나, 즉 갈등의 한 편에 미국이 있고, 미국은 언제나 나머지 세계의 천연자원이나 인적자원을 수탈할 의도를 품고 있다는 것이다. 이것 하나만 알면 나머지 문제는 순식간에 해결된다. 다른 모든 층위의 분석과 고려 사항은 불필요해진다. 그런 것들은 완전히 무시될 수도 있고 지나가면서 잠깐 언급될 수도 있지만 워낙 부차적이기 때문에 실천에는 영향을 주지 않는다. 정치적 대치선을 규정하는 일차적 요인은 언제나 제국주의다.[12]

이러한 진단의 함의는 좌파가 대부분 미 제국주의라는 악에 도덕적·정치적으로 집착하다 보니 이 "일차적 요인"으로 환원되지 않는 다른 악들(예컨대 아프가니스탄의 탈레반이나 이라크의 사담 후세인)을 간과하게 된다는 것이다. 그러나 당연하게도 오늘날의 반전 운동은 이들과 그 밖의 정권들이 실제적인 악임을 결코 부인하지 않았다(또한 이들 정권이 애당초 탄생하고 성공을 누릴 수 있었던 배후에 미국이 있었음을 지적하는 것도 잊지 않았다). 더욱이, 반전 운동이 제기한 더 중요한 논지는 미국의 군사력을 동원해서 이들 정권을 공격하는 것은 그러한 악을 제거하는 최선의 방법이 아니며, 오히려 더 큰 악을 양산할 가능성이 훨씬 더 크다는 것이었다. 결국 누구의 판단이 옳았는지는 이제 분명해졌다고 생각한다. 어쩌면 반제국주의에 반대하는 주장 또한 그 나름의 도덕적·정치적 맹목성을 조장하는 견해일지 모를 노릇이다. 오스카 와일드가 한 말을 살짝 비틀자면, 제국주의가 빠진 세계 지도는 우리에게 거의 쓸모가 없다.

내가 제라스를 비판한다고 해서 제국주의에 대한 마르크스주의자들의 전통적 견해에 비판의 여지가 없다는 말은 아니다(이는 어떤 주제에 대해서도 마찬가지다). 오히려 그 반대다. 어떤 면에서 워런 같은 사람들이 비판한 제국주의론은 레닌, 니콜라이 부하린, 로자 룩셈부르크가 아니라 안드레 군더 프랑크나 사미르 아민 같은, 1960년대와 1970년대를 풍미한 제3세계주의자들의 제국주의론의 우스꽝스런 버전이다. 이들이 말하는 제국주의는 남반구에 대한 북반구 부국들의 체계적인 정치적·경제적 지배다. 이러한 지배는 프랑크가 말한 "저발전의 발전"을 불러와 "주변부" 국가들의 어떠한 경제적 발전도 가로막는 구실을 했다.

제3세계주의자들이 제국주의를 이렇게 이해하는 것이 왜 잘못인지를 밝히는 데는 "중국" 한마디면 충분하다(20년 전이라면 "한국" 한마디로 충분했을 것이다).[13] 그러나 자본주의가 세계를 지배할 때조차 남반구 일부 지역에서 상당 수준의 공업화가 가능했다는 점을 인정하더라도 그러한 지배가 엄연히 초래한 인류사적 재앙들이 기록에서 지워지지는 않는다. 세계에서 경제적으로 가장 앞서가던 지역인 중국과 인도를 몇 세기 만에 엄청난 빈곤과 비참의 늪으로 변모시킨, 케네스 포머런츠가 말한 "대격차(Great Divergence)"가 그렇고, 마이크 데이비스가 그의 저서 《후기 빅토리아시대의 홀로코스트》(Late Victorian Holocausts)에서 가차 없이 파헤친, 영국령 인도에서 여러 차례 발생한 대기근(그중 마지막 기근은 피터 클라크의 《대영 제국의 마지막 1천 일》의 언저리인 1943년에 벵골 주를 덮쳐 최대 3백만 명의 목숨을 앗아갔다. 클라크는 이 사실을 거의 언급하지 않는다)이 그러하며, 그 밖에 식민 제국들이 몰락의 순간까지 저지른 학살들이 그렇다.[14]

물론 오늘날 "중국"과 "인도"라는 단어는 예전과 매우 다른 의미로 다가온다. 토머스 프리드먼이 돈벌이용으로 쓴 터무니없는 책 《세계는 평평하다》를 보면 이 두 단어는 자본주의 세계화와 정보 통신 기술이 부국과 빈국의 격차를 해소시키면서 남반구에 가져다주는 자유와 번영의 대명사다. 그러나 전 세계의 빈곤과 불평등은 여전히 끔찍한 수준이다. 한 가지 통계만 들면, G8 정상들이 글렌이글스에 모여 아프리카 원조를 엄숙히 약속했던 2005년에는 어린이 1010만 명이 사망했다. 또한, 공식적인 식민지가 거의 남아 있지 않은 오늘날에도 식민지 학살은 계속되고 있다. 다만 오늘날에는 그 장소가 식민지라 불리지 않고 "실패한 국가"라 불리면서 유엔, 나토, 미 국방부의 무력으로 '보호'를 받고 있다는 점이 다를 뿐이다.

이론의 필요성

요컨대 제국주의는 다시 한번 정당한 연구 주제로 떠올랐다. 그 덕분에 명시적으로 마르크스주의에 입각한 제국주의 논의가 부활했다. 마이클 하트와 토니 네그리의 《제국》이 어마어마하게 성공한 것이 이를 상징적으로 보여 준다(비록 《제국》은 고전 마르크스주의 견해에 대단히 비판적이지만 말이다). 그러나 막상 제국주의를 어떻게 정의하느냐는 문제는 여전히 남는다. 이 머리말의 제목에 담긴 이중성도 그 때문이다. 제국주의는 복잡하고 가변적인 역사적 현상이므로 이를 이해하려면 면밀한 경험적 연구가 필요하다. 그러나 다른 한편으로는 제국주의가 어떻게 오늘날의 역사적으로 특수한 형태를 띠게 됐는지에 관한 이론적 고찰도 필요하다.

이 점은 다소 논란의 소지가 있어 보인다. 제국과 제국주의가 다시 한번 의제에 오른 이유 중 하나는 그것이 학계 내부의 관심사와도 연결되기 때문이다. 포스트모더니즘을 일종의 바이러스라고 본다면(나는 그렇게 본다), 그 바이러스가 갈수록 지루하고 기괴한 주장들을 양산하면서도 결국 살아남을 수 있었던 것은 그것이 포스트식민주의 이론으로 변신한 덕분이었다. 불안정성, 결정 불가능성, 산포, 오염, 혼종성 같은 포스트구조주의 특유의 주제들은 식민지 지배자와 피지배자의 오랜 대면이라는 맥락 속에서 더 구체적인 정치적·역사적 내용을 얻을 수 있었다. 그렇다 해도 내가 보기에 포스트식민주의의 철학적 바탕은 여전히 허술하다. 그러나 포스트식민주의가 비옥한 탐구 영역들을 새롭게 개척했음은 부정할 수 없다. 사실, 1960년대와 1970년대의 이데올로기적 대격변에 자극받아 경험주의라는 안락한 은신처를 탈피해 나왔던 많은 역사가들을 또다시 그 은신처로 기어들어 가게 해 준 문화적 주제들에 집착하지 않는 나 같은 사람에게 한 가지 위안이 되는 것은, 그렇지 않았다면 영원히 문서고에 처박혀 지냈을지도 모르는 많은 학자들이 포스트식민주의 덕분에 그나마 분명한 정치적 지향과 더 넓은 시야를 갖게 됐다는 점이다.[15]

특히 린다 콜리의 명저인 《포로들》(Captives)은 제국을 소재로 한 역사 서술이 이루어낼 수 있는 성취가 어떤 것인지를 보여 주는 탁월한 사례다. 콜리는 장차 식민지 지배자가 될 사람들이 타자에 종속됐던 사례들*을 이용해 매우 독특한 설명을 하는데, 흥미롭게도 그의 설명은 심지어 포로 신세일 때조차 포로의 계급적 지위에 따라 해당 사회 내에서의 운명이 달라질 수 있음을 예민하게 포착한다. 이는 콜리가 그 전에 쓴 《영국인들》(Britons)에서 18세기 말과 19세기 초 영국 대중에게 급진 민주주의 전통보다 교회와 왕정이 더 큰 영향을 미치고 있었음을 논증해서 에드워드 톰슨의 《영국 노동계급의 형성》에 결정타를 날리려 했던 것과는 크게 대조된다.

이렇듯 제국의 재발견이 지적으로 풍성한 결실을 거두고 있음은 명

---

* 북아프리카의 영국인 노예들이나 아메리카 원주민에게 전쟁 포로로 붙잡힌 유럽인들

백하다. 그러나 제국 자체에 대한 이론화는 여전히 부족하다. 옥스퍼드의 역사가 존 다윈의 최근작,《티무르 이후》(After Tamerlane)를 예로 들어 보자. 이 책의 부제인 '제국의 세계사'(The Global History of Empire)에서 짐작할 수 있듯이 다윈의 의도는 오스만제국, 무굴제국, 사파비제국 등 비유럽 제국들이 근대 세계의 형성에서 수행한 능동적 구실을 복원해 내는 것이다. 다윈은 개별 제국들이 흥망성쇠를 반복할지라도 제국 자체는 영원하다고 주장한다.

> 세계사를 대충 훑어봐도 … 대부분의 시기에 정치 질서의 출발점은 제국 권력이었음을 알 수 있다. 제국이란 영향력 체계 또는 지배의 체계로서, 그 안에서 종족적·문화적·생태적 경계들은 서로 중첩되거나 무시됐다. 제국의 존재가 그토록 보편적이었던 원인은 강력한 국가 건설에 필요한 자원들이 세계적으로도, 지역적으로도 매우 불평등하게 분포해 있었기 때문이다.[16]

위에서 내가 언급한 아동 사망률 수치를 보면 오늘날에도 그러한 "자원"들이 "매우 불평등하게 분포해" 있음을 알 수 있다. 실제로 다윈은 제국(들)이 현 시대에도 인류의 숙명적 굴레로 남아 있다고 생각한다. "우리가 세계화라고 부르는 과정은 솔직히 말해 오늘날의 4대 경제 '제국들', 즉 미국·유럽·일본·중국이 맺은 일련의 협약(때로는 암묵적이고 때로는 공식적인)에서 비롯한 결과라고 할 수 있다."[17] 나는 이 같은 경험적 진술이 오늘날 제국 이론 중에서 가장 각광받는 급진 이론인 하트와 네그리의 제국론보다 훨씬 진실에 가깝다고 본다. 사실 탈중앙집권적인 초국적 네트워크 자본주의의 등장으로 말미암아 국가 간 갈등이 사라졌다는 하트와 네그리의 주장은 토머스 프리드먼의 '평평한 세계' 테제의

마르크스주의적 버전일 뿐이다.[18]

다시 말해, 우리가 살고 있는 세계의 특징은 엄청나게 불평등한 경제력 분포 때문에 인류 대다수의 삶의 기회가 심각하게 제약된다는 것이다. 경제력의 불평등은 마찬가지로 심각한 정치적·군사적 힘의 불평등과 긴밀히 연결돼 있다. 경제력과 정치적·군사적 힘이 서로 완벽히 조응하는 것은 아니다. 미국은 세계 최강의 군사력을 보유하고 있지만 동시에 세계 최대의 채무국이기도 하다. 반면에 유럽연합은 경제적 비중이 크지만, 그리고 자신의 '소프트파워'를 자랑하지만, 지정학적으로는 아직 난쟁이일 뿐이다.[19] 그러나 어찌됐든 경제력과 군사력 간의 기본적인 상관관계는 유효하다. 중국이 어마어마하게 확대된 경제력을 이용해 자국 군대를 현대화하려는 것을 보면서 미 국방부의 근심이 점점 깊어지는 것이 이를 보여 준다.

그런데 만약 이 측면이, 그러니까 여전히 소수의 강대국이 지구를 지배하고 있다는 점이 현대 제국주의의 핵심이라면, 그러한 지배의 원인과 성격을 우리는 어떻게 이해해야 하는가? 다윈처럼 "제국 권력"을 단순히 인류 역사의 "출발점"으로 치부하면 충분한가? 다윈과 비슷한 견해를 피력하는 사람들 가운데는 의외의 인물도 있는데, 오늘날 가장 위대한 반제국주의자인 노엄 촘스키가 그렇다. 그는 권력이 불평등하게 분배돼 있을 때 제국의 지배가 나타나는 경향이 있다고 말한다. 촘스키는 자신의 탁월한 실증적 연구 능력을 총동원해서 몇 가지 초역사적 '진리'를 이끌어낸다. 이를테면 "가진 자들과 권력자들이 일상적으로 약자들에게 가하는 테러가 막상 그들 자신에게 되돌아오면 그들의 복수에는 끝이 없다"는 식이다. 촘스키는 또 이렇게도 말한다. "만약 소수 특권층에게 단기적 이득을 가져다주는 '패권'이라는 것이 실천적 가치 체계에서 '생존'

보다 중요하다면" 우주를 군사적으로 지배하려는 미국의 시도는 "합리적이다. 역사 속의 지배 국가들과 그 밖의 집중된 권력 구조들은 그런 기준에 따라 움직였다."[20] 물론 그렇다고 해서 촘스키가 제국을 숙명처럼 받아들이는 것은 아니다. 평생을 아나키스트로 살아온 그는 극도로 불의한 현재 사회의 대안으로서 민주적·협동적 사회가 가능하다고 굳게 믿는다. 하지만 그는 제국주의라는 현상에 특별한 설명이 필요하다고는 생각하지 않는 듯하다. 그에게 제국주의란 지배 체제가 존재할 때 부수적으로 나타나는 현상으로서, 불평등한 사회관계의 외적 표현일 뿐이다.

이 같은 관점의 문제점은 (그것이 딱히 잘못된 관점은 아니지만) 현대 제국주의의 특수성을 설명하지 못한다는 것이다. 오늘날 단연 최강의 제국주의 국가인 미국의 경우를 보자. 미 제국의 독특한 특징은 (1) 아직까지도 자신이 제국임을 대체로 부인한다는 것(도널드 럼즈펠드조차 "우리는 제국 노릇 안 한다"고 했다)과, (2) 이를 증명이라도 하듯 다른 나라들이 공식적으로는 미국에게 정치적으로 종속돼 있지 않다는 것이다. 미국은 독립 주권국가들과의 복잡한 제도적 관계망을 통해서 전 세계적 권력을 휘두른다. 그런데 영국 제국사의 권위자인 버나드 포터가 최근에 쓴 도발적인 논문 한 편은 앞서 말한 특징들이 흔히 생각하는 것만큼 독특하지는 않음을 시사한다.[21] 19세기 말까지는 빅토리아시대 영국도 자신을 제국으로 바라보는 것을 후대의 생각보다 훨씬 더 불편하게 여겼다는 것이다. 또한 영국 자본주의에 가장 중요했던 일부 지역(가령 중남미)은 영국에 결코 정치적으로 종속된 적이 없으며, 존 갤러거와 로널드 로빈슨이 말한 그 유명한 '자유무역 제국주의', 즉 "무역의 안전을 확보하는 선에서 권력 행사를 기꺼이 제한하는" 제국주의를 통해 경제적으로 통합됐을 뿐이다.[22]

이 표현은 오늘날의 세계가 조직되는 방식의 핵심적 측면 하나를 아주 정확하게 포착한다. '자유무역 제국주의'야말로 정확히 미국과 유럽연합이, 특히 1990년대 중반 세계무역기구(WTO) 창설 이후 다른 나라들에 줄기차게 강요해 온 것이라는 점이다. 세계화한 자본주의라는 '평평한 세계'를 주창하는 프리드먼 같은 자들은 부국의 자본과 상품을 위해 세계시장을 강압적으로 열어젖히려는 이 광포한 노력을 이론적으로 선동하고 있는 셈이다.

그러나 전 세계에 무역 개방을 강요하려는 이 프로젝트는, 비록 유럽연합도 거기에 매우 적극적으로 가담해 왔지만, 원래 훨씬 오래전부터 미국의 프로젝트였다. 20세기 초에 미국 경제 엘리트와 정치 엘리트들이 서로 뜻이 맞아서 추진하게 된 이 프로젝트를 윌리엄 애플먼 윌리엄스는 '문호개방 제국주의'(Imperialism of the Open Door)라고 명명했다.[23] 스페인-미국 전쟁을 거쳐 필리핀을 합병한 미국은 공식적 식민지를 두는 것이 의외로 값비싸고 어려운 일임을 깨닫게 됐다. 훗날 베트남과 이라크에서도 되풀이됐지만, 필리핀에서 이미 민족적 저항, 제국 군대의 잔혹한 진압, 그리고 이에 대한 국내의 반발로 이어지는 패턴이 나타났던 것이다. 자본과 재화의 자유로운 이동을 방해하지만 않는다면 현지인들이 직접 통치하게 내버려 두는 편이 제국의 처지에서는 훨씬 나았다. 물론 돈과 상품의 신성한 이동권을 누군가가 존중하지 않을 때를 대비해 군사적 응징(연안에서의 함포 사격이나 공중 폭격의 형태가 바람직하다) 태세가 돼 있어야겠지만 말이다.

빅토리아시대의 자유무역 제국주의를 이렇게 업데이트했을 때 우리는 현대 제국주의가 이전 것들과 구별되는 이유에 한 발짝 더 다가가게 된다. 막스 호르크하이머는 1940년에 첫 출판된 유명한 논문 "유대인과 유럽"에서 "자본주의를 논하고 싶지 않은 사람들은 파시즘에 관해서도 입을 다물어야 한다"고 쓴 바 있다.[24] 맞는 말이다. 하지만 그의 말은 제국주의에도 적용될 수 있다. 즉, 현대 제국주의는 다름 아닌 **자본주의적 제국주의**인 것이다. 물론 이는 새삼스러울 것이 전혀 없는 얘기다. 이미 지적했듯이, 마르크스주의 제국주의론은 제1차세계대전 직전과 도중에 처음 정식화됐을 때부터 세계 지배를 향한 열강들 사이의 지정학적 투쟁을 19세기 말에 나타난 자본주의 구조 변동의 결과로 이해하고 있었다. 특히, 경제력이 집중되고 자본과 국가의 융합이 증대한 것이 중요한 원인이라고 봤다.

내 생각에 이 이론은 대단히 설득력 있다. 그러나 여러 가지 이유로 비판의 대상이 됐다. 마이크 키드런이 1960년대에 쓴 몇몇 선구적인 논문에서 밝혔듯이, 때때로 고전 마르크스주의 제국주의론은 역사적으로 특수한 것을 마치 보편적인 것처럼 확대 해석했다. 예컨대 레닌이 루돌프 힐퍼딩에게서 물려받은 금융자본 이론은 19세기 말 독일 자본주의의 고유한 특징에서 턱없이 많은 것들을 일반화했다.[25] 더욱이, 제국주의 이론가들이 경제 위기를 설명하는 방식에도 대체로 문제가 있었다. 무엇보다 그들의 이론은 20세기 내내 자본주의 자체가 이룩한 변신을 따라잡지 못했다.

이 가운데 어느 것도 제국주의론을 폐기할 합당할 이유는 못 된다. 그러나 이 대목에서 이론 자체에 관해 한 가지 짚고 넘어갈 것이 있다. 앞에 정관사(the)도 없고 특정한 대상도 없는 그냥 '이론'(Theory) 말이다. 이때의 '이론'은 지난 한 세대 동안 영어권 등지에서 포스트구조주의자들이 인문학 분야의 유혹을 지칭할 때 사용하는 대명사처럼 됐다. 테리 이글턴이 《이론 이후》(After Theory)라는 제목의 (제법 괜찮은) 책을 썼을 때 바로 그런 의미로 '이론'이라는 단어를 사용했다. 그러나 비록 데리다 열풍 속에 잊혀지긴 했지만 그보다 약간 전에도 '이론'이 그런 의미로 통하던 시기가 있었다. 대문자 T로 시작하는 Theory는 루이 알튀세르가 자신의 명성이 극에 달했던 1960년대에 마르크스주의 철학에 붙인 이름이었던 것이다. 알튀세르의 의도는 마르크스주의 철학이 개별 과학의 존립 근거를 제공하는 "이론적 실천의 이론" 구실을 한다고 강조하려는 것이었다.[26]

명백히 과대망상적이었던 알튀세르의 이 프로젝트는 머지않아 파탄났고, 이는 파편화와 불확실성을 숭배하는 포스트모더니스트들을 한층 더 정당화시켜 줬다. 로버트 영 같은 포스트식민주의 이론가는 심지어 알튀세르의 개념적 제국주의가 서구의 세계 지배에 일조했다고 비판하기도 한다(어떻게 일조했다는 것인지는 잘 모르겠지만).[27] 알튀세르에 대한 비판으로서 이는 일면 타당한 점이 있을지도 모른다. 친구이자 동료였던 자크 데리다와 달리, 알튀세르는 똑같이 식민지 알제리에서 자랐으면서도 자신의 식민지 성장 경험에 대해 아무 말도 하지 않았기 때문이다.

그러나 로버트 영의 비판은 사실 마르크스주의 일반을 겨냥한 것인데, 이것은 터무니없는 비판이다. 마르크스주의와 반제국주의의 관계는 심지어 영국에서도 매우 뿌리가 깊다. 영국 제도에서 태어난 가장 위대한 마르크스주의자 두 명 중 한 사람인 제임스 코널리는 1916년 부활절 봉기를 이끈 죄로 영국군에게 총살당했다. 역사가 존 새빌 같은 영국 공산당원은 제2차세계대전 중에 영국군에 복무하면서도 인도 독립운동과 긴밀히 협력했다. 스탈린 체제에서 크게 변질된 공산주의인터내셔널조차 인도·이라크·남아공 같은 남반구의 몇몇 핵심 전초 기지에 대중 정당들을 건설했다.

나는 심지어 알튀세르의 유산 중에도 건질 것이 있다고 생각한다. 특히 알튀세르와 그의 제자들이 공동 집필한 책 《자본론 읽기》(Reading Capital)는 마르크스의 《자본론》에 나오는 개념들을 철저하게 재검토해서 마르크스주의를 지적·정치적으로 쇄신하려는 노력의 소산이었다. 이들은 혼자가 아니었다. 이탈리아에서는 노동자주의자들이, 독일에서는 자본논리학파가 같은 시도를 했다. 그러나 데이비드 하비가 회고하듯이 그러한 움직임은 훨씬 더 광범한 수준에서도 나타났다. 1960년대 말과 1970년대에 세계 곳곳에서 《자본론》 읽기 모임에 참가했던 수많은 급진적 청년 지식인들이 자본주의를 더 잘 이해하고 타도하기 위한 방편으로 마르크스의 이 위대한 저작을 공부했던 것이다.[28]

당연하게도, 이 위대한 지적 작업에서 알튀세르가 내놓은 결과물은 애초의 야심이 컸던 만큼 온갖 오류와 헛소리로 점철돼 있다. 그러나 알튀세르가 괜히 어렵게 만든 마르크스의 비유를 빌리면, 알튀세르의 작업에도 '합리적 핵심'은 있었다. 그는 《자본론》에 나오는 자본주의 생산양식은, 개별 주체들에게 강요된 거부할 수 없는 관계들의 집합이라고 해석한다.

생산관계들의 구조는 생산의 주체가 차지하고 수용하는 **위치**와 **기능**을 결정한다. 여기서 생산의 주체는 그러한 기능의 '담당자'(Träger: 버팀목) 구실에 머무르는 한 언제나 그러한 위치의 단순 점유자일 뿐이다. 그러므로 진정한 '주체'(과정의 구성 요소인 주체[sujets constituants −캘리니코스]라는 의미에서)는 이 점유자나 기능 수행자가 아니며, 아무리 겉보기에 그럴듯해도, 그리고 소박한 인류학적 '전제'들이 아무리 '명약관화'해도, '구체적 개인'이나 '살아 있는 인간'이 아니다. 진정한 주체는 **이러한 위치와 기능**

을 정의하고 분배하는 당사자, 즉 생산관계(그리고 정치적·이데올로기적인 사회관계)다. 그러나 생산관계는 '관계'이므로 주체라는 범주에 포함될 수 없다. 그리고 만약 누군가가 생산관계를 사람들 사이의 관계, 즉 '인간 관계'로 환원하려 한다면 그는 마르크스의 생각을 거스르는 것이다. 마르크스의 정식 중 몇 안 되는 모호한 정식들을 우리가 진정 비판적으로 읽으면, 생산관계(와 정치적·이데올로기적 사회관계)를 결코 인류학적 상호 주체성으로 환원할 수 없음을 마르크스가 아주 심도 깊게 설명했다는 사실을 알 수 있다. 왜냐하면 생산관계들은 생산의 주체와 객체가 차지하고 '지탱하는' 관계, 위치, 기능이 분배되는 구체적 구조 속에서 주체와 객체를 서로 결합시키기만 하기 때문이다.[29]

여기서 알튀세르의 오류는 개별적 인간 주체들이 생산관계의 '담당자'일 뿐이라고 본다는 점이다. 바로 이것이 에드워드 톰슨이 《이론의 빈곤》(Poverty of Theory)에서 신랄하게 비판한 알튀세르의 악명 높은 '반인간주의(anti-humanism)'다. 그러나 자본주의라는 경제체제를 구성하는 것이 생산관계(개인이 생산수단을 이용할 기회를 특정한 방식으로 결정하는)라는 알튀세르의 논지만큼은 대단히 중요하다. 자본이 관계라는 점에는 서로 긴밀히 연관된 두 측면이 있다. 첫째는 임금노동과 자본 간의 착취 관계로서, 이 관계 때문에 노동자들은 자신의 노동력 말고는 어떠한 생산적 자원도 직접 통제할 수 없다. 둘째는 개별 자본가들 사이의 경쟁 관계다. 자본가 계급은 하나의 집단으로서 사회의 생산적 자원을 대부분 통제하며 그 덕분에 노동자들에게서 이윤을 쥐어 짜내지만, 개별 자본가들끼리는 그 이윤을 더 많이 차지하려고 서로 싸운다. 그래서 자본가 계급은 내부적으로 분열된 계급이다.

자본은 관계라는 개념이 아무짝에도 쓸모없는 난해한 철학적 공식처럼 느껴질 수도 있다. 하지만 결코 그렇지 않다는 것을 노던록 은행의 전 총재 애덤 애플가스에게 닥쳤던 비운은 보여 준다. 애플가스는 노던록이 탁월한 비즈니스 모델을 갖췄다고 생각했다. 그 모델의 내용인즉, 주택 소유자들에게 한없이 낮은 금리로 대출을 해 주고 그 대출 채권을 아무도 이해 못하는 방법으로 복잡하게 묶어서 부채담보부증권(CDO)이라는 이름의 근사한 금융 상품으로 포장해 전 세계 투자자들에게 파는 것이었다. 잘나가는 듯했던 이 비즈니스 모델은 이러한 대출 관행에 갈수록 크게 의존하던 미국 주택 시장이 2007년 상반기에 붕괴하면서 삐걱거리기 시작했다.

2007년 8월이 되자 전 세계 은행들은 자신들이 떠안고 있는 부실 자산이 엄청 많으며 다른 은행들도 마찬가지라는 사실을 깨닫게 됐다. 설상가상으로, 얼마 전까지 금융 '혁신'의 모범으로 칭송받았던 부채담보부증권의 구조가 워낙 복잡했던 탓에 어디까지가 부실 자산이고 어느 기관이 정말로 위험에 처해 있는지를 파악하기가 예전보다 훨씬 더 어려워졌다. 그러자 은행들은 서로 대출을 중단해 버렸다. 금융자본들 간의 관계(경쟁적인 동시에 협력적인)에서 핵심 축 하나가 작동을 멈춘 것이다. 얼마 전까지 금융계의 총아였던 노던록 은행은 단기 차입 의존도가 워낙 높았던 탓에 엄청난 어려움에 빠졌다. 그 결과가 1866년 이후 영국에서 처음으로 발생한 대량 예금 인출 사태였다. 사태를 도저히 이해할 수 없었던 애플가스 총재(그래도 매우 후한 보수를 지급받은 것으로 드러나기는 했지만)가 뼈저리게 배운 교훈을 헤겔식 용어로 표현하면 '자본 관계의 현실성'이라 할 만하다.

자본이 관계라는 점은 비록 철저하게 기능적인 개념이긴 하지만 철학적 의미도 있다. 알튀세르가 주체보다 관계를 앞세운 것은 현대 급진 사상들이 대부분 주체성을 특권화하는 것과는 대조적이다. 예컨대 하트와 네그리의 제국 이론에서는 비록 제국 자체가 여러 기관들의 합성체로 규정되지만 막상 행동이 일어나는 곳은 제국이 아니다. 오히려 창조적 역량은 다중에게 있는 것으로 그려진다. 하트·네그리가 말하는 다중은 경향적으로 존재하는 거시 주체(macro-subject)로서, 다중의 자기 삶에 대한 긍정은 갈수록 자본주의의 지배를 전복하고 있다. 알랭 바디우의 존재론은 이보다 훨씬 더 소박하다. 하지만 철학적으로 바디우는 네그리보다 훨씬 더 나아가, 관계가 실재한다는 것을 일절 부정하고 진귀한 사건들(기독교의 등장, 프랑스·러시아·중국 혁명, 집합 이론의 발명 등)을 가장 중요하게 생각했다. 이러한 사건들을 통해 새로운 진리가 형성되고 새로운 진리는 주체를 통해 표현될 수 있다는 것이다.

주체성에 대한 이 같은 집착은 역사를 '주체 없는 과정'으로 이해한 알튀세르의 반인간주의에 대한 해독제로서 일정한 의의가 있을지 모른다. 그러나 바디우가 말하는 '사건'은 그 사건을 둘러싼 관계의 맥락을 설명하지 않으면 불가사의일 뿐이고, 하트와 네그리의 다중 이론은 희망 사항이나 마찬가지다. 내가 이런 비판을 네그리에게 제기하자 네그리는 다소 신경질적으로 반응하면서 나의 논지를 따르자면 이 사회에서 저항이 가능하고 또 저항이 승리할 수 있다는 믿음을 아예 포기해야 한다는 식으로 말했는데, 이는 오해다. 오히려 자본을 관계로 이해하면 자본의 취약성(노던록의 사례가 보여 주는)을 간파하기도 쉬워진다. 비록 알튀세르가 주체 문제에서 심한 오류를 범하긴 했지만 그가 주체보다 관계를 한사코 우선시한 것은 내가 볼 때 기본적으로 옳았다.[30]

제국주의와 오늘날의 국제 정치경제

이쯤에서 많은 독자들은 이런 고급 이론과 저급한 정치에 관한 논의가 제국주의와 무슨 상관이냐며 고개를 갸우뚱할지도 모르겠다. 그러나 상관이 있다. 지난 세대의 온갖 지적·정치적 재앙들 속에서도 한 가지 긍정적 결실이 있다면 마르크스의 《자본론》에 대한 심층적·학술적 탐구가 발전했다는 것이다. 이러한 결실은 마르크스주의 정치경제학을 진지하게 연구하려는 학자들이 마르크스에 대한 온갖 비방이 난무하던 1970년대를 거치면서도 살아남았고 최근에는 더 많아지기도 한 덕분이다. 이는 그 자체로도 좋은 일이 아닐 수 없다. 마르크스가 탐구한 주제는 자본주의였는데, 오늘날의 고삐 풀린 자본주의야말로 납득할 만한 설명이 필요하다. 특히 2007년 여름 신용 경색 이후의 세계경제 위기 속에서 자본주의가 오락가락한 것은 해설이 필요하다.

《자본론》이 자본주의 해설집의 완결판이라는 말은 아니다. 《자본론》 텍스트가 더 면밀히 연구되고 마르크스와 그의 유고를 관리하며 고군분투한 엥겔스가 쓴 복잡한 초벌 원고들이 더 많이 알려진 결과 《자본론》이 다루지 못한 것과 《자본론》에 내재한 긴장들이 어떤 것인지가 분명해졌다. 진정한 마르크스주의 정치경제학은 마르크스의 주장을 단순히 반복하는 것이 아니라 뛰어넘어야 한다. 옛 세대 마르크스주의자들은 실제로 그렇게 했다. 예컨대 로자 룩셈부르크는 자기 저서인 《자본축적론》 전체를 마르크스의 《자본론》 2권의 재생산 표식에 대한 잘못된 비판에 할애한다. 그러나 같은 책의 마지막 몇 장에서 룩셈부르크는 19세기 말의 제국주의가 자본에 맞서 저항하는 전자본주의 사회들을 야만적이고 폭력적으로 짓밟은 과정을 설명했는데, 오늘날의 신자유주의 비판자들 중 다수는 룩셈부르크의 설명이 오늘날 남반구와 북반구 모두에서 진행되는 사유화·시장화 과정에 대한 설명으로도 손색이 없다고 느낀다.

사유화·시장화 과정을 부각시킨 마르크스주의 이론가 중 가장 유명한 사람은 데이비드 하비다. 그는 사유화·시장화를 '강탈에 의한 축적'(자본의 이윤 증대를 위한 자원 수탈)이라고 부르는데, 그가 이 개념을 개발한 것은 제국주의 이론의 재정립이라는 더 큰 작업을 수행하는 과정에서였다. 나 또한 하비와 매우 비슷한 작업을 독자적으로 수행했다(비록 하비가 《신제국주의》에서 보여 준, 근대 자본주의 역사에 대한 과감하고 풍부한 해석은 담아내지 못했지만). 나와 하비의 이론은 둘 다 이라크 침공(현대 제국주의에 대한 설명이 필요함을 보여 준 사건)의 해인 2003년에 책으로 출판됐다. 이하에서 소개할 것은 내 이론이지만 하비의 이론과 실질적 차이는 없다고 생각한다.[31]

자본주의적 제국주의는 두 가지 형태의 경쟁, 즉 경제적 경쟁과 지정학적 경쟁의 결합이라는 것이 나의 요지다. 경제적 경쟁이 자본을 구성하는 두 가지 상호 연관된 관계 중 하나라는 것은 앞에서 이미 살펴보았다. 반면에 지정학적 경쟁은 안보·영토·영향력 등을 둘러싼 국가 간 갈등을 말한다. 제국주의를 이런 식으로 개념화하는 것에는 세 가지 장점이 있는 듯하다. 첫째는 역사적 개방성이다. 지정학적 경쟁은 분명 자본주의 이전에도 존재했다. 그리스 도시 국가들이나 초기 근대 유럽의 절대 왕정들도 지정학적 경쟁에 몰두했다. 자본주의적 제국주의가 등장하는 역사적 시점은 국가 간 경쟁이 자본축적이라는 더 큰 과정에 통합됐을 때였다. 이런 일은 자본주의 경제 토대의 이점 때문에 개별 국가들이 더는 자본주의를 거부할 수 없게 됐을 때 일어났는데, 그 과정은 네덜란드 독립 전쟁에서부터 19세기 말까지 몇 세기가 걸렸다.

이러한 제국주의 개념의 둘째 장점은 환원론적이지 않다는 것이다. 마르크스주의 제국주의론은, 아니 더 일반적으로 말해 마르크스주의 국가론은 때때로 모든 국가 정책의 동기를 직접적인 경제적 이익에서 찾는 경제 환원론으로 오해받는다. 물론, 마이크 데이비스가 부시-체니 정부를 '미국석유협회의 집행위원회'라고 비꼰 것을 보면 때로는 환원론이 진실인 것 같다는 생각마저 들기는 한다. 그렇지만 제국주의를 지정학적 경쟁과 경제적 경쟁의 결합으로 바라보면 국가 정책의 형성을 훨씬 더 정밀하게 이해할 수 있다. 심지어 부시 정부에서도 미국 대외 정책의 주된 동기는 핼리버튼 사의 이윤을 불려 주는 데 있지 않았다. 지금은 날개 잃고 추락했지만 한때 네오콘의 핵심 인물이었던 폴 울포위츠의 주된 고민은 그런 것보다 훨씬 더 복잡했다. 그의 고민은 전 세계 권력 구조를 뒤흔들 수 있는 경제적 변화(특히 동아시아 자본주의의 성장)에 직면해 미국이 어떻게 대응해야 하느냐는 것이었다. 이런 관점에서 봤을 때 이라크를 치는 것은 미국보다 그 경쟁국들이 더 많이 의존하는 석유 자원에 대한 지배력을 강화해서 '동료 경쟁자'들에게 경고의 메시지를 보낼 수 있는 한 방법이었다.

더 일반적으로 말하면, 경제적 결정 요인과 지정학적 결정 요인이 동시에 작용한다고 가정할 때 국가 정책의 형성은 다소간 불확정적인(미리 결정되지 않은) 것이 된다. 이러한 불확정성은 다른 사회적 측면들이 개입할 여지를 남겨 준다는 장점이 있다. 이를테면 이데올로기가 개입할 여지가 생기는데, 지난 한 세기 동안 미국 대외 정책의 형성에서 윌슨의 자유주의적 세계 자본주의 질서 구상이 중요한 구실을 한 것을 감안하면 이데올로기의 영향은 결코 무시할 수 없다. 그리고 어쩌면 이 대목에서 국제관계학의 이른바 '네오그람시주의' 학파가 강조하는 주제(헤게모니를 쥐고 있거나 추구하는 강대국이 다른 국가들의 지배계급을 문화적·정치적으로 통합하려는 노력)가 일정한 반향을 얻을 수 있을지 모른다.

하비와 내가 더 정교하게 다듬은 마르크스주의 제국주의론의 셋째 장점은, 상이한 **경쟁** 형태들 간의 상호 관계에 초점을 맞춘다는 점, 그렇게 해서 20세기 초에 등장한 제국주의 이론이 애당초 규명하고자 했던 현상으로 우리의 주의를 새삼 환기시킨다는 점이다. 20세기 중반의 식민지 해방 운동의 영향이 컸겠지만, 제국주의라는 개념은 어느 순간부터 주로 강대국 대 약소국의 관계를 지칭하는 개념으로 변질됐다. 그러나 제1차세계대전 전이나 도중에 제국주의론을 정식화한 원래의 이론가들이 주로 염두에 두고 있었던 현상은 자본주의의 구조 변화로 말미암아 강대국들 사이에 경제적·전략적 경쟁이 격화하는 현실이었다. 자본주의는 오직 비자본주의 사회들을 흡수하고 지배해야만 자체 재생산이 가능하다고 믿었던 로자 룩셈부르크조차 제국주의를 강대국 간 경쟁이라는 틀에서 이해했다. 즉, 원래의 제국주의론은 **자본주의**의 심장부(때로 세계 체제의 '중심부'라 불리는)를 이해하는 틀이었던 것이다.

하비와 나의 제국주의론은 많은 비판을 받았는데, 우리를 비판하는 이들은 주로 같은 마르크스주의자들로서 많은 경우 국제관계학을 연구하는 사람들이다.[32] 이러한 논쟁들은 지난 한 세대 동안 한층 심화한 초국적 경제 통합으로 현대 자본주의의 성격이 어떻게 바뀌었는지를 둘러싸고 마르크스주의자들 사이에 벌어지는 더 큰 논쟁의 한 부분이다. 이러한 논쟁에서 한 가지 중요한 주제는 고전 마르크스주의 제국주의론이 과연 오늘날에도 유효하냐는 것이다. 이 책의 1장에서 곧 살펴보겠지만, 고전 마르크스주의 전통의 제국주의 이론은 지정학적 경쟁(제국 간 대결로 정의되는)을 자본주의 발전의 필연적 결과로 취급했다.

이 문제에 관한 현대 마르크스주의자들의 시각은 대략 세 갈래로 나뉜다. 첫째 시각을 대변하는 하트, 네그리, 윌리엄 로빈슨은 자본주의가 이제 경제적으로든 정치적으로든 초국가적으로 조직돼 있다고 말한다. 당연하게도 이런 주장의 결론은 주요 자본주의 국가들 간의 지정학적 경쟁이 이제는 과거지사가 됐다는 것이다.[33] 이 주장의 소(小)전제는 지난 몇 세기 동안 처음에는 유럽에서, 나중에는 전 세계에서 지정학적 경쟁의 구조적 틀을 이루었던 국가 간 체제가 더는 필연적이지도 않고, 자본주의 생산관계의 이상적인 작동을 위해 필요하지도 않다는 것이다. 이에 대해서는 강력한 반론들(특히 엘런 우드의)이 제기됐다.[34] 그러나 네그리 등의 견해를 기각하는 사람들 사이에서도 현대 제국주의를 바라보는 관점은 서로 다르다.

둘째 시각은 리오 패니치와 샘 긴딘이 가장 체계적으로 주장했고 우드도 공유하는 시각인데, 이들은 비록 자본주의에 국가 체제가 필요하지만 제2차세계대전 이후 미국은 선진국들의 공통된 세계적 이해관계를 관리·조율하는 미국의 헤게모니 하에 다른 선진국들을 사실상 복속시키는 데 성공했다고 주장한다.[35] 이 주장은 하트·네그리·로빈슨의 주장과 동일한 결론을 함축한다. 즉, 지정학적 경쟁은 과거지사라는 것이다. 패니치와 긴딘은 일본·서독·미국 사이의 경제적 경쟁에서 부분적으로 비롯했던 1970년대의 경제 위기도, 이라크 전쟁을 둘러싼 국제사회의 불협화음도 미국의 우위에 그다지 큰 흠집을 내지 못했다고 주장한다. 이와 비슷한 견해가 좌파 지식인들의 광범한 지지를 받고 있다 해도 과장은 아닐 것이다. 예컨대 《뉴 레프트 리뷰》의 편집자들도 이런 시각을 공유한다. 이 견해는 부시 2세 치하의 미국이 자국 패권을 천명하고 나선 현실(하트와 네그리에게는 매우 당혹스러운 현실이겠지만)과도 부합하며 냉전 해체 이후에도 미국과 그 밖의 국가들 사이에 여전히 존재하는 힘의 불균형을 잘 포착한다는 장점이 있다.[36]

마지막으로 앞의 두 관점을 모두 비판하는 셋째 관점이 있다. 레이 카일리가 '신제국주의 이론가'들이라고 지칭한 이 진영의 대표적 인물은 데이비드 하비지만 그 밖에 월든 벨로, 피터 고완, 크리스 하먼, 존 리즈, 클로드 세르파티, 그리고 나 자신도 여기에 포함돼 있다.[37]

이들은 모두 다음 명제들을 공유한다.

1. 세계 자본주의는 1960년대 말과 1970년대 초에 시작된 경제 위기의 시대에서 아직 헤어나오지 못했다.

2. 이 위기의 중요한 측면 하나는 선진 자본주의가 서유럽·북미·동아시아, 이렇게 세 군데의 서로 경쟁하는 경제·정치 중심지로 분열해 있다는 점이다.

3. 이 때문에 미국과 나머지 선진 자본주의 국가들(선진국은 아니지만 중국과 러시아도 빼놓을 수 없다) 사이에는 여전히 현격한 힘의 불균형이 존재하지만 상당한 이해관계 갈등도 존재한다. '장기 침체'가 지속되는 상황에서 이러한 이해관계 갈등은 지정학적 충돌을 낳을 수 있다.

이상과 같은 분류에 모든 논자들의 견해가 다 포함된 것은 아니다. 오늘날 세계체제론의 핵심 주창자인 조반니 아리기는 의욕적이게도 앞의 세 견해에 모두 발을 걸치고 있다. 그는 하트와 네그리의 가정들을 분명히 기각하지만 그들의 결론(지정학적 경쟁이 과거지사라는)은 받아들이며, 미국이 현재는 헤게모니를 쥐고 있지만 미국의 지배력은 십중팔구

'최종적 위기'를 겪고 있다고 주장한다.[38] 로버트 브레너의 견해도 위의 세 부류 중 어디에도 딱히 해당되지 않는다. 브레너는 1번과 2번 명제를 받아들이지만 3번을 기각하면서 하트·네그리·로빈슨의 견해(미국의 헤게모니가 부시 2세 때와는 달리 합리적으로 행사되기만 한다면 태평양 지역의 신자유주의 세계화를 통해 선진 자본주의 국가들 공통의 이익에 도움이 될 수 있다는)와 어떤 점에서 더 가까운 태도를 취한다.[39]

내가 이 책을 쓴 목적은 이와 같은 논쟁에 개입할 뿐 아니라 마르크스주의 제국주의론을 면밀히 고찰해서 나 자신의 견해도 명료화하고자 함이다. 이 책이 1부와 2부로 나뉘는 것은 이론과 역사의 단순하지만 유용한 구분을 반영한 것이다(그러한 구분이 단순하지만 유용한 이유는 사회 이론의 일종인 마르크스주의든 이 책의 주제인 제국주의든 이론과 역사의 칼 같은 분리를 허용하지 않기 때문이다). 1부는 다시 두 개의 장으로 구성되는데, 1장은 20세기 초에 개발된 고전 마르크스주의 제국주의론을 비판적으로 고찰하는 데 할애했다. 2장에서는 고전 마르크스주의 제국주의론을 더 정교화한 하비와 나의 이론을 소개하고 옹호했는데, 특히 자본주의 생산양식과 국가 체제 사이의 관계 문제를 중점적으로 다루었다.

2부에서는 자본주의적 제국주의의 역사적 등장과 변화 과정을 추적하면서 1부에서 제기된 이론적 쟁점들을 재조명했다. 3장은 자본주의 자체의 성격과 기원을 분명히 짚고 넘어가는 필수적 선행 작업에 할애했다(뒤에서 살펴보겠지만 자본주의의 성격과 기원 문제는 제국주의에 대한 상이한 관점들의 형성에서 중요한 구실을 한다). 이를 위해 나는 밥 서트클리프가 '2세대 제국주의 이론'이라고 부른 마르크스주의적 또는 마르크스 친화적 이론들, 구체적으로는 1960년대와 1970년대에 영향력이 컸던 종속이론과 세계체제론이 제기한 쟁점들을 살펴보았고, 더 최근에는 '정치적 마르크스주의' 학파(브레너의 역사 저술에서 영감을 얻었지만 주로 엘런 우드와 그 제자들이 발전시킨)가 제기한 쟁점들도 다루었다.[40] 4장은 근대 제국주의의 역사를 다룬 장으로, 제국주의의 변천 과정을 식민지 시대(1870~1945년)의 고전적 제국주의에서부터 냉전 시대(1945~91년)의 '초강대국 제국주의'(나는 그렇게 부른다)를 거쳐 오늘날의 여러모로 애매모호한 제국주의에 이르기까지 쭉 살펴본다. 3장과 4장에서 상세한 역사 서술을 의도하지는 않았다. 특정 사건이나 쟁점을 세밀하게 다룬 것은 이론적 문제점이나 논쟁거리를 명료화하기 위해서다. 5장에서는 현대 제국주의의 성격과 미래를 더 체계적으로 살펴보면서 현대 제국주의를 오늘날 국제 정치경제의 주요 특징들과 연결지으려 했다.

그런 점에서 5장은 이 책 전체의 특징 하나를 부각시켜 준다. 이 책의 제목인 《제국주의와 국제 정치경제》는 부분적으로 부하린의 고전인 《제국주의와 세계경제》에 대한 오마주이기도 하지만 마르크스주의 정치경제학에 보탬이 되고자 하는 의도도 담고 있다. 이 책은 세 가지 층위에서 마르크스주의 정치경제학에 기여하려 한다. 첫째, 그리고 이 점이 가장 근본적인데, 이 책에서(특히 2장에서) 제국주의 이론을 다루는 방식은 내가 이해한 마르크스의 설명 전략(《자본론》에서 보여 준)을 반영하며 또 적용하려 한다. 둘째, 더 구체적으로, 이 책의 주요 주제 가운데 하나는 마르크스주의자들이 제국주의를 이해하는 방식과 자본주의가 위기에 빠지는 경향을 설명하는 방식 사이의 상관관계를 추적하는 것이다(이를 위해 룩셈부르크, 부하린, 그로스만, 프레오브라젠스키 같은 역사적 인물들의 주장뿐 아니라 자본주의와 제국주의에 관한 더 최근의 논쟁들도 다루었다). 마지막이자 가장 중요한 층위로서, 철학적 명료함의 추구가 이 책의 주된 목적은 아니므로 여기서 제시한 이론 구성이 얼마나 가치 있는지는 그것이 과거와 현재의 세계 자본주의 정치경제를 이해하는 데 얼마나 도움이 되느냐에 달려 있다. 서트클리프는 최근에 나온 제국주의 관련 서적 가운데 가장 뛰어난 두 권의 책, 하비의 《신제국주의》와 우드의 《자본의 제국》(Empire of Capital)이 "수많은 다른 마르크스주의 문헌과 마찬가지로 그들이 논하는 여러 가지 경험적 문제들에 대해 이미 존재하는 증거들을 충분히 진지하게 다루지 않는다"고 불평한다.[41] 나는 이 같은 꾸짖음을 염두에 두면서 역사 연구와 근래의 경험적 증거들을 모두 참조하려 애썼다.

나는 20년이 넘도록 제국주의 이론과 씨름해 왔다. 이는 현실 세계에서 제국주의라는 현상이 워낙 두드러졌기 때문이기도 하고, 제국주의 이론을 계승·발전시키기 위한 집단적 노력에 나 자신이 동참해 왔기 때문이기도 하다. 나는 국제사회주의(IS) 전통에 속해 있었던 덕분에 지적으로 어마어마한 혜택을 입었다. IS 전통은 고전 마르크스주의 전통에 뿌리를 두고 있지만 고전 마르크스주의를 비판적으로 계승·발전시키고자 노력해 왔다. 나는 위 세대 IS 사람들 가운데는 토니 클리프, 마이크 키드런, 나이절 해리스에게서, 더 아래 세대 사람들 가운데는 크리스 하먼과 존 리즈에게서 많은 것을 배웠다. 특히 존 리즈는 냉전이 종식됐을 때 '신제국주의' 이론을 정식화하는 데서 정치적으로, 그리고 지적으로 가장 큰 주도력을 발휘했다.[42]

이처럼 제국주의에 관한 나의 이론적 작업을 혁명적 사회주의 전통의 하나인 IS 전통 속에 자리매김하는 것은 그만큼 내 작업의 정치적 동기가 크기 때문이다. 무엇보다 카터와 레이건 시절을 거쳐 클린턴과 부시 2

세에 이르기까지 역대 미국 정부가 갈수록 자국의 패권을 재천명하려고 안간힘을 쓰는 것에 맞서 저항을 건설해야 한다는 동기 말이다. 물론 그렇다고 해서 제국주의 이론을 원래 형태들(나중에 살펴보겠지만 제국주의 이론은 항상 복수의 형태로 존재했다)대로 단순히 되풀이할 수는 없다. 원래의 제국주의 이론들에 대한 몇몇 비판들을 우리는 이미 살펴보았는데, 뒤에 나오겠지만 훨씬 더 많은 비판들이 남아 있으며 그중 일부는 타당하다. 하비와 내가 제국주의론을 재정립하려고 노력한 부분적인 목적도 고전 마르크스주의 제국주의론에서 이러한 맹점들을 제거하기 위함이다. 또한, 나는 비록 마르크스주의 관점에서 이 책을 썼지만 비(非)마르크스주의 전통의 유산들도 쓸모 있어 보이는 경우 별 거리낌 없이 차용했다. 이를테면 마이클 만과 W G 런시먼이 대표하는 베버주의 역사사회학이나 주류 국제관계학 이론의 구조적 현실주의의 여러 변종들 말이다. 마르크스주의 국제 이론에도 '현실주의'를 수용할 여지가 있지 않겠느냐는 나의 주장은 이미 여러 사람들의 심기를 불편하게 했다.[43]

그러나 이론적 고려 사항들은 이론 자체의 논리를 따른다는 나의 고집이 정치적 목적 추구와 배치되는 것은 아니다. 오히려 정치적 목적 추구를 더 잘하기 위함이다. 오랜 정설을 되풀이하기만 해서는 현대적 추세를 이해하기 어렵다. 따라서 하비와 내가 경쟁을 강조한다고 해서 20세기 초반의 패턴들이 오늘날 재현되고 있다는 말은 아니다. 당시 경제적 경쟁과 지정학적 경쟁의 상승작용 때문에 양차 세계대전이 일어난 것을 감안하면 이는 천만다행이다. 그러나 세상 돌아가는 모습을 주의 깊게 살피면 누구든 강대국들 사이에 긴장이 고조되는 것을 감지할 수 있다. 예컨대 미국이 일본, 인도, 그 밖의 여러 중앙아시아 국가들을 동맹으로 끌어들여 중국을 포위하려는 것을 보라. 또, 에너지 가격 상승 덕에 목소리가 커진 러시아가 2008년에는 그루지야를 상대로 전쟁까지 벌인 것을 보라. 이러한 추세들은 섬뜩하다. '테러와의 전쟁'이 이라크, 아프가니스탄, 파키스탄, (잠재적으로) 이란에서 촉발한 당장의 위기들도 마찬가지지만 말이다. 조지 W 부시의 임기가 끝나고 버락 오바마가 백악관의 새 주인이 된 것은 여러모로 반가운 일이기는 해도 앞서 말한 갈등들을 종식시키지는 못할 것이다. 그렇다면 장차 인류에게 닥쳐올지도 모르는 재앙을 어떻게 피할 수 있느냐는 물음이 자연스럽게 제기된다. 이에 대한 한 가지 답변은, 오늘날 미국이 '제국의 과잉 확장' 위기를 겪고 있다는 징후를 미국 헤게모니의 종말이 다가오고 있다는 신호로 해석하는 것이다. 이렇게 볼 때 과연 어느 국가가 장래에 미국을 대체할 것인지가 궁금해지기 마련인데, 보통은 중국이 후보로 거론된다.

그러나 이런 류의 예측이 함축하는 바는, 고작 노예 주인이 바뀌는 것 정도가 우리가 바랄 수 있는 최선이라는 것이다. 헤게모니 주기의 순환에 따라 암스테르담에서 런던을 거쳐 워싱턴으로 넘어왔던 제국의 수도 자리가 다음에는 베이징으로 넘어가길 바랄 수밖에 없다는 것이다. 이 대목에서 우리는 마르크스주의 제국주의론의 장점 또 하나를 발견할 수 있다. '제국 권력'이 인류사의 '출발점'도 아니며, 문제의 근원은 특정 헤게모니 국가가 아니라 체제 자체에 있음을 강조한다는 점 말이다. 더욱이, 1960년대의 미국 급진주의자들이 주장했듯이 그 이론은 그 체제를 자본주의라고 부른다. 문제의 근원이 자본주의임은 오늘날에도 여전히 진실인 듯하다. 이 점은 우리가 제국의 굴레에서 영원히 벗어나려면 엄청난 일을 해내야 한다는 것도 보여 준다.

Part 1

이론

IMPERIALISM AND GLOBAL POLITICAL ECONOMY

1장
고전 마르크스주의의 유산

1.1 마르크스의 《자본론》을 이어가기

20세기 첫 30여 년 동안 마르크스주의 정치경제학이 이후 모든 성과의 기준이 될 만큼 높은 지적 수준에 도달했다는 것에는 의심의 여지가 없다. 카를 카우츠키, 루돌프 힐퍼딩, 로자 룩셈부르크, 오토 바우어, 레닌, 레온 트로츠키, 니콜라이 부하린, 헨리크 그로스만, 예브게니 프레오브라젠스키는 모두 제국주의를 당대의 핵심 현실로 인식했고 자신들의 경제 저작에서도 제국주의를 설명하려 했다. 밥 서트클리프는 이들을 다음과 같이 평했다. "1세대 제국주의 이론가들은 역사유물론을 국제 관계에 적용한 지성들 가운데 최고봉에 속한다. 그들은 지적으로 대단히 비옥한 시대에 글을 썼다. 그들은 정설에 얽매이지 않고 대담하게 수정주의적이고 비판적인 태도를 견지한 덕분에 그만한 기여를 할 수 있었다."[1]

서로 격하게 논쟁하기도 했지만 집단적이었던 이 이론적 작업에는 세 가지 주목할 만한 특징이 있었다. 첫째, 그것은 학계 바깥에서 진행됐다는 점에서 오늘날의 제국주의 이론화 작업과 확연히 달랐다. 힐퍼딩은 자신의 선구적 저작인 《금융자본》에서 이렇게 불평했다.

　경제 이론은 탐구 대상이 한없이 복잡하기 때문에 과학 중에서도 가장 어려운 과학에 속한다. 그런데 마르크스주의자는 애매한 처지에 놓여 있다. 과학적 탐구를 위한 시간이 보장된 대학에서 배제된 마르크스주의자들은 정치 투쟁이 잠잠해져서 어느 정도 여유가 생길 때까지 자신의 과학적 연구를 미룰 수밖에 없다.[2]

　페리 앤더슨은 제2차세계대전 이전의 고전 마르크스주의(지리적으로 중부 유럽과 동유럽에 집중돼 있었고, 학계에서 배제돼 있었고, 제2/제3인터내셔널의 노동계급 대중운동과 유기적 연관을 맺고 있었으며, 경제와 정치에 대한 실질적 분석에 몰입했던)와 전후의 서구 마르크스주의(서유럽과 북미 중심이었고, 대학에 기반을 두고 있었으며, 메타이론*과 미학에 몰두한)를 대조하면서 힐퍼딩 등을 전자의 전형적 사례로 취급했다.[3] 그들의 삶이 사회주의 정치와 얼마나 밀접한 관련이 있었는지는 그들에게 닥친 비극적 최후를 봐도 짐작할 수 있다. 카우츠키는 1938년 나치에 병합된 오스트리아를 빠져나온 뒤 사망했고, 힐퍼딩은 나치에 점령된 파리에서 게슈타포의 고문으로 사망했고, 룩셈부르크는 혁명기의 베를린에서 원조 파시스트라고도 할 수 있는 자유군단

---

*　이론을 대상으로 하는 이론.

(Freikorps)에게 살해당했으며, 트로츠키·부하린·프레오브라젠스키는 모두 스탈린에게 살해당했다. 공산주의 인터내셔널이 말한 '전쟁과 혁명의 시대'가, 그리고 1917년 10월 러시아 혁명의 역설적인 결과가 이 모든 활동가 지식인의 삶을 비극적 결말로 이끌었다.

둘째, 이 이론가들은 제국주의를 정치적 행동의 기초가 될 수 있는 분석이 필요한 문제로 이해했다. 앤서니 브루어가 이들의 관점을 잘 정리했다.

'제국주의'라는 용어의 의미가 확장되고 변형된 까닭에 고전 마르크스주의 제국주의 이론을 오해하기가 쉽다. 오늘날 '제국주의'라 하면 보통 선진국이 후진국을 지배하는 것을 뜻한다. 그러나 고전 마르크스주의자들에게 '제국주의'란 주요 자본주의 국가들 사이의 경쟁을 뜻했다. 영토 분쟁으로 표출되고, 경제적 형태뿐 아니라 정치적·군사적 형태도 띠며 궁극적으로는 제국주의 국가 간 전쟁으로 귀결되는 경쟁 말이다. 약소국에 대한 강대국의 지배는 이러한 제국주의 개념에 분명 함축돼 있기는 하지만 핵심은 강자들 사이의 지배권 다툼에 있으며, 그러한 다툼에서 저개발 국가들은 능동적 행위자라기보다는 수동적 전장의 위치를 차지한다.[4]

셋째, 서트클리프가 말한 '1세대 제국주의 이론가'들은 마르크스가 《자본론》에서 자본주의 생산양식의 작동 방식을 규명하려 한 것을 자신들이 이어가고 있다고 생각했다. 그들은 《자본론》 2권과 3권이 각각 마르크스 사후인 1885년과 1894년에 출간되면서 마르크스의 가치론을 둘러싼 최초의 논쟁(마르크스주의 정치경제학에서 끊이지 않는 논란거리다)을 촉발한 지적 환경 속에서 글을 썼다.[5] 가치론 논쟁보다 훨씬 중요한 것으로, 1세대 제국주의 이론가들은 마르크스에게 물려받은 개념적 도구를 이용해 마르크스가 《자본론》을 쓴 1860년대 이후 수십 년 동안 자본주의가 발전한 형태를 분석하려 했다. 그래서 힐퍼딩은 《금융자본》을 다음과 같이 묘사했다. "[《금융자본》은] 자본주의 발전의 최신 단계에서 나타나는 경제적 특징을 과학적으로 이해하려는 시도다. 달리 말해, 이 책의 목적은 자본주의 발전의 최신 단계의 경제적 특징들을 윌리엄 페티가 시작해서 마르크스가 최고 형태로 발전시킨 고전 정치경제학 체계 내에서 설명하는 것이다."[6] 고전 제국주의 이론가들 중에 가장 우상파괴적이며 자본주의를 유형별로 분류하는 데 가장 무관심했던 룩셈부르크조차 제국주의를 자본주의의 "마지막 단계"라고 불렀다.[7]

마르크스의 이론적 작업을 이어가는 것과 현대 제국주의의 고유한 특징들에 대한 분석을 병행하려면 마르크스가 《자본론》을 통해 펼치려 했던 지적 프로젝트가 어떤 것이었는지를 살펴봐야 한다. 그런데 이것은 말처럼 쉬운 일은 아니다. 《마르크스/엥겔스 전집》(Marx Engels Gesamtausgabe: MEGA로 널리 알려져 있다)이 출판되면서 마르크스의 경제 저작들에 관한 학술 연구가 활발해졌다. 그 덕분에 《그룬트리세》(1857~58)에서 시작돼 《1861~63년 수고》(훗날 《잉여가치 학설사》의 기초가 된), 《1863~65년 수고》(엥겔스가 《자본론》 2, 3권을 편집·출간할 때 활용한 주된 출처), 《자본론》 1권(1867), 《정치경제학 비판을 위하여》(1859)까지 계속된(마지막 두 책만이 마르크스 생전에 출판됐다) 《자본론》 집필 노력(결국 미완성으로 끝났다)이 얼마나 방대하고 복잡한 것인지가 드러났다. 그렇지만 마르크스가 《자본론》에서 추구한 과학적 방법의 핵심 특징들을 규명하려는 노력은 필요하다.[8] 이는 옛날이나 지금이나 제국주의를 이론화할 때 대단히 중요한 문제다.

첫째, 마르크스가 《자본론》을 쓴 목적은 당시 자본주의의 모습을 경험적으로 기술하기 위함이 아니었다. 그는 《자본론》 1권의 초판 서문에서 산업혁명기의 영국을 "내 이론 전개에서 주요 **사례**"로 들겠지만 자신의 주된 논의 대상은 "자본주의 생산양식이고, 그에 조응하는 생산관계와 교환관계"라고 했다.[9] 그는 훗날 《자본론》 2, 3권 초고에서 지대를 분석하는 부분에 미국과 러시아 농업에 관한 실증적 자료를 덧붙이면서 사례의 폭을 넓히려 했지만 자본주의 생산양식의 구조적 논리를 규명한다는 기본적 집필 방향은 바꾸지 않았다. 마르크스의 역사 이론에서 생산양식이란 기본적인 경제체제 유형으로서 생산력(즉 인간의 노동으로 부를 생산해 낼 수 있는 능력)의 특정한 발전 수준과 특정한 생산관계가 결합된 것을 말하는데, 이 중 후자인 생산관계(생산력에 대한 실질적 통제 형태)가 해당 생산양식의 성격을 말해 준다. 머리말에서 내가 지적했듯이 자본주의 생산관계에는 두 차원이 있다. 로버트 브레너는 그 둘을 자본가와 노동자 사이의 "수직적" 권력 관계(시장과 사회/정치 영역에서 두루 나타나는)와 기업들 사이의 "수평적" 경쟁(자본주의 체제의 주된 경제적 동인인)이라고 부른다.[10]

　둘째, 마르크스는 그러나 이 두 가지 모순 가운데 어느 것도 《자본론》의 출발점으로 삼지 않는다. 오히려 《자본론》 1권의 첫 장(어렵기로 유명하고 여러 차례 수정을 거친)은 상품에 관한 것이다. 여기서 마르크스는 데이비드 리카도가 최초로 체계화한 노동가치론의 마르크스 버전(상품의 교환가치는 그것을 생산하는 데 사회적으로 필요한 노동시간에 비례한다는)을 제시한다. 그러면서 마르크스는 노동가치론의 용도를 완전히 바꿔 버렸다. 리카도의 노동가치론은 '상업 사회'(애덤 스미스가 인류의 최종적이자 가장 자연스러운 "생계 유지 방식"이라고 최초로 개념화한)의 3대 계급 간에 분배를 둘러싼 투쟁을 분석하기 위한 가격 결정 이론이었다. 반면에 마르크스의 가치론은 우선, 일시적이며 착취적인 생산양식인 자본주의의 역사적 특수성을 규명하는 기능을 한다. 마르크스는 특히 가치를 **추상적 사회적 노동**으로 이해한다. 이는 관찰자가 자본주의의 다양한 형태를 임의로 분류하려고 발명한 개념적 범주가 아니라 '현실의 추상화(abstraction)'다. 즉, 자율적이지만 상호 의존적인 생산 단위들(상품생산이 일반화한 사회에서는 생산 단위들이 이렇게 파편화할 수밖에 없다) 간의 맹목적 경쟁이 경제주체들에게 추상적 사회적 노동을 강요하는 것이다. 이 생산 단위들은 경쟁의 압력 때문에 최신 생산기술을 채택해서 상품의 원가를 경쟁자들보다 낮추려 하고, 그렇게 하는 과정에서 가치법칙에 스스로 종속된다. 즉, 자신의 상품을 생산하는 데 드는 사회적 필요 노동시간을 최소화해야 하는 압력에 종속된다. 마르크스는 자신의 개념 체계를 정립하는 과정의 비교적 초기 단계인 《그룬트리세》에서 이미 자본주의 생산양식을 구성하는 개별 단위들로서 작동하는 '다수 자본들' 간의 '수평적' 경쟁이 전략적으로 대단히 중요한 구실을 한다는 것을 인지했다. "개별 자본들이 서로 주고받는 영향 때문에 그들은 **자본**으로서 행동하게 된다. 겉보기에 서로 독립적인 개별 자본의 상호 영향과 무질서한 충돌이야말로 자본의 일반 법칙을 정확히 드러내 보여 준다."[11] 자본주의 생산양식의 가장 독특한 특징 중 하나인 자본축적은 "어떤 사회적 메커니즘의 결과", 즉 기업들로 하여금 각자의 이윤을 생산 설비의 개선과 확대에 재투자하도록 종용하는 경쟁의 결과다.[12]

마르크스의 가치론의 가장 중요한 적용은 당연하게도 자본가들의 이윤이 어디서 왔는지에 대한 설명이다. 마르크스는 《자본론》 1권 2편에서 자본주의를 다른 모든 경제체제와 구별시켜 주는 핵심 특징은 노동력 자체가 상품이 된다는 점에 있다고 주장했다. 자본주의에서 직접 생산자들은 생산수단과 분리된다. 그러나 이들은 자신의 노동력을 소유하고 통제한다는 점에서 자본주의 이전 계급 사회의 피착취 계급(고대 노예, 중세 농노 등)과는 다르다. 이들이 생산에 참여해서 먹고살 수 있으려면 생산수단을 통제하는 자본가들에게 자신의 유일한 생산적 자산인 노동력을 판매해야 한다. 그런데 새로운 가치의 창출은 오직 이 노동력이 생산에 투입될 때만 가능하다. 즉, 노동이 가치를 창출한다. 이렇게 창출된 가치와 자본가가 노동력을 구입하려고 지급하는 가치(주로 임금의 형태를 띠는) 사이의 차액을 마르크스는 잉여가치라고 불렀는데, 바로 이것이 이윤의 원천이다(자본가들은 이렇게 벌어들인 이윤의 일부를 자신을 위해 소비하고 나머지를 다시 투자한다). 따라서 자본주의 생산양식은 사람들 사이에 법률적·정치적 평등을 허용하면서도 결국은 임금노동의 착취에 바탕을 둔 계급 사회다.

임금노동과 자본 간의 이 '수직적' 모순에 관한 마르크스의 분석이 제국주의 이론에 미친 영향은 3장에서 살펴볼 것이다. 지금 여기서 더 중요한 문제는 마르크스가 제시한 방법의 세 번째 특징, 즉 점차 구체적인 결정 요인들을 누적적으로, 그러나 연역적이지 않은 방식으로 도입한다는 점이 그의 착취 이론과 어떤 관련이 있느냐는 문제다. 마르크스는 자신의 연구 대상이 얼마나 복잡한지를 잘 알고 있었다. 그는 자신의 과업을 고전 물리학 창시자들의 과업에 비교하면서, 어떤 과학 이론을 개발하든 간에 연구 대상의 근본적 성질(감각적으로는 인지하기가 어렵거나 불가능한)을 파악하려면 추상적 개념이 필요함을 강조했지만, 자본주의 생산양식의 실제 작동 방식은 더 한층의 어려움을 제기한다고 생각했다. 그러한 어려움은 자본주의에서 상품 순환이 착취 관계를 은폐하고 경제 관계에 대한 인식을 이데올로기적으로 왜곡하는 데서 비롯한다. 이미 《자본론》 1권 1장에서 마르크스는 상품의 물신성에 관한 자신의 이론을 소개하고 있다. 이에 따르면 일반화한 상품생산 체제에서는 생산 단위들(상호 자율적이지만 또한 상호 의존적인) 간의 사회적 교류가 시장에서의 상품 교환이라는 형태를 띠기 때문에 생산 단위들의 "사적 노동 사이의 사회적 관계는 **눈에 보이는 그대로 나타난다**. 즉, 노동을 통해 사람들 사이에 맺어지는 직접적인 사회적 관계가 아니라 사람들 사이의 물질적 관계로, 그리고 물건들 사이의 사회적 관계로 나타난다."[13]

마르크스가 "눈에 보이는 그대로 나타난다"는 표현을 쓴 것은, 자본주의 체제에서 사회적 관계가 파편화하고 또 자연스럽게 여겨지는 경향이 나타나는 것은 누군가가 의도적으로 그런 관념을 주입하기 때문만이 아니라 자본주의 경제 관계의 작동 방식 자체가 그런 관념을 필연적으로 부추기기 때문이기도 하다는 것을 시사한다. 여기서 비롯하는 어려움은 자본주의적 생산과 유통의 통일성을 보여 주려 한 《자본론》 3권(1권은 직접적 생산과정을, 2권은 유통과정을 각각 다루었다)에서 특히 두드러진다. 프레드 모슬리는 《자본론》 3권을 생산과정에서 추출된 총잉여가치의 배분에 관한 책이라고 묘사하기도 했다. 실제로 마르크스는 《자본론》 3권 2편에서 경쟁 자본들 간에 이윤율 균등화를 통해 잉여가치가 재분배되는 과정을, 4편에서 이윤이 산업자본, 상업자본, 그리고 이자 낳는 자본 사이에 분배되는 과정을, 5편에서 비교적 생산성이 낮은 농업 부문에서 발생한 초과이윤이 토지 소유자들의 지대로 변환되는 과정을 각각 고찰했다.[14] 자본의 형태를 이렇게 구분하는 것의 중요성에 관해서는 마르크스 자신이 《자본론》 3권 서두에서 다음과 같이 밝히고 있다.

우리의 관심사는 … **자본의 총체적 운동 과정에서** 나타나는 구체적 형태들을 발견하고 서술하는 것이다. 자본들은 실제 운동 속에서 구체적 형태로 서로 대면하는데, 이 구체적 형태들에서는 직접적 생산과정에서 자본의 모습도, 유통과정에서 자본의 모습도 모두 특수한 계기로만 나타난다. 따라서 이 책에서 논의하게 될 자본의 갖가지 모습들은 사회의 표면에서 드러나는 자본의 형태, 즉 자본들 간의 상호작용(경쟁)에서 드러나는 형태와 생산 주체들 자신의 일상적 의식에서 드러나는 형태로 점차 다가갈 것이다.[15]

그러나 마르크스는 또한 이런 분화 과정 때문에 근원적 관계들을 파악하기가 더 어려워진다고 지적했다. 그래서 마르크스는 '이윤은 잉여가치가 아니라 자본(생산요소의 하나인)에 대한 보상(임금이 노동에 대한 보상이고 지대가 토지에 대한 보상인 것과 마찬가지로)'이라고 주장하는 '삼위일체 공식'을 배격했다. 그런 공식이 서로 경쟁하는 경제주체들에게 기능적으로 유용한 개념이기는 하지만 이윤의 뿌리가 착취에 있다는 진실을 은폐한다는 것이다. 곧,

직접 생산과정과 유통과정의 통일인 실제의 생산과정은 [자본의] 새로운 모습들을 만들어 내는데, 그 속에서는 내적 연관의 실마리가 갈수록 희미해진다. 즉, 생산관계들은 서로 독립적으로 돼 가고 가치의 구성 부분들도 서로 독립된 형태로 굳어진다.[16]

마르크스의 '추상에서 구체로 상승하는 방법'은 자본주의 생산양식 전체에서 만들어지는 온갖 복잡한 형태들 속에서 가치와 착취의 실마리

를 놓치지 않으려는 목적으로 고안됐다.[17] 제라르 뒤메닐의 적절한 표현 대로, 《자본론》의 "체계"는 "단계적 투약 같은 추상화, 또는 구성 요소 를 하나씩 쌓아 나가는 구체화"라고 할 수 있다.[18] 이는 자본주의 생산 양식을 설명할 때 뒤로 갈수록 더 복잡한 결정 요인들을 점진적으로 도 입한다는 뜻이다. 그래서 마르크스는 《자본론》 1권 1편에서 자본주의 의 고유한 특징인 임금노동의 착취, 경쟁적 자본축적 등에 관한 논의는 일절 배제한 채 상품과 화폐만을 다룬다. 2편에 이르러서야 마르크스는 자본주의의 특수성에 주목하기 시작한다. 그러면서 그가 가장 먼저 언 급하는 것은 자본의 자기 증식(또는 가치화) 능력이다. 자본의 일반 공 식, 곧 M–C–M'이 자본의 자기 증식 과정을 보여 준다. 즉, 화폐(M) 형 태의 자본이 상품(C)으로 교환되고, 상품이 팔리면서 더 많은 화폐(M') 로 교환된다. 그렇게 해서 애초의 자본을 투자한 자본가는 이윤을 획득 한다. 어떻게 이런 가치 증식이 가능한가? 자본주의 이전에도 오랫동안 존재했던, 싸게 사서 비싸게 파는 식으로 돈을 벌었던 상인자본과는 달 리, 이처럼 가치 증식을 하는 자본은 어떻게 자본주의를 자립적 생산 체 제로 지탱하는가? 바로 이러한 질문에 답하려고 마르크스는 또 다른 결 정 요인을 도입한다. 자본주의에서는 노동력 자체가 상품이 되기 때문에 자본가가 노동자로부터 잉여가치를 짜낼 수 있고, 바로 이 점이 자본의 가치 증식을 설명해 준다는 것이다.

이렇듯 점점 더 복잡한 결정 요인을 순차적으로 도입하는 마르크스의 방법론에 대해서는 세 가지 짚고 넘어갈 점이 있다. 첫째, 마르크스가 여 러 결정 요인들을 각각 다른 시점에 도입하는 것은 분석의 편의를 위해 서였지, 시대적 구분을 위해서가 아니었다. 그러므로 가치법칙이 오직 단순상품생산(생산수단을 보유한 소생산자들이 자신이 만든 상품을 자신이 판매하는 것) 위주의 경제체제에만 적용되며 자본주의 생산양식에는 적용되지 않음을 보이려 한 엥겔스의 유명한 시도는 심각한 오해에서 비롯한 것이다.[19] 마르크스 자신은 자본주의 생산양식을 "여러 결정 요인들과 관계들의 풍부한 총체"라고 생각했고, 비록 그러한 결정 요인/관계들을 순차적으로 소개하기는 했지만 현실에서는 그 모든 요인들이 동시에 작용한다고 봤다.[20] 둘째, 새롭게 도입되는 결정 요인과 그 전에 도입된 결정 요인 사이의 관계는 연역적인 것이 아니다. 예컨대 노동력이라는 개념이 상품이나 화폐 개념에 이미 '내재'한 것은 아니다. 자크 비데가 보여 줬듯이, 마르크스가 여러 편의 경제 관련 수고에서 자신의 개념들을 끊임없이 재정립하면서 이루어 낸 주된 성과는 《그룬트리세》에서 했던 시도(화폐 개념에서 자본 개념을 "변증법적으로" 유추해 내려는)를 포기하고 노동력이나 그와 관련된 개념들(잉여가치, 착취 등)을 종전의 개념들로 환원되지 않는 독자적 결정 요인들로 취급하기에 이른 것이었다.[21] 이는 《자본론》의 방법론이 헤겔 변증법과 확연히 다른 점이다. 둘 다 추상에서 구체로 움직이면서 점진적으로 새로운 결정 요인들을 도입한다는 공통점이 있었지만, 헤겔의 목적론적 체계에서는 이 모든 과정의 추상적 출발점 속에 이후 등장하는 모든 결정 요인들이 내포돼 있는 반면, 마르스크의 체계에서는 새로운 결정 요인들이 그 전의 결정 요인에 내포돼 있지 않았다. 알튀세르는 다음과 같은 말로 마르크스의 방법론을 가장 적절히 묘사했다.

마르크스는 개념들의 **자체 생산**이 아니라 개념들의 **위치 설정**을 통해 자신의 사고를 전개했다. 하나의 개념을 어떤 위치에 놓아서 그 개념에 의해 열리거나 닫히는 이론적 공간을 탐색(분석)하고, 새로운 개념을 또 다른 위치에 놓아서 기존의 이론적 공간을 더욱 넓히며, 결국에는 극히 복잡한 이론적 영역들을 구성하는 식이다.[22]

셋째, 이러한 '점진적 복잡화' 과정은 《자본론》의 담론 전체를 구성한다. 각각의 결정 요인들이 도입되는 순서는 전략적으로 대단히 중요하다. 마르크스는 자기 선배 격인 고전 경제학자들이 충분히 추상화하지 않았다고 비판한다. 예컨대 리카도는 《정치경제학과 과세의 원리》(On the Principles of Political Economy and Taxation) 1장에서 "아직 도출되지 않은 온갖 범주들을 **기정사실**로 가정한 채 그러한 범주들이 가치법칙과 모순되지 않음을 증명하려 한" 탓에 가치론을 올바로 정립하지 못했다고 마르크스는 지적한다.[23] 이를테면 리카도는 일반 이윤율의 존재를 기정사실화하는데, 이는 노동가치론과 모순된다. 왜냐하면 자본 수익률이 모든 산업에서 균등해지면, 상품들이 더는 그 상품을 생산하는 데 필요한 사회적 필요 노동시간(개별 산업의 전반적인 생산 조건을 반영하는)에 따라 교환되지 않기 때문이다. 마르크스는 다음과 같이 설명했다.

리카도는 **일반 이윤율**을 **기정사실화**하기보다는 그것의 **존재**가 실제로 노동시간에 의한 가치 결정과 얼마나 부합하는지를 살펴봤어야 했다. 그렇게 했다면 둘이 부합하기는커녕 언뜻 서로 모순돼 보인다는 것을 알아차렸을 것이다. 따라서 일반 이윤율을 단순히 가치법칙에 포함시켜서는 안 되며, 여러 중간 단계를 거쳐 그것의 존재를 설명해야 한다는 것도 알 수 있었을 것이다.[24]

달리 말해, 리카도는 가치법칙에서 상업 사회의 모든 구체적 결정 요인들을 직접 도출해 내려다 보니 그러한 결정 요인들을 처음부터 도입하는 우를 범했고, 그 탓에 그것들을 제대로 설명하지 못했던 것이다. 이에 반해 《자본론》의 방법은 그러한 결정 요인들을 바로 "여러 중간 단계"를 거치면서 하나씩 소개하는 것이다. 그래서 마르크스는 상품의 생산과 유통을 다룬 《자본론》 1, 2권에서는 개별 자본 사이의 차이와 경쟁을 무시했다가 3권 2편에서는 개별 자본 간의 경쟁과 상이한 부문 간의 자본 이동으로 평균이윤율이 형성되고 그에 따라 가치가 생산가격으로 전환되는 과정을 설명했다. 이 단계에서 마르크스 가치론의 본격적 난제인 '전형 문제(transformation problem)'가 제기되기는 하지만, 어쨌든 생산과정과 유통과정의 대부분을 분석할 때 개별 자본들 간의 상호작용을 고려할 필요는 없었다는 사실이 마르크스의 방법을 정당화해 준다. 마르크스가 개별 자본과 사회적 총자본의 차이를 분명히 하는 것은 《자본론》 2권 3편(사회적 총자본이 단순재생산이든 확대재생산이든 재생산되려면 개별 자본들의 순환을 서로 결합시킬 때 일정한 조건을 충족시켜야 한다고 설명할 때)에 이르러서다. 이를 발판 삼아 마르크스는 3권 2편에서, 특히 10장 '이윤율 균등화'에서 "다수 자본" 간의 경쟁을 분석한다.[25]

어떤 결정 요인이 《자본론》의 비교적 뒷부분에 도입됐다고 해서 그것이 마치 앞부분에 도입된 결정 요인(예컨대 1권에서 다룬 직접적 생산과정)들의 부차적 표현에 불과한 것처럼 여겨서는 안 된다. 《자본론》 3권은 이윤율의 형성과 균등화, 이윤율 저하 경향과 경기순환, 상업자본과 화폐자본, 지대와 부동산 등 실제 경제체제로서 자본주의의 핵심적 특징들을 다루고 있다. 그래서 마르크스는 3권 5편에서 거의 300페이지를 할애해 가며 '이자 낳는 자본'을 분석했다. 이 부분은 비록 혼란스럽고 불완전하며 엥겔스의 편집을 거치면서 왜곡됐을 가능성마저 있지만 1860년대 이후 중요성이 커진 자본의 한 측면, 곧 마르크스가 신용 제도라고 불렀고 오늘날 금융시장이라고 부르는 대상을 날카롭게 분석한 부분이다. 《자본론》의 다른 부분과 마찬가지로 여기서도 마르크스는 신용 제도의 구체적인 메커니즘을 주의 깊게(때로는 어지러울 정도로 자세히) 다루는 동시에 그러한 메커니즘을 자본주의 생산양식 전체의 작동 방식 속에 위치 지운다. 그렇게 보면 화폐자본가들도 생산 부문에서 창출된 잉여가치 중 더 큰 몫을 차지하려고 서로 경쟁하며, 그 과정에서 축적의 한계가 일시적으로 극복될 수 있지만 결국 축적이 다시 한계에 부딪히면서 금융 위기가 발생한다.[26] 비록 신용 제도를 배경으로 등장하는 이데올로기들, 특히 (임금노동에 의한 잉여가치 생산 없이) 돈이 돈을 벌어 준다(M—M')는 믿음은 "자본 관계"를 "가장 피상적이고 물신화한 형태"로 이해한 것이지만, 이 같은 관념들(삼위일체 공식도 비슷한 예가 되겠다)은 그래도 자본주의 경제주체들의 일상적 활동을 위해서는 편리한 관념이다.[27] 따라서 특정한 결정 요인이 도입되는 정확한 시점은《자본론》의 설명 전략에서 대단히 중요하다. 적절한 시점에 특정 결정 요인을 도입하는 것은 자본주의 생산양식에 관한 더 큰 이론 틀 내에 그 결정 요인을 위치 지움으로써 그 결정 요인을 설명(그 덕분에 현실을 은폐하는 이데올로기적 표현들에 대한 비판도 가능해진다)해 주는 동시에 자본주의 생산양식에 관한 이론의 내용도 더 풍부하게 해 준다.

이토록 복잡하고 만만치 않은 설명 전략이 마르크스주의 제국주의론에 대해 시사하는 바는 무엇인가? 가장 중요한 점은, 더 한층 구체적인 결정 요인들을 덧붙여 나가는 과정이《자본론》 3권 말미에서 끝나야 할 이유가 없다는 것이다. 《자본론》이 미완의 프로젝트라는 사실은 유명하다. 마르크스 자신도 처음에는 정치경제학 비판을 책 다섯 권 분량의 프로젝트로 기획했다. 1권은 자본, 2권은 토지, 3권은 임금노동, 4권은 국가, 5권은 국제무역, 6권은 세계시장에 관한 책으로 계획했다.[28] 이후에 마르크스가 이 계획을 포기했는지 여부는 논란의 여지가 있지만, 어쨌든 그의 구상은 《자본론》에서 그가 실제로 따랐던 방법과 일맥상통한다. 즉, 전체적으로 보면 서로 공존하는 요소들을 분석의 편의를 위해 추상적인 것부터 차례대로 설명하는 방법 말이다. 그러나 이것 말고도 《자본론》을 이어가기 위한 또 다른 전략이 있다. 고전 제국주의 이론가들이 채택한 이 전략은 바로 자본주의가 여러 단계를 거쳐 발전한다고 상정하는 '진화론적' 관점을 마르크스의 작업에 접목하는 것이었다. 예컨대 힐퍼딩은 '금융자본' 개념을 도입하면서 그것을 마르크스 시대의 '고전적' 자본주의(경쟁이 비교적 무제한적이었던)와 암묵적으로 대비시킨다.

'현대' 자본주의의 가장 두드러진 특징은 한편으로 카르텔과 트러스트의 형성을 통해 "자유경쟁이 제거"되고 다른 한편으로 은행자본과 산업자본의 관계가 그 어느 때보다 긴밀해지는 것과 같은 집중화 과정이 진행된다는 점이다. 은행자본과 산업자본의 이 같은 관계를 통해 … 자본은 자본의 최고 형태이자 가장 추상적 형태인 금융자본의 형태를 띠게 된다.[29]

힐퍼딩은 두 단계의 설명으로 이러한 주장을 뒷받침한다. 첫째, 《금융자본》 1, 2부에서 그는 화폐와 신용 제도에 대한 마르크스의 분석을 확장해 주식회사와 주식시장 출현의 의미를 논하면서 배당금과 '창업자 이득*이 사실은 잉여가치에 대한 청구권이라고 분석했다. 이러한 분석을 토대로 힐퍼딩은 《금융자본》 3~5부에서 자본의 집적과 집중으로 독점과 카르텔 및 트러스트가 형성되고, 이 과정은 은행자본의 주도로 은행자본과 산업자본이 융합된 형태인 금융자본의 등장으로 정점에 달하고, 그 결과로 경쟁이 제한되고 경제 위기의 형태가 달라지며 국가와 자본의 관계도 달라진다고 주장한다. 특히 자유무역이 보호주의 관세로 대체되고, 자본수출 증대에 뒤따르는 '국가의 경제적 영토' 확장 노력으로 말미암아 국가 간 경쟁이 나타난다고 한다.

레닌과 부하린의 제국주의론에 엄청난 영향을 미친 힐퍼딩의 이론은 이하 1.3절에서 더 자세히 살펴볼 것이다. 일단 여기서 강조하고 싶은 것은, 《자본론》을 이어갈 때 이처럼 자본주의의 상이한 발전 단계들을 구분하는 전략이 마르크스 자신의 방법과도 전혀 모순되지 않는다는 점이다. 하지만 이 전략에는 중요한 제약도 따르는데, 예컨대 제국주의를 이 전략에 따라 설명한다면 이때의 제국주의 개념이 《자본론》에 제시된 자본주의 생산양식의 일반적 개념(그것을 구성하는 관계, 경향, 메커니즘 등)에서 벗어나지 않아야 하고, 만약 벗어난다면 그럴 만한 합당한 근거를 대야 한다는 것이다. 이는 경험적 연구에 대한 다소 교조적인 제약처럼 느껴질 수도 있지만 내 의도는 그런 것이 아니다. 우선, 제국주의를 자본주의 발전의 특정 단계로 설명하는 고전적 제국주의 이론들은 이러한 제약을 어느 정도 수용해야만 스스로 《자본론》의 연장선에 있다고 주장할 수 있다. 또한 그러한 제약을 받아들이는 것은 경험적 연구를 가로막기는커녕 마르크스 이론을 논박 할 수 있는 여지를

---

* 주식 발행 기관이 취하는 이익으로서 주식의 액면 가격과 시장 가격의 차액.

허용한다. 이 같은 기초 위에서 제국주의에 대한 고전 마르크스주의 이론(과 현대 마르크스주의 이론)들은 실험 가능한 보조 가설 구실을 할 수 있다. 임레 라카토슈의 표현을 빌리면, 어떤 과학적 연구 프로그램의 '중핵'(이 경우 자본주의 생산양식에 대한 마르크스의 일반 이론)이 이러한 보조 가설들의 도움으로 새로운 사실을 예측하는 데 얼마나 성공하느냐에 따라 해당 '중핵'의 진보성 또는 퇴행성을 판단할 수 있을 것이다.[30] 마지막으로, 1장 4절에서 살펴보겠지만 부하린이 직면했던 주요 난제 하나는 제국주의를 국가자본주의로 설명한 자신의 이론이 어떻게 경제 위기(《자본론》에서 마르크스가 집착했던 문제의 하나)를 설명할 수 있느냐는 것이었다.[31]

1.2 룩셈부르크의 생산적 일탈

그러나 내가 고전 마르크스주의의 제국주의 이론들을 논하면서 가장 먼저 살펴보려는 이론은 자본주의의 발전 단계를 구분하는 데는 별로 관심이 없고 그보다는 19세기 말 유럽 열강의 영토 확장을 자본주의 생산양식에 내재된 한계 때문으로 설명하는 데 주력하는 이론이다. 내가 로자 룩셈부르크의 이론을 택한 이유는 두 가지다. 첫째, 비록 룩셈부르크의 제국주의론에는 깊은 이론적 결함이 있다는 것이 널리 인정되고 있지만 자본주의적 축적 과정이 비자본주의적 '타자'에 대한 지배에 의존할 수밖에 없다는 그의 주장은 데이비드 하비, 엘런 우드 등 오늘날의 반제국주의자들에게도 강렬한 영감을 주고 있기 때문이다. 둘째, 룩셈부르크는 제국주의를 자본주의 발전의 필연적 귀결로 이해한 최초의 비중 있는 마르크스주의자였던 듯하다. 반면에 힐퍼딩은 금융자본이 우세해질수록 부르주아지가 제국주의(그가 생각하기에는 '군사력 증강과 식민 정책'을 뜻했던)라는 정책을 채택하는 경향이 나타난다면서 제국주의를 일관되게 모종의 정책으로 묘사한다. 비록 힐퍼딩은 "자본은 제국주의 이외에 어떤 정책도 추구할 수 없"고, 따라서 사회주의만이 "제국주의에 맞선 유일한 대안"이라고 말은 하지만 이처럼 제국주의를 "정책"으로 이해한다면 자본주의가 다른 어떤 정책을 추구할 수도 있다고 볼 여지가 생긴다. 이러한 가능성은 이하 1장 4절과 5절에서 살펴보겠지만 제1차세계대전 전후로 마르크스주의자들에게 중요한 한 가지 쟁점을 제기했다.[32] 힐퍼딩과 달리 룩셈부르크는 자본주의가 일단 성숙한 단계로 발전하면 제국주의는 피할 수 없게 된다고 유난히 극단적으로, 그러나 때때로 정교한 논거를 들며 주장했다(이후에 레닌과 부하린이 이 주장을 더욱 발전시켰다). 예컨대 룩셈부르크는 안톤 파네쿡(훗날 '좌익 공산주의' 지도자가 된 사람으로서 결코 소심한 개혁주의자라고는 말할 수 없는)이 자신의 이론을 수용하지 않았기 때문에 파네쿡은 "사회주의가 [역사 발전의] 최종 단계이고 제국주의가 그 전 단계라는 것을 더는 역사적 필연으로 여기지 않게" 될 것이고 "전자[사회주의]는 노동계급의 훌륭한 선택으로, 후자[제국주의]는 단지 부르주아지의 고약한 습관으로만" 여기게 될 것이라고 주장했다.[33]

룩셈부르크의 주장은 두 층위에서 전개된다. 첫째는 마르크스가 《자본론》 2권 3편에서 제시한 자본의 재생산 표식에 대한 파격적인 비판이다. 마르크스의 재생산 표식은 자본주의 경제를 크게 두 부문(생산재를 생산하는 1부문과 소비재를 생산하는 2부문)으로 나눈 다음 자본의 단순재생산(즉 축적 없는 재생산)이든 확대재생산이든 자본의 재생산이 이루어지려면 이 양대 부문 사이에 어떠한 교환이 성립해야 하는지를 보여 준다(자본주의에서는 확대재생산이 더 일반적인데, 이는 경쟁의 압력 때문에 개별 자본들이 생산 설비의 규모와 효율을 높이는 데 투자해야 하기 때문이다). 이 재생산 표식은 마르크스주의적 유효수요 이론의 기초가 될 수도 있다. 재생산 표식의 출발점이 되는 가정 자체가, 상품생산으로 창조되는 가치는 그 상품이 시장에서 판매돼서 실현돼야 한다는 것이기 때문이다. 즉, 자본이 계속 확대되려면 상품생산으로 가치가 창조돼야 할 뿐 아니라 그렇게 창조된 가치와 대등한 크기의 구매력이 적절한 비율로(즉, 적정량의 생산재와 소비재가 생산돼서 자본주의적 재생산이 보장될 수 있는 비율로) 분배되기도 해야 한다.

그러나 룩셈부르크는 마르크스의 재생산 표식에 결함이 있다고 주장한다. 특히 마르크스가 확대재생산을 논할 때 잉여가치 가운데 생산수단과 노동력에 추가로 투자되는 부분이 어떻게 실현되는지를 설명하지 못한다는 것이다. 룩셈부르크의 논리대로라면 자본주의에서는 유효수요가 항상 부족할 수밖에 없다.[34]

룩셈부르크 주장의 두 번째 수준에서 나오는 결론은, 이것은 단지 마르크스 이론의 결함일 뿐 아니라 자본주의 생산양식의 본질적 한계를 보여 주기도 한다는 것이다. 즉, "축적을 목적으로 한 잉여가치 실현은 자본가와 노동자들로만 구성된 사회에서는 불가능한 일이 된다." 따라서 잉여가치가 실현되려면 그 잉여가치를 담고 있는 상품이 "비자본주의 생산양식의 [사회적] 조직이나 계층"에게 판매돼야만 한다.[35] 룩셈부르크는 나아가 이렇게 주장한다. "역사 무대에 처음 등장한 이래로 자본주의는 비자본주의 나라들에 지대한 관심을 보여 왔다. 이는 자본주의 발전 과정 전체를 관통하는 성향으로서, 갈수록 중요해지다가 급기야 제국주의 시대의 최근

25년 사이에는 사회생활의 결정적이고 지배적인 요인으로 떠올랐다."[36]

룩셈부르크는 이러한 주장을 기초로 《자본축적론》 끝 부분에서 세기 말 제국주의를 강렬하고도 독창적으로 묘사한다. 여기서도 그는 마르크스를 비판하면서 "이른바 시초 축적"(근대 초 영국에서 한편으로는 전 세계에서 속임수와 강탈을 통해 자본의 수중에 부를 집중시키고, 다른 한편으로는 토지 몰수를 통해 농민들을 무토지 프롤레타리아로 전락시켜서 자본주의 생산관계의 기초를 확립했던 역사적 과정)에 관한 《자본론》 1권 8편의 묘사가 잘못됐다고 주장했다. "[마르크스는 시초 축적을] 자본의 탄생 과정만을 보여 주는 우연적 사건, … 봉건 사회에서 자본주의 생산양식이 등장하는 과정에서 나타나는 산통[으로 묘사한다.] … 그러나 앞서 살펴봤듯이 성숙한 자본주의는 그와 나란히 공존하는 비자본주의 계층과 사회 조직들에 모든 면으로 의존한다." 또한 시초 축적의 경우와 마찬가지로, 이 관계는 평화로운 교류에 기초한 것이 아니라 비자본주의 사회들을 자본주의의 법칙에 폭력적으로 종속시키는 데 기초하고 있다. 그렇기에 "역사적 과정으로서 바라본 자본축적은 그 탄생 과정에서뿐 아니라 오늘날까지도 줄곧 강제력을 자신의 영원한 무기로 사용한다."[37] 이 과정은 '자연경제', 즉 비시장적 사회 형태들(그것이 어디에 존재하든 간에)의 체계적 파괴를 수반하며, 자연경제의 생산적 요소들을 세계시장에 흡수하는 것, 그리고 단순상품생산에 대한 선진 자본주의의 전형적인 적개심(단순상품생산을 자원과 시장을 차지하기 위한 경쟁의 라이벌로 보기 때문에)을 수반한다.

그러나 이처럼 자본축적이 전 세계를 정복하는 과정은 자본의 자가당착적 논리를 보여 준다. 비자본주의 경제 형태들을 자꾸 흡수해서 변형시키다 보면 언젠가는 전 세계가 순수한 자본주의 사회가 될 것이고, 그렇게 되면 자본주의 사회의 필연적 부산물인 축적된 잉여가치를 실현하는 것이 불가능해지기 때문이다. 그러나 현실에서 이러한 한계점은 결코 도래할 수 없는데, 왜냐하면 그러한 한계점에 다가갈수록 자본주의 체제에 파열적 징후들이 나타나면서 노동계급을 더욱 고통에 빠트릴 것이고, 이는 결국 노동계급의 사회주의 혁명을 재촉할 것이기 때문이다. 이 같은 징후들 가운데 대표적인 것이 제국주의, 즉 "아직 남아 있는 비자본주의 환경을 장악하려고 쟁투를 벌이는 자본의 축적이 정치적으로 표현된 것"이다. 이 제국주의는 갈수록 "자본주의의 마지막 단계를 재앙의 시대로 만드는 형태를 취한다."[38] 그러나 일각의 주장과 달리, 룩셈부르크는 그렇다고 해서 사회주의의 도래가 필연이라고 생각하지는 않았다. 자본주의가 경제적 붕괴로 나아가는 내재적 경향이 있고, 그러한 경향이 제국주의 시대에는 재앙을 부를 것이라고는 생각했지만 말이다(룩셈부르크는 제1차세계대전으로 자신의 예측이 입증됐다고 봤는데, 그렇게 볼 만한 근거는 충분하다). 그가 보기에 자본주의의 붕괴는 사회주의로 이어질 수도 있지만 야만주의로 이어질 수도 있었다. 그는 자본주의에서 필연적으로 나타나는 위기들이 예정된 결과를 낳기보다는 인간의 행동에 좌우되는 대안들을 제기한다고 봤다. 따라서 룩셈부르크는 자신의 경제 이론에도 불구하고 숙명론적 마르크스주의자는 아니었다.

한 세대도 더 전에 엥겔스가 예견했듯이, 오늘날 우리는 다음과 같은 전율스러운 선택에 직면해 있다. 제국주의가 승리해 모든 문화가 파괴되고 고대 로마처럼 인구 격감, 황폐화, 퇴보를 겪으며 거대한 무덤이 되고 말 것인가 아니면 사회주의의 승리, 즉 제국주의와 전쟁에 맞서 의식적으로 싸우는 국제 노동계급의 승리로 나아갈 것인가.[39]

룩셈부르크의 경제 이론 자체는 대단히 명석한 동시에 철저히 잘못됐다. 주요 마르크스주의 경제학자들 중 누구도 마르크스의 재생산 표식에 대한 룩셈부르크의 비판은 받아들이지 않는다. M C 하워드와 J E 킹이 지적하듯이 "룩셈부르크의 주장과 달리, 자본가들은 서로 고객이 될 수 있을 뿐 아니라 돼야만 한다는 점, 그리고 사회적 생산물 가운데 축적에 투입되는 부분에 대한 수요가 불변자본과 가변자본을 확대하려는 자본가들에게서 나온다는 점이 거듭거듭 지적됐다."[40] 이와 같은 반론에 대한 룩셈부르크의 다음과 같은 재반론은 《자본론》에서 마르크스가 보여 준 방법론에 대한 오해를 드러낸다.

마르크스의 표식에 깔린 전제들을 봐서는 누구를 위해 생산이 갈수록 확대되는지를 알 수 없다. … 그렇다면 끊임없이 증가하는 잉여가치를 실현하는 것은 누구인가? '오직 자본가들 자신'이라고 마르크스의 표식은 답한다. 그렇다면 자본가들은 이 증가하는 잉여가치로 과연 무엇을 하는가? '생산을 확대하는 데 사용한다'고 표식은 답한다. 그렇게 보면 이 자본가들은 생산을 위한 생산 확대를 추구하는 광신도들이 되고 만다.[41]

그러나 부하린이 어느 탁월한 글에서 비판하듯이, 이러한 논지 전개는 목적론적이다.[42] 브루어는 다음과 같이 더 자세히 설명한다.

자본주의는 본질적으로 탈중앙집권적(무계획적) 체제다. 하나의 체제로서 자본주의에는 목적이 있지도, 필요하지도 않다. 개별 자본가나 노동자 또는 이런저런 단체들은 목적을 가질 수 있지만 자본주의 체제 자체는 그럴 수 없다. 개별 자본가들이 (유리한 조건에서) 축적을 하는 이유는 경쟁의

압력에 떠밀려서다. 룩셈부르크 자신도 다른 대목에서는 이 점을 잘 이해했다.[43]

개별 자본의 분석과 관련한 룩셈부르크의 혼란은 실로 곳곳에서 드러난다. 브루어는 이렇게 지적한다. "룩셈부르크는 실현의 문제를 사회적 총자본의 수준에서 살펴봐야 한다고 역설했지만 정작 사회적 총자본을 마치 다른 자본에게 뭔가를 사고팔아야 하는 개별 자본처럼 취급했다."[44] 이 문제에 관한 룩셈부르크의 혼란은 《자본론》 1권에서처럼 개별 자본을 분석할 때는 자본의 절대적 지배를 상정하는 것이 정당하"지만 《자본론》 2권, 3권에서처럼 사회적 총자본을 다룰 때는 이러한 전제를 거부해야 한다는 진술에서도 드러난다.[45] 이에 대해 "마르크스의 사상에서는 그러한 논리를 전혀 찾아볼 수 없다"는 부하린의 반론은 전적으로 옳다. 《자본론》 "1권은 **사회적** 자본의 생산을 다루고 있고, 2권은 사회적 자본의 **유통**을, 3권은 '총 과정', 즉 **사회적** 자본의 운동 전체를 다루고 있"기 때문이다. 이 점을 이해하지 못한 룩셈부르크는 추상적 자본을 구체적인 것으로 착각하게 됐고, 그런 탓에 "잉여가치 실현 과정이 점진적으로 일어난다는 것", 달리 말해 개별 자본 간의 서로 다른 거래를 통해 일어난다는 것(그리고 자본주의의 확대재생산은 이 과정의 의도치 않은 총체적 결과라는 것)을 이해하지 못했다.[46]

그런데 마르크스에 대한 룩셈부르크의 완전히 어긋난 비판의 이면은 19세기 말과 20세기 초에 서구 자본주의가 나머지 세계를 침탈한 구체적 과정에 대한 탁월한 해설이다. 룩셈부르크의 동시대인들과 오늘날의 이론가들은 모두 전자와 후자를 구분하면서 전자는 거부하고 후자는 매우 높이 사는 경향이 있다. 예컨대 하비는 "오늘날 룩셈부르크의 과소

소비론을 경제 위기에 대한 설명으로 받아들이는 사람은 얼마 없을 것"이라면서도 "자본주의는 언제나, 필연적으로 자신에 대한 '타자'를 창조한다"면서, 마르크스가 이른바 '시초 축적'(하비는 이를 '강탈에 의한 축적'이라고 새롭게 명명하면서 그 개념을 확장한다)에서 필수적 요소라고 봤던 약탈과 폭력이 사실은 자본주의의 탄생 시기에 국한되지 않고 자본주의를 늘 따라다니는 요소라는, 룩셈부르크의 주장을 계승하고 발전시킨다.[47] 룩셈부르크의 제국주의 분석은 실로 통렬하고, 면밀한 조사에 바탕하고 있으며, 당대의 추세들에 대한 설명으로서는 여러모로 설득력이 있다. 그의 분석 속에서 식민지 정복, 융자, 관세, 군국주의는 하나로 연결된다. 그러나 이러한 시도는 비록 많은 면에서 성공적이지만 어느 정도 이론적 긴장을 자아내기도 한다. 자본주의가 비자본주의 사회로 침하하는 것에 대한 룩셈부르크의 설명은 '순수한 자본주의 사회에서 잉여가치를 실현하는 것이 불가능하다'는 문제에 한정되지 않는다. 그래서 예컨대 그는 자본가들이 원료를 얻기 위해 무역을 한다고도 했고 자본주의에서 생산성 증가로 발생하는 산업예비군만으로는 자본가들에게 필요한 노동력을 공급하는 데 부족하다고도 했다. "오직 비자본주의 집단과 조직들만이 자본주의 생산에 필요한 추가 노동력을 공급할 수 있다." 이러한 주장을 우리가 어떻게 보든 간에 그것은 앞서 살펴본, 룩셈부르크가 파네쿡을 비판하면서 했던 주장, 즉 제국주의는 오직 자본주의의 재생산 과정에 내재된 한계로만 설명할 수 있다는 주장과도 모순된다. 그리고 그의 주장에는 약간의 눈속임도 포함돼 있다. 19세기 말에 하나같이 고속 성장 중이던 호주·남아프리카·아르헨티나 등지의 유럽 식민지에 대한 철도 건설 자금 융자를 '비자본주의권에 대한 자본주의의 의존' 사례로 묘사하는 데는 아무래도 무리가 있는 것이다.[48]

그러나 이러한 비판에도 《자본축적론》의 지적·도덕적 장엄함이 축소되는 것은 아니다. 룩셈부르크가 다른 경제학자들이나 마르크스주의자들과 벌인 열정적 논쟁(특히 그가 제1차세계대전에 반대한 죄목으로 투옥됐던 1915년에 쓴 '반비판'에서 보이는)은 인류를 파멸로 몰아넣는 경제체제에 대한 깊은 분노를 반영하는 것이었지, 결코 단순한 종파적 편견이 아니었다. 그의 저작을 읽고 나면 누구도 제국주의가 순전히 지적인 차원의 문제라는 환상을 가질 수 없을 것이다.

1.3 레닌과 부하린의 종합

그런데 룩셈부르크 버전의 제국주의론에 초점을 맞추는 것은 한 가지 중요한 측면에서 당대의 논의(룩셈부르크도 거기에 주도적으로 참여했지만)에 대한 오해를 줄 수 있다. 엘런 우드의 다음과 같은 진술은 그러한 오해의 전형적 사례다. "고전적 마르크스주의 제국주의론자들은 여러 쟁점에 대해 심각한 이견이 있었지만 한 가지 근본적 전제를 공유했다. 제국주의는 자본주의가 모든 또는 대부분 지역을 지배하지 않았던(십중팔구 결코 그럴 생각도 없었던) 세상에 자본주의가 자리 잡고 있는 것과 관련 있다는 전제 말이다." 이러한 전제는 고전적 마르크스주의 제국주의론자들이 "자본주의가 비록 세계 일부 지역에서는 고도로 발달해 있었지만 진정 세계적인 체제가 되기에는 한참 멀었던 시대에 살고 있었다는 사실"의 반영이라고 한다. 우드는 당연하게도 룩셈부르크를 인용하면서 이 주장을 뒷받침하며, 이렇게 결론 내린다. "모든 국제 관계가 자본주의 안에서 이루어지며 자본주의의 명령에 지배되는 세상을 설명하기 위한 체계적인 제국주의 이론은 아직 등장하지 않았다."[49] 나는 4장 2절에서 19세기 말부터 20세기 초까지의 '고전적 제국주의'와 자본주의의 관계를 논할 것이다. 하지만 여기서는 일단 당시의 마르크스주의자들이 이 관계를 이론적으로 어떻게 설명했는지를 살펴보려 한다. 물론 룩셈부르크에 대한 우드의 진술은 옳다. 그러나 이를 고전적 마르크스주의 제국주의론자들 전체로 일반화한 것은 의심할 바 없이 틀렸다.

일례로 부하린은 룩셈부르크가 제국주의를 "아직 남아 있는 비자본주의 환경을 장악하려고 쟁투를 벌이는 자본의 축적이 정치적으로 표현된 것"으로 정의한 것을 비판하면서, 그렇게 보면 "이미 자본주의화한 지역을 차지하려는 싸움은 제국주의가 아니라는 말이 되는데, 이는 완전히 오류"라고 지적했다.[50] 부분적으로 이 같은 논쟁의 배경에는 비교적 협소한 경험적 쟁점이지만 그래도 반제국주의자들에게는 중요했던 한 가지 사실이 있었다. 바로 제1차세계대전 중 독일 지도부의 핵심 목표 하나가 경제적으로 발달한 베네룩스 지역과 프랑스 북부를 차지하는 것이었고, 독일의 패배 후 프랑스가 선진 공업 지대인 알자스-로렌 지방을 탈환했을 뿐 아니라 (부하린이 지적하듯이) 유럽 대륙 자본주의에서 가장 중요한 지역인 루르 지역을 점령하려 했다는 사실이 그것이다. 프레오브라젠스키도 룩셈부르크가 '주변부'의 경제적 중요성을 과대평가했다고 비판한다. "식민지 무역은 그 자체로는, 그리고 절대적 규모 면에서는 자본주의 국가 간 무역과는 비교도 안 될 만큼 왜소했다."[51] 그러나 이 같은 경험적 사실에 대한 해석 차이의 밑바탕에는 더 근본적인 차이가 있었는데, 바로 《금융자본》에서 힌트를 얻은 제국주의 이론가들은 당대의 가장 **선진적인** 자본주의 경제권에서 일어나고 있었던 구조 변화를 이해하고자 했다는 것이다. 힐퍼딩은 자신이 묘사한 구조 변화의 결과로 자본주의가 과잉 발달 단계에 진입했다고 주장했고, 레닌도 제국주의의 특징이 기생성·침체·쇠퇴 등의 경향이라고 보면서 그렇게 주장했다.[52] 그렇다고 해서 레닌이 당대 자본주의 경제들의 발달 수준 차이를 무시했던 것은 아니다. 오히려 그가 도입한 '불균등 발전' 개념은 부분적으로 그러한 차이를 설명하려는 데 목적이 있었다. 그렇지만 "덜 발달한 나라와 더 발달한 나라 간의 관계는 레닌의 제국주의 개념과 이론에서 전혀 핵심이 아니었다"는 서트클리프의 지적은 옳다.[53]

그렇다면 마르크스주의 제국주의 이론 중 가장 영향력이 큰 레닌의 제국주의 이론에서 핵심은 과연 무엇인가? 그의 유명한 제국주의 정의를 보면 다음의 다섯 가지 기본 특징을 나열하고 있다.

(1) 생산과 자본의 집중이 대단히 발전해서 경제에서 결정적 구실을 하는 독점체들이 형성됐다. (2) 은행자본과 산업자본이 융합돼 탄생한 '금융자본'을 토대로 금융 과두제가 출현했다. (3) 상품수출이 아닌 자본수출이 각별히 중요해졌다. (4) 자기들끼리 세계를 분할하는 국제적 독점자본가 연합들이 형성됐다. (5) 최대 자본주의 열강들 간의 지리적 세계 분할이 완료됐다.[54]

이와 같은 정의의 문제점은 그것이 단지 목록일 뿐이기 때문에 각 항목의 상대적 중요성을 확정하기가 어렵다는 것이다. 그렇게 되면 과거사에 비춰 봤을 때 각 항목이 실제로 현실과 부합했는지, 부합했다면 얼마나 보편적으로 부합했는지를 가늠하려 할 때 문제가 생긴다. 레닌 자신도 "모든 정의의 가치는 상황에 따라 다른 상대적인" 것이라고 강조하며, 신중한 모습을 보였다. 더욱이 레닌의 《제국주의론》은 완벽한 과학적 연구서라기보다는 (그 부제가 밝히고 있듯이) "대중적 개설서"로 기획된 책이다. 여러 면에서 이 책은 힐퍼딩의 《금융자본》과 급진 자유주의 경제학자 J A 홉슨이 쓴 《제국주의론》(1902)의 비판적 종합이라고 할 수 있다. 이 두 저작과 자신의 다방면에 걸친 연구 성과를 종합해 레닌은 "제국주의의 경제적 본질은 독점자본주의"라는 결론을 도출해 냈고, 이를 통해 앞서 살펴본 목록의 애매함을 어느 정도 보완했다. 레닌이 제국주의를 역사적으로 위치 지을 수 있었던 것은 이 덕분이다. "다름 아닌 자유경쟁 속에서 발전해 나온 독점은 자본주의 체제가 더 높은 사회경제적 질서로 전환되는 것을 뜻하기 때문이다."[55]

조반니 아리기는 레닌과 홉슨을 연구한 어느 중요한 책에서 레닌의 한층 정제된 제국주의 정의에 대해 다음과 같은 흥미로운 말을 했다.

내가 맞닥뜨린 첫 번째 난관은 제국주의가 "독점자본주의 단계"(자본주의의 "마지막" 또는 "가장 높은" 단계로 규정되기도 하는)라는 레닌의 유명한 정의에 정확히 어떤 의미를 부여하느냐는 문제였다. 사실 이 정의는 두 가지 방식으로 해석될 수 있다. **사실 명제**로도 해석될 수 있고 **동일률**(同一律)로도 해석될 수 있는 것이다. 전자라면, "제국주의"와 "독점자본주의 단계"는 각각 서로 다른 현상들을 지칭하고, 레닌의 정의는 둘을 서로 동일시하지 않으면서도 **서로 관련시킨다**. … 이러한 해석은 레닌의 정의가 어떤 식으로든 경험적으로 검증될 수 있음을 암시한다. 그러나 레닌의 정의를 동일률로 해석하면, "제국주의"와 "독점자본주의 단계"는 동일한 현상을 지칭하는 것이 되며, 따라서 그 정의를 대한 일체의 경험적으로 검증하는 것이 불가능해진다.[56]

아리기는 후대의 마르크스주의자들이 레닌의 정의를 거스를 수 없는 절대 명제인 것처럼 왜곡하는 경향이 있었다고 불평하며, 《제국주의론》 자체에서도 "저자의 경험적이고 상대주의적인 견해가 계속해서 교조적이고 경직된 결정론으로 흐르는 경향이 있다"고 주장한다.[57] 그렇지만 레닌의 기본적 논지는 제국주의를 **설명**하는 데 있다. 비록 그 설명이 정치적 결론을 촉구하기는 하지만 말이다. 제1차세계대전은 마르크스주의 좌파에게 중대한 의문 하나를 제기했다. 참호전의 아비규환으로 표현된 열강들의 적대 관계가 카우츠키의 초제국주의 이론이 암시하듯이(아래 1장 5절 참조) 자본주의 역사에서 일시적인 한 국면일 뿐인가, 아니면 자본주의 발전 원리에 내재한 경향, 무엇보다 마르크스가 《자본론》에서 말한 자본의 집적과 집중의 결과인가? 레닌은 후자의 답변을 택하면서 그가 살던 시대의 지정학정 경쟁을 설명하는 것과 동시에 오직 사회주의 혁명만이 그러한 경쟁을 끝장낼 수 있음을 논증해 보이려 했다. 그러나 그는 제국주의가 자본주의의 마지막 단계라고 주장하지는 않았다. 그가 쓴 소책자의 원래 제목은 《제국주의, 자본주의의 최근 단계》였는데, 그의 사후에 "마지막 단계"로 수정됐다.[58]

레닌의 초점이 설명에 맞춰져 있었다는 점은 그가 카우츠키를 비판하는 대목에서 잘 드러난다. 그가 보기에는 "**사회 자유주의자**인 홉슨이 더 **올바르게도** … 현대 제국주의의 '역사적으로 구체적인' … 특징들 두 가지를 인식하고 있다. 첫째는 **다수**의 제국주의 간 경쟁이고, 둘째는 상인에 대한 금융가의 우위다."[59] 어떤 면에서 레닌은 이 대목에서 자신의 제국주의론이 설명하려는 대상과 설명 자체를 각각 밝히고 있는 셈이다. 지정학적 경쟁이 전자에 해당하고 금융자본의 등장이 후자에 해당한다. 그러면서 자신이 비(非)마르크스주의 이론가(홉슨)에게 지적으로 빚을

졌음을 밝히고 있기도 하다. 그러므로 이하에서는 제국주의에 대한 홉슨의 선구적 해석 중 몇몇 부분을 간략히 살펴볼 필요가 있겠다. 세 가지 요소가 특히 눈에 띈다.

첫째, 홉슨은 동시대의 마르크스주의자들이 공감할 만한 방식으로 현대 제국주의의 특수성을 논한다. "정책으로서 바라본 최근 제국주의의 새로운 점은, 무엇보다 복수의 국가들이 그것을 채택하고 있다는 점이다. 서로 경쟁하는 다수의 제국이라는 개념은 본질적으로 현대적이다."[60] 아리기는 이 주장이 개념적 변화를 반영한다고 설명한다. "**제국**이라는 개념 자체가 전통적으로는 **보편적 평화를 보장하는 국가 간 위계질서와 동일시됐**"기 때문이라는 것이다.[61] 이는 역사에 비춰 보면 그 타당성이 상당히 의심스러운 주장이다. 유럽 열강들 사이의 적대 관계가 식민지 구축 경쟁으로 치달은 것은 늦어도 합스부르크 왕조 치하의 스페인과 네덜란드 공화국 간의 80년 전쟁(1568~1648년) 때부터 이미 시작됐기 때문이다. 그렇지만 홉슨의 지적은 그가 마르크스주의 제국주의 이론가들과 공유했던 한 가지 인식, 즉 지정학적 경쟁과 지리적 확장 간의 상호작용이 19세기 말에 이르러 전례 없이 강렬해졌다는 인식을 보여 준다.

둘째, 홉슨은 이 새로운 제국주의를 다음과 같이 설명한다.

납세자들에게 그토록 값비싼 대가를 치르게 만들고, 상공업자들에게 돌아가는 이익이 그토록 적으며, 시민들을 그토록 심각하고 예측하기 어려운 위험에 빠트리는 공격적 제국주의는 국내에서 자기 자본을 위한 수익성 있는 사용처를 찾지 못해 해외에서 수익성 있고 안전한 투자처를 찾으려고 하는, 그리고 정부가 이를 도와야 한다고 강변하는 투자자들에게는 엄청난 이익을 줄 수 있다.[62]

더 구체적으로 보면, "제국의 엔진을 움직이는 지배자는 금융이다."

투자자들의 이해관계가 공공의 이익과 충돌하고 재앙적 정책을 이끌어 내기 십상인 것도 사실이지만, 이보다 더 위험한 것은 투자 일반을 관장하는 금융가들의 이해관계다. 대부분의 투자자들은 사업적으로나 정치적으로나 거대 금융회사들의 하수인이다. 거대 금융회사들은 이자 수익을 내기 위한 투자 수단으로서가 아니라 투기 수단으로 증권을 이용한다. … 은행업, 중개업, 어음 할인, 채권 발행, 기업 공개 등의 사업을 두루 장악하고 있는 이들 금융회사는 국제 자본주의의 중추를 이루고 있다. 고도의 조직력으로 뭉쳐 있고, 언제나 서로 긴밀하고 신속하게 연락을 취하며, 모든 국가의 경제 수도의 핵심부에 자리 잡고 있고, 적어도 유럽에서는 특정 인종이 장악하고 있는 이 금융회사들은 국가 정책을 좌지우지할 수 있는 둘도 없는 위치에 있다. 어떠한 신속한 자본 투입도 이들의 동의 없이는, 그리고 이들을 통하지 않고는 불가능하다. 로스차일드 가(家)와 그 친구들이 반대하는데도 유럽 국가들이 전쟁을 벌이거나 대규모 융자를 받을 수 있을 것이라고 진심으로 믿는 사람이 있는가?[63]

홉슨이 거대 금융 회사들을 강조한 것의 기원은 의심할 바 없이 남아프리카 전쟁(1899~1902)에 대한 그의 비판으로 거슬러 올라간다. 영국이 트란스발과 오렌지 자유주를 정복했던 이 전쟁을 '보어인* 친화적'인 견지에서 반대했던 홉슨은 비트바테르스란트 지대의 금을 차지하는 데 혈안이 된 거대 광산 금융업자들을 전쟁의 주범으로 지목했다.[64]

---

* 남아프리카의 네덜란드계 백인.

그의 설명 중 유대인 혐오 냄새가 나는 부분은 남아프리카의 금과 다이아몬드를 지배하던 사업가들을 비판하는 사람들의 전형적인 논리이기도 했지만 당시에 널리 통용되던 인종차별 이데올로기를 반영하는 것이기도 하다. 그래서 홉슨도 '저열한 인종들'의 자결권을 부정하면서 이렇게 썼다. "그러나 사회 전체의 이익에 부합하는 합리적 우생학 실험을 하자면 타락하거나 진보적이지 못한 인종의 확산을 억제해야 할 수도 있다. 열등한 가축 종자의 번식을 국가가 나서서 억제할 수 있듯이 말이다."[65] 홉슨의 사회 다윈주의는 사실 좀 복잡하다. 그는 아시아 문명들에 대해 커다란 경의를 표했고, 식민지 노동력에 대한 착취와 강압도 가감 없이 묘사했다. 그렇지만 그의 저서에서 사회 다윈주의적 주장이 눈에 띄는 것은 심지어 에드워드 7세 시대의[1901~10년] 제국주의에 대한 진보적 비판자들 사이에서도 인종차별 이데올로기가 얼마나 만연했는지를 보여 준다. 반면에 당대 마르크스주의자들의 제국주의 이론은 인종적 설명에 전혀 기대지 않는다는 점에서 홉슨의 설명과는 확연히 다르다. 이러한 차이는 단지 지적이거나 도덕적인 차이가 아니었다. 그도 그럴 것이, 레닌 같은 혁명적 마르크스주의자들이 추구했던 것은 홉슨이 주장했던 인간의 얼굴을 한 제국주의 따위가 아니라 체제 전복이었기 때문이다. 혁명적 마르크스주의자들은 그러한 체제 전복 과정에서 식민지 대중이 자신들의 억압에 맞선 반란을 통해 역사의 주체로 떠오를 것이라고 내다봤다.

셋째, 홉슨은 거대 금융가들(유대인이든 아니든 간에)이 문제라고 말함으로써 문제의 근원이 자본주의 자체에 있는 것이 아니라 선진국 경제의 과잉 저축(국내에서 투자할 수 있는 것보다 더 많이 저축하는) 경향에 있다고 주장한다. 과잉 저축은 해외 대출 등의 형태로 자본이 해외에 투자되도록 하는 압력을 낳고, 그 다음으로는 해외 대출의 회수를 보장하기 위한 지리적 확장이 뒤따르기 십상이라는 것이다. 그러므로 제국주의의 '경제적 뿌리'는 저축 성향이 높은 유산 계급에게 유리한 소득 분배에 있다고 한다.

성장하는 산업의 필수적 활로로서 제국 확장이 불가피하다는 명제가 틀렸음은 이제 분명해졌다. 새로운 시장과 투자 영역을 개척하는 것이 필요해지는 이유는 산업 발전 때문이 아니라 국내에서 상품과 자본 흡수를 가로막는 잘못된 구매력 분배 때문이다. 제국주의의 경제적 뿌리인 과잉 저축은 그 내용을 분석해 보면 임대료 수입, 독점 이윤, 기타 불로소득 또는 과잉 소득으로 구성된다. 정신노동이나 육체노동의 대가가 아닌 이러한 소득은 정당한 존재 이유가 없다. 생산 활동에 투입되는 노력과 완전히 무관한 이러한 소득은 그것을 벌어들이는 자들에게 노력에 상응하는 만족감을 얻기 위한 소비를 부추기지도 않는다. 생산과 소비로 작동하는 정상적 경제에서는 설 자리가 없는 이 잉여 부(wealth)는 과잉 저축 형태로 누적되는 경향이 있다. 앞으로 정치경제적 풍향이 어떻게 바뀌든 간에 이 소유자들의 과잉 소득이 임금 인상 형태로 노동자들에게 돌아가거나 세금 형태로 공동체 전체에 돌아가게 하라. 즉, 저축되지 않고 소비되게 하라. 그러면 외국 시장이나 외국 투자처를 확보하려고 싸울 필요가 없어질 것이다.[66]

자본주의의 문제가 유효수요 부족에서 비롯한다고 본 이 선구적 진단은 메이너드 케인스의 《고용·이자·화폐의 일반 이론》보다 앞선 것이고 잉여가치 실현의 문제가 제국 확장의 원동력이라는 룩셈부르크의 주장과도 일맥상통한다. 그러나 홉슨은 룩셈부르크와 달리, 그리고 케인스와 마찬가지로 해결책은 혁명이 아니라 개혁에 있다고 결론 내린다.

시장을 차지하기 위한 투쟁, 즉 소비자들의 구매욕보다 훨씬 더 큰 생산자들의 판매욕이야말로 엉터리 분배 경제를 입증하는 최고의 증거다. 제국주의는 이러한 엉터리 경제의 산물이며, 그 해결책은 '사회 개혁'이다. 경제적 의미에서 '사회 개혁'의 일차적 목적은 일국의 민간 소비와 공공 지출의 수준을 높여서 그 나라의 생산 수준을 최고로 끌어올리는 것이다.[67]

따라서 홉슨의 이론을 재활용하는 것이 레닌에게는 문제를 일으킨다. 왜냐하면 룩셈부르크와 마찬가지로 레닌도 제국주의의 대안은 사회주의 혁명이라고 보기 때문이다. 레닌은 과소소비론을 바탕으로 해외투자를 설명하는 홉슨의 견해를 받아들여 이렇게 주장한다. "자본수출의 필요성은 몇몇 나라에서 자본주의가 '과도하게 성숙'해졌다는 사실과, (농업의 후진성과 대중의 빈곤 탓에) 자본이 '수익성 있는' 투자처를 찾지 못한다는 사실에서 비롯한다."[68] 자본주의 경제 위기에 관한 설명이 제국주의 이론가들에게 제기했던 어려움에 대해서는 다음 절에서 살펴보도록 하고, 여기서는 레닌이 물려받은 두 가지 이론적 유산 사이에 존재하는 금융 개념의 차이를 조명해 보려 한다.

아리기는 다음과 같이 지적한다.

그렇다면 홉슨이 보기에 거대 금융의 주된 특징은 두 가지다. 첫째, 그것은 국민국가의 확장에 의해 규정되는 층위를 벗어난 **초국적** 존재다. 둘째, 그것은 비록 국민국가의 층위에 속하지는 않지만 거기에 중대한 영향을 미친다. 왜냐하면 거대 금융이 화폐 시장에서 투기적인 중개자 구실을 하는 한, 그것은 시중에 남아도는 유동성을 새로운 투자 기회에 대한 수요로, 즉 주로 국가 차관과 지리적 확장에 대한 투자 수요로 전환시키기 때문이다.[69]

이 같은 설명은 힐퍼딩의 금융자본 이론과는 많이 다르다. 힐퍼딩은 금융자본이 경제의 '조직화'라는 본질적으로 **국가적** 과정을 통해 등장한다고 봤다. 자본의 집중과 집적이 그러한 과정의 원동력이다. 아리기를 다시 한 번 인용하면,

홉슨의 이론은 19세기 말 영국을 특히 염두에 둔 이론이다. 비록 영국은 레닌이 말한 것처럼 "식민지, 금융자본, 제국주의 경험을 가장 많이 보유한" 나라이기는 했지만 동시에 생산적 기구의 집중 수준이 유럽에서 가장 뒤처진 나라이기도 했고, 특히 힐퍼딩이 집중적으로 분석한 독일보다 많이 뒤처졌다. … 이 점은 힐퍼딩의 설명에서 자본 집중이 독점자본과 제국주의의 등장에서 결정적 구실을 하는 반면에 홉슨의 설명에서는 자본 집중이 거의 거론되지 않는 이유를 말해 준다.[70]

힐퍼딩과 홉슨의 금융 개념 차이는 두 가지 문제를 제기한다. 첫째는 힐퍼딩의 설명이 고전적 제국주의 시대의 주된 글로벌 파워였던 영국의 경제구조에 경험적으로 부합하지 않는 데서 비롯하는 문제다. 나는 이 문제가 제기하는 물음, 즉 제국주의를 자본주의 발전 단계(들)로 이해할 때 특정 유형의 자본주의를 제국주의의 전형적 사례로 취급해야 하는지 아닌지를 2장 1절과 4장에서 다시 살펴보려 한다. 이렇게 말할 때는 이

문제가 레닌의 《제국주의론》의 중대한 결함이라는 전제가 깔려 있다. 둘째, 레닌이 서로 다른 두 가지 금융 개념(하나는 초국적이고 다른 하나는 국가적인)에 의존한 데서 비롯하는 더 직접적인 불일치가 존재한다. 홉슨의 영향은 레닌의 책에서 가장 취약한 부분의 하나인, 제국주의를 유럽 강대국들이 '금리생활자들의 국가'로 변모하면서 갈수록 기생적인 성격을 띠게 된 것의 표현이라고 설명한 부분에서 드러난다.

그리하여 '이자'로 먹고사는, 어떤 생산 활동에도 참여하지 않은 채 무위도식을 일삼는 금리생활자 계급, 더 정확히는 금리생활자 계층이 엄청나게 커진다. 제국주의의 가장 중요한 경제적 기초 중 하나인 자본수출은 이 금리생활자들과 생산을 더욱 철저하게 분리시키며, 해외 몇몇 나라와 식민지의 노동을 착취해서 생존하는 한 나라 전체에 기생성의 낙인을 찍는다.[71]

이런 구절들은 제국주의를 (현대적 표현으로는) 북반구와 남반구의 관계 문제로 바라보는 근래의 시각에 단서를 제공하기는 한다. 레닌이 기생성이라는 주제를 약간 다른 형태로 제기한 노동귀족 이론도 마찬가지다. 다른 많은 저작에서 그랬듯이, 노동귀족론을 제기할 때도 레닌의 의도는 어떤 정치적 문제에 답변하려는 것이었다. 그 정치적 문제란 바로 제1차세계대전이 시작됐을 때 제2인터내셔널 소속 정당들이 대부분 자국 정부 편에 붙으면서 제2인터내셔널이 붕괴한 것을 어떻게 설명하느냐는 문제였다. 진정 혁명적인 사회주의 국제주의를 되살리길 원했던 레닌은 제2인터내셔널의 분열이 서구 노동계급 내에 모종의 특권층, 즉 노동귀족 층이 등장한 결과라고 설명했다. 이 노동귀족들은 독점자본이 식민지와 반(半)식민지 세계에서 추출한 초과이윤의 일부가 포함된, 상대적으로 높은 임금을 받기 때문에 제국주의를 지지했다는 것이다.

레닌에 앞서 홉슨도 중국에 대한 제국주의 지배의 확립이 가져올 결과를 다음과 같이 예상하면서 비슷한 말을 했다.

이는 제국주의 논리의 실현에 크게 기여할 것이다. 정치적으로는 견제받지 않는 과두제를 조장하고 산업 측면에서는 기생성을 조장하는 제국주의의 내재적·필연적 경향은 '제국주의' 나라들의 상황에서 명백히 드러날 것이다. 그렇게 되면 서유럽 지역 대부분이 이미 영국 남부와 리비에라,* 그리고 관광객들이 붐비는 이탈리아와 스위스 일부 지역에서 나타나는 외양과 성격들을 띠게 될지 모른다. 그런 곳에는 극동에서 취한 부를 자신의 배당금과 연금으로 삼는 부유한 귀족들, 그들보다 약간 더 많은 전문직 하인들과 소상인들, 그리고 운송업이나 변질성 제품 생산의 최종 단계에 종사하는 다수의 노동자들이 있다. 핵심 산업은 모두 사라질 것이고, 식량과 공산품은 아시아와 아프리카에서 공물처럼 흘러들어 올 것이다.[72]

레닌은 홉슨의 주장을 다루면서 이러한 생각을 더욱 발전시킨다. "세계 분할, 중국을 비롯한 많은 나라들에 대한 착취를 의미하는 제국주의는 소수의 매우 부유한 나라들에 높은 독점 이윤을 안겨 준다. 이는 프롤레타리아의 상층을 매수하는 것을 경제적으로 가능하게 만들어 기회주의를 조장하고 형성하며 강화한다."[73] 이 테제에는 두 가지 문제점이 있다. 첫째, 《제국주의론》의 다른 내용들이 아무리 영속적인 가치가 있다 해도 노동귀족론은 이론적으로나 경험적으로나 타당성이 없다. 레닌

---

* 프랑스 지중해 연안의 휴양지.

자신도 해외 무역과 해외투자에서 비롯하는 물질적 이득이 특정 노동자 집단에게 흘러들어 가는 어떤 경제적 메커니즘도 제시하지 않는다. 더욱이 제1차세계대전 전후로 국제 노동운동이 개혁주의적인 사회민주주의 진영과 혁명적 공산주의 진영으로 분열한 것을 설명하는 데서 노동귀족론은 완전히 실패했다. 페트로그라드·베를린·토리노·셰필드·글래스고 등 유럽 전역에서 전쟁에 맞선 노동계의 저항을 주도하고 볼셰비키와 신생 공산당들 편으로 결집한 것은 다름 아닌 잘 조직되고 비교적 임금 수준이 높은 고숙련 금속 노동자들이었던 것이다.[74]

　둘째, 홉슨은 현대 제국주의의 특징인 서로 경쟁하는 제국들의 경제적·영토적 확장이 과도기적 현상일 수도 있다고 주장하는 맥락에서 서구 세계가 나머지 세계에 기생하게 될 것이라고 예측했다. 그래서 중국에 대한 열강들의 공동 착취도 국가 간 적대 관계가 대체로 더 완화될 것을 예고하는 징후라고 한다. "현대 군사 과학이 '문명'국들 간의 전쟁을 너무 값비싼 것으로 만들었고, 갈수록 국내 정치를 좌우하게 될 운명인 듯한 금융·산업계 거물들 간에 사실상의 국제주의가 급속히 확대됨에 따라 미래에는 그러한 전쟁이 불가능해질 수도 있다"는 설명이다.[75] 이 테제는 카우츠키의 초(超)제국주의 이론의 예고편이라 할 수 있다. 레닌은 카우츠키의 초제국주의 이론을 단호히 거부했는데, 무엇보다 그 이론이 혁명적 국제주의 정치(제국주의와 전쟁을 끝장내는 방법은 자본주의를 타도하는 것뿐이라는 사상을 핵심으로 하는)의 근간을 흔들기 때문이었다. 홉슨이 주장한 초제국주의 이론은 거대 금융이 근본적으로 범세계주의적이라는 가정에 기초하고 있다. 바로 이 지점에서 레닌의 정식, 즉 제국주의에서 금융이 지배적 구실을 한다는 정식의 두 가지 이론적 근원 사이의 모순과 긴장은 레닌이 자신의 분석에서 도출하려 했던 정치적 결론을 뒤엎을 소지가 있었다.

이러한 긴장을 해소한 것은 힐퍼딩 버전의 금융 지배론을 체계적으로 계승·발전시킨 부하린이었다. 브루어가 지적하듯이 "《금융자본》에는 제국주의에 관한 분명한 개념이 전혀 없다. … 제국주의 이론의 주된 요소들은 제시됐지만 결코 서로 연결되지 않았다. 그것들을 하나로 묶어 낸 공로는 부하린에게 돌아가야 한다."[76] 부하린이 보기에 제국주의는

금융자본주의로의 발전 경향[에서 비롯한다.] 기업 결합들의 형성을 통해, 그리고 은행들의 조직화 기능을 통해 '국민경제'의 점점 더 많은 부문들을 통합시키는 이 조직화 과정은 각각의 발전된 자본주의 국민경제 시스템들을 '국가자본주의 트러스트'로 전환시켰다.
다른 한편으로, 생산력 발전 과정은 세계시장을 차지하기 위해 경쟁하는 이 '국민'경제 시스템들을 극한의 갈등으로 몰아넣는다.[77]

이 설명에 따르면 제국주의에는 두 가지 근본적 특징이 있다. 첫째는 자본의 집중과 집적의 결과다. 경쟁적 자본축적은 개별 자본 단위들의 규모를 키울 뿐 아니라 특히 경제 위기 때 더 작은 자본이 더 큰 자본에 흡수되는 결과를 낳는다. 이 때문에 경제 권력은 갈수록 소수 자본에 집중된다. 몇몇 거대 기업이, 심지어 단일한 기업이 한 산업 부문 전체를 쥐락펴락하는 등 독점화가 진행된다. 나아가 산업자본이 대형 은행과 결합해서 금융자본을 형성하는 경향이 나타난다. 이 같은 '조직화' 과정의 최종 단계는 국민국가와 사적 자본 간의 통합 증대, 달리 말하면 국가자본주의의 등장이다.

여기서 '경제'는 '정치'와 조직적으로 융합된다. 부르주아지의 경제 권력은 그들의 정치 권력과 하나가 되고, 국가는 착취 과정을 단순히 장려하는 기능을 넘어 프롤레타리아를 노골적으로 적대하는 직접적·집단적 자본주의 착취자가 된다. … 국가자본주의의 생산관계는 논리적으로나 역사적으로나 금융자본주의 생산관계의 연장선에 있으며 그것의 완결판에 해당한다.[78]

그러나 제국주의의 두 번째 특징은, 이처럼 국내에서 일어나는 자본주의의 조직화 과정이 갈수록 생산력이 국제화하는 맥락에서 일어난다는 것이다. "세계 수준에서 존재하는 생산관계들의 시스템이자 교환 관계들의 시스템"이라고 부하린이 정의한 세계경제는 '국가자본주의 트러스트'들이 서로 경쟁하는 무대가 된다. 자본 간 경쟁은 시장을 차지하려는 사기업들 간의 투쟁에 머무르지 않고 갈수록 국가자본들 간의 세계적인 군사적·지리적 대결의 형태를 띤다. "국가자본주의 트러스트들 간의 투쟁은 1차적으로 그들 사이의 군사력 관계에 의해, 즉 서로 싸우는 자본가들의 '국민적 집단들'이 동원할 수 있는 군사적 힘에 의해 승패가 결정된다."[79] 따라서 제1차세계대전과 같은 제국주의 국가 간 전쟁은 상호 경쟁하는 자본들이 지배하는 세계경제에서 필연적으로 나타나는 현상이다.

부하린의 제국주의 이론에서 나타난 문제점은 경제 위기 이론을 다루는 다음 절에서 논하는 것이 적절할 듯하다. 일단 부하린의 기여(특히 《제국주의와 세계경제》(1917)를 통한)는 세 가지 점에서 의미가 있다. 첫째, 부하린의 제국주의 분석은 두말할 것도 없이 레닌보다 더 철저하고 일관되며 경제적으로 정교하다. 그래서 그는 제국주의 시대 자본주의의 외연 확장 드라이브를 룩셈부르크, 홉슨, 레닌이 공유한 과소소비론적 설명이 아니라 마르크스의 자본순환 개념으로 세련되게 설명했다. 이에 따르면 화폐 형태의 자본은 시장에서 노동력과 생산수단 구매를 거쳐 생산과정에 투입돼서 새로운 가치(잉여가치를 포함한)를 낳고, 이 새로운 가치는 그것이 체화된 상품의 형태로 다시 시장에 팔림으로써 실현된다. "자본주의 확장의 뿌리는 생산과정 못지않게 구매 조건에도, 그리고 판매 조건에도 있다. 이와 일반적으로 연결된 문제는 세 가지다. 원료 시장과 노동력 문제, 새로운 투자 영역의 문제, 마지막으로 시장 문제."[80]

둘째, 부하린은 힐퍼딩의 주장을 계승하면서도 그것을 한 단계 더 발전시켜 '조직화' 과정이 자본과 국민국가의 융합에서 절정에 이른다고 주장했다. 이 덕분에 부하린은 19세기 말의 경제 정책에서 두드러지게 나타났던 자유방임주의로부터의 후퇴 현상(예컨대 보호무역주의의 확산)을 설명할 수 있었다. 이러한 추세는 제1차세계대전 중의 전시 국가 지령 경제를 통해 극단까지 나아갔다(4장 2절 참조). 마지막으로, 브루어가 지적하듯이 "힐퍼딩은 자본의 집중과 집적이라는 한 가지 과정만을 본 반면에 부하린은 자본의 '국제화'와 '국가화'라는 두 가지 과정을 포착했다."[81] 부하린의 탁월함은 그가 "집요하고 탐욕적인 발톱으로 사회의 살아 있는 몸통을 움켜쥐고 있는 오늘날의 제국주의 강도 국가, 강철 같은 기구"라고 부른 것의 성장과 권력을 창조적으로 이해하고 분석한 데서도 드러나며 세계경제라는 현실의 규정력을 강조한 데서도 드러난다. 그래서 부하린은 자신의 책도 세계경제 분석으로 시작하면서 이렇게 주장했다. "제국주의와 그 경제적 특징, 그리고 미래를 연구하는 것은 결국 세계경제의 발전 추세와 그 내적 구조 변화를 분석하는 작업으로 환원된다."[82] 이를 통해 부하린은 1930년대와 1940년대에 (자신을 비롯한) 수많은 사람들의 목숨을 앗아간 리바이어던의 등장을 내다봤을 뿐 아니라, 19세기 말에 나타난 '제1차 세계화'라고도 부르는 현상에 대한 그의 지적 대응은 고전적 마르크스주의 제국주의 이론을 오늘날의 세계경제 현실과 연결할 수 있는 교두보를 마련했다.

1.4 조직 자본주의와 경제 위기

레닌과 부하린이 이룬 종합은 20세기 초 자본주의의 형태를 마르크스주의적으로 이해하려는 매우 진지한 노력이었다. 나는 이들의 노력이 역사의 시험을 과연 얼마나 잘 버텨 냈는지를 4장에서 살펴볼 것이다. 그러나 레닌과 부하린의 종합은 그 자체만으로도 두 가지 중요한 의문을 제기한다. 첫째는 자본주의의 현 발전 단계에 관한 레닌과 부하린의 설명과 마르크스가 《자본론》에서 밝힌 더 추상적인 경향들 사이의 관계 문제다. 둘째는 레닌과 부하린이 제국주의의 내재적 요인이라고 봤던 국가 간 갈등이, 자본주의가 초국적 통합을 이루어 내는 미래의 어느 단계에서 극복될 수 있을지 아닐지 하는 문제다. 제국주의에 관한 오늘날의 논의에도 영향을 끼치고 있는 두 번째 문제는 1장 5절에서 살펴보기로 하고, 여기서는 먼저 첫 번째 문제를 살펴보자.

마르크스는 《자본론》에서 자신의 연구 목적이 "현대 사회의 경제적 운동 법칙을 규명하는 것"이라고 밝히고 있다. 즉, 그의 주안점은 자본주의 발전의 동역학에 있는 것이다. 자본의 경쟁적 축적은 자본의 집중과 집적을 낳는데, 앞서 살펴봤듯이 힐퍼딩과 부하린은 이 과정의 결과로 금융자본이 등장한다고 봤다. 자본의 집중과 집적은 또한 생산성 증가와 그에 따른 산업예비군(실업자 집단)의 형성을 통해, "자본주의적 축적의 일반 법칙"이라는 (다소 모호하게 표현된) 법칙을 성립시킨다. 이 법칙에 따르면 "고통의 축적이 부의 축적에 상응하는 필수 조건"이 된다. 그러나 이러한 매우 일반적인 추세들은 단기적 호황·불황 주기에 빠지는 자본주의의 내재적 경향(《자본론》 1~3권에 걸쳐 갈수록 자세히 설명되는)과 공존한다. 경제 위기의 가능성은 일반화한 상품생산 체제인 자본주의에 본질적인 것이다. 그러한 경제체제에서는 생산과 소비가 화폐의 교환으로 매개되며, 따라서 어떤 상품을 팔아서 얻은 화폐를 다른 상품을 구매하는 데 사용하지 않고 비축해 둠으로써 유효수요 하락을 부를 가능성이 상존하기 때문이다. 그러나 이 가능성을 거듭 현실로 만드는 요인은 바로 축적 과정 자체의 성격, 즉 자본들로 하여금 상품이 수익성 있게 팔릴 수 있는 한계 이상으로 생산을 확장하게 만드는 자본 간 경쟁이다. 《자본론》 1권 7편에서 마르크스는 "현대 산업의 독특한 [경기] 순환 경로"를 대략적으로 그렸다. 그는 이러한 순환을 임금 수준 변동과 연결지어 설명했다. 경기순환 초기에는 낮았던 임금 수준이 경제활동 증가와 더불어 상승하는 경향을 보이다가 호황의 절정기에는 이윤율을 갉아먹을 정도로 높아진다는 것이다. 임금 수준 자체를 조절하는 요인은 실업률 변화로서, 경기 침체기에는 실업률이 높아지면서 임금 수준을 끌어내리고 그래서 수익성이 개선돼 경제가 다시 돌아가게 만드는 데 일조한다고 한다.[83]

그러나 마르크스가 자신의 경제 위기론의 핵심 축인 이윤율 저하 경향 이론을 구축한 것은 《자본론》 3권 3편에서다. 그는 자본 수익률이 두 가지 변수에 의해 결정된다고 주장한다. 첫째는 잉여가치율, 즉 노동자들의 착취율이다. 둘째는 '자본의 유기적 구성'으로서, 이는 생산수단에 투자된 자본(불변자본)과 노동력 고용에 투자된 자본(가변자본) 간의 비율에 마르크스가 붙인 까다로운 명칭이다. 마르크스가 (고정자본 대 유동 자본이라는 전통적인 구분법 대신) 불변자본 대 가변자본이라는 구분에 그토록 큰 의미를 부여한 것은, 그의 노동가치론에 따르면 오직 가변자본(즉 노동력)만이 '살아 있는 노동'을 통해 새로운 가치(이윤의 원천인 잉여가치를 포함해서)를 창출할 수 있기 때문이다. 그의 이윤율 저하 경향 이론은 개별 자본들로 하여금 노동생산성을 증대시키고 비용 절감을 위한 생산기술 개선에 투자하도록 부추기는 경쟁 과정에 근거하고 있다. 마르크스는 다른 조건이 같다면 이러한 투자는 노동력 절감 효과를 낼 것이고 따라서 자본의 유기적 구성을 높일 것이라고 생각했다. 그러나 잉여가치의 원천은 노동이기 때문에, 그렇게 되면 결과적으로 이윤율이 하락할 것이다. 마르크스는 이것이 단지 경향일 뿐이라고 강조했다. 왜냐하면 "이윤율 저하 경향을 낳는 바로 그 요인들이 이 경향의 실현을 저해하는 구실도 하"기 때문이다. 예를 들어 생산성이 높아지면 소비재 가치가 하락하면서 잉여가치율이 오를 수도 있고, 생산수단의 가격이 낮아지면서 자본의 유기적 구성 증가가 상쇄될 수도 있다. 이러한 상쇄 경향 중 십중팔구 가장 중요한 것은 (비록 마르크스가 공식적으로 이를 상쇄 경향 목록에 포함시키지는 않았지만) 바로 경제 위기 자체일 것이다. 경제 위기 때는 기업들이 파산하면서 그들이 남긴 공장과 설비가 헐값에 매각된다. 그에 따른 자본의 평가절하, 그리고 높은 실업률이 노동자들로 하여금 더 낮은 임금과 노동조건 악화를 받아들이게 만드는 압력은 이윤율을 다시 끌어올리는 경향이 있다. 그래서 마르크스는 자본주의의 경제적 붕괴가 필연적이라고는 주장하지 않았다. 오히려 "경제 위기는 항상 기존의 모순들에 대한 일시적·폭력적 해결책 이상은 결코 아니다. 즉, 교란된 균형을 일시적으로 회복시키는 강력한 분출일 뿐이다."[84]

앞서 1장 1절에서 지적했듯이, 고전적 제국주의 이론가들은 당대 자본주의 발전의 핵심 특징들을 규명할 수 있는 새로운 결정 요인들을 도입하는 식으로 마르크스의 "추상에서 구체로 상승하는 방법"을 계승했다고 볼 수 있다. 그러나 이 말은 곧 이 새로운 결정 요인들이 마르크스가 개발한 더 추상적인 결정 요인들에 구속돼야 한다는 것을 함축하기도 한다. 더 구체적으로 말하면, 마르크스의 경제 위기 이론을 20세기 초에 개발된 제국주의 이론들에 어떻게 접목시킬 수 있을까? 이는 단지 지적 일관성의 문제만은 아니었다. 20세기 초의 제국주의 이론가들은 실제로 1929년 이후 자본주의 역사상 가장 심각한 경제 위기를 목격하게 됐다(당시 이미 사망한 레닌과 룩셈부르크는 예외였다). 이 위기는 그로부터 10년 뒤 제2차세계대전이 발발하면서 겨우 끝났다. 제국주의 이론과 마르크스의 경제 위기 이론 사이의 관계 문제는 마르크스주의 지성사의 중대한 수수께끼 하나 때문에 더 복잡해진다. 하워드와 킹이 1920년대의 마르크스주의 정치경제학을 두고 했던 다음 말은 20세기의 첫 50년에도 적용된다. "[마르크스주의 정치경제학의] 상이한 학파들의 공통점 하나는 마르크스의 《자본론》 3권을, 특히 거기서 제시된 이윤율 저하 경향을 거의 완전히 무시한다는 것이다."[85] 주요 마르크스주의 이론가들이 《자본론》 3권의 내용에 친숙했다는 사실을 감안하면 이 점은 특히 더 수수께끼다. 《자본론》 3권에 대한 이해는 힐퍼딩의 《금융자본》에서도 드러나며, 레닌도 토지 문제에 관한 글에서 마르크스의 지대 이론을 집중적으로 인용했지만 이들은 자본주의 위기에 관한 자신들의 논의

에서 이윤율 저하 경향 이론이 별 의미가 없다고 생각한 듯하다.[86]

힐퍼딩은 《금융자본》에서 이윤율 저하 경향 이론을 언급했지만 그보다는 자본주의가 무계획적이고 혼란스런 특징 때문에 생산 부문 간에, 특히 1부문과 2부문(즉 생산재 부문과 소비재 부문) 사이에 불비례를 초래하는 경향을 훨씬 더 강조했고, 이러한 불비례는 오직 불황을 통해서만 교정될 수 있다고 했다. 경제 위기에 대한 이 같은 설명은 영향력이 매우 컸다. 예컨대 부하린도 이러한 설명의 한 가지 버전을 채택했다.[87] 그러나 힐퍼딩과 부하린은 모두 자본주의의 현 발전 단계에서는 자본주의가 갈수록 조직화하는 경향이 지배적이라고 주장했다. 앞서 살펴봤듯이, 부하린은 이 과정이 진행될수록 국가가 축적 과정 자체를 점점 더 많이 통제하게 된다고 봤다. "국가 권력은 생산의 거의 모든 부문을 흡수한다. 국가는 착취 과정의 일반적 조건을 보존할 뿐 아니라 갈수록 스스로 직접적인 착취자가 돼, 집합적인 자본가로서 생산을 조직하고 지휘한다."[88] 부하린이 이 인용문의 초안을 쓴 1915년에 힐퍼딩은 다음과 같이 썼다.

사회주의의 승리 대신에 어떤 조직된 사회, 그러나 위계적이고 비민주적으로 조직된 사회가 등장하는 것도 가능해 보인다. 이 사회의 꼭대기에는 자본주의 독점체들과 국가가 결합된 세력으로 자리 잡고 있고, 이들 밑에서 노동계급은 생산 주체들의 위계질서에 소속돼 있다. 우리는 자본주의에 맞선 사회주의의 승리가 아니라 조직된 자본주의, 이전보다는 대중의 직접적인 물질적 필요를 충족시키는 데 더 효과적인 조직 자본주의가 등장하는 것을 보게 될 수 있다.[89]

그러나 만약 경제 위기가 상이한 부문 간의 불비례에서 비롯한다면, 조직 자본주의는 그와 같은 불균형을 극복할 수 있지 않을까? 1920년대 중반에 힐퍼딩은 그렇다는 결론에 도달했고, 나아가 조직 자본주의에서는 경제 위기뿐 아니라 제국주의 전쟁도 사라질 것이라고 말했다.[90] 부하린도 같은 방향으로 나아갔지만 힐퍼딩만큼 멀리 나아가지는 않았는데, 이는 두 사람의 정치적 경력 차이를 반영했다. 힐퍼딩은 독일 사회민주당의 바이마르 정부에서 재무부 장관을 지낸 반면에 부하린은 공산주의 인터내셔널의 지도자였다. 부하린은 1920년대에 쓴 여러 문헌에서 여전히 사적 시장 경쟁이 지배하던 빅토리아시대 자본주의와 자신이 보기에 지배적인 양식이 되고 있는 듯했던 국가자본주의를 대립시키며 전자를 무계획적 경제로, 후자를 경제의 '조직화'로 규정했다. 떠오르고 있는 조직 자본주의에서는 각국 경제의 생산이 의식적으로 조정되고 통제되고 있다는 것이다. "자본주의적 '국민경제'는 **비이성적 체제**에서 **이성적 조직**으로, 주체 없는 경제에서 경제적으로 능동적인 주체로 전환됐다."[91]

부하린은 룩셈부르크를 비판하는 글에서는 더 멀리 나아가 국가자본주의 경제에서는 "위기가 발생할 수 없다. 왜냐하면 모든 생산 부문 간의 상호 수요가 처음부터 정해져 있고, 노동자와 자본가를 포함하는 소비자들의 수요도 마찬가지이기 때문이다. '생산의 무계획성'이 아니라 《자본론》의 관점에서 봤을 때 합리적인 계획이 나타난다"고 주장했다.[92] 부하린이 이렇게 주장한 것은 경제 위기에 대한 설명으로 불비례설을 받아들였기 때문이다.

생산력 발전과 구매력 간의 불비례, 그리고 다양한 생산 부문 간의 불비례는 단지 자본주의 경제에서 **계획이 없음**을 보여 주는 징후일 뿐이다. 국가

자본주의에서는 … 위기가 불가능할 것이다. 비록 노동자들의 '몫'은 점차 줄어들 수 있겠지만 말이다. 노동자 몫의 이 같은 축소는 계획에 반영될 것이다. 무계획적인 자본주의 사회에서는 구매와 판매의 요소들이, 즉 화폐와 시장이 존재한다. 그 때문에 생산력 발전과 구매력 간의 모순이 경제 위기로 이어지는 것이다.[93]

'조직 자본주의'가 서구 세계에서 우세해지고 있다는 그의 관점에서 볼 때는 매우 일관되게도, 부하린은 1929년의 월스트리트 붕괴 직전에 "국제 신용 제도의 붕괴가 위험할 정도로 임박했다"고 경고한 영국의 자유주의 경제학자 조지 패이시 경의 놀라우리만치 정확한 예측을 다음과 같이 깎아내렸다. "시도 때도 없이 재앙을 예고하는 이 저자를 나는 믿지 않는 편이다."[94] 이러한 평가는 부하린이 자본주의와 어떤 면에서든 화해했기 때문에 나온 것이 아니었다. 그는 자본주의가 여전히 계급 착취에 바탕을 두고 있다고 생각했다. 더 중요한 것으로, 그가 보기에 자본주의는 여전히 무계획적 경쟁이 지배하는 체제였다. 다만 경쟁의 무대가 세계 무대로 옮겨졌을 뿐이다. "세계경제 체제도 맹목적으로 비이성적이고 '주체가 없다'는 점에서는 이전의 **국민적** 경제체제와 똑같다."[95] 그러나 국민경제들의 '조직화'로 말미암아 자본주의의 경제적 모순은 이제 제국주의 강대국들 간의 지정학적 갈등으로 전이됐다고 한다. 그래서 부하린은 대공황 직전까지도 제국주의의 주요 모순을 정치적·군사적인 것으로 봤다. "현 시기 세계경제에 대한 경제적 분석을 보더라도, 제국주의 국가들 간의 구체적 관계들을 보더라도, 또는 자본주의의 전반적 위기를 보더라도, 어떤 면에서 봐도 **현 시기의 핵심적 문제는 전쟁이다.**"[96]

물론 부하린이 힐퍼딩에 맞서 세계 자본주의 체제가 여전히 제국주의 간 전쟁을 초래할 수 있다고 강조한 것은 옳았고, 이 점은 1930년대의 사태 전개로 완벽히 입증됐다. 그러나 자본주의가 경제 위기의 위험에서 벗어나고 있다는 그의 주장은 명백히 틀렸다. 부하린이 애초에는 자본의 국제화와 국가화라는 두 가지 동시적이지만 상호 모순적인 경향이 제국주의를 규정한다고 주장했던 사실을 감안하면 부하린의 오류가 어디서 비롯했는지를 짐작할 수 있다. 즉, 그는 자본의 국제화와 국가화 경향을 언급하고는 경제 위기를 논할 때는 이 중 후자만을 고려하면서 그것을 기정사실로 취급한다. 그러나 부하린 자신의 이론적 관점에서 보더라도 이 두 경향이 제국주의를 규정한다면 각각의 경향이 서로를 제약한다고 봐야 한다. 이렇게 보면 개별 국민경제가 100퍼센트 자신의 운명을 통제하는 "경제적으로 능동적인 주체"가 되는 것은 불가능하다. 여기서도 1930년대의 실제 경험이 결정적으로 중요한데, 완전한 자립 경제가 불가능하다는 것이 이때 드러났기 때문이다. 주요 강대국들은 각자 자신만이 시장과 원료를 독점하는 자립적 경제 제국을 구축하려고 시도하기는 했다. 그러나 이러한 목표를 평화적으로 달성할 수 없었기 때문에 독일과 일본은 영토 확장과 전쟁의 길로 내몰렸던 것이다(4장 2절 참조). 부하린의 국가자본주의 이론이 상정했던 자립 경제 형태에 가장 가까이 다가간 강대국은 소련인데, 소련도 처음 두 차례의 5개년 계획 (1928~37년)을 통해 이룬 강제 공업화는 수입 기계와 설비에 의존했다. 노먼 스톤이 지적하듯이 "스탈린이 농업을 집산화한 배경에는 공업용 기계를 수입하려고 곡물을 충분히 많이 수출하려는 굳은 의지가 있었다. 곡물 가격이 1913년의 3분의 2에 불과했던 1925년과 비교해서도 4분의 1로 떨어졌던 1932년에 말이다."[97] 수입 자본재의 가격을 지급하려고 수출해야 했던 농산물 비중은 1928년에 총생산의 0.14퍼센트에서 1931년 7.33퍼센트로 증가했는데, 이를 위해 농민들은 토지와 농작물을 대거 몰수당했고 수백만 명이 굶어 죽었다.[98]

레닌과 부하린의 종합에서 또 하나 연관된 문제는 제국주의를 '독점 자본주의'와 결부시킨다는 점에 있다. 이것이 문제인 이유는, 엄밀히 말해 독점이란 경쟁이 없는 상태를 뜻하지만 불비례설과 마르크스 자신의 이윤율 저하 경향 이론 모두에서 근본적인 메커니즘은 바로 경쟁이기 때문이다. 빌 워런은 이렇게 논평한다.

> 과점적 시장 구조(흔히 독점기업이라고 불리는)의 등장은 경쟁을 완화시킨 것이 아니라 오히려 격화시켰다. (개별 경제에서) 과점 체제와 이런 저런 형태의 결합이 발전한 것은 세계 수준에서 독점이 사라지고 그 자리에 경쟁이 들어서는 결과를 낳았다. 즉, 19세기 말엽에 이르러 공산품 시장에 대한 영국의 세계적 독점이 다양한 경쟁자들의 출현과 함께 사라지게 된 것이다.[99]

예브게니 프레오브라젠스키는 대공황이 본격적으로 시작되던 1931년에 쓴 책에서 제국주의와 경제 위기의 관계를 설명하려는 그 누구보다 진지한 시도를 했는데, 그의 설명도 독점적(더 정확하게는 과점적) 경쟁 이론에 부분적으로 토대를 두고 있었다. 트로츠키가 이끌던 볼셰비키당 내 좌익 반대파에서 지도적 인물이었던 프레오브라젠스키는 이 책에서 "고전적 자본주의"에서 "독점자본주의(monopolism)"("제국주의의 경제적 구조"와 동의어)로의 이행이 자본주의 위기의 작동 방식에 어떤 영향을 끼쳤는지에 초점을 맞춘다(그는 그런 이행이 1890년대에 일어났다고 봤다). 프레오브라젠스키는 독점제에서도 경제적 경쟁은 지속되지만 일차적으로는 세계 수준에서 이루어진다고 주장했다. "나는 오직 세계경제 전체의 맥락에서만 독점제를 논하려 한다. 이때 전제가 되는 것은 자본주의의 불균등 발전뿐 아니라, 독점적 자본주의 방식들을 동원하는 트러스트들과 국민경제들 간의 경쟁과 투쟁이다."[100]

부하린과 마찬가지로 프레오브라젠스키도 경제 위기가 생산 부문 간의, 그리고 생산과 소비의 불비례에서 비롯한다고 봤다. 그러나 그의 이론에서 가장 독창적인 부분은 경기순환의 리듬이 고정자본의 교체 주기에 따라 결정되며, 특히 고정자본의 교체가 점진적이고 연속적이지 않고 비교적 짧은 시기에 집중적으로 이루어지는 경향에 좌우된다는 마르크스의 주장을 발전시킨 부분이다. 프레오브라젠스키는 고전적 자본주의에서는 바로 이러한 고정자본 교체 수요가 경제를 불황에서 구출하는 구실을 했다고 봤다. 자유경쟁과 유연한 가격에 기초한 경제구조도 이러한 회복을 돕는다. "뒤처진 기업들을 가차 없이 매장시키는 가격 인하와 급속한 기술 발전은 고정자본에 대한 신규 주문에 기초한 경기 확장을 용이하게 해 주는 메커니즘이다." 그러나

새로운 생산력을 분배하는 시장의 방식을 뛰어넘을 정도로, 심지어 개별 국민경제의 경계마저 뛰어넘을 정도로 비대해진 어마어마한 결합체들 때문에, 가치법칙에 따라 생산이 규율되는 방식의 긍정적 효과는 갈수록 줄어들고 부정적 효과는 커지는 상황이 만들어진다.[101]

제국주의에서의 독점적 경제구조는 "사회의 생산력 발전을 저해하는 만성적 요인"으로 작용한다. 트러스트들이 고전적 자본주의에서 경쟁과

생산적 구조조정을 촉진하는 구실을 했던 가격 하락을 막을 수 있고, 또한 다량의 고정자본을 유지하면서 경기 회복의 원동력이 되는 고정자본 교체를 지연시킬 수 있기 때문이다.[102] 그 결과로 장기 불황(프레오브라젠스키는 1920년대 말에 시작된 세계적 불황도 그것의 한 사례라고 봤다)이 도래하고 전쟁과 혁명이 정치 의제로 떠오른다. 이렇게 매우 그럴듯한 프레오브라젠스키의 분석은 러시아에서 1차 5개년 계획이 추진되던 시기의 광적인 분위기 속에서 스탈린의 하수인들에게 험한 비방을 받았다. 어떤 면에서 그의 주장은 제2차세계대전 이후 폴 배런, 폴 스위지, 조셉 스타인들 같은 마르크스주의자들이 개발한 '정체' 이론들의 예고편이었다. 정체론자들은 독점자본이 평균 경제성장률을 떨어뜨린다고 주장하는 한편, 선진 자본주의가 만성적인 유효수요 부족에 시달린다는 홉슨과 룩셈부르크의 주장을 되풀이하는 경향도 있었다.[103] 어쨌거나 이들과 프레오브라젠스키는 모두 "1950년대와 1960년대의 '장기 호황'은 독점자본주의가 성장과 양립할 수 있는 것을 강력히 시사한다"는 브루어의 반론에 취약하다.[104] 표 1.1에서 볼 수 있듯이 1913년과 1950년 사이에 세계경제가 매우 심각한 문제를 겪은 것은 분명하지만, 그 후 20년 동안 나타난 매우 양호한 성장률은 프레오브라젠스키의 분석이 이전 시기의 침체를 설명하기에는 뭔가 불충분함을 시사한다.

1920년대의 또 다른 중요한 마르크스주의 경제 위기론은 독점자본주의의 자세한 구조에 관한 어떠한 가정도 내세우지 않았다. 이 이론을 개발한 헨리크 그로스만은 오토 바우어가 제시한 마르크스 재생산 표식을 이용해, 자본주의가 붕괴로 나아가는 내재적 경향이 있음을 보여 주려 했다. 성장하는 경제에서 자본의 유기적 구성 증가에 필요한 투자가 결국은 모든 잉여가치를 흡수해 버려서 자본가들의 개인적 소

표 1.1 세계 GDP 성장률 1820~2003년 (연평균 복합성장률)

	1820~70	1870~1913	1913~50	1950~73	1973~2003
서유럽	1.68	2.11	1.19	4.79	2.19
미국	4.2	3.94	2.84	3.93	2.94
일본	0.41	2.44	2.21	9.29	2.62
아시아(일본 제외)	0.04	0.98	0.82	5.13	5.71
세계 전체	0.94	2.12	1.82	4.90	3.17

출처: A. Maddison, *Contours of the World Economy, 1-2030 AD* (Oxford, 2007), p. 380, table A5

비를 위한 몫은 전혀 남지 않게 될 것이라는 설명이었다. 그러나 그로 스만은 비록 이 경향을 상쇄하는 요인들이 시간이 지날수록 효과가 없어지기는 하겠지만 그렇다 해도 이 경향이 즉각 실현되지는 않을 것이라고 봤다.

레닌도 지적했지만, 전혀 가망 없는 상황이란 존재하지 않음이 분명하다. 내가 제시한 설명에서 붕괴는 반드시 곧장 일어나야 하는 것은 아니다. 붕괴의 절대적 실현은 상쇄 경향들에 의해 방해받을 수도 있다. 그러면 절대적 붕괴는 일시적 위기로 바뀔 것이고, 그 후 축적 과정은 새로운 기초 위에서 재개될 것이다.[105]

그로스만은 바우어의 가정대로라면 자본주의가 36년 만에 붕괴할 것임을 수학적으로 증명하려 했는데, 그의 의도는 바우어의 주장(룩셈부르크가 강력히 비판한)에 대한 내재적 비판을 제기하려는 것이었던 듯하다. 그로스만의 주된 관심사는 이 수학적 증명보다는 자본주의의 붕괴 경향을 상쇄하는 요인들을 마르크스가 《자본론》 3권에서 설명한 것보다 더 치밀하게 설명하는 데 있었다. 그로스만은 바우어의 가정들을 이용해 상쇄 경향이 작용하는 주요 변수들을 규명했다. 그는 상쇄 경향이 축적 속도를 늦추고, 불변자본의 가치를 하락시키고 노동력의 가치를 떨어뜨리는 식으로 작동한다고 주장했다. 그의 설명에서 흥미로운 부분은 제국주의와 전쟁을 이러한 상쇄 경향들에 연결시키는 부분이다. "제국주의는 어떤 대가를 치르고라도 자본의 자기 증식을 회복하려는 시도, 자본주의의 붕괴 경향을 약화시키거나 제거하려는 시도다. … 더 높은 축적 단계에 있는 나라에서는 자본의 자기 증식이 어렵기 때문에 해외에서 들어오는 공물이 갈수록 더 중요해진다. 기생성은 자본주의의 수명을 연장시키는 한 가지 방법이 된다." 이 주장이 레닌의 제국주의론에 더 정교한 경제적 기초를 깔아 주는 것이라면, 군국주의에 관한 그로스만의 논의는 훗날 전후 호황을 설명하기 위해 개발된 '상시 군비 경제' 이론들을 예고하는 듯하다(4장 3절 2항 참조). 군비 지출은 그것을 통해 구입된 상품과 서비스가 새로운 상품을 생산하는 데 직간접으로 사용되지 않는 한 일종의 비생산적 소비다. 그러므로 군비 지출은 생산재나 소비재 생산에 투자될 잉여가치를 빼돌려서 축적률을 낮추고 자본주의의 붕괴를 지연시킨다고 한다.

총자본의 관점에서 보면 군국주의는 비생산적 소비의 영역이다. [이 영역에서] 가치는 저축되지 않고 분쇄된다. 군국주의는 축적의 영역이기는커녕 축적이 느려지게 한다. 국가는 잉여가치 형태로 자본가들에게 돌아갈 수 있는 노동계급 소득의 커다란 부분을 간접세로 징수해서 그것을 대부분 비생산적 목적으로 소비한다.[106]

1.5 초제국주의의 유령

그로스만의 이 주장이 후대에 큰 영향을 미쳤다면, 레닌과 부하린의 종합에 내재한 두 번째 문제도 마찬가지였다. 그 문제란 다음과 같은 것이다. 즉, 힐퍼딩과 부하린의 주장처럼 자본주의가 갈수록 조직되고 있다면 이 과정이 개별 국가의 테두리 내에 머무르라는 법이 있는가? 자본의 집적과 집중이 더욱 진척되면 오늘날 우리가 세계화한 자본주의라고 부르는 것이 국가 간 갈등을 극복하지 못할 이유가 어디 있는가? 앞서 살펴봤듯이 이미 홉슨도 자기 나름의 방식으로 이 같은 가능성을 내다봤다. 그러나 마르크스주의 전통에서 이러한 결과를 예견한 사람은 단연 카를 카우츠키였다. 제1차세계대전 전야에 쓴 유명한 글에서 그는 다음과 같이 주장했다.

독점이 경쟁을 낳고 경쟁이 독점을 낳는다는, 마르크스가 자본주의에 대해 한 말은 제국주의에도 적용될 수 있다. 거대 기업들과 은행들, 그리고 백만장자들 간의 광적인 경쟁 때문에 거대 금융 그룹들(더 작은 금융 그룹들을 흡수하고 있었던)은 카르텔을 고안할 수 밖에 없었다. 이와 유사하게, 제국주의 강대국들 간의 세계 전쟁 때문에 결국 최강대국들은 군비 경쟁을 포기하고 서로 연합하게 될 수 있다.
따라서 순수한 경제적 관점에서 보면 자본주의가 또 하나의 단계, 즉 카르텔 형성 과정이 대외정책으로 전이되는 단계인 **초제국주의** 단계를 거치지 못할 이유가 없다.[107]

이것이 뜻하는 바는 룩셈부르크, 레닌, 부하린, 프레오브라젠스키,

그로스만 같은 혁명가들에게는 미안하지만 제국주의 간 전쟁은 자본주의의 본성에서 비롯하지 않는다는 것이었다.

일부 군수 사업가들을 제외하면 심지어 자본가 계급의 처지에서도 세계 전쟁 이후에 군비 경쟁을 지속해야 할 **경제적** 이유는 없다. 오히려 자본주의 경제는 바로 이러한 갈등 때문에 심각한 위협을 받는다. 오늘날 선경지명이 있는 자본가들은 모두 다른 자본가들에게 이렇게 호소할 것이다. 전 세계의 자본가들이여, 단결하라![108]

이러한 진단대로라면 제3인터내셔널이 말한 전쟁과 혁명의 시대는 일시적 단계인 것으로 입증될 터였고, 그 뒤를 이어 세계 평화의 시대가 도래할 터였다. 세계적인 자본주의 카르텔의 틀에서 제국주의 간 갈등이 평화적으로 해결될 것이라던 카우츠키의 예측은 아르노 메이어가 말한 1914~45년의 "20세기의 총체적 위기와 30년 전쟁" 기간에는 별로 쓸모가 없는 것으로 드러났다.[109] 그러나 제2차세계대전 이후에는 선진 자본주의가 미국의 헤게모니 하에 점차 통합되는 것을 보면서 많은 이론가들이 카우츠키 사상의 이런저런 변종들에 이끌렸다. 그래서 밥 로손은 1960년대 말에 《뉴 레프트 리뷰》 지면에서 벌어졌던 중요한 논쟁을 소개하면서 주요 견해를 다음 세 가지로 정리했다.

미국 일극 제국주의: 자본주의 국가는 모두 미국의 지배를 받으며 미국의 의사를 거슬러 자국의 정책을 선택하고 경제를 통제할 권한이 비교적 작다. 미국은 사회주의에 맞서 세계 자본주의의 단결을 보존하는, 세계 자본주의의 조직자 구실을 한다. 물론 이 같은 지배가 마냥 순조롭지만은 않을

수도 있다. [자본주의 국가 간] 갈등이 완전히 사라지지는 않고 단지 억제될 것이기 때문이다.

초제국주의: 비교적 독립적인 제국주의 국가들의 연합이 체제의 단결을 보존하는 조직자 구실을 한다. 이것이 잘 되려면 연합에 속한 국가 간의 적대 관계가 연합을 유지해서 얻는 이익을 압도할 만큼 심각하지는 않아야 한다.

제국주의 간 경쟁: 비교적 독립적인 국가들이 더는 조직자 구실을 하지 않거나 너무 형편없이 한 탓에 그들 사이에 심각한 갈등이 발생하고 체제의 단결이 위협받는다. 이렇게 되려면 국가 간 적대 관계가 심각해야 한다.[110]

당시에는 카우츠키의 관점을 채택한 사람이 거의 없었다. '미국 일극 제국주의'를 말한 이론가들은 특히 《먼슬리 리뷰》와 관련이 깊었는데, 이들은 미국의 헤게모니가 몰락하면서 제국주의 국가 간 새로운 대결의 시대가 다가오고 있다고 주장한 에르네스트 만델 같은 마르크스주의 경제학자들과 한바탕 논쟁을 벌였다.[111] 이 두 견해 모두의 변종들이 오늘날의 논의에도 여전히 큰 영향을 미치고 있지만, 오늘날에는 홉슨과 카우츠키의 주장을 더욱 발전시킨 듯한 목소리가 여기에 가세했다. 이들은 지난 수십 년간의 경제적 세계화 속에서 탄생한 초국적 자본주의가 국가 간 갈등의 족쇄를 떨쳐 내고 있다고 주장한다. 이러한 세계관을 보여 주는 가장 유명한 이론은 하트와 네그리의 제국 이론인데, 이들은 제국이란 "개방적이고 확대되는 국경을 가진, 갈수록 세계적 영역 전체를 흡수해 가는 **탈중앙집권적·탈영토화**한 권력 기구"다. 이들뿐 아니라 윌리엄 로빈슨 등도 비슷한 논지를 전개해 왔다.[112] 나는 이 책의 남은 부분에서 이처럼 서로 대립되는 어제와 오늘의 마르크스주의적 제국주의 개

넘들을 평가하기 위한 이론적·경험적 근거를 제시하려 한다. 그러나 여기서는 우선 초제국주의의 대두 가능성을 제기한 카우츠키의 주장에 맞서 레닌과 부하린이 어떻게 대응했는지를 살펴보자.

두 사람 모두에게 카우츠키의 주장을 거부할 강력한 정치적 동기가 있었음은 분명하다. 카우츠키가 옳다면 레닌이 제국주의론을 근거로 구축한 혁명 전략이 통째로 무너질 터였기 때문이다. 하지만 그들은 어떤 근거로 카우츠키를 거부했는가? 내 주장에 맞서 특히 "마르크스주의 제국주의 이론의 빈곤"을 증명하려 한 최근의 어떤 글에서 하네스 라허와 베노 테슈케는 부하린의 《제국주의와 세계경제》에 대한 레닌의 서문을 인용하며 다음과 같이 주장했다.

> (캘리니코스가 주장하는 것과 달리) 레닌과 부하린은 단지 초제국주의를 생각해 볼 수 있다고 인정하는 데서 그치지 않았다. 실제로 레닌은 이렇게 주장했다. "모든 기업과 국가들을 예외 없이 삼켜 버릴 단일한 세계 트러스트가 형성되는 **방향으로** 사태가 전개되고 있다는 것은 분명하다." … 이 말이 레닌의 《제국주의론》보다는 하트와 네그리의 《제국》에 나올 법한 말처럼 들리기는 하지만, 사실 레닌은 이 같은 자본주의 발전의 내재적 논리가 실현될 가능성은 거의 없다고 봤다. "단일한 세계 트러스트가 형성되기 전에 … 제국주의는 필연적으로 폭발할 것이고 자본주의는 그 대립물로 전환될 것"이기 때문이다.[113]

라허와 테슈케는 부하린에게서도 비슷한 구절을 인용하면서 다음과 같이 또 주장한다.

따라서 여기서도 부하린과 레닌은 어떤 필연적인 불균등 결합 발전의 논리 때문에 자본주의 국가들의 영토 주권과 지정학적 경쟁의 동역학이 모두 유지될 수 있다고 본 것은 아니다. 오직 세계 혁명만이 상시적인 초제국주의적 협력과 세계 정부의 형성을 방지할 것이라고 봤다. 그러나 세계 혁명은 끝내 일어나지 않았다. 오히려 제2차세계대전 이후에는 부하린이 상상한 일극적 자본주의 국가 체제(냉전 시대의 양극적 구조 내에서의)와 비슷한 것이 등장했다.[114]

라허와 테슈케는 레닌과 부하린을 정확하게 인용하고 있지만 그들은 또한 《제국주의와 세계경제》 서문에서 레닌이 초제국주의를 논한 부분은 고작 두 문단에 불과하다는 사실을 간과하고 있으며, 더 심각하게는 이 주제에 관해 레닌이 《제국주의론》에서 훨씬 더 방대하게 다룬 부분을 간과하고 있다. 라허와 테슈케에게는 미안한 일이지만, 그 부분에서 레닌은 "홉슨과 비교했을 때 [레닌의] 가장 독창적인 기여, 즉 '불균등 발전' 때문에 세계를 새롭게 분할하려는 자본주의 국가 간 갈등이 재발할 것이라는 레닌 자신의 테제"(아리기의 표현)를 개발했다.[115] 레닌의 주장은 두 단계로 진행된다. 첫째, 그는 초제국주의 이론의 한 가지 함의, "즉 금융자본의 지배가 세계경제에 내재한 불균등성과 모순을 **완화**한다는" 결론을 반박하려고 자신이 살던 시대의 극히 불균등한 경제 발전 수준을 묘사하면서 오히려 "현실에서는 그러한 불균등성과 모순이 **강화**된다"고 주장한다. 그러다가 레닌은 자신의 책의 더 뒷부분에 가서는 홉슨이 중국에 대해 언급한 것과 같은 초제국주의적 연합의 가능성에 대해 다음과 같이 논한다.

우리는 묻는다. 자본주의 체제가 온전하게 유지된다고 전제할 때(그리고 카우츠키도 이것을 전제한다), 그러한 연합이 오랫동안 유지되고 가능한 모든 형태의 마찰, 갈등, 투쟁이 제거되는 것이 과연 '생각할 수 있는' 일이냐고.

이 물음을 명료하게 제기하기만 해도 '아니오' 외에 어떤 답변도 불가능해진다. 왜냐하면 자본주의에서 세력권, 이권, 식민지 등의 분할을 결정하는 변수로서 유일하게 생각할 수 있는 것은 분할에 참가하는 당사자들의 힘, 즉 그들의 경제력, 금융 권력, 군사력 등에 대한 계산이기 때문이다. 그리고 이 참가자들의 힘은 균일하게 변하지 않는데, 자본주의에서는 상이한 사업체, 트러스트, 산업 부문, 국가 간의 **균등한** 발전이란 불가능하기 때문이다. 반세기 전에 독일은 영국과 비교했을 때 불쌍하고 보잘것없는 존재였고, 일본도 러시아와 비교했을 때 마찬가지였다. 앞으로 10년이나 20년 뒤에도 제국주의 강대국들 간의 힘의 균형이 지금 그대로 유지되는 것을 '생각할 수 있는가? 그것은 생각할 가치도 없다.[116]

여기서 레닌은 우선 자본주의가 계속 유지될 것이라는 가정 하에 안정적인 초제국주의(서로 경쟁하는 자본주의 국가 간의 일시적이고 편의적인 연합이 아닌)의 등장 가능성을 고려하고 있다. 달리 말해, 그는 사회주의 혁명이 임박했다는 것을 근거로 초제국주의를 거부하고 있는 것이 아니다. 둘째, 초제국주의가 "생각할 가치도 없는" 것은 단지 세계경제의 엄청난 불균등 때문만이 아니라 자본주의의 역동적 발전 과정 자체가 이러한 불균등의 분포를 바꿔서, 국가 간 힘의 균형을 끊임없이 바꿔 놓기 때문이다. 이 점을 이해하면 레닌이 제국주의에서 나타나는 세계 **재(再)**분할 압력을 왜 강조했는지를 이해할 수 있다. 새로 떠오르는 강대국들이 저물어 가는 기존 강대국들의 몫을 더 많이 차지하려 들 것이므로 결국 전리품의 최종적 배분이란 없는 것이다. 따라서 하워드와 킹의 다음과 같은 지적은 옳다. "레닌에게는 강대국들 간에 이미 완료된 세계 분할과 함께 불균등 발전도 군사적 경쟁의 경제적 기초였다. 부하린이 보기에는 경제적 경쟁이 개별 국민국가 수준에서 사라지고 국가 간 관계로 완전히 옮겨진 결과가 곧 군사적 경쟁이었지만, 레닌은 그렇게 보지 않았다."[117]

불균등 발전의 메커니즘과 그 정치적(그리고 지정학적) 함의는 모두 분석과 논쟁이 더 필요한 주제들이다. 그렇지만 불균등 발전 개념 자체는 여전히 중요한데, 오늘날의 세계경제도 여전히 레닌이 말한 "불균등성과 모순"을 특징으로 하기 때문에 더욱 그렇다. 그러한 불균등성의 정도와 의미를 레닌이 탁월하게 포착했다는 사실은 《제국주의론》을 단지 낡은 소책자로 취급하지 말고 그의 주장을 계속 곱씹어야 할 중요한 이유다. 비록 그의 가정과 결론들 가운데 많은 것을 비판하거나 심지어 거부하더라도 말이다. 내가 이 장에서 보여 주려 한, 제국주의에 관한 방대한 마르크스주의 저작들(사실 레닌의 저작도 그중 일부였을 뿐이다)의 이론적 풍부함은, 마르크스주의 제국주의론의 탄생에 기여한 다른 이론가들에 대해서도 마찬가지로 진지하게 접근하는 것을 정당화한다. 이 책의 나머지 부분에서 나는 앞서 살펴본 이론가들이 제기했던 것과 종종 비슷한 질문들에 답해 보려 한다. 그 과정에서 나는 고전 제국주의 이론가들의 저작과 그들의 출발점이었던 마르크스의 《자본론》을 모두 참고할 것이다. 무엇 하나 교조적으로 긍정하지도, 또는 어떤 강박적인 우상 타파주의에 사로잡혀 똑같이 교조적으로 부정하지도 않으면서 말이다.

2장
자본주의와 국가 체제

2.1 제국주의 이론의 재구성

제국주의에 대한 마르크스주의의 설명은 어떤 점이 다른가? 밥 서트 클리프는 이 질문에 훌륭하게 답변했다.

제국주의를 분석하는 마르크스주의적 또는 역사적 방법의 특징은 세계의 두 측면을 일관되게 통합하려는 어떤 특수한 이중적 시야에 있다. 한 측면은 국가 간의 (정치적·군사적·경제적) 위계질서, 갈등, 연합이다. 다른 한 측면은 생산 체제의 작동 방식과 그것이 창출하는 계급적 위계질서다. 전자는 한 무리의 국가들이 다른 국가들을 지배하고 착취하는 것과 관련 있고, 후자는 생산 체제의 안정성, 일부 계급이 다른 계급을 지배·착취하는 것과 관련 있다.[1]

서트클리프는 계속해서 "주류적 사고"(예컨대 주류 국제관계학이나 신고전파 경제학 등)에서는 이 두 측면 중 "한 측면만을 보는 경향이 있다"고 지적한다. "정치경제학자들, 특히 마르크스주의자들은 이 같은 학과 간 경계를 허물고 서로 중첩된 이 두 층위 모두에 대해 뭔가를 말하려고 하며, 둘 사이의 독자성 못지않게 둘 사이의 상호 보완적이고 모순적인 연관성을 밝히려 한다."[2] 즉, 마르크스주의자들은 경제적인 것과 정치적인(지정학적인) 것을 결부시켜 사고하며, 덧붙이자면 자본주의의 발전 궤적이라는 더 큰 맥락을 이해하는 가운데서 그렇게 한다. 1장에서는 고전 마르크스주의의 전성기였던 20세기 초에 여러 명의 걸출한 이론가들이 이 과제에 도전했던 것을 살펴봤다. 그러나 이 책에서 내가 답하고자 하는 물음은 다음과 같은 것이다. 룩셈부르크와 부하린 등이 살았던 시대로부터 거의 한 세기가 지난 오늘날, 그들이 분석했던 것과는 여러모로 크게 달라진 오늘날의 세계경제에 고전 마르크스주의 제국주의론을 어떻게 적용할 것인가?

명백하게도 이 질문에 대한 답은 역사적 사실들에 대한 판단에 크게 좌우될 것이다. 그러나 알튀세르가 역설했듯이 경험적 사실에 대한 어떤 해석도 이론적으로 결백하지는 않다.[*] 그러므로 2장에서는 오늘날의 제국주의에 대한 마르크스주의적 분석이 어떠한 이론적 토대에 근거해야 하는지를 살펴보려 한다. 이 문제를 다루는 한 가지 방법은 고전적 제국주의 이론들의 일부 중요한 약점들을 살펴보는 것이다. 물론 그러한 약점을 규명하는 작업은 이론을 역사적 경험에 비춰 보는 것과 별개일 수 없다. 그러나 역사적 경험은 일단 제쳐 두고 몇 가지 중요한 이론적 문제를 살펴보

---

[*]   즉, 이론의 영향을 받는다.

는 것만으로도 오늘날에 필요한 제국주의 이론의 윤곽을 잡는 데 도움이 될 수 있다. 1장의 내용을 종합해 보면 특히 세 가지 문제가 드러난다.

첫째는 제국주의에 대한 여러 이론가들의 해석과 자본주의 생산양식에 관한 마르크스의 더 추상적인 이론이 서로 부합하는가 하는 문제다. 1장에서 분명히 말했듯이 고전적 제국주의 이론가들은 모두 《자본론》의 내용에 친숙했으며 이를 자신들의 분석과 논쟁에 활용했다. 그러나 마르크스의 프로젝트를 계승·발전시키려고 그들이 채택한 주된 전략(당대의 제국주의를 자본주의 발전의 새로운 단계라는 맥락에서 이해하는 것)은 마르크스가 규명한 추상적 추세들과 당대 자본주의 경제에서 관찰되던 구체적 추세들 사이의 관계에 대한 논의를 생략하는 경향이 있었다. 1장 4절에서 봤듯이 이런 약점은 고전적 제국주의 이론가들이 마르크스의 이윤율 저하 경향 이론을 대체로 간과하고 오히려 1930년대의 대공황을 제대로 설명할 수 없는 것으로 드러난 불비례설에 의존한 탓에 더 증폭됐다. 그나마 예외였던 룩셈부르크와 그로스만은 자본주의가 경제적 붕괴로 나아가는 내재적 경향이 있다는 것을 보여 주려 했는데, 그들의 설명은 첫째로 완전히 부적절했고, 둘째로 자본주의의 붕괴 경향과 그것을 상쇄하는 경향에 대해 어느 정도의 상대적 중요도를 부여할 것인지에 대한 견해도 불분명했다. 이렇게 본다면 마르크스주의 제국주의론의 올바름을 판단하는 한 가지 기준은 자본주의 경제체제의 여러 관계·메커니즘·경향에 관한 일반 이론을 구체적인 경제적·지정학적 설명과 성공적으로 접목시켜야 한다는 것이다.

고전적 제국주의 이론가들의 두 번째 문제점은 큰 틀에서 마르크스주의 연구 프로젝트와 지적으로 부합하느냐는 문제라기보다는 역사적 경험과 일치하느냐는 문제다. 역사적 기록과 대조했을 때뿐 아니라 1920년와 1930년대 이후의 경제적·지정학적 변화에 비춰 봤을 때 그들의 이론은 과연 현실에 얼마나 부합했는가? 이 물음에 제대로 답하는 것은 자본주의와 제국주의의 역사적 발전 과정을 살펴보는 2부에서나 가능할 것이다. 그러나 그 중요성과 이론적 함의 때문에라도 여기서 우선 살펴봐야 할 문제가 하나 있다. 1장 3절에서 봤듯이 고전적 마르크스주의 제국주의 이론 중 가장 정밀한 버전인 부하린의 이론은 은행자본의 주도로 은행자본과 산업자본이 융합됐다고 주장한 힐퍼딩의 금융자본 이론에 근거하고 있다. 그러나 힐퍼딩 자신이 지적했듯이 이 같은 융합은 영국과 미국보다 독일에서 훨씬 진척돼 있었다. 마이클 키드런은 레닌의 《제국주의론》에 대한 탁월한 비평서에서 이러한 차이를 다음과 같이 잘 설명했다.

독일 자본주의는 후발 주자였다. 낙후한(독일식) 수단을 이용해 근대적(즉 영국이 통제하는) 시장으로 진입하려면 티끌 같은 저축과 노동력마저 아끼고 모아서 기존 경쟁자들이 보유한 것보다 더 크고 우수한 공장을 짓는 데 투자해야 한다는 것을 … 독일은 깨달았다. 트로츠키가 말한 '결합 발전'의 이점을 활용해야 했던 것이다. 이 같은 기능을 수행하는 데 구조적으로 가장 적합한 기관이 바로 은행이었고 독일 자본주의의 미래가 은행들의 효과적인 작동에 달려 있었던 점을 고려하면 독일 자본주의에서 은행들이 핵심적이고 지배적인 기관이 된 것도 놀라운 일은 아니다.[3]

힐퍼딩도 이와 매우 유사한 설명을 했지만 다음과 같은 단서를 달았다. "비록 이러한 차이가 독일의 후진적이고 뒤늦은 발전에서 비롯하기는 했지만, 그래도 산업자본과 은행자본 간의 긴밀한 유착은 독일과 미국 모두에서 더 높은 단계의 자본주의적 조직화로 나아가는 데 중요한 요인이 됐다."[4] 이러한 해석에 따르면 독일과 미국 같은 후발 공업국에서 금융자본이 등장한 것은 트로츠키가 "역사적 후진성의 이점"이라고 부른 것의 한 사례다. 즉, 세계 자본주의의 불균등한 결합 발전 덕분에 상대적으로 뒤처진 국가가 주요국들이 거친 점진적 진화 과정을 건너뛰면서, 주요국에서 흔히 사용되는 것보다 더 앞선 기술과 조직 형태를 채택할 수 있고 또 채택해야만 한다는 것이다.[5] 그러나 설령 이 같은 설명을 수용하더라도 힐퍼딩의 이론이 당대 주요 경제들의 현실에 단지 부분적으로만 들어맞았다는 문제는 남는다. 힐퍼딩의 이론은 특히 양차 대전 사이에 가장 강력한 제국주의 강대국이었던 영국의 현실과 가장 맞지 않았고, 4장 3절에서 보겠지만 제2차세계대전 이후에는 이 부분적인 현실 부합성마저 잃게 된다.

그렇다고 해서 나는 자본주의 단계를 구분하는 이론을 개발하려는 노력 자체가 무의미하다고 생각하지는 않는다. 나 또한 4장과 5장에서 제국주의 자체의 역사를 단계별로 구분하려 한다. 그렇지만 금융자본 이론의 사례는 두 가지 교훈을 던진다. 첫째는 다소 진부한 교훈인데, 분석을 할 때는 특수한 것과 진정으로 일반적인 것을 언제나 신중하게 구분해야 한다는 것이다. 둘째는 좀 더 흥미로운 교훈인데, 제국주의 자체나 제국주의의 특정 단계를 어느 하나의 자본주의 발전 모델과 결부시키려 해서는 안 된다는 것이다. 동일한 단계 내에서도 상이한 모델들이 공존할 수 있다. 그래서 조반니 아리기는 심지어 고전적 제국주의 시대(1870~1945)에도 영국의 헤게모니에 도전하던 주요 국가들의 전략은 서로 많이 달랐다고 지적했다. 독일은 군사적 팽창을 통해 자신만의 폐쇄적인 경제 제국을 확보하려 했던 반면에 미국은 전 세계를 자국의 투자와 무역에 개방시키려 했다는 것이다. "레닌은 신생 강대국들이 다양한 확장주의 모델을 추구했다는 사실에 대해서도, 따라서 국민국가들 간의 세력 관계 변화(불균등 발전과 결부됨)가 꼭 자신이 분석한 제국주의 모델을 강화시켜 주지는 않을 것이라는 점에 대해서도 별로 관심이 없었다.[16] 4장과 5장에서도 살펴보겠지만, 이처럼 다양한 "확장주의 모델"들이 동시에 공존한다는 점은 자본주의적 제국주의의 발전 궤적을 이해하는 데서 특히 중요하다.

지금까지 살펴본 두 가지 문제점은 고전적 제국주의 이론가들이 서트클리프가 구별한 두 가지 수준 가운데 경제적 수준을 어떻게 봤느냐를 둘러싼 문제들이다. 세 번째 문제는 국가들과 국가 간 관계라는, 정치적·지정학적 수준의 문제다. 특히 레닌과 부하린의 종합에서는 첫 번째 수준이 두 번째 수준을 설명해 준다. 즉, 독점 단계의 자본주의에서 나타나는 구조적 변화(금융자본의 등장과 그것이 국민국가와 융합하는 경향)가 강대국 간의 영토적·군사적 갈등을 설명해 주는 열쇠인 것이다. 그러나 이러한 설명은 이 두 가지 수준이 정확히 어떻게 연결돼 있냐는 의문을 제기할 뿐 아니라 국가에 관한 모든 마르크스주의적 논의에 줄곧 따라붙는 비난, 즉 마르크스주의는 국가를 단지 미리 규정된 계급 이익을 관철시키는 수단으로만 취급하는 경제환원론이라는 비난을 유발한다. 잘 알려져 있듯이 마르크스·엥겔스·레닌의 저작에는 일관된 국가론이 없다. 그보다는 상이한 이론들의 씨앗들이 뒤섞여 있다고 볼 수 있는데, 그중 가장 중요한 두 가지는 도구주의(국가는 단지 경제적 지배계급이 자신의 이익을 관철하려고 사용하는 도구일 뿐이라는 설)와, 그보다 훨씬 더 흥미롭고 정치적으로 급진적인 구조주의다. 구조주의 국가론은 국가는 폭력 수단들을 집중시키고 독점하려는 노력의 결과로 형성된 특수한 기관들의 집합이며, 그러한 기관들은 본질상 착취자들의 이익에 봉사할 수밖에 없으므로 노동계급이 스스로 해방되려면 국가를 파괴해야만 한다고 주장한다. 명백히 첫째 이론은 제국주의론에 접목시킬 경우 정치적(지정학적) 현상에 대한 환원론적 설명으로 빠질 수 있다. 이 가능성이 가장 극단적으로 실현된 경우는 제2차세계대전 이후 각국 공산당들이 개발한 국가독점자본주의 이론인데, 이에 따르면 국가는 거대 독점자본들의 도구다.[7] 레닌이 구조주의 국가론을 채택하는 데 영향을 준 부하린은 도구주의를 뛰어넘었는데, 그렇게 볼 수 있는 부분적인 이유는 그의 이론에서 국가가 설명 요인인 동시에 설명 대상으로, 즉 국가자본주의로도 나타나고 그것이 설명해 주는 국가 간 경쟁으로도 나타나기 때문이다. 부하린이 국가를 도구주의적으로 해석하지 않은 것은 확실하다. 오히려 제국주의 시대에 **"국가는 다양한 부르주아 기구들을 모두 자신에게로 흡수"**하며 **"지배계급의 단일한 보편적 기구가 된다."**[8] 여기서 문제가 되는 것은 경제환원론이 아니라(국가가 시민사회를 이렇게 흡수했을 때 비로소 국민경제가 "능동적 주체"가 되는 것이므로) 오히려 그 반대다. 부하린은 심지어 국가자본주의화 경향이 절정에 이른 1914~45년에도 자본주의 경제에 대한 [국가의] 의식적 "조직화"를 너무 과장했다(1장 4절 참조).

그렇다면 경제적인 것과 정치적(지정학적)인 것 사이의 관계를 어떻게 설명할 것인가? 한 가지 방법은 이 관계를 명시적으로 자본주의적 제국주의 개념의 핵심에 놓는 것이다. 데이비드 하비와 내가 선택한 해법도 사실 이것이다. 일단 하비의 설명부터 살펴보자. "자본주의적 유형의 제국주의는 영토적 권력 논리와 자본주의적 권력 논리 사이의 변증법적 관계에서 비롯한다. 이 두 논리는 서로 구별되며 어떤 식으로든 둘 중 하나로 환원되지 않지만 서로 밀접하게 연결돼 있다." 이 관계를 변증법적이라 부르는 것은 어느 하나를 다른 하나로 환원시키려는 일체의 시도를 배격한다는 뜻이기도 하다.

그러므로 이 두 논리 사이의 관계는 기능적이고 일방적이라기보다는 문제적이고 흔히 모순적(즉 변증법적)인 것으로 이해돼야 한다. 이 변증법적인 관계를 이해하는 것은, 서로 구분되지만 서로 얽히고설킨 이 두 가지 권력 논리들의 교차 지점으로서 자본주의적 제국주의를 이해하기 위한 출발점이다. 구체적 현실을 분석할 때 주의할 점은 이 변증법의 양 측면을 동시에 고려하는 것, 즉 정치 또는 경제 일변도의 논증 방식으로 퇴보하지 않는 것이다.[9]

하비는 자본주의적 권력 논리와 영토적 권력 논리라는 구분을 아리기에게서 빌려 왔는데, 아리기에 따르면 이 둘은

서로 대립되는 **지배 방식** 또는 권력 논리다. 영토적 지배자들은 자신들이 지배하는 영역의 넓이와 인구를 권력과 동일시하며, 부와 자본을 영토 확장의 수단 또는 부산물로 바라본다. 이와 대조적으로 자본주의적 지배자들은 희소한 자원에 대한 자신들의 지배력을 권력과 동일시하며 영토 확장을 자본축적의 수단 또는 부산물로 여긴다.[10]

아리기는 하비의 구분과 자신의 구분이 다르다고 지적했다. "하비의 구분에서 영토적 논리는 국가 정책을 의미하고 자본주의적 논리는 생산·교환·축적의 정치를 의미한다. 이와 대조적으로 나의 구분에서는 두 논리 모두 일차적으로 국가 정책을 의미한다."[11] 실제로 위에서 살펴본 하비의 인용문을 보면 하비가 아리기와 달리 자본주의적 논리와 영토적 논리를 "지배 방식"이 아니라 각각 경제적인 것과 정치적(지정학적)인 것으로 이해한다는 점이 분명히 드러난다. 하비는 또한 제국주의가 "두 가지 권력 유형 간의 긴장"에서 비롯한다고도 했다. "하나는 국가 조직의 영토적 권력

이다. 다른 하나는 자본주의적 권력 논리로서, 이는 화폐와 자산, 자본의 흐름과 순환을 통제하는 것을 의미한다."[12] 내 생각에는 이러한 잠재적 혼란을 피하기 위해 자본주의적 제국주의를 경제적 경쟁과 지정학적 경쟁의 교차점으로 파악하는 것이 더 나은 듯하다. 그러나 하비와 나 사이의 이러한 견해 차이는 내용적인 것이 아니라 표현상의 차이일 뿐이다.[13]

나는 이 책의 머리말에서 마르크스주의 제국주의론을 이처럼 정교화하는 것의 장점을 이미 언급한 바 있다. 이에 더해, 지금까지의 논의를 바탕으로 두 가지 장점을 특별히 더 언급할까 한다. 첫째는 마르크스주의 제국주의론을 그렇게 정교화하면, 제국주의 시대에 자본주의 경제가 취해야 하는 구체적 구조에 관한 일체의 경직된 가정에서 벗어날 수 있다는 것이다. 앞서 살펴봤듯이 레닌과 부하린은 힐퍼딩의 금융자본 이론을 수용한 것 때문에 문제를 겪었는데(레닌이 홉슨의 이론을 접목시키려다가 문제를 겪은 것은 말할 것도 없다), 이런 문제를 피할 수 있는 것이다. 둘째, 제국주의를 두 가지 권력 논리 또는 경쟁 형태의 교차점으로 이해하면 경제환원론을 피할 수 있다. 둘 사이의 관계가 "문제적이고 흔히 모순적"이라는 하비의 강조가 보여 주듯이 말이다. 그러나 이러한 장점들은 잠재적 약점이기도 하다. 우선, 제국주의를 새롭게 정의하기 위한 기초로서 레닌과 부하린의 종합이 부적절하다면 과연 자본주의 발전에 관한 어떤 설명이 적절할까? 하비와 내가 정교화했다는 제국주의 이론이 자본주의 발전에 관한 그러한 모종의 설명에 기초하지 않는다면, 그것은 서트클리프가 말한 두 가지 수준[경제적인 것과 지정학적인 것]을 이해하는 데 전혀 보탬이 되지 않는 형식적 정교화에 그칠 것이다. 둘째, 정치적(지정학적) 수준이 "모종의 독자성"을 지니려면(그리고 이러한 독자성은 하비가 제국주의의 속성이라고 여기는 변증법적 긴장 관계의 성립을 위해서는 분명 필요하다) 이 수준에 대한 모종의 이론화가 필요한데, 이 이론은 지정학적 수준의 특수성에 충분한 비중을 두는 동시에 이를 자본주의 발전에 관한 더 큰 틀에서의 설명에 녹여 낼 수 있어야 한다. 자본주의 발전에 관한 대안적 설명을 제시하는 일이나 지정학적 측면을 이론화하는 것이나 어려운 과제이기는 마찬가지겠지만, 나는 둘 다 가능하다고 본다. 하비는 《신제국주의》에서 이 중 첫 번째 과제에 도전했다. 여기서 그는 자본주의 위기가 과잉 축적의 위기라는 자신의 이론을 렌즈 삼아 1848년 혁명에서부터 이라크 침공에 이르는 기간의 세계사를 살펴본다. 나는 이 책의 3~5장에서 첫 번째 과제에 대한, 하비의 답변과 부분적으로 겹치는 내 나름의 답을 제시할 것이다. 그러나 이 장의 남은 부분은 두 번째 과제를 고찰하는 데 할애하려 한다.

2.2 국가 체제를 어떻게 이해할 것인가

마르크스주의 국가론은 해결되지 않은 문제들과 미완의 논쟁들이 잠복해 있는 지뢰밭이다. 그러나 본 절의 논의는 마르크스주의 국가론을 피해 갈 수 없다. 이 문제에 접근하는 가장 좋은 방법은 마르크스주의 국가론을 둘러싼 논쟁에 대한 콜린 바커의 중요한 개입에서 엿볼 수 있다. 1960년대와 1970년대에 주로 독일과 영국 마르크스주의자들 사이에서 벌어졌던 이른바 '국가 도출 논쟁'에서 존 홀러웨이와 솔 피초토가 주장한 견해를 비판하면서 바커는 이렇게 썼다.

국가에 대한 그들의 논의는 부적절한 추상 수준에 머물러 있는데, 특히 국가를 마치 단수의 존재인 양 취급한다는 점에서 그렇다. 그러나 자본주의는 국가들로 이루어진 세계 체제이며, 자본주의 국가는 국민국가 형태를 취한다. 따라서 자본주의 국가 형태를 논할 때는 국가가 계급 지배의 수단이라는 측면과 부르주아 집단들 간의 경쟁 수단이라는 측면을 모두 고려해야 한다.[14]

바커는 마르크스주의 국가론의 한 가지 근본적 요지, 즉 국가를 단수로 취급해서는 안 되며 복수의 국가들이 모여서 하나의 체제를 형성하는 것으로 봐야 한다는 요지를 설명하고 있지만 단지 거기서 그치지 않는다. 그는 나아가 제국주의론의 핵심 쟁점 하나를 강조하는데, 이는 바로 내가 앞 절에서 제국주의론이 설명한 두 가지 차원 또는 수준 가운데 하나를 "정치적(지정학적)" 수준이라고 약간 서투르게 말하면서 부각시키려 한 쟁점이다. 레닌과 부하린의 제국주의론은 금융자본이 지배하는 자본주의 세계경제와 강대국들의 지정학적 경쟁 간의 상호 관계에 관한 이론이었던 만큼 적어도 암묵적으로는 '국제적인 것'에 관한 이론이었다. 이 이론을 재구성한 하비와 나의 이론은 자본주의적 권력 논리와 영토적 권력 논리, 또는 경제적 형태의 경쟁과 지정학적 형태의 경쟁을 논함으로써, 레닌과 부하린의 이론이 '국제적인 것'에 대한 이론이라는 점을 명시적으로 드러낸다. 내 제국주의론에서 말하는 '지정학적인 것'은 매우 광범해서 안보·영토·자원·영향력 등을 둘러싼 국가 간 갈등을 모두 포함한다. 제국주의론에서 지정학이 차지하는 위치가 이처럼 중요하니만큼 우리는 주류 국제관계학의 특권화한 이론적 주제인 국가 체제에 주목하지 않을 수 없다. 특히 케네스 월츠의 저작에서 유래한 구조적 현실주의 학파의 정교한 이론들은 국가 체제가 그 구성 요소인 개별 국가

들의 특성으로 환원되지 않는 특성을 지녔다고 본다.[15]

국가 체제를 마르크스주의 이론이 다루어야 할 주제로 규정하는 것은 유난히 판돈이 큰 게임을 시작하는 것과 같다. 1970년대와 1980년대에 앤서니 기든스, 마이클 만, W G 런시먼, 테다 스카치폴 등의 베버주의 역사사회학자들은 마르크스주의가 국가 간 경쟁을 이론적으로 설명할 수 없다며 마르크스주의를 강력하게 비판했다. 그들이 마르크스주의의 이러한 '무능'에서 이끌어 낸 교훈은, 사회 이론은 다원주의적 설명에 기초해야 한다는 것, 즉 계급이라는 요소도 결국 사회 권력의 환원 불가능한 다양한 원천들 가운데 하나일 뿐인 것으로 취급해야 한다는 것이었다.[16] 이는 역사유물론에 대한 중대한 도전이었다. 최근에는 세계화가 지정학에 끼친 영향을 둘러싼 여러 논쟁 때문에 지형이 더 복잡해졌다. 이러한 논쟁에 대한 가장 영향력 있는 마르크스주의적 개입은 하트와 네그리의 개입이었다. 이들은 '제국'을 초국적 네트워크 권력으로 보았다. 즉, 제국은 국가 주권을 제국 주권으로 대체하고 국가, 초국적 기업, 국제 기구들을 모종의 바로크식 입헌 구조로 결속시켜서 국가 간 갈등을 초월하고 내부화한다는 것이다.

실제로 우리가 제국의 구성 과정으로 들어가는 것은 **내부적** 입헌 과정의 확장을 통해서다. 국제적 권리는 언제나 **외부** 당사자들 사이에 협상을 통해 이루어지는 계약적 과정일 수밖에 없다. … 오늘날 권리는 오히려 내부적이고 구성적인 제도적 과정을 포함한다. 협정과 연합의 네트워크, 중재와 갈등 해결의 창구, 국가들의 다양한 역학 관계 조율이 모두 제국 속에 제도화돼 있다.[17]

그러나 국가 체제가 역사유물론에 제기하는 이론적 문제를 가장 흥미로운 방식으로 다룬 것은 이른바 '정치적 마르크스주의' 학파다. 이 학파는 다음 장에서 살펴볼 로버트 브레너의 역사 연구에서 영감을 얻었지만 그 원조는 엘런 메익신스 우드가 1970년대와 1980년대의 국가 논쟁에 개입하면서 쓴 한 편의 글이다. 이 글에서 우드는 두 가지 중요한 논지를 펼친다. 첫째, 우드는 하나의 생산양식 내에 존재하는 경제적 토대와 정치적·법률적·이데올로기적 상부구조를 마치 사회의 서로 별개인 두 영역처럼 취급하는 종래의 마르크스주의 관점을 비판했다.

따라서 '정치적 마르크스주의'는 토대와 상부구조의 관계를 대립의 관계로, 즉 한편에는 '객관적' 경제구조가 바닥에 있고 다른 한편에는 사회적·법률적·정치적 형태들이 존재한다는 식의 '영역' 구분으로 취급하지 않는다. 오히려, 직접적 생산·수탈 과정에서 저마다 거리 차이는 있지만 어쨌든 그 연속선상에 있는 사회적 관계들과 형태들의 구조로 취급한다. 그리고 직접적 생산·수탈 과정과 가장 가까운 사회적 관계와 형태들이 바로, 생산 체제 자체를 구성하는 사회 관계와 형태들이다.[18]

따라서 "생산관계는 특정한 법률적·정치적 관계의 형태(지배와 강압의 방식들, 재산과 사회조직의 형태들)를 띤다. 이러한 법률적·정치적 관계는 단지 부차적인 그림자가 아니라 생산관계의 구성 요소이기도 하다." 그러나 둘째, 우드는 자본주의 생산관계가 취하는 정치적·법률적 형태는 경제와 정치의 분리라고 주장한다. "더 정확하게 말하면, 그것은 정치적 기능들 자체가 분화해서 사적인 경제 영역과 국가라는 공적 영역으로 각각 할당되는 것을 말한다." 이는 자본주의적 착취의 특수한 성격에서 비롯한다. 자본주의 이전의 사회구성체에서는 농민이나 노예에게서 잉여가치를 추출하려면 마르크스가 말한 '직접적인 경제외적 강제'가 필요했기 때문이다. 반면에 자본주의 생산관계가 우세한 곳에서는 다음과 같은 상황이 나타난다.

'경제적' 영역에서는 잉여노동 수탈이 '경제적' 수단을 통해 이루어진다. 달리 말하면, 생산자는 노동조건에서 완전히 분리되고, 수탈하는 자는 생산수단을 절대적 사유재산으로 소유하는 상황을 배경으로 잉여 수탈이 이루어진다. 이렇듯 재산을 박탈당한 노동자들이 잉여노동을 할 수밖에 없게 만드는 데서 직접적인 '경제 외적' 압력이나 노골적인 강압은 원칙적으로는 불필요하다.[19]

우드가 주장한 국가론의 기본 관점은 결코 새로운 것이 아니었다. 예 컨대 우드보다 앞서 독일의 국가 도출 논쟁에 기여한 요아힘 히르쉬의 관점도 이와 비슷하다.[20] 영어권에서는 홀러웨이와 피초토가 국가를 자본 관계의 물신화 형태로 취급하는데, 이 같은 관점은 '열린 마르크스주의' 학파(우드나 그 동료들과 마찬가지로 국제관계학계에서 점점 활발하게 활동하고 있는)에게도 여전히 영향을 끼치고 있다.[21] 그렇지만 우드의 국가론은 논증의 명쾌함과 엄밀성 면에서, 그리고 자본주의의 기원에 관한 로버트 브레너의 매우 중요한 해석(3장 1절 참조)과 관련이 있다는 면에서 다른 국가론들과 차이가 있다. 그러나 홀러웨이나 피초토와 마찬가지로 우드도 콜린 바커의 비판에는 취약하다. 즉, 우드의 이론도 국가를 단수로 취급한다는 약점이 있다. 최근에는 이 문제 때문에 정치적 마르크스주의 학파 내에서도 우드와 더 젊은 학자들인 하네스 라허, 베노 테슈케 사이에 논쟁이 벌어졌다. 테슈케는 《1648년에 관한 신화》라는 제목의 중요한 책에서 국제관계학 이론의 초석이 된 신화, 즉 근대 국가 체제가 30년 전쟁을 끝낸 1648년의 베스트팔렌 조약에서 탄생했다는 신화를 역사적 근거를 들며 해체했다. 그는 베스트팔렌 조약으로 형성된 지정학적 체제가 전근대적이었고, 특히 절대왕정과 연관이 있었다고 주장했다. 절대왕정은 봉건적 사회구성체도 아니고 자본주의의 원조격도 아니었지만 '사유(私有) 왕권'이라는 독특한 형태를 통해 경제와 정치를 융합시켰다고 한다. 따라서,

> 다수의 지정학적 실체들과 자본주의 사이에는 어떠한 구조적 또는 태생적 연결 고리도 없다. … 영토적으로 분리된 국가 체제는 자본주의보다 앞서 형성됐다. 이 체제는 그 구성 단위들이 대체로 왕조 국가이거나 그보다는 소수지만 과점적 상인 공화국들이었기 때문에 사회경제적으로, 그리고 정치적(지정학적)으로 전근대적이었다. 국제관계학이 말하는 베스트팔렌 체제는 정확히 이와 같은 전근대적 국제 질서였다.[22]

라허는 이러한 분석이 함의하는 결론, 즉 자본주의와 국가 체제 사이의 연관은 순전히 우연적이라는 결론으로 나아간다. 그는 다음과 같은 이유로 마르크스주의적 국제관계론을 비판한다. "[마르크스주의 국제관계론은] 자본주의 국가의 영토적 경계를 기정사실로 받아들이고, 나아가 마르크스주의 국가 [도출] 논쟁의 당사자들이 자본주의 국가를 설명하려 했던 것과 근본적으로 동일한 방식으로 국제 체제를 설명한다. 이 과정에서 자본주의적 정치 공간이 왜 영토적으로 분리돼 있느냐는 이론적 문제는 시야에서 사라지고 만다." 이는 다름 아닌 바커가 1970년대의 국가 도출 논쟁을 비판했던 내용이다. 그러나 라허는 바커를 인용하면

서도 바커와 달리 이렇게 주장한다. "자본주의적 정치 공간의 국제성은 자본 관계에서 도출될 수 없다. 오히려 그것은 자본주의 이전의 역사 발전에서 유래한 '역사적 유산'이라고 봐야 한다." 라허에 따르면 유럽의 국가 체제는 봉건제에서 자본주의로의 이행기(라허가 보기에 유럽 대륙에서는 19세기 초에야 비로소 시작된)에 등장한 것이 아니라 봉건제가 절대왕정으로 대체되면서 등장했다. 당시 봉건제는 "분열된 개인적 지배"에 기초했던 반면에 절대왕정은 "통합된 개인적 지배"에 기초했고, 이것은 "국가를 자신의 세습 재산처럼 취급하는 지배자들이 특정 영토의 주민들에 대해 주권을 주장하는 것으로 표현됐다." 그러다가 마침내 도래한 자본주의는 "일반화한 비인격적 소유에 바탕을 둔" 주권 개념을 독자적으로 발전시켰지만, 기존의 국가 체제에 의해 확립된 지정학적 맥락 속에서 그렇게 했을 뿐이다. 그 결과, 비록 "국가 간 체제가 자본주의의 일반화 과정에서 함께 자본주의화했기 때문에 자본주의적인 것은 사실이지만", "그것[국가 간 체제]은 동시에 자본의 작동 방식을 규정하고 설정하기도 했다." 라허는 더 나아가, 자본주의는 국가 체제 없이도 존재할 수 있고, 기존의 국가 체제를 다른 형태의 정치적 주권으로 대체할 수도 있다고 한다. 윌리엄 로빈슨이 지금 나타나고 있다고 주장하는 '초국적 국가'가 그러한 예가 될 것이다.[23]

우드는 라허나 테슈케와 동일한 이론적·역사적 틀을 공유하지만 그들이 내린 결론은 강력히 거부한다. 비록 우드는 자본주의가 영국 바깥에서는 매우 늦게 발전했고, 그것도 전자본주의적인 영토주권 체제가 지배적이었던 지정학적 맥락 속에서 발전했다는 견해를 받아들이지만, 그는 또한 국가주권 자체는 "분열된 주권과 분열된 경제(정치적으로 형성된 재산에 딸린)를 자본주의적 소유가 대체하기 전까지는" 온전히 발전할 수 없었다고 주장한다(이 "정치적으로 형성된 재산"은 농민에게서 잉여노동을 강압적으로 착취하기 위해 필요한 것이었고, 절대왕정은 여전히 농민의 잉여노동에 의존하고 있었다). 더욱이, "자본주의의 보편화는 또한 국민국가의 보편화를 낳았거나 적어도 그것과 함께 나타났다." 심지어 세계화 시대에도 계급들은 여전히 국가별로 구성돼 있으며 "세계경제에 꼭 필요한 조처를 관철시키는 것"도 국민국가들을 통한 "현지의 매개 행위가 필요하다." 그 결과 자본주의는 세계경제의 동역학과, 복수의 국민국가들로 나뉜 '정치적 분열' 사이에서 긴장을 겪는데, 우드는 이것이 자본 관계 자체에 내재한 긴장이라고 본다.

> 핵심은 두 가지 상반되는 경향 사이에 환원 불가능한 모순이 존재한다는 것이고, 두 경향 모두 자본주의의 본질 자체에서 비롯한다는 것이다.
> 비록 자본주의가 국민국가를 창조한 것도, 국가 주권이나 영토를 발명한 것도 아니지만, 자본주의 체제의 논리는 그것이 도처에서 세계화를 추동하는 경제적 힘을 창조한 것과 마찬가지로 영토적 국가 또한 재생산했다. 달리 말해, 자본주의의 팽창 본능과 자본주의의 영토적 분열 사이의 모순을 격화시키는 것이 바로 자본주의의 본질이다.[24]

이 같은 설명은 흥미롭게도 부하린의 제국주의 개념을 떠올리게 한다. 부하린은 자본의 국제화 경향과 국가화 경향이 모두 제국주의를 구성한다고 주장했다. "세계 자본주의의 정치적 형태는 세계 국가가 아니라 복수의 영토적 국가들의 세계 체제"라는 우드의 결론은 내가 보기에 옳다.[25] 그러나 그는 과연 마르크스주의 국제관계론에 대한 라허의 비판에 응수할 수 있는 방식으로 자신의 결론을 이론적으로 뒷받침할 수 있을까? 라허의 비판은 우드 자신이 구축한 지형에서 출발하기 때문에 특히나 시사적인데 말이다. 그런 점에서 우드의 핵심 논지는 평소의 그답지 않게 뭔가 어정쩡한 여운을 남긴다. 우드에 따르면, 로빈슨이 예견하는 것과 같은 초국적 국가는

기껏해야 고도로 추상적인 **이론적** 가능성일 뿐이다. 자본주의 자체의 과정 논리가 끊임없이 그것의 실현을 가로막는다. 자본축적을 가능케 하는 데, 그리고 시장이 지배하는 상황에서 사회적 안정을 유지하는 데 필요한 법률적·정치적 질서는 분명한 지리적 경제와 사법권 영역이 설정되지 않으면 그 **실천적** 목적에도 불구하고 상상도 할 수 없다.[26]

우드는 같은 요지를 이렇게도 설명한다.

새로운 제국주의는 더 오래된 형태의 제국과 달리 복수의 국민국가(대체로 주권국가인) 체제에 과거 어느 때보다 더 많이 의존한다. '세계화'로 말미암아 자본의 순수한 경제 권력이 미치는 범위가 특정 단일 국가의 범위보다 더 넓게 확장됐다는 바로 그 사실 때문에 세계적 자본은 **다수** 국민국가가 수행하는 행정적·강압적 기능에 의존하게 됐다. 다른 어떤 사회 형태보다 자본주의에 가장 필요한 일상적 규칙성, 예측 가능성, 법질서를 보장하고 소유 제도를 지탱해 주는 기능 말이다. 상상할 수 있는 어떤 형태의 '글로벌 거버넌스'도 이처럼 자본에 필요한 일상적 질서나 축적 여건을 제공할 수 없을 것이다.[27]

이 주장에 한 가지 약점이 있음은 우드 자신도 인정했다. "나는 세계적 자본에 대응하는 세계적 국가의 등장이 불가능한 이유가 이론적 차

원에서는 완벽히 해명될 수 없다는 것을 어쩌면 인정해야 할지도 모르겠다. 이 주장[세계적 국가의 등장이 불가능하다는 것]은 자본에 필요한 긴밀한 조절과 예측 가능성을 광범한 지리적 수준에서는 유지할 수 없다는, 낮은 수준의 경험적 관찰인 측면이 크다."[28] 그런데 이 약점은 또 다른 약점을 드러내는데, 우드에게 동조적이면서도 그를 비판하는 비벡 치버의 표현을 빌리면 그 약점이란 "어떤 것이 존재하는 이유를 자본주의나 제국주의에 필요하기 때문이라고 가정하는 경향, 즉 일종의 연성(soft) 기능주의"라고 할 수 있다. 따라서 우드의 설명은 기능주의 일반의 문제점을 드러내는데, 그것은 바로 어떤 필요가 존재한다고 해서 그 필요가 충족된다는 보장은 없으며, 설령 충족된다 하더라도 어떤 형태로 충족될지는 결정돼 있지 않다는 것을 보지 못한다는 점이다. 치버는 이 점을 다음과 같이 잘 지적했다.

> 자본축적에 필요한 기능적 요구 사항에서 어떻게 [그러한 요구를 충족하는 데 필요한] 국가 건설의 **규모**를 연역할 수 있는지가 불분명하다. 그러한 규모는 [자본축적에 필요한 기능적 요구 사항 외에] 다른 우연적 요인들에 달려 있을 듯하다. 어쩌면 우드 자신도 세계적 국가가 불가능한 이유는 세계적 자본의 요구를 어떤 영토적 국가도 충족시킬 수 없기 때문이라고 언급했을 때 이 점을 인정한 셈인지 모른다. 하지만 그렇다면 이것은 자본주의의 강력한 기능적 요구에 관한 진술이 아니라 행정 능력과 정치적 권한 등의 우연적 사실에 관한 진술이 된다. 기술 발전에 따라 이러한 역량들이 바뀌지 않는다는 보장이 어디 있는가?[29]

이처럼 국가 체제를 마르크스주의 생산양식 이론에 통합시키려는 우드의 전략은 결국 열매를 맺지 못했다. 우드의 부분적인 문제는 너무 획일적인 자본 개념에 있다. 1장 1절에서 봤듯이 자본주의 생산관계는 브레너가 말한 자본과 노동 간의 "수직적" 적대 관계뿐 아니라 개별 자본 간의 "수평적" 경쟁도 포함한다.[30] 마르크스 자신도 "자본은 오직 다수 자본으로만 존재할 수 있다"고 주장했다. 달리 말하면, 자본주의의 독특한 경제적 경향들(특히 축적과 위기)이 발생하고 유지되는 것은 경쟁하는 자본들이 서로 주고받는 경쟁 압력 때문이다.[31] 그렇다면 마르크스주의 관점에서 '세계적 자본'이란 있을 수 없고 오직 다수의 서로 경쟁하는 경제적 행위자들만 존재할 수 있다는 결론이 나온다. 이는 자본주의 국가들 또한 다수의 행위자들로만 존재할 수 있다는 결론을 뒷받침하는 것처럼 보일 수도 있다. 그러나 (임금노동에 대한 착취와 더불어) 자본 간 경쟁이 자본주의 생산관계의 구성 요소임을 강조하는 것은 비록 큰 틀에서 방향을 제시해 준다는 이점은 있을지 모르지만 [세계적 국가가 불가능하다는 것을 입증하는] 주장이라고는 할 수 없다. 나는 우드와 동일한 결론을 지향하지만 그와는 전혀 다른 이론적 전략으로 더 나은 대안을 제시하려 해 왔다.[32]

이 전략의 기초가 되는 생각은 《자본론》에서 마르크스가 보여 준 방법을 확장하면 자본주의 생산양식 이론으로 국가 체제도 설명할 수 있다는 생각이다. 마르크스의 방법은 점점 더 복잡한 결정 요인들을 차례대로, 그러나 비(非)연역적으로 도입하는 것이다(1장 1절 참조). 처음에 마르크스는 《자본론》을 더 방대한 저작의 1권으로만 생각했고 그중 4권은 국가론에 할애하려 했는데, 아마도 나중에 마음이 바뀐 듯하다.[33] 그렇지만 그의 원래 의도가 국가에 관한 책을 따로 집필하려는 것이었다는 점을 보면, 마르크스도 원칙적으로는 자본주의 생산양식을 분석하면서 국가를 다루는 것이 적절하고도 필요하다고 생각했음을 알 수 있다. 마르크스의 기존 이론에 국가를 접목시키는 한 가지 방법은 《자본론》 3권의 골격을 이루는, 잉여가치가 여러 형태의 수입으로 분할된다는 분석을 확장하는 것이다. 바커가 지적했듯이 가치론의 관점에서는 세금도 국가의 몫으로 돌아가는 잉여가치의 일부로 볼 수 있기 때문이다.[34] 그러나 더 중요한 방법은 (역시 바커가 지적했듯이) 국가를 단수로 취급하는 것이 아니라, 자본주의 생산 양식의 복잡한 결정 요인들의 집합으로서 국가 체제를 논하는 것이다.

국가 체제가 자본주의보다 앞서 등장했다는 베버주의 역사사회학자들과 라허와 테슈케 같은 정치적 마르크스주의자들의 지적은 이 제안에 대한 반박이 되지 못한다. 《자본론》 3권의 중요한 주제 하나는 자본주의가 지배적 생산양식이 되기 오래 전부터 존재해 온 자본주의적 경제 형태들이다. 마르크스가 상인자본과 고리대자본이라고 부른 이 경제 형태들은 전자본주의 생산관계와 공존할 수 있지만 일단 자본주의가 생산과정을 정복하고 나면 이 형태들은 재구성돼서 임금노동의 착취에 바탕을 둔 자본주의적 경제체제로 편입된다. 그렇다면 국가 체제도 이와 비슷하게, 즉 자본주의 이전에 등장했지만 결국 자본주의 양식에 편입되고 거기에 맞추어진 사회 형태로 바라보지 못할 이유가 있는가? 우드는 다음과 같이 주장함으로써 이러한 결론에 반쯤 도달했다. "국가의 영토성과 주권은 비록 자본주의가 발명한 것은 아니지만 자본주의에 의해 완성됐다고는 할 수 있다. 오직 정치와 경제의 분리만이 명실상부한 주권국가를, 즉 다른 형태의 '정치적으로 형성된 재산'의 도전을 받지도 않고 사법권 영역이 서로 겹치지도 않는 주권국가를 가능케 했다."[35] 그러나 우드는 지정학적 경쟁을 본질상 전자본주의적인 것으로 이해하려는 고집스러운 성향 때문에 이 논지를 더욱 발전시키지 못한다. 그래서 우드는 프랑스와 독일 산업자본주의의 발전을 영국의 발전과 이렇게 대비한다.

여기서[즉, 프랑스와 독일 — 캘리니코스]의 원동력은 [영국과 달리 — 캘리니코스] 국내의 사회적 소유관계(경쟁, 자본축적, 노동생산성 증대라는 자본주의적 의무 사항을 강요하는)가 아니라 유럽의 비자본주의 경제와 국가들을 지배했던 것과 동일한 지정학적·군사적 경쟁 및 그에 따른 상업적 결과들이었다.[36]

우드는 또 "여전히 전자본주의적 논리에 따라 움직였던 [프랑스와 독일 같은 — 캘리니코스] 국가들도 자본주의 발전을 촉진할 수 있었다"고 주장한다.[37] 이는 2장 1절에 인용된 힐퍼딩의 주장, 즉 독일은 후진성을 극복하려고 각별히 선진적인 자본주의 형태들을 발전시켜야 했다는 주장과는 정반대된다. 지정학적 경쟁이 전자본주의적이라는 우드의 견해는 자본주의 발전사에서 영국의 사례를 표준으로 삼고 영국을 기준으로 다른 모든 나라의 사례를 재단하는 잘못된 해석이 그 밑바탕에 깔려 있다고 볼 때만 납득이 된다. 이런 해석이 왜 잘못인지는 다음 장에서 자본주의의 역사적 발전 과정을 살펴보면 드러날 것이다. 여기서는 일단 지정학적 경쟁은 순수한 자본주의 논리를 반영할 수 없다는, 다분히 자의적이고 교조적인 느낌이 드는 전제에 대해 항의 한마디만 제기하고 넘어가려 한다. 이러한 전제를 정당화해 줄 만한 논거로 내가 생각할 수 있는 유일한 논거는, 지정학적 경쟁의 동역학은 자본주의 특유의 집중적인 생산력 발전을 촉발할 수 없다는 주장이다. 그러나 3장과 4장에서 자세히 살펴보겠지만 이런 주장은 명백히 틀렸다. 실제로 우드 자신도 프랑스와 독일이 지정학적 경쟁이라는 "전자본주의적 논리를 여전히 따랐"음에도 자본주의 발전을 촉진할 수 있었다고 말하면서 이 점을 인정했다. 우드의 이런 주장은 자충수일 수 있는데, 왜냐하면 그와 브레너의 자본주의 역사 해석에서 핵심적으로 중요한 연결 고리인 자본주의적 소유관계와 근대적인 경제성장 패턴 간의 연결 고리를 이 같은 주장이 잠재적으로 약화시킬 소지가 있기 때문이다(3장 1절 참조).

《자본론》에서 마르크스가 보여 준 방법의 중요한 특징 하나를 떠올린다면 국가 체제를 자본주의 생산양식 이론에 접목시키는 방법에 관한 내 전략을 이해하는 데 도움이 될 것이다. 그 특징은 새로운 결정 요인들이 **비(非)연역적으로** 도입된다는 점이다. 연역적인 논증은 그 전개 과정에서 새로운 내용이 추가되지 않는다. 그러한 논증의 결론은 (그것이 제대로 도출된다면) 기본 전제에 이미 암시돼 있는 내용을 명시적으로 만들 뿐이다. 반면에 《자본론》에서는 점차 복잡한 결정 요인들이 도입되면서 분석에 새로운 내용이 더해진다. 따라서 각각의 결정 요인은 그보다 앞서 도입된 결정 요인으로 환원될 수 없다. 예컨대 《자본론》 3권에서 마르크스가 설명한 금융시장의 작동 방식은 《자본론》 1권 시작 부분에 나오는 상품과 화폐에 관한 분석에 의존하기는 해도 거기에 포함돼 있지는 않다. 이와 같은 방식으로 국가 체제를 일련의 결정 요인들로 취급하면서 차례로 도입하는 것은 따라서 그 정의상 비연역적인 방법이다. 그러므로 그것은 국가 체제를 자본주의 생산양식에 관한 마르크스주의 이론에 통합하는 한 가지 방법으로서, 국가 체제의 구체적 특징이나 경향들과 부합할 뿐 아니라 그러한 특징과 경향들에 대한 관심과 분석을 요구하기도 한다.

내가 이 전략을 처음으로 제시했던 논문에서 나는 다음과 같은 도발적인 문장으로 내 논지를 부각시키려 했다. "이 논지의 한 가지 함의는, 국제 관계와 정세에 관한 어떤 마르크스주의적 분석에도 현실주의적 요소가 있을 수 밖에 없다는 것이다. 달리 말해, 국제 관계에 대한 어떤 마르크스주의적 분석도 국가 체제 내에서 서로 경쟁하는 정치 엘리트들의 전략·계산·상호작용 등을 고려해야 한다."[38] 이에 대해 곤소 포조-마틴은 매우 설득력 있는 반론을 제기했다. 그의 주된 논지는, 구조적 현실주의는(특히 그 창시자인 월츠의 원래 버전은) 국제 이론의 범위를 국가 체제(그 본질상 무정부적이라고 규정되는)의 특징만으로 한정하는 등 협소하고 경직된 속성 때문에 지정학을 결코 만족스럽게 설명할 수 없다는 것인 듯하다. "현실주의 이론은 정책 입안자들과 분석가들에게 지정학의 구체적 내용에 대한 어떤 단서도 제공하지 않는다고도 볼 수 있다. … 현실주의자들은 이론을 다른 모든 것과 격리시키는 장막에 의해 재갈이 물려 있다." 포조-마틴은 내가 현실주의에 대해 상당히 "막연한 주장"을 하고 있다고 옳게 비판했는데, 위에서 인용한 그의 주장은 분명 이러한 약점을 바로잡아 줬다.[39] 이 지점에서 나의 의도는 현실주의를 논하는 것이 아니라 제국주의에 대한 마르크스주의적 이해를 발전시키는 것이다(비록 이를 위해서는 다음 절에서 현실주의를 더 자세히 다뤄야겠지만 말이다). 여기서는 일단 두 가지를 말하고 넘어가려 한다. 첫째, 내가 원래 논문에서 주장했듯이 "일부 쟁점에서는 마르크스주의자들과 현실주의자들이 같은 편에 설 수 있다"는 것은 여전히 진실이다. "예를 들면 냉전 종식 이후의 국제 평화에 대한 과장된 기대를 비판하거나 '국제적인 것'에 대한 구성주의자들의 관념론적 개념을 비판하는 문제에서" 그럴 수 있다.[40] 그러나 이렇듯 때때로 같은 편에 선다고 해서 마르크스주의자들이 현실주의의 공리들을 받아들여야 하는 것은 결코 아니다. 서로 경쟁하는 관계에 놓인 연구 프로그램들은 일부 같은 결론에 도달하는 이론들을 생산할 수 있지만 그러면서도 상호 독자성을 유지할 수 있다. 둘째, 국제적인 현상에 관한 만족스러운 마르크스주의 이론을 개발하려면 국제 관계에 관한 주요 이론적 이데올로기들을 비판적으로 검토하는 것이 필요하다. 즉, 현실주의뿐 아니라 자유주의와 구성주의도 검토해야 한다. 물론 이러한 이데올로기들을 검토할 때도 마르크스주의적 비판의 정신에 입각해서, 비판하고 거부할 것은 거부하되 합리적 요소들은 취해야 할 것이다. 그러나 다시 말하지만 여기서 나의 목적은 그러한 이데올로기들을 하나하나 검토하려는 것이 아니다.[41]

여기서 중요한 것은, 내가 제안하는 전략에서는 국가 체제가 **자본주의 생산양식의 한 측면**으로서 다루어진다는 것이다. 이 대목에서 우리는 제국주의를 두 형태의 경쟁이 교차하는 지점이라고 이해하는 것의 이점 한 가지를 볼 수 있다. 자본주의적 논리와 영토적 논리, 이 두 가지 논리로 제국주의를 규정하는 하비의 공식이 베버주의자들과 정치적 마르크스주의자들에게 비판받을 소지가 있는 이유는 영토적 논리(나는 '지정학적 경쟁'이라고 부른다)라는 것이 자본주의와 무관한 것처럼 보일 수 있기 때문이다. 내 생각에 이것은 하비의 의도가 아니며 나의 의도는 더욱 아니다. '다수 자본들' 간의 경제적 경쟁은 자본주의 생산양식의 본질적 요소다. 내가 주장하려는 바는, 자본주의 생산양식이 지배적이라는 가정 위에서 마르크스의 이론을 발전시키려는 노력은 모두 어느 단계에서는 국가 체제 특유의 경쟁 형태(그 나름의 고유한 패턴과 목표가 있는)를 분석에 도입해야 한다는 것이다. 이런 관점에서 보면, **두 가지** 논리 또는 경쟁 형태의 측면에서 문제를 제기하는 것은 그것이 아무리 제국주의 개념을 정립하는 데 필요하더라도 어떤 점에서는 오해를 불러일으킬 소지가 있다. 따지고 보면 국가 체제와 거기에 내재한 국가 간 갈등이라는 것도 자본주의 생산양식에 관한 이론이 포괄해야 하는 다양한 결정 요인들 가운데 하나일 뿐이기 때문이다. 그러나 우리는 마르크스가 제시한 방법의 또 다른 특징(1장 1절에서 살펴본)을 기억해야 하는데

(그리고 포조-마틴의 비판과 관련해서도 이 점이 중요한데), 그 특징이란 바로 각각의 결정 요인은 자본주의 생산양식에 관한 이론 속에 자리매김 되면서 설명된다는 것이다. 따라서 국가 체제를 그러한 한 가지 결정 요인으로 취급하는 분석은 모두 자본주의 생산양식에 관한 이전의 설명 전체를 염두에 둘 것이다. 그런 분석은 현실주의(국가가 뿌리내리고 있는 사회관계와 경제구조에서 국가를 추상하는)에서 볼 수 있는 물화된(reified) 국제 관계 개념을 되풀이하기는커녕 계급 적대, 경쟁적 투쟁, 자본축적, 위기 경향, 사회적·정치적 운동들의 영향을 받는 **자본주의 국가 체제 특유의 성질들**을 다루게 될 것이다. 따라서 "**자본주의적 지정학 논리를 이론화**"하자는 포조-마틴의 호소는 이런 방법에 부합할 뿐 아니라 이런 방법이 요구하는 바이기도 하다.[42]

그러나 국가와 자본을 하나로 묶어주는 메커니즘에 대한 어떤 설명이 없다면 국가 체제를 자본주의 생산양식의 한 가지 결정 요인으로 이해하는 것도 순전히 형식적인 이해에 머무를 것이다. 정치적 마르크스주의와 열린 마르크스주의 같은 학파들(국가 도출 논쟁 속에서 등장한)의 한 가지 커다란 장점은 국가를 자본주의 생산관계의 물화된 또는 물신화된 형태로 본다는 점이다. 예컨대 홀러웨이는 이렇게 썼다. "국가를 비판한다는 것은 먼저 국가의 외관상 자율성을 비판하는 것을 뜻하며, 국가를 그 자체로 존재하는 어떤 것이 아니라 사회 형태로, 즉 사회관계의 한 형태로 이해하는 것을 뜻한다." 같은 맥락으로, "국가가 존재한다는 것은 사회 생활의 특정 측면들을 떼어내고 그것들을 '정치적'인 것으로 규정해서 경제적인 것과 분리시키는 끊임없는 과정을 함의한다."[43] 이 말에는 경제 정책 수립 과정을 탈정치화하려는 신자유주의 특유의 시도들을 이해하는 데 유익한 통찰이 담겨 있다. 예컨대 '독립적인' 중앙은행에 금리 결정 권한을 이양하는 것과 공공 서비스 기능을 민간 기업들에 외주화하는 것이 그러한 경우인데, 이를 통해 관료들과 기업 임원들은 영업 비밀이라는 외피 뒤에 숨어 민주적 감시를 피할 수 있다.

그렇지만 이와 같은 형태 분석 수준에 머무른다면 국가 체제를 이해하는 데 한계가 있을 것이다. 피터 버넘은 '국제적인 것'을 설명하기 위해, '열린 마르크스주의'를 다음과 같이 수정하자고 제안한다. "세계적 자본 흐름 속의 정치적 결절점으로 국가를 이해한다면, 시장을 무비판적으로 주목해서 생겨난 [세계체제론의 — 캘리니코스] 스미스주의적 편견을 피할 수 있는 동시에 국가와 시장을 서로 독립변수로 취급하는 정설 국제 정치경제학의 과오도 피할 수 있다." 이 관점에 따라 버넘은 "국가 운영자들은 무엇보다 [자본의] 순환을 관리하는 자들"이라고 주장하며, 이들은 "자기 영토를 가로질러 흐르는 자본의 축적을 가로막는 장애물들을 제거하려 한다"고 설명한다.[44] 문제는 예나 지금이나 자본축적 전략은 다양하다는 것이다. 그래서 예컨대 중국의 국가 운영자들은 1970년대에 미국과 영국이 포기한 정책, 즉 자본 흐름을 강력히 통제해서 매우 높은 축적률을 달성하려는 정책을 여전히 고수하고 있다. 형태 분석은 이러한 차이들을 설명하는 데 필요한 통찰을 제공해 주지 못하는 듯하다. 더 큰 틀에서 보면, 설령 "국가 운영자들은 … [자본의] 순환을 관리하는 자들"이라는 추상적 명제를 받아들인다 해도 어째서 그들이 일반적으로 순환 관리자 구실을 하게 되는지를 설명해야 한다.

이 문제를 해결하려면 국가를 자본주의 사회관계의 물화된 형태로 바라보는 것에서 한발 더 나아가야 한다. 우리가 "국가와 시장을 서로 독립변수로 취급"하지 않는다면 우리는 최소한 자본가들과 국가 운영자들이 서로 다른 이해관계를 지닌 행위자 집단들이라고 전제해야 한다.

즉, 자본가들은 자본 확장에 이해관계가 있고 국가 운영자들은 자국 주민들과 다른 국가들 모두에 맞서 자기 국가의 권력을 방어하고 유지하는 데 이해관계가 있다. 국가 운영자들이 자본의 이익에 맞게 행동하도록 만드는 미시적 메커니즘들을 규명해서 자본주의 생산양식에 국가 체제를 접목시키려면 이 한 걸음을 내딛는 것이 필수적이다.[45] 이 전략을 1970년대에 처음 고안한 것은 프레드 블록이었지만 클라우스 오페, 랠프 밀리밴드, 크리스 하먼 등도 기본적으로 동일한 견해를 제시했다. 블록은 "자본을 축적하는 자들과 국가기구를 운영하는 자들 간의 분업"을 상정한다.

자본을 축적하는 자들은 자본가로서 자신들에게 무엇이 이익인지는 의식하지만 사회질서 전체를 재생산하기 위해 무엇이 필요한지는 대체로 의식하지 못한다. 반면에 국가기구를 운영하는 자들은 사회질서 재생산에 더 많은 관심을 기울이도록 강제된다. 자신들의 권력을 지키려면 정치·경제 질서를 유지해야 하기 때문이다.[46]

블록은 나아가 이렇게 지적한다.

국가기구를 운영하는 자들은 자신들의 정치 이데올로기가 무엇이든 간에 경제가 최소한의 활력은 유지하도록 돌봐야 하는 처지에 있다. 두 가지 이유 때문이다. 첫째, 조세 또는 차입을 통해 재원을 조달할 수 있는 국가의 능력은 그 나라의 경제 상태에 달려 있다. 둘째, 어떤 정부의 집권 기간에 경제 활동 수준이 하락하면 그 정부에 대한 대중의 지지는 급락할 것이다.[47]

그러나,

자본주의 경제에서 경제 활동 수준은 사적 자본가들의 투자 결정에 크게 좌우된다. 이는 곧 자본가들이 투자자로서 국가 정책을 집단적으로 거부할 수 있다는 뜻이다. 그들이 충분한 투자를 하지 않으면 국가 운영자들에게 중대한 정치적 문제가 일어날 수 있기 때문이다. 이는 국가 운영자들이 자신의 권력을 이용해 투자를 활성화하는 데 직접적 이해관계가 있음을 뜻하기도 한다. 그들이 권력을 유지하려면 경제가 건강해야 하기 때문이다. 국가기관들은 투자를 장려하고 활성화하는 것을 각종 정책의 목표로 삼는 경향을 보일 것이다. 그 과정에서 국가 운영자들은 개별 자본가들보다 더 넓은 시야로 투자 문제에 접근하게 된다. 이는 국가 정책이 자본의 일반적 이익에 부합하게 될 가능성을 높여 준다.[48]

이 간단명료한 주장은 공적 정책을 자신들의 이익에 종속시키려는 대기업들의 음모를 상정하지 않고도, 심지어 자본가들과 국가 운영자들 사이의 유착 관계를 전제하지 않고도 국가가 자본의 이익에 봉사하는 경향을 설명할 수 있게 해 준다. 유일하게 필요한 전제는 개별 자본이 자신의 수익성 극대화를 노리고 투자 결정을 한다는 것뿐이다. 이처럼 따로따로 자기 이익을 추구하는 행위들의 의도치 않은 결과는 자본축적을 촉진하는 방향으로 국가 정책을 떠미는 것이다. 이때 음모, 또는 정치학 용어로 '정책 네트워크'의 존재는(예컨대 오늘날 공공 정책에 영향을 끼치려는 기업들의 강력한 로비 활동은) 단지 이러한 경향을 강화하는 구실을 할 뿐이다. 그러나 이 주장에는 중요한 단서를 하나 덧붙여야 한다. 블록은 이 과정에서 자본가들과 국가 운영자들 사이에 상당한 갈등이 나타날 수 있다는 점, 특히 국가 운영자들이 노동계급의 사회 개혁 압력을 수용해서 질서를 유지하려 할 때 그런 갈등이 나타날 수 있다는 점을 인정한다. 나아가 그는 이렇게 지적한다. "전쟁, 심각한 불황, 전후 재건기 등 특정 시기에는 기업들의 신뢰도 하락이 정부 정책을 거부하는 수단으로서 효과가 없다. 이런 시기는 국가의 구실이 극적으로 확대된 시기였다." 이 점은 국가 운영자들을 독자적 이해관계를 지닌 독립적 행위자로 이해하는 것의 중요성을 보여 준다. 국가 운영자들은 자본가들이 스스로 자유롭게 선택하지는 않았을 방식으로 축적 과정을 재편하는 것이 가능하고 필요하다면 실제로 그렇게 한다. 독일의 국가사회주의[나치] 정권이 대표적 사례다(4장 2절 참조).[49] 하먼이 정식화한 국가와 자본 간의 "구조적 상호 의존"은 자본가들과 국가 운영자들 사이의 관계가 이처럼 쌍방향 관계임을 분명히 해 준다는 점에서 의미가 있다.[50]

이 논지가 중요한 이유는, 제국주의가 자본주의 논리와 영토적 논리의 교차점이라는 하비의 개념을 브레너가 부분적으로는 다음과 같은 이유로 비판하기 때문이다. "대외 정책 면에서 자본의 이해관계와 충돌하는 이해관계를 지닌 사회 세력이 국가 내에 실제로 존재한다고 보기 어렵다." 브레너는 전후 미국에서 그러한 이해관계 갈등을 상상하는 것이 가당치도 않음을 드러내 보이려는 의도로 다음과 같은 수사의문문을 던져서 자신의 주장을 뒷받침하려 한다. "제2차세계대전부터 2000년까지 미국의 제국 정책을 담당했던 국가 운영자 집단들 가운데 어느 하나라도 … 자본의 이해관계와 대립되는 국가의 이해관계를 대변했다고 볼 수 있는가? 그 답은 자명해 보인다." 그러나 실제로 이에 대한 답은 브레너가 생각하는 것보다 상당히 덜 자명하다. 4장 3절에서 보겠지만, 1945년 이후 미국의 서유럽 정책은 유럽 자본주의를 재건하고 통합한다는 대외 정책 목표를 위해 미국의 경제적 이익을 제약하는 것을 여러 차례 감수했다. 더욱이, 브레너 자신도 앞서 인용한 글에서는 짧게, 다른 글에서는 더 길게 주장하길, 9·11 테러 이후 조지 W 부시 정부가 채택한 군국주의적 일방주의 노선은 미국 자본의 이익에 부합하지 않는다고 했는데, 이 주장이 맞다면 자본가들과 국가 운영자들 사이에는 상당한 갈등이 존재한다는 말이 된다.[51]

브레너는 또한 이른바 "마르크스주의의 표준 개념"에도 호소하는데, 그가 말하는 표준 개념이란 국가와 자본의 관계를 블록처럼 분석하는 것을 말한다. "[국가와 자본 사이에 그러한 관계가 성립하는 것의] 일반적 결과는 정부 정책의 내용을 자본축적의 필요와 양립 가능하거나 그러한 필요와 충돌하지 않는 범위 내로 한정하는 자기 보존 메커니즘이 작동하게 된다는 것이다."[52] 그러나 "마르크스주의의 표준 개념"을 이렇게 해석해도 국가 운영자들이 독자적으로 행동할 가능성을 배제할 수 있는 것은 아니다. 최종적으로 결정되는 국가 정책이 아무리 결과적으로 자본에 유리하더라도 그렇게 결정되기까지의 과정은 시행착오를 통해 균형점을 찾아가는 길고 험난한 상호작용 과정일 수 있기 때문이다. 더욱이, 만약 브레너가 이 균형점을 어떤 식으로든 예정된 것으로 본다면(마치 중앙 난방 시스템이 미리 입력된 온도에 실내 온도를 맞추는 것처럼) 그는 크게 잘못 본 것이다. 자본가들과 국가 운영자들 간의 실랑이는 제도와 정책 구성 면에서 당초 출발점과는 현격히 다른 지점으로 균형점을 이동시킬 수 있기 때문이다. 이를테면 1930년대와 1940년대에 자유방임주의에서 케인스주의로 전환이 일어난 것과 1970년대와 1980년대에 신자유주의가 채택된 것(이는 '케인스주의 혁명' 이전의 출발점으로 단순 회귀한 것이 결코 아니었다)과 같은 중대한 경제 정책 레짐의 변화를 이런 식으로 이해할 수 있다. 그러한 전환은 부분적으로는 맹목적이고 부분적으로는 이데올로기에 의해 추동되는 모색과 발견의 과정으로서, 자본축적에 유리한 조건을 복원하려는 의도에서 시작되지만 결과적으로 축적 과정 자체의 성격을 적잖이 바꿔 놓을 수 있다. 브레너의 주장에서 또 다른 문제는 자본의 이해관계라는 개념 자체도 다소 오해의 소지가 있는 추상화라는 점이다. 마르크스의 지적처럼, "자본은 오직 다수 자본으로만 존재할 수 있다."[53] 블록이 상정한 국가와 자본 간의 이해관계 일치는 실제로는 특정 국가 운영자들의 이해관계와, 그 국가와 특히 관계가 깊고 국가에 압력을 행사할 수단이 있는 특정 자본들의 집합(이 집합이 그 국가에 기반을 두고 있는 자본들의 집합과 동일한 것이기는 어렵다)의 이해관계 사이에서 나타난다. 그 결과 **특정** 자본들을 **특정** 국가들에 연결시켜 주는 구체적이고 제도화된, 그리고 (앞으로 살펴보겠지만) 지리적으로 경계가 정해진 관계망이 나타난다.

브레너는 그래도 "한 국가의 대외 정책과 자본의 요구 사이에 상당한 간극이 벌어질 가능성"은 있다고 인정한다. 그러나 그는 이 문제를 "자본의 이해관계와 국가들의 이해관계 사이에 존재한다는 실체가 의심스러운 갈등으로 설명할 것이 아니라 더 간단명료하게, 즉 자본의 재생산에 필요한 정치적 기능을 수행하기 위해 역사적으로 등장한 국가 형태의 성격 문제(복수 국가 체제)로 설명할 수 있다"고 한다.[54] 내가 보기에 이 "문제의" 국가 형태는 라허와 테슈케, 그리고 브레너가 생각하는 것처럼 단지 우연적인 역사적 유산이 아니라 자본주의 생산양식에 필연적으로 동반하는 형태다. 1장 5절에서 살펴봤듯이 레닌은 제국주의 단계의 자본주의에 내재한 불균등 발전 때문에, 초제국주의가 실현돼 국가 간 갈등이 극복되는 일은 일어날 수 없다고 주장했다. 트로츠키는 처음에는 러시아 역사 발전의 특수성을 설명하기 위해, 그러나 나중에는 레닌의 불균등 발전 개념을 확장하기 위해 불균등 결합 발전이라는 개념을 고안했다. 부하린과 마찬가지로 트로츠키도 "세계경제의 각 부분을 지배하는 세계경제 자체가 분석의 출발점"이라고 강조했다.

인류 역사 전체가 불균등 발전이라는 법칙의 적용을 받는다. 자본주의에서는 인류의 다양한 부분들이 서로 다른 발전 단계에 처해 있고, 각 부분은 나름의 깊은 내적 모순을 안고 있다. 각 부분이 도달한 발전 단계의 엄청난 다양성, 그리고 시기별로 나타나는 발전 속도의 어마어마한 불균등성은 자본주의의 **출발점**이다. 자본주의는 자신이 물려받은 이 불균등성을 파괴하거나 변형하고, 그 과정에서 자본주의 고유의 수단과 방법을 채택하면서, 그 불균등성을 오직 점진적으로만 극복한다. 앞선 경제체제들과 달리 자본주의는 그 본질상 끊임없이 경제적 확장을 추구하고, 새로운 영역을 개척하려 하고, 경제적 차이를 극복하려 하며, 자급자족적인 지역 경제와 국민경제를 금융적 상호 의존 체제로 바꾸려 한다. 이로써 자본주의는 가장 앞서가는 나라와 가장 뒤처진 나라 사이의 경제적·문화적 수준을 평준화하는 등 지역과 나라 간의 격차를 좁힌다. … 그러나 각 나라들을 경제적으로 서로 더 가깝게 만들고 발전 단계 차이를 제거하는 데서 자본주의는 자체의 방법을 동원한다. 즉, 자신이 이룩한 것을 끊임없이 도로 아미타불로 만드는 무계획적 방법을 동원하는 탓에 한 나라를 다른 나라에 맞서게 하고, 한 산업을 다른 산업에 맞서게 하며, 세계경제의 한 부분을 발전시키는 동시에 다른 부분의 발전을 저해하고 뒷걸음질 치게 만드는 것이다. 이 두 가지 근본적 경향은 모두 자본주의의 본질에서 비롯하며, 이 둘의 상호연관이야말로 우리에게 역사적 과정의 현존하는 구조를 설명해 준다.[55]

불균등 결합 발전이 "자본주의의 본질에서 비롯"하는 근본적 경향이라는 트로츠키의 주장에 대해서는 좀 더 엄밀한 경제학적 설명이 가능하다. 마르크스는 초과이윤('기술지대'라고도 부르는) 추구가 자본주의에서 기술혁신이 일어나게 하는 주된 동기라고 봤다. 노동절약적 기술을 도입하는 자본은 해당 부문의 평균생산비 이하로 생산비를 낮출 수 있으며, 이를 통해 초과이윤을 획득할 수 있다. 초과이윤을 획득하는 구체적 방법은 상품 가격을 종전 그대로 놔두는 것일 수도 있고, 가격을 인하해서 시장 지분을 늘리는 것일 수도 있다. 마르크스는 이윤율 저하 경향을 논하면서, 이 같은 상황이 벌어질 경우 해당 부문의 다른 자본들은 대개 그러한 혁신을 모방해서 자신들의 시장 지분을 방어하려 할 것이라고 주장했다. 그 결과는 평균생산비를 떨어뜨리고, 맨 처음 혁신에 성공한 자본의 이점과 초과이윤을 상쇄시키며, 그 과정에서 자본의 유기적 구성을 높이고 일반 이윤율을 떨어뜨리는 것이다.[56] 그러나 맨 처음 혁신에 성공했던 자본은 이미 획득한 초과이윤으로 생산성을 더 한층 높이는 투자를 할 수 있고, 이를 통해 다시 한번 게임의 승자가 될 수 있다. 그렇게 해서 다시 획득된 초과이윤은 그 자본이 평균이윤율 하락으로 말미암은 손실을 만회하는 동시에 지금까지와 같은 패턴을 되풀이할 수 있게 해 주는 재원이 된다. 이와 같은 선순환 과정은 생산성 높은 자본의 집적을 촉진시켜 그들이 특권적 지위를 누리게 할 수 있다. 이렇듯 자본들 사이의 경쟁이 촉발하는 기술혁신은 균등화 압력으로 작용하는 동시에 차별화 압력으로도 작용하는 것이다.[57]

하비의 '지리-역사적 유물론'에 영향받은 마르크스주의자들의 저작이 보여 주듯이, 이와 같은 주장은 중요한 공간적 함의가 있다. 마이클 스토퍼와 리처드 워커는 지리적으로 집중된 '지리적 생산 단지'의 자본주의 공업화 과정에서 이와 같은 원리가 작동한다고 분석한 바 있다. 샘 애시 먼은 생산성이 높은 산업 지구들이 공급 업체, 유통·서비스 산업, 숙련 인력 등을 끌어들이는 데서 알 수 있듯이 자본주의 발전은 그 본질상 공간적으로 "한데 뭉쳐서" 이루어진다고 주장한다.[58] 만약 이러한 주장 들이 옳다면 그것은 오늘날의 경제적 세계화가 (신자유주의자들이나 하 트·네그리의 주장과 달리) 현존하는 심각한 경제적 불평등을 해소해 줄 가망이 별로 없음을 시사한다. 마르크스주의자는 아니지만 로버트 웨이 드도 이와 비슷한 분석을 내놓았다.

분산, 불균등 발전, 캐치-업* 실패 등의 '현실'을 이해하려면 오늘날 경제 성장의 일반적 특징 하나를 이해해야 한다. 어떤 종류의 경제 활동과 생 산 방식은 다른 종류의 경제 활동과 생산 방식보다 성장과 생산성에 더 긍정적인 영향을 끼친다는 점이다. 그런 활동은 (규모에 대한) 수확체증 이 크다. … 수확체증형 활동의 비중이 높은 나라나 지역은 높은 실질소 득을 누리며 선순환을 지속한다. 반면에 수확체감형 활동의 비중이 높은 나라나 지역은 낮은 소득에 따르는 악순환에 빠진다. … 부분적으로는 통 신 기술 발전(세계화와 결부돼 있다고 여겨지는)에 힘입어 제조업의 가치 사슬이 공간적으로 분절됐다. 그래서 부가가치가 가치 사슬의 양쪽 끝으 로, 즉 연구·개발, 디자인, 유통, 광고 쪽으로 이동했다. 가치 사슬 내에 서 수확체감 법칙이 더 많이 작용하는 활동들은 저임금 지역으로 이동해 온 반면에 수확체증 법칙이 더 많이 작용하는 활동들은 본국에 남는 경 향이 있다.[59]

---

*   따라잡기.

이런 주장들이 오늘날의 국제 정치경제에 시사하는 바는 5장에서 다시 살펴볼 것이다. 일단 여기서는 국가 체제를 이해하기 위해 자본주의 생산양식의 구성적 경향으로서 불균등 결합 발전의 중요성에 초점을 맞추려 한다. 하먼은 지리적으로 몰려 있는 생산자본, 상업자본, 화폐자본의 무리들이 등장하면서 이들이 "자신들이 속한 지역의 사회적·정치적 여건을 자신들의 이익에 부합하게 만들려고 서로 협력"한 것이 역사적으로 자본주의 국가의 형성을 추동했다고 주장했다.

그렇다고 해서 국가의 구조들이 자본이 요구해서 만들어진 직접적 결과라는 뜻은 아니다. 전(前)자본주의 국가의 많은 요소들은 그저 분쇄되고 교체된 것이 아니라, 구질서 속에서 자라난 자본들의 필요에 맞게 재구성됐다. 그러나 그런 요소들은 또한 이전과는 매우 다른 방식으로 작동하도록, 즉 자본주의적 착취의 논리에 부합하는 방식으로 작동하도록 적극 변형된다.[60]

하비도 이와 다소 비슷한 논조의 주장을 했다. "비공식적이고 경계가 흐릿하지만 식별은 가능한 영토적 권력 논리, 즉 '지역성'은 시간과 공간에 걸친 자본축적의 미시적 과정에서 필연적이고 불가피하게 발생한다." 이 영토적 권력 논리의 등장은 국가가 "어떤 지역의 지배적인 이익집단 또는 이익집단들의 연합"에 의해 장악되는 결과를 낳을 뿐 아니라 국가 자체가 "지역적 차별화와 지역적 동역학을 조직하는 데 자신의 권력을 사용하는" 결과도 낳는다고 한다.[61] 그러나 이런 주장들의 매우 중요한 함의가 하나 있다. 자본주의 발전이 이처럼 공간적으로 집중된 경제 구역들을 낳는 경향이 있다면, 이는 세계의 정치적 단위를 영토적 국가들로 갈라놓은 매우 강력한 원심력으로 작용할 것이라는 점이다. 이런 경제 구역의 자본가들은 자신들이 특권을 누리고 있던 기존의 국가를 보존하는 데 이해관계가 있을 것이다. 마찬가지로 국가 운영자들도 이 경제 구역의 자원에 대해 자신들이 행사해 온 통제력을 포기하려 하지 않을 것이다. 그러나 이런 원심력 작용은 단지 **경향**일 뿐임을 강조할 필요가 있다. 달리 말하면, 특정 상황에서는 이 경향이 극복될 수 있다. 유럽연합의 사례가 보여 주듯이, 적어도 지역 수준에서는 기존의 영토주권이 부분적으로 초월될 수 있는 것이다. 그러나 유럽연합의 형성 배경에는 특수한 역사적 조건이 있었다. 특히 4장 3절에서 보겠지만 유럽의 양대 국가(프랑스와 서독)가 공동으로 관리하는 데 이해관계가 있었던 경제 지역(루르 지역)의 존재, 그리고 냉전 시기 유럽 대륙의 분할과 미국이라는 헤게모니 국가가 서유럽 국가들에게 자기들끼리 주권을 부분적으로 공유하도록 인센티브를 제공할 나름의 이해관계가 있었다는 지정학적 현실이 그 밑바탕이 됐다. 이런 조건들은 명백히 다른 지역으로 일반화하기 어려운 조건들이며, 따라서 유럽연합처럼 주권을 "재조정"(위로는 유럽 공동체로, 밑으로는 국가보다 하위의 지역으로 이양)하는 것이 현대 국가 체제의 운명인 양 묘사하는 것(심지어 일부 마르크스주의자들도 그렇게 주장하는 경향이 있다)은 잘못이다.[62]

이상의 주장이 옳다면 라허와 테슈케의 다음과 같은 주장은 틀렸다.

자본주의는 특정한 지정학적 편제나 특정한 국제 관계와 직접적 관련성이 없다. 만약 자본주의가 제국 구조(가령 로마제국 같은) 속에서 등장했다면, 자본주의는 복수의 영토 단위로 정치적으로 분열하지 않았을 것이라고 얼마든지 상상할 수 있다. 자본주의 세계를 조각낸 영토적 국가들의 체제는 자본주의 자체에서 발전해 나온 것이 아니다. 역으로, 자본주의의 구조

가 국제 체제에 의해 형성된 것은 자본주의가 기존의 영토적 국가 체제를 배경으로 탄생했기 때문이다.[63]

물론 자본주의가 "기존의 영토적 국가 체제를 배경으로 탄생"했다는 것은 논란의 여지가 없다. 문제는 그런 국가 체제가 지금껏 존속해 온 것이 과연 순전히 우연이냐는 것이다. 내 답은 그렇지 않다는 것이다. 실제로, 자본주의 생산관계는 초국가적 제국의 한 지역에서 처음으로 지배적인 생산관계가 됐다. 그 지역은 바로 16세기 말에 합스부르크 치하 스페인에 맞서 반란을 일으켜 독립 공화국을 수립한 네덜란드 북부였다. 그러나 독립 과정에서 네덜란드는 유럽이 복수 국가 체제로 발전하고 있었던 경향을 더 강화했다(3장 3절 참조). 이렇게 주장한다고 해서 불균등 결합 발전만이 영토적 국가 체제를 지탱해 주는 유일한 요인이라는 말은 아니다. 예컨대 집단적 정체성(주로 민족적 정체성)의 형성은 국가 간의 구체적인 영토 분할과 그에 대한 대규모 정치적 투자를 설명해 주는 특히 중요한 요인이다. 그러나 자본주의에 내재한 불균등 결합 발전 경향이 세계를 여러 개의 국가로 갈라놓은 강력한 원심력으로 작용한다는 점에는 변함이 없다.

라허와 테슈케가 오히려 더 유익한 역사적 분석을 제시하는 경우는 다음과 같이 근대 영토주권의 다양한 변종들에 주의를 환기시킬 때다.

팍스 브리타니카의 자유무역 체제, 솔즈베리*와 체임벌린**의 '신제국주의'('공식적 제국'과 '비공식적 제국' 사이에서 오락가락한)부터 독일 게오폴리티크

---

* 19세기 말과 20세기 초의 영국 총리.
** 19세기 말과 20세기 초의 영국 식민지부 장관.

(Geopolitik)[지정학]에서 말하는 지리적으로 광활하고 경제적으로 자립적인 '미텔오이로파'(Mitteleuropa)*와 '생활권'(Lebensraum) 개념, 일본의 '대동아 공영권' 구상을 거쳐 미국이 주관하는(그러나 다자적인) 전후 냉전 구도 속의 자유주의 세계 질서와 오늘날 유럽 통합에 이르기까지, 자본주의 국제 질서의 역사를 슬쩍 훑어보기만 해도 자본주의 국가들의 관계망과 영토화 프로젝트에는 엄청나게 다양한 변종들이 있다는 것을 알 수 있다.[64]

국민국가가 지배적인 정치 형태로 일반화한 것은 분명 매우 최근 일이다. 그런 일반화는 실제로 소련이라는 다민족 제국이 붕괴하면서 비로소 '완성'에 가까워졌다. 그러나 겨우 지난 수십 년 동안에야 영토적 제국이 더는 살아 있는 정치 형태가 아니게 됐다는 프레더릭 쿠퍼의 강조에도 불구하고 역사적으로 자본주의가 복수 국가(비록 국가의 유형은 서로 달랐지만) 체제와 공존해 왔다는 사실 자체는 바뀌지 않는다.[65] 달리 말하면, 자본주의와 "영토화 프로젝트"들 사이의 다양성에는 불균등 결합 발전에 근거한 내 주장이 예측한 바와 정확히 일치하는 한계가 있는 것이다. 그렇다면 정치적 영토성의 형태가 다양했다는 사실에서 라허와 테슈케가 이끌어내는 결론은 무엇인가? 그들은 "국제 관계에서 나타나는 풍부하고 다양한 사회적·정치적 구조에 대한 지속적인 관심"을 촉구하면서 하비와 내가 자본가들과 국가 운영자들 각각에게 "단일한 **포괄적** 합리성(generic rationality)"을 부여한다고 비판한다. "언제나 문제는 국가 운영자들이나 자본가들이 무엇을 **해야 하는가**, 또는 **했어야 하는가**가 아니라 그들이 실제로 무엇을 했는가이다." 그러므로 국제관계를 연구하는 마르

---

* 독일이 지배하는 이상 속의 중부 유럽.

크스주의자들은 "우선 실제 역사 속의 사회경제적, 정치적(지정학적) 갈등들을 재구성하는 데서 출발해서 자본주의의 지정학적 경쟁과 협력에 관한 복수의 '논리들'에 도달해야 한다"는 것이다.[66] 역사적 사례의 다양성에 대한 관심은 물론 필요하다. 그러나 라허와 테슈케가 채택한 방법론은 여러 단서에도 불구하고 귀납적 방법처럼 보이는데, 이는 결국 이론을 포기하고 경험적인 묘사만 하겠다는 것과 다를 바 없다. 《자본론》에서 마르크스가 보여 준 방법의 장점 하나는 이론과 경험의 이 같은 대립을 극복하려고 갈수록 더 구체적인 개념을 도입하면서 점점 더 복잡한 현실적 내용을 이론에 접목시킨다는 점이다. 내가 3장부터 5장까지 적용하려는 방법도 바로 이것이다. 즉, 역사 앞에서 이론을 포기하는 것이 아니라, 경제적 경쟁과 지정학적 경쟁 간의 관계 변화를 포착하는 데 필요한 개념들을 도입해서 이론을 더 발전시키는 방법을 추구할 것이다.[67]

2.3 이해관계와 이데올로기

지금까지 나의 주장은 전적으로 구조적 차원에서 전개됐다. 즉, 자본주의 생산관계와 국가 체제 간의 관계를 살펴보면서 이런 구조에 매여 있는 개인과 집단적 행위자들이 사용하는 정신적·언어적 표상들은 전혀 고려하지 않았다. 이런 논리 전개 방식은 비록 내 생각에는 전혀 문제될 것이 없지만 오늘날 국제관계론에서 가장 인기 있는 학파인 구성주의의 주요 원칙에는 어긋난다. 알렉산더 웬트는 "권력의 의미와 이해관계의 내용을 결정하는 것은 주로 관념이다"는 주장이 구성주의의 "핵심 테제"라고 정의했다. 구성주의를 꽤 정교한 논리로 옹호하는 웬트는 현실주의 국제관계학이 "권력의 효과는 순전한 물질적 힘[인간 본성에서 비롯하는 것이든 기술에서 비롯하는 것이든 간에 — 캘리니코스]에 의해 나타난다"는 주장에 근거를 둔다고 규정하면서 현실주의를 거부한다. 그리고 국가 간의 "무정부 상태와 물질적 구조의 결과는 국가들이 무엇을 **원하느냐**에 달려 있다"는 주장으로 나아가는데, 이 주장은 웬트가 국제적 무정부 상태의 유형을 국가들이 서로를 어떻게 바라보느냐에 따라 세 가지로 구분하는 근거가 된다. 웬트의 이 유명한 구분법에 따르면 국가 간에는 홉스적인 무정부 상태(국가들이 서로를 적으로 바라볼 때), 로크적인 무정부 상태(서로를 경쟁자로 바라볼 때), 칸트적 무정부 상태(서로를 친구로 바라볼 때)가 나타날 수 있다. 이렇게 보면 사실 웬트의 이론은 "순전한 물질적 힘"을 배제하는 것이 아니라 그러한 힘의 "효과들이 이해관계나 문화와 상호작용하면서 사회적 상호작용과 체제들을 특정 방향으로 이끈다"고 주장하는 이론임을 알 수 있다.[68]

이런 효과들에 관한 웬트의 상세한 설명은 한 가지 미묘한 이론적 쟁점을 제기한다. 그는 "행위자들 사이의 물질적 능력 분포가 특정 결과의 발생 가능성에 영향을 미친다"고 한다. 그러나 행위자들 사이의 물질적 능력 분포는 어디에 자리 잡고 있는가?(존재론적 위상 문제) 분포되어 있는 물질적 능력의 성격에서 도출되는 것인가? 만약 그렇다면 '물질적'인 것의 범주는 인구 규모와 시설·장비류 이상의 것을 포함한다. 그렇지 않고 분포의 성격(행위자들과 능력을 연결해 주는 관계라는)이 분포 항목[물질적 능력]의 성격과 전혀 다르다면, 분포는 과연 어디에 자리 잡고 있는 것일까? 웬트는 마르크스주의를 다음과 같이 논하면서 분포의 성격과 분포 항목의 성격은 별개라는 쪽으로 기우는 듯하다.

문제는 마르크스주의가 생산양식을 단지 생산력으로만 정의하는 것이 아니라 생산관계로도 정의한다는 데 있다. 생산력('도구')은 '순전한 물질적 힘'에 포함시키기에 적절한 개념이다. 반면에 생산관계는 철저히 관념적인 현상으로, 구체적으로는 제도와 규칙, 즉 소유관계와 교환관계, 고용과 피고용, 계급 권력과 계급적 이해관계 등을 규정하는 제도와 규칙들(그 궁극적인 실체는 공유된 관념이다)을 말한다. 생산관계가 관념적이라는 사실은 자본주의가 대체로는 물질적 형태가 아닌 **문화적** 형태임을 의미하며, 따라서 마르크스주의에서 말하는 '물질적 토대'에는 사실 속속들이 관념이 투과돼 있다.[69]

마르크스주의가 생산력과 생산관계에 우선적 설명력을 부여한다는 웬트의 지적은 옳다. 또한 생산관계를 그가 말하는 식의 "순전한 물질적 힘"과 같은 것으로 볼 수 없다는 점도 옳다. 그러나 "생산관계는 관념적"이라는 그의 결론은 논점을 회피하면서 관념과 물질을 협소하게 대립시키는 방식에 의존하고 있다. 설사 제도와 규칙들의 "궁극적인 실체는 공유된 관념"이라는 그의 미심쩍은 전제를 받아들인다손 치더라도, 생산관계가 곧 제도와 규칙으로 환원되는 것은 아니다. 자본주의 생산관계의 두 가지 차원을 살펴보면, 첫 번째 차원인 자본과 노동의 관계가 작동하는 데는 분명 제도와 규칙이 **필요하다**(예컨대 안정적인 고용계약이 유지되기 위한 법률적 형태와 과정이 필요하다). 그러나 풍부한 역사적 사례들이 보여 주듯이 임금노동은 **다양한** 형태로 제도화할 수 있는데, 예를 들면 '경제외적 강제'가 개입되는 정도에 따라 그 형태가 달라질 수 있다.[70] 제도나 규칙이 생산관계와 다르다는 점은 자본과 자본의 관계에서 더욱 분명하게 드러난다. 서로 경쟁하는 자본들은 설령 그들이 속해 있는 국가들 간에 무역 관계가 아주 약하게만 제도화해 있는 경우에도 제3국 시장 등에서 서로 주고받는 영향을 통해 서로 압력을 주고받을 수 있다. 철학 면에서 웬트는 (내가 보기에는) 올바르게도 과학적 실재론을 표방한다(비록 국제관계론에서는 현실주의를 비판해서 약간 혼란스럽지만 말이다). 과학적 실재론은 이론의 설명 대상인 세계가 인간의 정신이나 언어와 독립적으로 존재하며 흔히 눈에 직접 보이지 않는다고 보는 관점이다. 그런데 웬트는 사회관계에 환원 불가능한 존재론적 지위를 인정하지 않음으로써 과학적 실재론의 범위를 부당하게 제약한다. 이 문제에서 웬트의 견해를 따르면, 내가 '자본 관계'라고 부르는 개념을 정립할 수 없게 된다.[71]

그러므로 마르크스주의는 구성주의 국제관계학자들이 비판하는 유물론보다 현격히 더 정교한 형태의 유물론이다. 마르크스주의의 정교함을 보여 주는 한 가지 징표는 마르크스주의의 틀 내에서도 이데올로기와 국내의 이해관계와 국내 세력들이 초국적 관계들에 끼치는 영향을 고찰하는 것이 얼마든지 가능하다는 점이다. 반면에 구조적 현실주의 학파에게 이데올로기, 국내의 이해관계 등은 당혹스러운 골칫거리다. 특히 월츠식 구조적 현실주의 학파는 개별 국가 내부의 과정들을 다루는 단위 수준의 분석[즉, 국가 수준의 분석]을 지양하고 체제 수준의 설명을 추구하기 때문이다. 그들은 국가가 저마다 도구적 이성에 따라 행동하는 단일한 행위자로서 체제 내에 분포하는 물질적 능력 중에서 자국의 몫을 최대한 유리하게 활용하려 한다고 설명한다. 그러나 이처럼 간소한 전제들에 기초한 예측들은 실제 경험과 어긋났고, 따라서 현실주의 진영의 이론가들은 어쩔 수 없이 국가라는 블랙박스에 손을 대는 단위 수준의 분석을 시도하기에 이르렀다. 그런 시도의 가장 유명한 사례는 존 미어샤이머와 스티븐 월트가 조지 W 부시 정부의 비합리적 행동처럼 보이는 이라크 침공을 설명하려고 도입한 '미국 내 이스라엘 로비' 개념이다.

그러나 이는 월츠와 달리 국가들이 단지 생존을 추구하는 것이 아니라 다른 국가들에 대한 자국의 상대적 권력을 극대화하려 한다고 본다는 점을 빼면, '국제적인 것'에 대한 월츠의 최소주의적 개념을 여전히 고수하는 이론가들의 다소 주먹구구식인 손질일 뿐이다.[72]

그러나 다른 '공격적 현실주의자'들은 국가들의 행동에 관한 설명에 단위 수준의 분석을 접목시키는 데서 상당히 더 멀리 나아갔다. 예컨대 파리드 자카리아는 '국가 중심적 현실주의'를 주창하는데, 이에 따르면 **"국가는 중앙의 의사결정자들이 자국 국가의 힘이 상대적으로 커졌다고 생각할 때 자국의 정치적 이해관계를 해외로 확장하려 한다."** 이런 인식은 타국과 비교한 해당 국가의 물질적 능력과 지배력(strength)의 반영이기 쉽다. 국가의 지배력은 그 국가의 활동 범위, "사회적 이해관계들"로부터의 자율성, "자신의 의사를 실행할 수 있는 능력과 결속력"에 달려 있는 복잡한 변수다. 이 중 "능력과 결속력"은 다시 "부(富)를 추출하는 해당 국가의 능력"과 "국내 의사결정 과정의 중앙집권화 정도"와 함수 관계에 있다. 그렇다면 미국이 1860년대에 강대국으로 행동할 수 있는 물질적 능력을 획득한 시점과 1890년대에 공격적인 대외 정책을 채택하면서 자국의 상대적으로 커진 힘을 실제로 휘두르기 시작한 시점 사이에 시간 차가 있었던 것은 남북전쟁 직후 미국 국가의 지배력 부재 때문이라고 설명할 수 있다.[73] 국가와 사회의 관계 문제를 현실주의에 더욱 과감하게 접목시킨 크리스토퍼 레인은 1940년 이후 미국의 세계 제패 전략을 비판적으로 검토한 매우 설득력 있는 글에서 국가와 사회의 관계가 "미국으로 하여금 북미를 제외하면 세계에서 가장 중요한 지역들인 서유럽, 동아시아, 페르시아 만에서 자국 헤게모니를 확립하려고 시도하게 만든 원동력"이었다고 주장한다. 미국이 이런 "지역 간 헤게모니"

를 추구하게 된 것은 단지 "체제적" 요인들(즉 타국과 비교했을 때 미국이 지닌 상대적 힘)로만 설명되는 것이 아니라 "국내적 변수들", 특히 문호개방이라는 자유주의적 국제관계론 이데올로기의 영향으로도 설명된다고 한다. 문호개방은 "양대 축, 즉 경제적 문호개방(개방된 국제 경제체제를 유지하는 것)과 정치적 문호개방(민주주의와 자유주의를 해외에 퍼트리는 것)"에 기초한 것이었다. 이런 "세계 제패 전략은 늦어도 1930년대 말부터는 미국의 대외 정책 기관의 중핵을 형성하고 있던 지배 엘리트들의 이익에 봉사했다." 이 지배 엘리트들의 정체는 "다국적 자유주의 연합"으로서 그 중심에는 "해외 시장을 탐내는 자본집약적 대기업들과 외향적 시야를 지닌 투자은행들이 있었다."[74]

4장과 5장에서 살펴보겠지만, 레인의 분석은 루스벨트에서 오바마에 이르기까지의 미국의 세계 제패 전략에 대한 해석으로서 장점이 많다. 더욱이 레인 자신도 인정하듯이, 그의 분석은 미국 대외 정책에 대한 윌리엄 애플먼 윌리엄스의 급진적 비판과 여러모로 일치한다. 차이가 있다면 첫째, 정치적으로 보면 레인은 우파 자유지상주의 시각에서 미국의 대외 정책을 비판한다는 것이다. 예컨대 하이에크를 추종하는 싱크탱크인 카토연구소가 미국의 제국주의적 모험에 반대하는 것과 같은 시각에서 말이다. 둘째, 이론적으로 보면 레인의 분석은 여전히 구조적 현실주의에 뿌리를 두고 있는데, 다른 조건이 같다면 국가들은 도구적 이성에 따라 행동한다고 전제한다는 점에서 특히 더 그렇다. 그래서 그는 미어샤이머가 미국이 역사적으로 추구했다고 주장하는 전략을 미국에 권한다. 즉, 미국은 다른 지역을 지배하려고 들지 않는, 그러나 서반구에서 미국의 지역적 이해관계를 심각하게 위협하는 국가나 국가들의 연합이 등장하는 흔치 않은 경우에만 개입하는, 역외 균형자 구실을 해야 한다는 것이다. 어떤 점에서 레인과 미어샤이머의 차이는 이론적 차이라기보다는 역사 해석의 차이다. 구체적으로는 제2차세계대전 발발 이후 미국이 대체로 (레인이 주장하듯) 지역 간 헤게모니 국가로서 행동했다고 보느냐, 아니면 (미어샤이머가 주장하듯) 역외 균형자로서 행동했다고 보느냐의 차이다. 어느 경우든 "국내 변수들"의 주된 기능은 레인과 미어샤이머가 볼 때 도구적으로 합리적인 전략인 역외 균형자 전략에서 미국이 일탈한 이유를 설명해 주는 데 있는 듯하다. 레인의 경우에는 문호 개방 이데올로기의 배후에 있었다는 "다국적 자유주의 연합"이, 미어샤이머의 경우는 미국이 중동에서 벌인 실수들의 배후에 있다는 이스라엘의 로비가 그런 "국내 변수"에 해당한다. 그러나 레인이 진단한 '일탈'이 역사적으로 훨씬 더 뿌리가 깊기 때문인지 몰라도 레인은 "국내 변수들"의 구실을 주제로 해서 그런 일탈을 수용할 수 있는 일반 이론을 제시하고자 한다. 그래서 레인은 자신의 "역외(extra-regional) 헤게모니 이론"과 미어샤이머의 "1세대 공격적 현실주의"를 구별한다.[75]

미국 대외 정책에 대한 이처럼 분분한 해석은 명석한 이론가들이 나름대로 구조적 현실주의의 족쇄에서 벗어나려고 시도해 왔음을 보여 준다. 반면에 마르크스주의 국제관계론은 애당초 그러한 족쇄에서 자유롭다. 그러므로 독일 근대사 연구자들이 '국내 정책이 선차적이냐 대외 정책이 선차적이냐'를 놓고 벌인 오랜 논쟁은 마르크스주의 시각에서 보면 그릇된 딜레마에 해당한다. 대외 정책의 결정에는 국내의 계급 관계와 국가 간 관계가 **모두** 변수로 작용하는 것이다. 포조-마틴은 제국주의가 경제적 경쟁과 지정학적 경쟁의 교차점이라는 하비와 나의 생각이 "불확정성 때문에 … 곤경에 빠진다"고 말한다.[76] 하지만 나는 오히려 이런 불확정성을, 즉 국가 정책이 다중적 요인으로 결정된다는 관점을 이론적 장점으로 여기고 싶다. 그런 관점을 취하면 개방적인 설명이 가능해지고, 이를 통해 역사적 근거가 풍부한 분석을 할 수 있기 때문이다. 덧붙이자면, 국가 정책을 결정하는 요인을 단지 국내의 계급 관계와 국가 간 관계로 한정해서는 안 될 것이다. 키스 판데르페일이 일관되게 주장해 왔듯이, **초국적** 계급 관계도 또 하나의 중요한 결정 요인이다.[77]

  끝으로 이런 계급 간, 국가 간 관계와 그 밖의 여러 관계들이 이데올로기적으로 표현됐을 때 그런 이데올로기가 어떤 구실을 하는지 간략히 살펴보면서 이 장을 마치려 한다. 이데올로기의 기능으로는 지배 관계를 정당화하거나 부당한 것으로 규정하는 기능, 개인적 또는 집단적 정체성의 형성을 돕는 기능, 사회적 적대 관계를 굴절시키는 기능이 있다.[78] 이 모든 기능은 분명 국가의 대외 정책 형성에 영향을 준다. 그러나 여기서 제기되는 질문은, 이 분야에서 이데올로기가 국가의 이해관계 결정과 어떤 관계가 있느냐는 것이다. 이 문제는 앞서 살펴본 미국 대외 정책에 대한 현실주의의 다양한 해석에 이미 내재한다. 현실주의자들은 이해관계를 특정 변수의 극대화로 바라보는 경향이 있다. 월츠 류의 방어적 현실주의자들에게는 생존이라는 변수가 중요하고, 미어샤이머와 자카리아와 레인 같은 공격적 현실주의자들에게는 상대적 권력이라는 변수가 중요하다. 이들의 관점에서 이데올로기가 그나마 하는 구실이 있다면 국가가 자국의 이해관계를 추구하는 길에서 벗어나는 경우를 설명해 주는 것 정도다. 레인이 미국의 세계 제패 전략을 비판할 때 문호개방 이데올로기가 그런 구실을 하듯이 말이다. 이 대목에서는 웬트의 구성주의가 더 설득력이 있다. 그는 이와 관련된 두 가지 논점을 제기한다. 첫째, "개인들 사이에 강력하고 지속성 있는 **집단적** 정체성의 관념"이 충분히 공유되는 것이 국가가 유기적 행위자가 되기 위한 한 가지 조건이다. 둘째,

국가가 유기적 행위자가 되는 데 성공하면 국가는 객관적 이해관계, 즉 "정체성이 재생산되기 위해 충족돼야 하는 필요 또는 기능적 필수 요건"을 갖추게 된다. 웬트는 그런 '국가적 이해관계[national interests: 이하에서는 '국익'으로 번역]'를 물리적 생존, 자율성, 경제적 안위, 집단적 자긍심, 이렇게 넷으로 파악한다.

이 네 가지 국익은 국가-사회 복합체가 안전하게 유지되기 위해 충족돼야 하는 조건이며, 따라서 국가들이 채택할 수 있는 대외 정책에 한계를 설정한다. … 이런 측면에서 국익은 [국가가 채택할 수 있는 대외 정책을] 선별하는 메커니즘이지만, 그런 국익의 진정한 중요성은 국가가 그것을 인식하려고 노력한다는 점, 즉 자국의 주관적 안보 이익을 설정할 때 그런 국익이 어떤 함의를 갖는지를 해석하려고 애쓴다는 점에 있다.[79]

나는 웬트가 국가를 유기적 행위자로 그리는 것에 동의하지는 않는다. 그렇게 보기보다는 개별 국가 운영자들이 특수한 재생산 법칙의 지배를 받기 때문에 특수한 이해관계를 갖게 된다고, 특히 국가의 내부적·외부적 권력을 유지하고 가능하다면 강화하는 데 이해관계를 갖게 된다고 보는 편이 더 적절해 보인다. 물론 이 경우에도 집단적 행위자로서 (보통 자본가 계급의 상당 부분과 공동으로) 행동할 수 있는 국가 운영자들의 능력은 공동의 정체성이 얼마나 널리 공유돼 있느냐에 달려 있는 것이 사실이다. 그러나 웬트의 주장에서 진정 가치 있는 대목은 국가(또는 국가 운영자들)가 가진 **객관적** 이해관계(현실주의자들이 말하는 이해관계보다는 복잡하지만)를 적시하는 부분이다. 개별 국가들이 추구하는 전략을 논하려면 해당 국가가 처한 국내적·국제적 상황에서 이런 이해관계를 실현하기 위해 무엇이 필요한지를 고려하지 않을 수 없다. 이런 고려는 무엇보다 국가 운영자들이 결정적 국면에서 선택할 수 있는 정책적 대안들이 무엇인지를 알기 위해 필요하다. 가령 1·2차 세계대전을 앞두고 영국 통치자들이 직면했던 선택이나 냉전이 종식됐을 때 미국 대외 정책 담당자들이 직면했던 선택을 떠올려 볼 수 있다.

그러나 웬트는 국가 운영자들이 국가의 객관적 이해관계를 해석하려 한다는 점에서도 객관적 이해관계는 중요하다고 강조한다. 여기서 중요한 점은, 특정 국가의 이익이라는 것이 결국은 사실의 문제라고 하더라도 그것을 찾아 나가는 과정은 논쟁으로 점철되기 쉽다는 점이다. 이는 부분적으로 의사결정 과정에 내재한 어려움들(인식의 불완전성, 복수의 목표들 사이에서 균형을 잡는 문제 등) 때문이지만, (마르크스주의 관점에서 볼 때) 더 중요하게는 사회적 적대 관계가 존재하기 때문이기도 하다. 예를 들면 상이한 국가기관들 간의 이해관계 차이, 또는 상이한 자본들이나 자본 부문들 간의 이해관계 차이에서 비롯하는 적대 관계를 떠올릴 수 있다. 이보다 더 근원적인 임금노동과 자본 간의 갈등은 더 말할 것도 없다. 그렇다면 마르크스주의의 관점에서는 '국익'을 규정하는 일 자체가 어떤 공통의 이해관계를 상정함으로써 계급 갈등을 은폐하거나 굴절시키는, 본질적으로 이데올로기적인 작업일 수밖에 없다. 동시에 이데올로기는 이보다 더 구체적인 기능도 하는데, 한 나라의 국익을 특정 이익집단의 주장을 관철시키는 데 유리한 방식으로 표현하거나 해당 국가의 운영자들과 자본가들 사이의 갈등을 해소하는 틀을 제공하는 방식으로 표현하는 기능이 바로 그것이다. 그리고 바로 이 대목에서 지식인들이 일정한 구실을 한다. 미국 대외 정책에 관한 현실주의자들의 상이한 해석들이 갖는 한 가지 의미는 그것들이 단지 학술적 논쟁이 아니라 미국의 '국익'이 현재 어디에 있느냐를 둘러싼 정책 논쟁에 대한 이데올로기적 개입이라는 점에 있다. 국익을 파악하는 과정이 본질적으로 논쟁적임을 이해하는 것은 정부 정책이 '합리적'이니 '비합리적'이니 하는 단순 논법을 탈피하게 해 준다는 점에서 중요하다. 자본주의 국가의 '국익'을 확정하는 과정은 언제나 갈등을 수반하기 십상이며, 그 속에서 사회적 적대 관계와 이데올로기적 표상들은 불가결한 구실을 한다.

이 모든 논의는 집단적인 계급적 행위자들을 구성하고 그들의 이해관계를 보편적인 것으로 제시하는 이데올로기의 구실에 초점을 맞추는 넓은 의미의 그람시주의적 견해와 일맥상통한다. 이런 그람시주의적 견해는 국제 관계에 대한 마르크스주의적 또는 마르크스주의 친화적 견해에 갈수록 영향을 주고 있다. 이런 그람시주의의 주된 관심사는 이데올로기적 표상들과 국제 제도나 네트워크들이 특정 자본가 계급의 초국적 헤게모니를 어떻게 강화하느냐에 맞춰져 있다. 로버트 콕스는 이런 '네오그람시주의'의 더 느슨한 버전을 개발했는데, 그의 이론에서는 구조적 결정 요인들이 사실상 사라지다시피 한다. 그러나 최근에는 애덤 모튼과 안드레이어스 빌러 등이 더 철저한 마르크스주의적 분석을 통해 이러한 느슨함을 바로잡았다.[80] 원칙적으로 이들의 분석은 내가 이 장에서 제시한 자본주의와 국가 체제에 관한 이론과 얼마든지 양립할 수 있다. 그러나 내가 보기에 국제 체제의 헤게모니 문제를 다루는 최상의 방법은 역사를 돌아보는 것이다. 그래서 지금부터는 이 장에서 제시한 이론적 틀이 자본주의와 제국주의의 실제 역사를 이해하는 데 얼마나 도움이 되는지를 살펴보려 한다.

Part 2

역사

3장
자본주의와 장기 지속

3.1 자본주의란 무엇인가?

저명한 국제관계 이론가들인 배리 부잔과 리처드 리틀은 국제관계학에 세계사를 끌어들이려는 훌륭한 의도로 쓴 책에서 다음과 같은 "인과관계적 수수께끼"를 논한다.

놀랍게도 19세기에 세 가지 현상이 덩달아 일어났다.
- 경제적 자유화
- 물리적 상호작용 능력의 산업화
- 주요 근대국가들의 내부 형태가 대중적 국민국가로, 나아가 민주주의 국가로 발전

이런 일들이 동시에 일어난 것이 단지 우연이라고는 믿기 어렵다. 그러나 이런 현상들이 서로 연결돼 있다는 것은 곧 국제 체제에 매우 큰 변화가 일

어났다는 것을 함축하는데, 그런 변화가 일어나게 된 인과적 경로들이 무엇인지는 결코 분명하지 않다.[1]

장기 19세기를 다룬 에릭 홉스봄의 탁월한 역사서 3부작을 읽어 본 사람이라면 위의 수수께끼에 간단한 답이 있다는 것을 알 것이다. 부잔과 리틀이 열거한 현상들의 공통분모는 바로 자본주의 생산양식이 지배하는 통합된, 그리고 진정 세계적인 경제의 등장이다.[2] 이 관점은 자본주의적 제국주의의 역사를 다룰 때도 의미 있다. 왜냐하면 홉스봄도 지적하듯이 "상대적으로 발전 수준이 높은 자본주의 중심부에 의해 속도가 좌우되는 세계경제는 '선진'이 '후진'을 지배하는 세계, 즉 제국의 세계가 될 가능성이 매우 높"기 때문이다.[3] 이 인과관계는 역으로 생각해 볼 수도 있다. 16세기에서 19세기 사이에 유럽의 세계 패권이 확립된 것은 자본주의의 최종 승리에 얼마나, 어떻게 기여했을까? 이는 어마어마한 질문인데, 나는 자본주의적 제국주의가 등장한 역사적 과정을 이해하는 데 필요한 경우에만 그런 질문을 다루려고 한다. 그러나 이 질문에 답하려면 더욱 큰 질문 두 가지를 피할 수 없다. 자본주의란 무엇이며, 언제·어떻게 세계적 우위를 확립하게 됐는가? 이 주제에 관한 마르크스주의적 논쟁에 주도적으로 개입해 온 엘런 우드의 다음과 같은 지적에서 알 수 있듯이, 이 두 질문은 서로 연결돼 있다. "자본주의의 특수성에 대한 설명 없이는 자본주의의 기원에 대해 어떤 말도 하기 어렵다. 자본주의가 비(非)자본주의와 어떻게 다른지, 비자본주의에서 자본주의로 이행한 시점을 어떻게 알 수 있는지, 즉 비자본주의적 체제 논리에서 새롭고 자본주의적인 '재생산 법칙'들로 이행한 시점을 어떻게 알 수 있는지에 대한 설명이 필요하다."[4]

자본주의의 기원을 둘러싸고 마르크스주의 진영에서 벌어진 두 차례 논쟁도 자본주의의 특수성 문제를 제기했다. 제2차세계대전 직후에 벌어진 첫 번째 논쟁의 포문을 연 저작은 모리스 돕의 《자본주의 발전 연구》(Studies in the Development of Capitalism)(1946)였다. 돕은 근대 초 유럽의 도시들을 지배했던 상인 과두제와 그들이 관장했던 길드 체제는 임금노동 착취에 바탕을 둔 자본주의 생산관계의 발전에 장애물이 됐다고 주장한다. 사정이 결정적으로 바뀐 것은 "다름 아닌 생산자들 사이에서 자본가 계급이 탄생"하면서부터였다. "약간의 재력이 있는 자작농이나 직인 출신 장인들"이 "자신과 자기 가족의 노동보다는 고용된 노동력에 더 많이 의존하고, 자기 사업에서 나오는 이익을 자신의 노력보다는 자신의 자본과 관련"시키기 시작했다는 것이다.[5] 폴 스위지는 돕의 해석을 정면 비판했다. 그는 유럽 봉건제가 몰락한 주된 원인이 도시의 성장과 시장의 확산에 있었다고 주장했고, 이에 대해 반박과 재반박이 봇물처럼 터져 나왔다.[6] 봉건제에서 자본주의로의 이행에 관한 이 최초의 논쟁에서 소수파에 속했던 스위지의 주장은, 1960년대와 1970년대에 종속이론과 세계체제론이라는 서로 밀접히 연관된 이론들이 등장하면서 강력한 원군을 얻게 된다. 앤서니 브루어는 이 이론들의 한 가지 공통된 전제를 다음과 같이 훌륭하게 요약했다.

　　단순화하면, 이 관점에서 봤을 때 자본축적이란 생산수준과 방식이 진정한 질적 진보를 이루기 위한 전제 조건이 아니라 고정된 양의 자원이 재분배되는 것, 즉 착취당하는 주변부에서 중심부로 자원이 이전되는 것을 의미한다. 일부 지역에서는 발전이 있고 다른 지역에서는 '저발전의 발전'이 있는 것은 동전의 양면인 셈이다.[7]

'저발전의 발전'은 안드레 군더 프랑크가 수 세기에 걸친 라틴아메리카의 만성적 후진성을 설명하려고 만들어 낸 표현이다. 브루어가 지적하듯이, "프랑크는 자본주의가 독점과 착취를 특징으로 하는 (세계적) 교환 체제라고 봤다. 그는 또한 세계에서 "자본주의"(교환)에 어떤 식으로든 근본적으로 영향을 받는 지역은 모두 '자본주의적'이라고 (암묵적으로) 주장했다."⁸ 이 같은 분석은 역사적으로 자본주의적 제국주의를 남반구에 대한 북반구의 체계적 착취로 규정할 수 있는 실마리를 제공한다. 또한 이런 분석을 이론적으로, 그리고 역사적으로 확장할 수도 있는데, 이매뉴얼 월러스틴이 바로 그렇게 했다. 월러스틴의 출발점은 "분석의 올바른 단위는 세계체제며, 주권국가들은 이 단일한 사회체제 내의 여러 조직 구조들 가운데 하나로 이해돼야" 한다는 것이다. 이 방법론에 따라 월러스틴은 자본주의의 기원에 관한 새로운 시각을 다음과 같이 제시했다.

15세기 말과 16세기 초에 유럽 세계경제라고 부를 만한 것이 출현했다. 그것은 제국은 아니었지만 대제국에 버금갈 정도로 광활했고 제국의 특징도 일부 공유하고 있었다. 그러나 그것은 제국과는 달랐고, 또 새로웠다. 그것은 이전에는 결코 존재한 적이 없었던 유형의 사회체제였고, 근대 세계체제의 독특한 특징이기도 하다. 그것은 제국, [중세의] 도시국가, 국민국가와 달리 경제적으로 단일한 통일체지만, 정치적으로는 통일돼 있지 않았다. 사실, 그 안에 제국, 도시국가, 신흥 '국민국가'가 포함돼 있었다. 그것은 전 세계를 포괄해서가 아니라 법적으로 정의된 다른 모든 정치 단위보다 크기 때문에 '세계' 체제인 것이다. 그리고 이것이 '세계경제'인 이유는 이 체제가 기본적으로 경제를 통해 연결돼 있기 때문이다. 그 연결이 나중에 문화적

관계로, 더 나아가 … 정치적 협력으로 발전하고, 심지어 연방 구조를 갖추게 되더라도 말이다.[9]

스위지와 프랑크가 사실상 자본주의를 개별 사회들이 초국적 시장 교환 네트워크에 통합된 체제로 이해했다면, 월러스틴의 위와 같은 세계체제 개념은 스위지와 프랑크의 견해를 더 분명하게 정식화한 것이라 할 수 있다. 그래서 월러스틴은 형식적으로 자유로운 임금노동을 착취하는 것이 꼭 자본 관계에 포함되는 것은 아니라고 본다. 그에 따르면 근대 초 세계체제의 '주변부'에서 나타난 다양한 형태의 '강제적 환금작물 재배 노동'(예컨대 합스부르크령 아메리카의 엔코미엔다(encomienda) 제도 하에서 스페인 정착민들이 원주민에게 강요한 노동이나 중부 유럽과 동유럽의 '재판(再版)농노제' 하에서 토지에 긴박된 농민들이 한 노동)은 그것이 "자본주의 세계경제를 위한 생산"[즉, 자본주의 세계시장에서 팔릴 상품을 생산하는 노동]인 이상 자본 관계에 포함된다. 왜냐하면 "그[동유럽의 지주 — 캘리니코스]로 하여금 착취하게 만드는 압력의 경제적 한계는 시장의 수요·공급 곡선에 따라 결정"됐기 때문이다.

요컨대 한 체제를 규정하는 '생산관계'는 체제 전체의 '생산관계'인 것이고, 이 시점[16·17세기 — 캘리니코스]의 체제는 유럽 세계경제였다. 자유노동은 실제로 자본주의의 결정적 특징 가운데 하나이기는 하지만 모든 생산활동에 자유노동이 투입되는 것은 아니다. 핵심부 국가에서는 자유노동이라는 형태가 사용되지만 주변부 국가에서는 숙련도가 더 낮은 일에 강제노동이 동원된다. 자유노동과 강제노동의 결합이야말로 자본주의의 본질이다. 자유노동이 보편화한다면 그것은 곧 사회주의일 것이다.[10]

월러스틴의 자본주의 세계체제론은 페르낭 브로델의 근대 초 자본주의 역사 연구에 영향을 받았다. 월러스틴과 마찬가지로 브로델도 세계경제를 중앙집중적이고 위계적인 구조로 본다. 브로델이 보기에 이 세계경제의 핵심 서열은 지리적 서열이다. 세계경제는 "작은 **핵심부**, 제법 발달한 중간 지대[월러스틴은 "반(半)주변부"라고 부른 — 캘리니코스], 광활한 **주변부**, 이렇게 **최소한** 세 지역으로 나눌 수 있다." 그러나 브로델은 세계체제 이론가들이 주장한 자본주의 개념의 본질적 특징들을 다른 세계체제 이론가들보다 더 선명하게 부각시킨다. 그는 자본주의와 시장경제를 엄밀하게 구별한다.

[시장경제에는] 상이한 시장들 사이에 다수의 수평적 교류가 존재한다. 이 영역에서는 보통 일정 수준의 자동적 조율을 통해 수요·공급·가격이 연결된다. 그런데 이 층위와 나란히, 또는 그 위에 존재하는 것이 반(反)시장 영역이다. 거대한 약탈자들이 거니는 이 영역에서는 정글의 법칙이 작동한다. 예나 지금이나, 그리고 산업혁명 전이나 이후나 자본주의의 본래 영역은 바로 여기다.[11]

그렇다면 브로델의 관점에서 볼 때 자본주의는 독점 형성을 통해 이윤 극대화를 추구하는 체제인 셈이다. 따라서 역사적으로 자본주의의 특권적 영역은 생산이 아니라 유통에 있다. 예컨대 초과이윤을 노린 15~18세기의 원격지 무역(대개 사치품을 대상으로 한)이 자본주의의 영역인 것이다. "19세기의 산업혁명을 계기로 자본이 산업 생산(이제는 거대한 이윤 창출 부문으로 승격된) 영역으로 진출하기 전에는 유통 영역이, 즉 무역과 상거래의 영역이 자본주의의 본령이었다. 비록 산업혁명

이전에도 자본은 때때로 유통 이외의 영역에 적잖이 발을 들여놓는 했지만 말이다." 따라서 브로델이 보기에 자본주의의 역동성은 마르크스가 강조한 자본의 경쟁적 축적에 따른 생산력 발전에서 비롯하는 것이라기보다는 세계적 무역 네트워크의 권력 중심이 지리적으로 이동하는 데서 비롯하는 것이다. "외적인 압력과 내적인 압력이 모두 작용함에 따라 무게중심이 이동할 수 있다. 국제적 지위를 지닌 도시들, 즉 **세계 도시**들은 서로 끊임없이 경쟁하며 서로의 지위를 빼앗을 수 있다." "서유럽의 맹주 도시가 베니스에서 안트베르펜, 제노바, 암스테르담을 거쳐 런던으로 바뀐 것"도 그 때문이다.[12]

더 최근에는 조반니 아리기와 그의 동료 학자들이 자본주의 세계체제의 역사를 헤게모니 국가들의 잇따른 성장과 몰락 과정으로 설명했다. 이는 브로델과 월러스틴이 공유하는 순환적 역사관의 이론적·경험적으로 가장 설득력 있는 버전이라고 할 수 있다. 아리기는 자본주의 세계체제의 역사를 서로 중첩되는 일련의 "체계적 축적 순환"으로 이해하는 것이 가장 적절하다고 주장한다. 각각의 축적 순환에서는 주도권을 쥔 "정부 기관과 기업 조직들의 공동체와 블록들"이 특정한 "전략과 구조들"을 장려해서 독특한 "세계적 축적 체제"를 구축한다. 현재까지 이런 순환이 네 차례 있었는데, 각각의 순환은 특정 국가의 헤게모니와 결부돼 있었다. 제노바(1340년대부터 1630년경까지), 네덜란드(1560년경부터 1780년대까지), 영국(1740년경부터 1930년대까지), 미국(1870년대부터 현재까지)이 바로 그 국가들이다. 이 모든 체계적 순환은 한 가지 공통된 형태를 띠는데, 아리기는 이를 마르크스가 말한 자본의 일반 공식, M-C-M'(화폐가 상품생산에 투자되고, 그렇게 생산된 상품이 생산과정에서 추출된 잉여가치 덕분에 애초 투자된 금액보다 더 많은 돈을 받고 팔리는 과정)으로 표현한다.

이 패턴의 핵심 특징은 실물 확장 국면(자본축적의 M-C 단계)과 금융적 재생[실물에서 금융으로 전환하는 것]과 확장 국면(C-M' 단계)이 반복되는 것이다. 실물 확장 국면에서 화폐자본은 점점 더 많은 상품량(상품화한 노동력과 천연자원을 포함해)을 '가동시킨다.' 그리고 금융 확장 국면에서 엄청나게 증가한 화폐자본은 상품 형태의 '속박에서 벗어나고' 축적은 금융거래를 통해 진행된다(마르크스가 축약해서 표현한 공식 M-M'처럼). 이 두 국면 또는 단계가 합쳐져서 하나의 온전한 **체계적 축적 순환**을 이룬다.[13]

이런 틀로 보면 금융 투기 국면은 "세계 수준에서 하나의 축적 체제에서 다른 축적 체제로의 이행", 즉 특정 헤게모니 열강과 그 축적 체제의 쇠퇴와 그 뒤를 잇는 열강과 축적 체제의 등장을 보여 주는 "반복적 현상"이다. 생산과 상품 판매에서 창출되는 이윤율이 불가피하게 하락하면서 잉여 화폐자본이 금융시장의 투기 활동으로 흘러드는 움직임이 강화되고, 결국 금융 확장이 실물(또는 무역) 확장을 대체하게 된다. 각각의 금융 확장의 시작과 끝을 알리는 것은 가장 유력한 축적 체제의 위기다. 먼저 "신호적 위기"가 새로운 순환의 시작을 알리고, 그 다음으로 "최종적 위기"가 옛 순환의 종말을 알린다. 미국 주도의 축적 체제는 1970년을 전후로 신호적 위기를 겪기 시작했다. 그리고 이제 아리기는 2003년 이라크 침공이라는 치명적 실수 이후로 미국의 축적 체제가 최종적 위기에 접어들었다고 주장한다.[14]

세계체제론은, 특히 브로델과 아리기의 저작은 의심할 바 없이 우리가 자본주의 역사를 이해하는 데 크나큰 기여를 했다. 자본주의 세계체제라는 개념 자체가 초국적 경제 관계들을 통일적 실체로 바라본다는 점에서 이론적 진일보다(비록 고전 마르크스주의 전통에서는 부하린과 트로츠키가 이미 이룩한 진일보지만). 그러나 세계체제론은 자본주의 개념을 마르크스가 《자본론》에서 제시한 엄밀한 생산관계 개념과 떼어 놓고 사고한 탓에 마르크스가 생산관계를 논하면서 핵심적으로 의도했던 바를 놓치고 있다. 그 의도는 바로 자본주의를 다른 생산양식과 구별짓는, 그리고 자본주의의 발전 패턴을 규정하는 독특한 경제적 동역학을 규명하는 것이었다. 로버트 브레너는 자본주의의 기원을 둘러싼 2차 논쟁(브레너의 개입이 다른 누구보다도 두드러졌던)에서 이 근본적인 요지를 매우 강력하게 설파했다. 그는 우선 프랑크, 스위지, 월러스틴의 관점이 자본주의의 발전을 세계시장이나 분업의 발전과 동일시하는 "네오(neo)스미스주의적 마르크스주의"라고 비판하는 글에서, 그 다음으로는 자신의 주장을 더 일반화한 글에서 생산관계의 중요성을 역설했다. 후자의 글에서 브레너는 "근대적 경제성장"의 전제 조건, 즉 "생산의 효율을 높이는 방향으로 생산을 변모시키는 **체계적**이고 **지속적인** 경향이나 압력이 경제에 존재하는 것"의 전제 조건은 (마르크스주의 용어로) 착취자들이든 직접생산자들이든 간에 경제주체들이 자신들의 재생산을 시장에 의존해야 한다는 것이라고 주장한다. 이 주장의 전제는 한 사회의 지배적인 "소유관계", 즉 "개별 경제주체가 생산수단과 경제적 생산물을 … 일상적·체계적으로 이용할 수 있는 기회를 좌우하는 … 관계"가 "직접생산자들과 착취자들 개개인에게 합리적인 경제행위 양태"도 좌우한다는 것이다. 즉, 그 경제주체가 "기존에 살던 방식대로 계속 살아가기 위해, 즉 이미 자신들이 차지하고 있던 계급 지위를 유지하는 데" 필요한 경제행위 양태, 달리 표현하면 "직접생산자들과 착취자들의 재생산 법칙"도 좌우한다는 것이다.[15]

전자본주의적 소유관계 하에서는 직접생산자들과 착취자들이 모두 생계 수단을 직접 이용할 수 있다. 따라서 그들은 생산성을 높이는 새로운 생산기술을 도입해서 자신들의 소득을 높여야 한다는 체계적 압력을 받지 않는다. 잉여노동은 경제 외적 강제를 통해 추출된다. 그래서 착취자들은 직접 생산에서 더 많은 잉여노동을 쥐어짜거나 다른 착취자들의 토지와 노동력을 탈취하기 위한 "강압 수단을 강화하는 데 자원을 투입"하게 된다. 이 같은 재생산 법칙 하에서는 그 사회의 "장기적 발전 추세가 위기 아니면 정체를 향해 나아간다." 이 패턴이 바뀌는 것은 오직 자본주의 소유관계가 등장하면서부터다. 자본주의 소유관계 하에서는 "모든 직접생산자들이 자신의 생계 수단과, **무엇보다 토지와** 분리되며, 어떤 착취자도 경제 외적 강제에 의한 잉여 수취로는 살아갈 수 없게 된다." 이처럼 자본가들과 노동자들이 모두 시장에 의존하게 되면서부터 "근대적 경제성장"을 뒷받침하는 재생산 법칙들이 도입된다.

생산의 조직자들과 직접생산자들(때때로 이 둘은 같은 사람이다)은 오직 생계 수단을 직접 이용할 수 없게 됐을 때만 자신들의 재생산에 필요한 생계 수단과 도구를 시장에서 **구매해야만** 하는 상황으로 내몰린다. 생산자들은 이처럼 자신들의 재생산수단을 시장에서 구매해야 하는 경우에만 상품을 시장에서 **경쟁력 있게** 판매해야, 즉 사회적 필요 노동시간만 들여서 생산해야 하는 상황으로 내몰린다. 이처럼 경쟁력 있는 생산의 필요성이 존재할 때만(또한 그 결과로, 직접생산자들을 강제적으로 쥐어짜서 비용을 줄이거나 소득을 높이는 것이 불가능해질 때만) 생산의 효율을 높여야 한다는 체계적·지속적 압력이 존재할 수 있다. 그리고 이런 압력이야말로 근대적 경제성장의 필요조건이다.[16]

자본가들은 자기 재생산을 위해 서로 경쟁해야 하며, 따라서 생산성을 향상시키는 투자를 통해 생산비(와 상품의 가격)를 낮추는 데 이해관계가 있다. 그러나 훨씬 더 중요한 것으로, 자본가들이 시장에 기반한 제재(실업 또는 굶주림)와 보상(임금 인상 등)에 기대서 직접생산자들을 생산성 향상에 동참시킬 수 있는 것은 오직 직접생산자들 자신이 생계 수단을 직접 이용할 수 없을 때다(무엇보다 생산수단을 통제할 수 없는 임금노동자들이 이런 경우에 해당한다).[17] 그러므로 "근대적 경제성장"의 동력이 유지될 수 있는 것은 세계경제만이 아니라 자본주의 소유관계(특히 자본과 임금노동의 관계)가 온전히 확립됐을 때다. 이 주장의 중요한 함의 하나는 시장에 팔기 위한 생산이 꼭 시장에 대한 의존을 의미하지는 않는다는 것이다. 그래서 브레너는 근대 초 중부 유럽과 동유럽의 강제적 환금작물 생산노동이 자본에 포섭된 노동이라는 월러스틴의 주장을 비판한다. 비록 폴란드 귀족들이 서유럽(특히 네덜란드) 시장에 곡물을 공급하려고 사유지를 재편하기는 했지만 지주와 농노를 지배하는 경제적 동역학은 자본주의와 달랐다는 것이다.

농노와 지주는 자체 생계 수단(영지에서 농노들이 재배한 작물)을 직접(시장을 통하지 않고) 이용할 수 있었기 때문에 자신들의 재생산을 위해 시장에서 재화를 구매하지 않아도 됐다. 그들의 생존 능력, 즉 재생산능력은 '시장에서 자기 지위를 유지할 수 있는' 능력과는 무관했다. 사실, 폴란드 경제의 처지에서 봤을 때 서유럽에서 수입된 재화들(거의 전적으로 폴란드 지주들이 수입한)은 말 그대로 사치품이었다. 폴란드 생산자들은 세계시장에서 자기 지위를 유지할 능력은 없었을지 몰라도, 또한 그 때문에 수입 사치품을 구입할 능력은 없었을지 몰라도, 그 때문에 '사업이 망하지는' 않았다. 그 결과 폴란드 경제체제 내부의 기업인이든 외부의 기업인이든 경쟁을 통해 지주들을 몰아낼 수는 없었다. 그들이 잠재적으로 동원할 수 있는 생산 기술이 아무리 우월하더라도 말이다. 폴란드는 자본주의적이기는커녕 자본주의 발전의 불모지로 남아 있었다. 농노들로 구성된 계급 구조 탓에 토지와 노동력 등 기존의 생산수단이 자본축적에 이용될 가능성은 가로막혀 있었다. 자유로운 임금노동이 등장하지 못했다는 바로 그 이유 때문에, 노동력과 생산수단 중 어느 것도 상품이 되지 못했다. 그 결과 이런 사용가치들은 자본주의적 투자와 발전에 전혀 이용될 수 없었다. 그것들은 결코 교환가치로서 (사회적 필요 노동시간이 투여되는 생산을 위해) 자본의 주도 하에 서로 결합되지도 않았고, 결합될 수도 없었기 때문이다. 그 사용가치들은 직접생산자들과 생산·생계 수단을 하나로 융합시킨 계급 구조에 의해 이미 결합돼 있었다.[18]

브레너의 개입은 자본주의의 기원을 추적할 때 단지 상업의 발전에만 주목할 것이 아니라 자본주의 생산관계의 형성에도 주목해야 하는 이유를 새삼 확인시켜 줬다. 자본주의적 제국주의의 역사를 논할 때 이 점에 유의해야 하는 특히 중요한 이유는, 다음 절에서 살펴보겠지만 제국과 시장은 언제나 공존하는 경향이 있었기 때문이다. 그런데 우드와 그 밖의 '정치적 마르크스주의자'들은 브레너의 저작을 근거로 자본주의 발전을 매우 일면적으로 설명한다. 이는 브레너 특유의 자본주의 발전 개념이 처음 소개됐을 때, 근대 초기 경제사 연구자들 사이에 벌어진 논쟁에서 많은 부분 비롯한 문제다. 이 논쟁의 발단이 된 것은, 유럽에서 자본주의로의 이행이 시작된 결정적 계기가 영국에서 확립된 자본주의 소유관계라는 브레너의 주장이었다. 유럽 전역에서 벌어진 지주와 농민의 충돌이 영국에서 낳은 특수한 결과 때문에 영국 농촌에서는 상업적 지주, 자본가적 차지농, 농업 노동자, 이 3대 주체에 기초한 자본주의 소유 관계가 형성됐다는 것이다. 그 결과로 농업 생산성이 향상된 덕분에 영국은 17세기의 전반적 경제 위기를 버텨냈고 17세기 말에는 인구의 40퍼센트에 달하는 공업 종사자들을 부양할 수 있었다고 한다.[19] 뒤이어 벌어진 논쟁에서 프랑스의 마르크스주의 역사가 기 부아는 '정치적 마르크스주의'라는 표현을 만들어 냈고, 브레너의 관점을 "계급투쟁이 다른 모든 요인들과 분리돼 있고 특정 생산양식의 고유한 발전 법칙과도 분리돼 있는, 의지주의적 역사관"이라고 비판했다.[20] 이런 비판은 명백히 부당한 것이었지만, 우드는 부아가 붙인 '정치적 마르크스주의' 딱지를 영예로 받아들이면서 근본적으로 표준적인 자본주의 발전 개념이라고 생각한 것을 내세웠다. 이 관점은 영국식 농업 자본주의의 등장에 기초하지 않은 어떤 경제적 변화도 자본주의 발전으로 취급하지 않는다. 그래서 우드는 16·17세기 네덜란드 공화국의 도시화 수준과 국제무역 참여도가 높았는데도 이때의 네덜란드를 자본주의 발전 사례로 인정하지 않는다. 그 이유는 우선 "도시의 성장이 … 농업 생산성 발전에 의존하지 않았"기 때문이고, 다음으로는 비록 "네덜란드가 노동생산성 개선에 많이 기여하기는 했지만 그런 개선들이 자본주의와 결부된 경쟁 압력에서 비롯했는지 아닌지가 몹시 불투명"하기 때문이다.[21]

3장 3절에서 보겠지만, 우드의 이런 주장은 네덜란드의 사회적·경제적 발전에 대한 매우 잘못된 해석이다(브레너도 그런 해석을 공유하지는 않는다). 우드의 주장의 밑바탕에는 상인자본주의에 관한, 내가 보기에 잘못된 양극단의 관점이 깔려 있다. 《자본론》 3권에서 마르크스는 상인자본을 "자본이 독립적으로 존재해 온 양식 중 역사적으로 가장 오래된 양식"이라고 규정했다. "이전의 모든 생산양식에서는 … 상업자본이 … 독보적인 자본의 기능을 했다. 그럴수록 생산은 생산자들의 생계수단을 직접 생산하는 활동이 됐다." 이런 상황은 "한없이 다양한 형태로 조직된 생산 영역들이 화폐와 상품 유통을 통해 서로 연결되지만, 이 각각의 영역들의 내적 구조가 여전히 사용가치 생산에 맞춰져" 있는 현실을 반영한다. 그렇다면 전자본주의 생산양식(브레너의 표현을 빌리면 직접생산자들과 착취자들이 여전히 시장에 의존하지 않는 생산양식)에서도 상인자본주의가 존재할 수 있는 셈인데, 마르크스는 이 점을 감안해서 자본주의 이행의 경로를 다음과 같이 두 가지로 구분했다.

봉건적 생산양식으로부터의 이행은 두 가지 방식으로 이루어질 수 있다. 농경적 자연경제나 길드 중심의 중세 수공업에서와 달리, 생산자가 상인 겸 자본가로 변신하는 길이 있다. 이것이야말로 진정 혁명적인 길이다. 반면 상인이 생산을 직접 통제하게 되는 길도 있다. 그러나 이런 변화가 역사적으로 아무리 자주 일어났다 해도 … 그것 자체가 옛 생산양식을 타도하지는 못하며, 오히려 자신의 존재 기반인 옛 생산양식을 보존하고 유지하는 구실을 한다.[22]

이 인용문의 마지막 구절은 제2차세계대전 직후 자본주의 이행을 둘러싸고 벌어진 최초의 논쟁에서 집중적으로 인용됐다. 소생산자들이 자본주의적 재생산 법칙을 받아들이는 것이 사회적·경제적 변혁의 진정한 계기라는, 모리스 돕의 주장을 이 구절이 뒷받침해 주는 듯했기 때문이다. 정치적 마르크스주의자들은 상인자본주의의 틀 내에서 노동이 자본에 포섭될 가능성을 배제하는 마르크스의 이 마지막 문장을 마치 거역할 수 없는 교리처럼 취급한다. 이는 브로델과 월러스틴이 상업을 자본주의의 "본래 영역"으로 취급하고 직접생산자들이 초국적 상거래 네트워크에 편입된 것을 그들이 자본에 포섭되기 위한 필요충분조건이라고 본 것의 거울 이미지다. 다소 진부하게 들릴 수도 있지만, 진실은 이 두 주장의 가운데 어디쯤에 있다. 달리 말하면, 원칙적으로는 특정 형태의 상인자본주의 하에서 자본주의적 재생산 법칙이 발전할 가능성을 원천적으로 부정할 이유가 없어 보인다. 사실 마르크스도 이 가능성을 열어 놓았다. 자본주의 이행의 '두 경로'에 관한 위의 유명한 구절을 쓴 바로 다음 페이지에서 마르크스는 마치 생각이 바뀐 듯이 "그러므로 이행은 **세 가지 형태를 띨 수 있다**"고 썼는데, 그중 첫째는 "상인이 직접 산업자본가가 되는" 길이다.[23] 이는 《자본론》 2·3권이 마르크스의 원고를 사후에 편집해 출판한 책이라는 중요한 사실을 새삼 일깨워 준다. 《자본론》 2·3권 원고에서 마르크스는 자본주의 발전의 복잡한 현실들을 파악할 수 있는 개념들을 개발하려는, 결국 미완성인 것으로 드러난 과업과 씨름했던 것이다.

자본주의 발전을 둘러싼 복잡한 현실 중 한 가지가 근대 초에 등장한 '과도기적 형태들'(이렇게 표현함이 가장 적절할 듯하다), 그러니까 전자본주의 생산관계와 자본주의 생산관계가 혼합된 경제 형태들이었다. 이런 형태들은 자본주의가 본격적으로 발전하는 데 중요한 기여를 했다. 그중 가장 중요한 사례의 하나로 로빈 블랙번이 든 것은 16~19세기 대서양 경제의 "체계적 노예제", 즉 주로 유럽 시장에서 팔릴 대중적 소비재(설탕, 담배, 커피)나 공업 원료(면화)를 생산하기 위한 노예노동의 대규모 착취였다. 이 노예들은 농장주의 고정자본에 속했기에 자본주의적 재생산 법칙이 직접 적용되지는 않았고, 마찬가지로 농장주는 이들이 자신의 고정자본에 속했기에 노예들에게 그들 자신이 경작하는 토지를 할당하는 방식으로 생계 수단을 제공할 이유가 있었다. 그러나 노예노동을 이용하는 농장들은 상업과 신용의 세계적 네트워크에 통합돼 있었고 노예와 도구, 비료를 시장을 통해 확보했기 때문에 농장주 자신은 생계 수단에 직접 접근할 수 없었다고 봐야 한다. 농장주들의 재생산 법칙 때문에 그들은 상인들에게서 빌렸을 수도 있는(또는 농장주들 자신이 상인 노릇을 하면서 조달했을 수도 있는) 자본에 대한 이익과 손실을 따져 보고 생산비를 낮출 수밖에 없었던 것이다. 블랙번은 다음과 같이 설명했다.

> 노예를 사용하는 농장들은 종속적이고 혼합적인 사회적·경제적 사업체로서, 순수한 자본주의 논리를 따르지는 않았지만 유럽 농노제 또는 노예제가 그랬던 것(또는 그럴 수 있었던 것)보다는 자본주의에 더 가까웠다. 농장 노예제는 자본주의 이행 시대에 상인자본과 생산자본이 인위적으로 확장된 것이었고, 완전히 자본주의적인 사회관계들이 여전히 세상에 태어나기 위해 몸부림치고 있던 시기에 상인자본과 생산자본의 활동 범위를 확장시켰다.[24]

브레너 자신도 1640~60년의 영국혁명에서 상인들이 한 구실을 다룬 자신의 기념비적 연구에서 17세기 초 영국에 존재했던 상인자본의 종류를 둘로 구분했다. 런던 구시가지에 기반을 둔 지배적 분파는 점차 동인도회사, 그리고 레반트 지역에서 물건을 수입하는 상인들이 주를 이루게 됐다. 이들은 국왕에게 특허를 받은 독점권에 의존해서 특정 무역로를 통제했다. 이런 기업형 상인들에게 아메리카 식민지 상품(담배 등)의 자유무역은 매력을 주지 못했다. 더욱이, 그들이 의존하던 정부의 무역 규제 조처 중에서 핵심은 독점권을 '순수 상인(mere merchants)'에게만, 즉 생산자와 소비자 사이에서 중개인 구실만 하도록 전문화된 상인에게만 부여하는 정책이었다. 그래서 [동인도회사 등의] 특허회사들은 "런던의 상점 주인들, 소생산자들, 선장들이 해외 상거래에 진입하지 못하게 막으려" 했다. 이 집단들은 모두 "영국 수출품이나 해외 수입품을 최종 소비자에게 직접 판매해서 … '순수 상인'(해외 무역 도매상)들의 시장을 잠식하기 유리한 처지에 있었"기 때문이다. 그러나 담배와 (1640년대부터는) 설탕 같은 대표적 식민지 산업이 수익성이 있으려면 장기적 투자가 필요했다. 적어도 상인들과 식민지 농장주들 간에 비공식적 제휴가 필요했고, 좋기로는 상인들이 농장을 직접 소유할 필요가 있었다. 그러므로 식민지 상인들은 '순수 상인'에 머무를 수 없었고, 특허회사들의 전통과는 대립되는 방식이지만 자신들이 매매하는 상품의 생산을 몸소 감독해야 했다. 따라서 아메리카 식민지와의 무역은 런던 구시가지 외부의 상인들의 몫일 수밖에 없었다. 브레너가 "신흥 상인(new merchants)"이라고 이름 붙인 이 집단은 "원래 '중간 계층' 출신들로서, 대부분 런던이 아닌 곳에서 태어났고 많은 경우 하급 젠트리나 부유한 자작농 집안의 장남이 아닌 자식들이었다. 도시에 사는 상인 가문 출신도 일부 있었다." 브레너가 이들의 이력을 추적한 결과를 보면 이들은 처음에 식민지 농장주였다가 자신의 이윤을 이용해 상인으로 변신하기도 했고, 런던의 선장, 소매상 또는 장인에서 출발해 중간상을 건너뛰려고 식민지 무역에 뛰어들기도 했다. 브레너는 이들이 훗날 경제적 행태에서만이 아니라 정치·종교 성향에서도 다른 집단과 뚜렷이 구별되는 집단을 형성하기에 이르렀다고 한다. 그렇게 해서 그들 중 일부가 영국혁명기에 올리버 크롬

웰과 독립파의 지지 세력으로서 주도적 구실을 하고 공화정의 금융·외교 정책을 주도하게 됐다는 것이다.[25]

어떤 점에서 브레너는 블랙번이 연구한 혼합적 경제 형태들의 도시적 측면을 묘사한 셈이다. 그러나 브레너는 또한 런던의 상인 집단 내에 존재한 분열을 포착했다. 한편에는 경제 관계의 형성에 직접적 강압이 필요했던, 전자본주의적인 "정치적으로 형성된 재산 형태"에 여전히 의존하던 상인들이 있었고(국가가 규제하던 상품 유통 체계에 의존해서 이윤을 획득했던 기업형 상인들이 그런 경우다), 다른 한편에는 노동을 자본에 포섭시키는 과정을 시작한 상인들이 있었다는 것이다. 브레너의 이같은 구분은 자본주의 생산양식이 세계를 지배하기까지의 과정에서 상인자본이 한 구실을 더 정교하게 이해할 수 있게 해 준다.[26] 이제부터는 자본주의 이행 과정의 여러 측면 가운데 현대 자본주의 제국주의를 이해하는 데 필요한 측면들을 살펴보려 한다.

3.2 시장과 제국

최근 역사학계의 한 흐름은 전근대 시대 동양 문명에서, 특히 중국과 인도에서 탄탄한 시장경제가 존재했음을 강조하고 오스만제국, 사파비제국, 무굴제국, 청나라 등 서양의 압력에 맞서 흔히 놀라운 저항력을 보여 준 비유럽 제국들이 근대 세계의 형성에서 수행한 능동적 구실을 부각시켜서 서유럽 근대사의 특수성을 상대화하려고 해 왔다.[27] 이는 유럽 중심주의에 대한 유익한 해독제다. 그런 점에서는 유럽과 북미가 중국, 인도, 일본 등을 본격적으로 따돌리기 시작한 것은 겨우 1750년 이후였음을 보여 주려 한 케네스 포머런츠 등 경제사학자들의 시도도 마찬가지다. 포머런츠는 1750년 이후에 유럽과 북미가 앞서가게 된 것도 매우 우연한 요인들 때문이었다고 주장하면서, 영국의 석탄과 식민지에서 유입된 원료 덕분에 일부 서양 지역이 동서양 모두를 갈수록 옥죄고 있었던 맬서스식 자원난을 극복할 수 있었던 것을 주된 원인으로 제시했다.[28] 그러나 포머런츠가 말한 "대격차"의 규모(표 3.1에 잘 나타나 있다. 그런데 이 표에서 나타나는 "대격차" 발생 시점은 포머런츠가 주장하는 시점보다 이르다)가 오늘날 워낙 큰 데다, 또 (세계화에 관한 온갖 호들갑에도 불구하고) 확고한 것처럼 보이기 때문에 여전히 그에 대한 설명이 필요하다. 이에 대해서는 앞 절의 논의에 바탕을 둔 한 가지 설명이 가능하다. 곧, 유럽과 북미 지역에서는 생산성을 높이는 투자를 원동력으로 하는 지속적인 경제성장의 동역학이 작동했고, 그래서 이 두 지역이 아주 최근까지도 근대 공업·농업 자본주의의 중심지 구실을 했으며, 이 때문에 유럽과 북미가 지난 5세기 동안 나머지 지역을 앞지를 수 있었다는 설명이 가능하다.

표 3.1 AD 1년부터 2003년까지 1인당 GDP 수준 (1990년도 국제 달러)

	1	1000	1500	1820	1870	1913	1950	1973	2003
서구	569	456	753	1,202	2,050	3,988	6,297	13,379	23,710
비서구	453	451	538	580	609	880	1,126	2,379	4,217
세계 전체	467	450	567	667	873	1,526	2,113	4,091	6,516
서구/비서구 비율	1.3 : 1	0.9 : 1	1.4 : 1	2.1 : 1	2.3 : 1	4.5 : 1	5.6 : 1	5.6 : 1	5.7 : 1

출처: A. Maddison, *Contours of the World Economy, 1-2030 AD* (Oxford, 2007), p. 70, table 2.1

그러나 당연하게도 이런 설명은 또 다른 의문들을 제기한다. 특히 근대 자본주의가 왜 하필 서유럽에서 탄생했느냐는, 막스 베버가 천착했던 오래된 의문을 제기한다. 이 대목에서도 세계사를 탈중앙화하려는 시도들은 논의의 초점을 이동시켰다. 최근의 연구는 서기 1000~1500년 사이 유라시아 대륙 곳곳에 상인자본주의 거점들이 무시 못할 정도로 발전했고, 이 모든 거점들이 비교적 발달한 공업 지구들과 연결돼 있었음을 밝혀냈다. 예컨대 재닛 아부-루고드는 자신이 "13세기의 세계체제"라고 부르는 것에 관한 유명한 연구서를 썼다. "13세기의 세계체제"란 서기 1250~1350년 사이에 프랑스에서 중국에 이르는 방대한 지역에서 사치품, 공산품 생산자와 상인들을 하나로 연결시켰던 무역과 투자의 순환 체계를 말하는데, 여기서 서유럽은 더 앞서가는 아시아 문명의 주변부에 놓인 후진적 "하위 체제"였다고 한다. 그러던 중에 세계경제의 무게중심이 서쪽으로 이동할 수 있었던 것은 15세기 말과 16세기 초에 인구 위기와 지정학적 불안(무엇보다 중앙아시아의 육상 무역로를 가로막았던 몽고제국이 붕괴한 것)으로 말미암은 체계적 혼란을 틈타 포르투갈의 약탈자들이 침투해 들어왔기 때문이라고 한다.[29]

이는 '서구의 발흥'이나 '서구가 승리한 이유' 등 기고만장한 목적론적 서사에 비하면 세계사를 바라보는 훨씬 건강한 관점이다. 그러나 설령 아부-루고드가 말한 세계체제의 "구조조정"이 적어도 부분적으로는 유럽 지배자들과 상인들이 특수한 역사적 상황을 약삭빠르게 이용한 데서 비롯했다고 치더라도, 여전히 몇몇 중요한 이론적 문제들이 남는다. 아부-루고드는 이렇게 썼다.

이 체제가 [유럽에 의해] '장악'된 것은 종래의 규칙에 따라 일어난 일이 아니었음을 … 인식해야 한다. … 16세기 초에 포르투갈인들이 깊숙이 침투당한 옛 세계체제는 변변한 저항을 하지 못했다. 왜 그랬을까? 한편으로는 저항할 수 없었기 때문이다. 이미 옛 세계체제는 조직력이 (비록 일시적이었을 수는 있지만) 최하로 떨어져 있었던 것이다. 어쩌면 그 체제는 다수의 무역 파트너들이 공존하는 상황에 너무도 적응이 잘 돼 있었던 나머지, 장기적 교역보다는 단기적 약탈에 관심이 있는 세력에 무방비 상태였을지도 모른다. 그렇다면 약 5세기 동안 발전·존속했던 세계체제에 근본적 변화를 가져온 것은 무엇보다 무역과 약탈의 병행이라는 새로운 유럽식 방법이었다.[30]

그렇다면 여기서도 유럽사의 특수성이라는 문제, 즉 "무역과 약탈의 병행이라는 유럽식 방법"의 기원에 관한 문제가 제기된다. 이 문제에 한결 수월하게 다가가려면 전자본주의 경제체제들의 차이점들을 더 주의 깊게 살펴봐야 한다. 역사유물론은 자본주의 이전의 계급사회를 노예제·봉건제·공납제, 이렇게 세 가지 생산양식으로 주되게 구분한다. 노예제에서 노예들이 착취계급의 잉여 대부분을 생산했던 것은 고대의 아테네, 로마의 후기 공화정과 초기 원수정, 그리고 근대초 대서양 연안의 플랜테이션 경제 같은 매우 예외적인 상황에서만 가능했다.[31] 반면 봉건제와 공납제는 세계사에서 훨씬 오랫동안 존재했다. 이 둘 다 경제 외적 강제를 통해 소농 계급에게서 잉여를 추출하는 체제였다. 둘 사이의 핵심 차이는 착취계급이 스스로 조직하는 방식에 있다. 공납제 생산양식에 관한 가장 중요한 논문을 쓴 크리스 위컴은 공납제를 "농민에게 세금을 징수하는 국가 관료제"로 정의했다. 이는 "강압에 의존한 … 지대 수취"에 기반한 봉건제와는 다르다는 것이다. 위컴은 "국가의 세금 징수와 지주들의 강압적 지대 수취를 서로 혼동해서는 안 된다"고 주장한다. 그 둘은 "농민 경제에 대한 서로 다른 개입" 방식을 보여 주는 "서로 다른 두 경제체제"라는 것이다. 공납제에서는 "생산과정을 통제하는 것이 국가의 소관이 아니다." 국가는 "주민들의 경제·사회 생활을 통제할 필요가 없다. 국가에 필요한 것은 단지 자신의 목적 추구에 필요한 자금을 조달하는 것이다."[32]

이와 대조적으로 봉건적 생산양식은 착취계급이 생산과정에 훨씬 깊이 관여할 것을 요구한다. 곧,

> [봉건제에서는] 지주들과 농민들 간의 거리가 훨씬 더 가깝다. 지주들의 관심은 단지 잉여의 양에만 있는 것이 아니라(물론 이것 자체도 중요하지만) 자기 영역에 대한 권력이나 통제력을 인정받는 것에도 있었다. … 그런데 이 통제력은 단지 정치적인, 즉 강압적인 통제력만을 의미하는 것이 아니다. 그것은 생산 자체에 관여하는 것도 포괄한다. 생산에 대한 지주들의 관여는 의식적인 것이라기보다는 구조적인 것이었다. … 어디서나 지주들은 토지 이용을 통제했다. 비록 이런 통제력 덕분에 그들이 실제로 획득한 권력의 크기는 그때그때 달랐고, 또 농민들의 저항 수준에 크게 좌우되기는 했지만 말이다.[33]

여기서 위컴은 사실상 두 생산양식에서 착취자들의 서로 다른 재생산 법칙을 그리고 있다. 공납제에서 착취자들은 잉여 추출 장치인 조세 체계를 가다듬고 재생산하며 그 조세 체계와 군대(다른 계급에게 자신의 요구를 관철시키기 위해 필요한)에 대한 통제력을 유지하는 데 이해관계가 있다. 이들은 또한 이런 통제력을 농민들뿐 아니라 국가 관리들

과 사적 지주들 모두에 맞서 지켜야 했다. 반면 봉건제에서는 착취 과정이 중앙집권적이지 않았다. 영주들은 농민들의 생활을 규율하고 지대, 부과금, 그 밖의 수입이 일정하게 들어오도록 하는 데 필요한 군사적·사법적 권력을 유지하고 확대하려 한다. 그리고 대체로 공납제에서보다 훨씬 더 초라한 국가가 영주들에 맞서 소득과 강압 수단을 확보하려 애쓴다. 동양의 전자본주의 문명들이나 고대 후기의 서양에서처럼 공납제가 지배적인 생산양식이었던 곳에서 국가는 지방 관리들이 그들 자신의 영지와 사병들을 거느린 봉건 영주로 발전하는 것을 막으려고 애쓰거나 (서로마제국 같은 경우) 상당 수준의 독자적인 경제적·정치적 권력을 지닌 토지 귀족의 존재를 인정해야 했다. 16~17세기 무굴제국을 연구한 이르판 하빕의 탁월한 저작은 이와 같은 공납적 경제체제의 극단적 사례를 보여 준다. 무굴제국에서는 중앙정부가 농업 생산물의 약 절반 정도를 토지세 형태로 농민들에게서 가져갔다고 한다. 중앙정부는 별도로 지정된 구역에서 이와 같은 토지세를 징수할 수 있는 한시적 권리를 고위급 관리들에게 부여했는데, 이때의 지정된 구역을 '자기르'라고 불렀고 '자기르'를 부여받은 관리를 '자기르다르'라고 불렀다. 자기르다르는 자기르를 부여받은 대가로 통상 자기 휘하의 병력을 제국 군대에 제공할 의무가 있었다. 하빕은 이 제도에 내재한 긴장 요소를 이렇게 지적한다.

제국과 그 지배계급의 장기적 이익을 고려할 수 있는 위치에 있었던 황실은 아마도 세금에 상한을 설정하려고 노력했을 것이다. … 그러나 황실의 이익과 개별 '자기르다르'의 이익 사이에는 일정한 모순이 있었다. 언제든 자기르에 대한 권리를 박탈당할 수 있었고 하나의 자기르를 길어도 3~4년밖에 보유할 수 없었던 자기르다르의 처지에서는 장기적 안목으로 농업을 발전시키는 것이 이익이 되지 않았다. 오히려 단기적 이익만 가져다준다면 어떤 억압적 수단이라도 동원하는 것이 그에게는 개인적으로 이익이었다. 비록 그 때문에 농민층이 황폐해져 해당 지역의 납세 능력이 오랫동안 파괴되더라도 말이다.[34]

이는 국가 관리들이 토지 귀족으로 변신하는 것을 막으려고 고안된 국가 전략이 장기적 농업 생산성 발전을 가로막은 경우다. 마크 엘빈에 따르면 기원전 1~2세기 중국 한나라 왕조 초기에도 이와 비슷한 긴장 관계가 존재했다. 다른 점이 있다면 이때는 지주들과 농민들이 국가와 대립하는 구도였다는 것이다. 곧,

[중국 국가의 — 캘리니코스] 징세와 징병[중국 군대는 농민 징집병에 의존했다 — 캘리니코스]은 모두 대토지의 증대로 위협을 받았다. 관리들이나 상인들이 소유하고 소작농이나 노예들이 경작하는 이 거대 영지들은 지방 정부의 요구를 대부분 거부할 수 있었다. 대토지가 확산된 1차적 원인은 자영농에 대한 조세 압력이었다.[35]

공납적 생산관계와 봉건적 생산관계의 공존은 이처럼 사회적·정치적 긴장을 자아내기는 했지만, 어쨌든 이 두 경제 형태는 모두 동일한 피착취계급, 즉 소농 계급에게서 잉여를 추출하는 데 의존했기 때문에 서로 공존할 수 있었다. 공납제와 봉건제의 혼합은 또한 농민 계급이 상황에 따라 서로 다른 저항 전략을 구사할 수 있게 해 줬다. 즉, 두 종류의 착취자 집단 사이에서 때로는 억압적인 지방 토호들에 맞서 중앙정부 편에 붙고, 때로는 (방금 소개한 중국에서처럼) 공납제 국가에 맞서 지방의

자율권을 지키려고 지주들과 동맹하는 식으로 어부지리를 노릴 수 있었던 것이다. 마지막으로, 위컴이 말한 "조세 기반" 또는 "토지 기반" 잉여 착출 체제들의 상호 결합은 한 가지 생산양식에서 다른 생산양식으로의 이행을 위한 여건을 창출한다. 위컴은 고대 후기에서 중세로의 이행을 바로 이런 식으로 이해한다(비록 이것을 생산양식의 변화로 규정하지 않고 동일한 생산양식의 "하위 유형"들 간의 변화로 규정하지만). 그는 "방대한 인구에게서 잉여를 추출하는, 그때까지 알려진 가장 효과적인 방식이라고도 볼 수 있는" "로마의 재정 체계"가 서로마제국에서는 서기 5세기에 야만족 왕국들이 수립된 뒤로 대부분 사라졌고 동로마제국에서는 페르시아와의 전쟁과 아랍인들의 침략으로 촉발된 7세기의 위기 이후 파편화를 겪었다. 서로마제국에서는 이런 변화의 장기적 결과로서 사적 토지 소유가 우세해졌다. 반면 동로마제국에서는 비잔틴 국가와 일부 아랍 통치 체제들이 비교적 효과적인 조세 체계를 유지했다.[36]

그렇지만 공납적 생산관계들은 제국 국가들의 장기적 안정성이 유지되는 기반이 될 수 있었고 방대한 시장 관계망이 형성되는 틀을 제공하기도 했다. 그래서 위컴은 고대 후기에 거미줄 같은 교역망을 통해 지중해 경제를 하나로 묶은 "로마 세계체제"를 결속시킨 것은 재정 체계였다고 본다. 더 구체적으로는 세수와 핵심 상품(무엇보다 곡물과 기름과 와인)이 제국 수도인 로마와 콘스탄티노플 및 그곳의 군대로 흘러들어 가도록 연결시킨 "세금 척추"가 "로마 세계체제"를 하나로 묶어 줬다. 이 척추가 서로마제국에서는 5~6세기에, 동로마제국에서는 7세기에 붕괴하자 지중해 세계체제는 분열됐고 많은 지역의 경제가 퇴보했다. 그러나 이때 존재했던 세계경제는 위컴이 묘사한 비잔틴 제국에서와 마찬가지로 국가가 "상거래를 포함한 모든 교환 행위의 구조를 설정하는" 기능을 했던 경제였다.[37] 하밉은 인도 무굴제국에서 사람들이 대개 화폐로 납부해야 했던 토지세를 마련하려고 농산물을 시장에 팔았던 것이 방대한 시장경제를 지탱하는 데 일조했음을 보여 줬다. 환어음, 보험 등의 선진적 금융 기법은 상품유통을 더욱 촉진했고, 상품유통은 도시의 지배계급을 위한 고급 제품을 만드는 숙련 장인들을 포함해서 상당 규모의 도시 인구를 먹여 살렸다.[38] 그러다가 18세기 초에 무굴제국이 쇠퇴하자, 식민지 시대 이전 서아시아 무역 체계에서 핵심 요충지였던 구자라트의 수라트 항구도 쇠퇴했고, 결과적으로 영국 동인도회사의 공장들이 파고들 틈을 내주고 말았다.[39]

그러나 공납제 사회와 발달한 시장경제가 공존한 가장 중요한 사례는 10~18세기의 중국이다. 거대 영토 국가 중 세계사적으로 가장 오래 존속한 국가인 중국이 송나라(서기 960~1276년) 때 다시 통일된 후의 상황을 엘빈은 다음과 같이 묘사한다.

경제적·기술적 혁명이 일어나 제국의 행정적 상부구조의 부담이 줄었고, 중국 군대의 효율성이 높아졌으며, 중국이 또 한번 정치적으로 분열되기는 상당히 어려울 만큼 경제적 통합이 이루어졌다. 그러므로 1000년 넘도록 유럽과 여러모로 거의 비슷한 양상을 보였던 중국의 역사 발전 궤적은 이 시점부터 유럽의 궤적과 크게 엇갈리기 시작했다. … 중국 사회는 당대 유럽과 마찬가지로 장원 제도가 등장하는 방향으로 발전했다. 그러나 유럽과 달리 중국에서는 국가가 군사적 기능에 대한 통제력을 유지했기 때문에, 전문적인 군사적 지배계급이 군사적 봉사의 대가로 하사받은 봉토를 대체로 무소불위의 영주로서 통치한다는 의미의 봉건적 상부구조는 존재하지 않았다.[40]

그 후 송대 중국에서는 공납제 국가의 전문 관료들이 과학적·기술적 혁신을 장려했고, 대체로 소작 농노들이 지주들의 토지를 경작했고, 매우 상업화한 경제에서 곡물과 토지가 아주 자연스럽게 사고팔렸다. 이 같은 제도적 발전들로 인해 8세기에 시작된 어떤 과정이 가속화했는데, 그것은 바로 논농사를 터득한 덕분에 거대한 중국 인구의 무게중심이 남쪽으로 이동한 것이었다. 이 시대에 중국은 다양한 신기술(수문, 발디딤 양수기, 목판인쇄, 가동 활자, 수력방적기)에 힘입어 세계에서 경제적으로 가장 앞서가는 지역이 됐다. 이후의 왕조(특히 1368~1644년의 명나라와 1644~1912년의 청나라)들에서는 이런 혁신의 속도가 유지되지 못했지만, 중국 국가는 전근대 시대의 기준으로 봤을 때 놀랍도록 효율적이었던 내륙 교통망을 끊임없이 유지하고 개선하려 노력했다. 18세기 들어 농노제와 장원 제도가 사라지자 경제 관계의 상업화가 더 촉진됐는데, 이는 예컨대 농촌과 도시의 공업이 확산된 것에도 반영됐다. 가령 양쯔강 유역의 면직업에서는 도급업자들이 장인들과 상인들 사이에서 중간상인 구실을 했다. "전체적으로 보면 어마어마한 규모의 산업이, 생산 단위의 규모를 키우는 방식이 아니라 갈수록 많아지는 소생산자들을 연결시키는 방식으로 탄생했다. 이때 이 구조의 다양한 부분 간에 직접적인 기능적 통합은 최소한에 그쳤다."[41]

아리기는 명대와 청대의 중국을 모범적인 "비자본주의 시장경제"라며 칭송했고 동아시아의 "중국 중심의 조공 무역 체제"를 호전적이고 팽창주의적인 유럽의 국가 체제와 대비한다. 전자의 특징은 (약 1400년부터 1900년까지) 500년 동안 "체제 내적인 군사 경쟁과 체제 외적인 지리적 확장이 거의 없었다는 점"이라는 것이다. 명나라는 15세기 초 환관 정화(鄭和)가 이끄는 함대의 유명한 인도양 원정 이후 더는 원정에 나서지 않앉다. 당시 중국이 해양 기술 면에서 우위를 지니고 있었으나 명나라는 함대를 해체했고, 그때까지 번성하고 있던 중국 연안의 해외 무역도 억제하기로 결정했다. 아리기는 이 결정이 "전적으로 합리적"이었다고 보는데, 그 이유는 이렇다. "중국 통치자들에게는 … [유럽과 아시아를 연결하는 — 캘리니코스] 이 무역로를 통제하는 것이 이웃 국가들과의 평화로운 관계, 그리고 인구가 많은 중국의 각 지방을 농업 기반의 국민경제로 통합하는 것보다 훨씬 덜 중요했다."[42] 이런 설명은 중국 제국 최대의 전략적 골칫거리였던 중앙아시아 쪽의 긴 국경선이라는 문제를 간과한다. 이 국경선 때문에 중국은 주로 투르크족인 유목민들의 약탈과 침략에 취약했고 정책 면에서는 전쟁, 조공, 외교 동맹, 문화적 동화 등의 수단을 복합적으로 활용해야 했다. 무역과 해양을 중시했던 송나라는 중국화한 여진족 유목민들에게 중국 북부를 빼앗겼다가 결국 몽고에 멸망당했다. 명나라가 해양 전선에서 후퇴한 것도 부분적으로는 중앙아시아 쪽 유목민들의 압박에 대처하기 위한 방어적 조치였던 것이다.[43] 어쨌거나 이 시대에 중국은 비자본주의 경제라기보다는 전자본주의 경제였다. 비록 국가 관료들은 여전히 농민들에게서 잉여노동을 수취했고, 장원 제도의 붕괴 덕분에 농민들이 생계 수단을 직접 이용하기는 오히려 더 쉬워졌지만 말이다. 아리기는 중국 경제가 18세기 무렵에 낮은 1인당 소득으로 엄청난 인구를 먹여 살릴 수 있는 "고수준 균형 상태의 함정"에 빠졌다는 엘빈의 주장을 받아들인다. 엘빈의 주장은 이렇다. "기술 면에서나 투자 면에서나 에이커당 농업 생산성은 공업적·과학적 요소를 투입하지 않고도 달성할 수 있는 최고치에 거의 도달했고, 따라서 인구가 증가할수록 생존에 필요한 것 이상의 잉여생산물은 점차 줄어들었다." 그 결과,

농업 잉여가 줄어들면서 1인당 수요도 줄어들었고, 노동력은 값싸졌지만 자원과 자본은 갈수록 비싸졌으며, 농업·운송 기술은 단순한 방법으로는 혁신할 수 없을 만큼 발달했다. 이런 상황에서는 노동 절약형 기계를 도입하는 것보다 자원과 고정자본을 절약하는 것이 상인과 농민 모두에게 합리적인 전략이었다.[44]

그렇다면 전자본주의 중국은 온갖 놀라운 성취에도 불구하고 브레너가 말한 "근대적 경제성장" 패턴, 즉 노동생산성을 끌어올리는 기술 혁신에 대한 투자 덕분에 산출량이 증가하는 패턴을 창출해 내지 못한 것이다. 실제로 브레너는 크리스토퍼 아이셋과 공동 저술한, 포머런츠를 비판한 역작에서 바로 중국에서 전자본주의적 소유관계가 존속했던 점을 들어 중국이 유럽에 뒤처진 이유를 설명한다. 브레너와 아이셋은 중국 농촌 사회에서는 17·18세기까지도 농민과 지주 모두 시장에 의존하지 않고 생계 수단을 직접 이용할 수 있었다고 주장한다. 앞서 살펴봤듯이 농민들은 자기 땅에 대한 통제권을 획득했고, 지주들은 비록 대부분 농촌을 떠나 도시로 이주했지만 청나라 국가의 도움으로 "본질상 정치적으로 확정된 수준의 지대"를 챙겼다. "양쯔강 삼각주에서 중국의 소수 특권층은 이렇게 농업 생산량의 약 30~40퍼센트를 착출할 수 있었다." 이 같은 패턴은 잉여생산물이 농업에 투입되지 못하게 했다. 더욱이 "이렇듯 농민들은 교역의 이익을 챙기기 위해 시장에 참여하기는 했지만 오직 경쟁의 압력에 종속되지 않는 한도 내에서, 그리고 자신들이 높은 가치를 부여하는 삶의 목표들을 포기하지 않아도 되는 선에서만 그렇게 했다." 그러한 삶의 목표에는 무엇보다 아들을 낳고 키워서 사회적·상징적 노후 보험을 들어 놓는 것도 포함됐는데, 이런 전략은 인구 증가와 토지 분할을 부추겼다. 이 같은 상황에서 개별 농가는 단위 생산량당 노동 투입량을 늘림으로써, 달리 말하면 농업 생산성을 저하시키면서 생산과 소득 수준을 확대 또는 유지하려 했다. 가구당 토지 면적과 생산성이 하락하자 농업 노동력 중 주로 여성 노동력이 수공업 쪽으로 투입되는 경향이 나타났다. 즉, 농민들은 "이전에 농업에 투입했던, 그리고 가능하다면 계속 농업에 투입하고 싶었던 노동력을 가내 수공업으로 돌리고 있었다. 가구의 소비 수준을 유지하려면 어쩔 수 없었기 때문이다. 기존의 농업 노동력에 비해 수공업에 투입된 노동력의 생산성이 낮아졌는데도 말이다." 일례로 양쯔강 삼각주의 벼농사는 방직업보다 생산성이 2.5배 높았다. 19세기 들어 중국은 인구 증가, 노동 집약화, 환경 위기(예컨대 삼림 파괴 같은)라는 악순환에 빠졌다. 반면 영국에서는 모든 주요 계급(지주, 자본가, 노동자)의 경제주체들이 시장에 의존했고, 그런 시장 의존성에서 비롯한 경쟁 압력 때문에 이들은 특화와 생산성 개선을 위해 협력할 수밖에 없었다. 이 덕분에 영국 경제는 농업혁명과 산업혁명 전보다 훨씬 많은 인구를 훨씬 높은 생활수준으로 부양할 수 있었다.[45]

브레너와 아이셋의 포머런츠 비판이 제기하는 복잡한 이론적·역사적 물음들에 제대로 답하는 것은 내 능력을 벗어나는 일이다. 그러나 브레너와 아이셋의 비판은 청대 중국의 경제주체들의 행동 전략을 결정한 공납적·봉건적 재생산 법칙의 구체적 특성을 바탕으로 엘빈이 말한 "고수준 균형 상태의 함정"을 설명할 수 있다는 장점이 있다. 이는 포머런츠가 말한 "대격차"를 명백히 마르크스주의적으로 설명하는 것이며, 이 장의 주제 가운데 하나인 자본주의의 특수성을 강조하는 것이 왜 필요한지를 말해 준다. 바로 이 지점에서 우리는 (마침내) '현대의 제국주의는 어떤 점에서 다른가'라는, 자본주의의 특수성과 연결된 문제와 마주하게 된다. 이와 관련해서는 대격차에 관한 아리기(다른 세계체제론자들보다 역사적 구체성에 더 관심을 갖는)의 설명이 다양한 경제적 구조 간의 차이 못지않게 지정학적 구조의 차이도 함께 고려하기 때문에 유익하다. 앞서 살펴봤듯이 아리기는 동아시아의 국가 체제를 유럽의 국가 체제와 대비한다. 전자에서는 "권력 투쟁이 갈수록 내향화한 덕분에 '무한한' 영토 확장 경향이 결여된 정치적·경제적 힘들의 조합이 나타났"던 반면 "외향적인 유럽식 경로"에서는 지정학적·경제적 경쟁 때문에 국가들이 다른 대륙으로 세를 확장함으로써 라이벌들을 제압하려 했다는 것이다.[46] 이 차이를 설명하려면 다시 한 번 자본주의 생산관계와 전자본주의 생산관계의 차이를 살펴봐야 한다.

3.3 자본주의 권력의 원천

크리스 위컴이 말한 의미의 봉건적 생산관계, 즉 소농들에게서 주로 "강압적인 지대 수취"라는 형태의 경제 외적 강제를 통해 잉여노동을 추출하는 생산관계는 비교적 드문 경우에만 자본주의 이전의 지배적인 경체체제였다. 그러나 위컴의 지적처럼 "중세와 탈중세 시대의 서구는 봉건제가 **지배적**이었던 몇 안 되는 사회 중 하나였다".[47] 기 부아 같은 일부 중세 사학자들은 봉건제라는 이 역사적으로 독특한 현상이 대략 서기 1000년에 등장했다고 주장한다. 이때의 "봉건 혁명"으로 말미암아, 로마제국을 계승한 로마·게르만 국가들과 카롤링거 제국이 보존하려 했던 제국적 정치 구조가 결정적으로 해체됐고, 노예제 생산양식이 경제적으로 주변화한 뒤에도 오랫동안 사회관계에 영향을 준 노예제라는 법률 형태도 종말을 고했다는 것이다. 고대 후기의 이 폐허 위에서 새로운 생산관계가 자라났다. 이 생산관계에서는 분산된 영지 단위로 경제·정치 권력이 융합돼 있었고, 생산과정을 상당히 통제하는 소농들한테서 영주들이 지대를 가져갔다.[48]

고대에서 봉건제로의 이행이 '혁명'이라고 할 만한 집중적이고 신속한 형태로 일어났는지, 아니면 더 길게 늘어진 과정이었는지는 논의의 목적상 중요하지 않다. 그보다는 이행에 수반된 지정학적 구조 변화가 더 중요하다. 공납적 생산관계는 비록 다양한 맥락에서 존재할 수 있지만 그것의 역사적으로 가장 중요한 구실은 전근대의 대제국들이 존재할 수 있는 사회적·경제적 토대를 제공했다는 데 있다. 제국의 한 가지 두드러진 특징은 **중심성**이다. 즉, 권력은 황실을 중심으로 사방으로 뻗어 나가고 자원은 지방에서 중심으로(또는 전선의 군대로) 유입되는 경향이 있다. 또한 제국의 국경선도 대개 뚜렷하지 않고 흐릿하다. 이는 마이클 만이 "하부구조적 권력"이라고 부른 것, 즉 "사회를 실질적으로 관통하고 정치적 결정을 실무적으로 관철시킬 수 있는" 전근대 국가의 능력이 수도로부터 어느 정도 이상 거리가 멀어지면 급격히 하락하는 경향이 있었음을 반영한다. 그 때문에 제국 정부는 변방의 소수 특권층과 타협점을 찾거나 심지어 (중국의 역대 왕조들이 그랬듯이) 황실로 유입될 공물의 일부를 변방의 유목민 세력들에게 양보해야 했던 것이다.[49] 그렇다 해서 제국들이 결코 서로 접촉하거나 싸울 수 없다는 말은 아니다. 로마는 메소포타미아와 이란을 지배한 아르사크(파르티아), 사산(페르시아) 왕조와 오랜 전쟁을 벌였고 어떤 점에서는 근대 초에 오스만제국과 사파비 왕조도 이 갈등을 물려받았다고 할 수 있다. 유럽 제국들이 상호 경쟁과 갈등 속에서 형성된 것은 두말할 것도 없다. 그러나 제국이라는 정치적 형태 자체에는 그런 갈등의 내재적 필연성이 전혀 없으며, 오히려 그런 갈등의 존재는 제국이 지배하는 '세계'(예컨대 로마제국에서는 지중해 지역과 그 서쪽을 포괄하는 '오이쿠메네'*)에는 평화가 보장된다는, 제국 지배자들이 공통으로 내세웠던 대의명분에 해로웠다.

이와 대조적으로 서기 1000년 이후 유럽에서 대세가 된 봉건제의 정치 구조는 본질적으로 분열된 구조였다. 이는 중세사를 그토록 난해하게 만드는 중첩적 관할권 때문이라기보다는 영주와 그 가신들이 특정 영토에 대해 향유하는 특정한 '정치적으로 형성된 재산'을 근거로 농민들에게서 강압적으로 지대를 수취하는 생산관계 때문이다. 봉건적 생산 양식이 우세한 곳에서 이 같은 정치적 분열이 심화하거나 완화되는 것이 순전히 우연일까? 브레너는 아니라고 답한다.

전자본주의 소유관계에서는 생산수단에 대한 투자 효과(달리 말하면 생산수단의 생산 효율성)를 높이기가 어려웠다. 그런 상황에서 영주들은 농민들 또는 착취자 계급의 다른 성원들에게서 부와 소득을 뺏어 오는 것 외에는 자신들의 소득을 높일 방법이 딱히 없다는 것을 깨닫게 됐다. 그래서 영주들은 군사 장비와 병력에 투자하는 등 **강압 수단**을 구축하는 데 자원을 동원해야 했다. 일반적으로 말해 그들은 정치·군사 기구에 투자해야 했다. 더욱이 똑같은 짓을 하는 다른 영주들에 맞서 우위를 확보하려면 군사적 투자를 극대화하는 동시에, 그런 투자의 효율성도 극대화해야 했을 것이다. 그들은 지속적이고 체계적으로 전쟁 수행 방법을 개선하려고 노력

---

* 세계라는 뜻의 그리스어.

해야 했을 것이다. 실로 이들의 **정치적 축적 추구** 또는 **국가 건설 추구**는
자본축적 추구의 전자본주의적 유사물이라 할 수 있다.[50]

그러나 영주들에게는 자기 농민을 더 세게 쥐어짜거나 다른 영주의
농민을 빼앗는 것 외에도 한 가지 대안이 더 있었다. 서구 기독교 세계
변방의 '야만족' 또는 '이교도' 지역으로 세력을 확장하면서 봉건적 관계
를 수출하고 더 많은 직접생산자들을 복속시키고 착취하는 것이었다.
서기 1000~1300년 사이 중세 경제의 발전을 가져온 한 가지 핵심 요소
였던 경작지 면적의 확대는 토지에 굶주린 기사들과 영주들의 군사 정
복과 식민화에 힘입은 것이었다. 서쪽으로는 잉글랜드와 아일랜드가, 북
동쪽으로는 엘베강 너머의 슬라브족 땅이, 남서쪽으로는 이슬람권의 스
페인과 나폴리·시칠리아가, 남동쪽으로는 그리스·시리아·팔레스타인이
이렇게 정복됐다.[51] 그렇지만 브레너의 기본적 논지는 옳다. 곧, 봉건적
사회관계가 생산력 발전에 부과한 한계 때문에 영주들에게는 영토 확장
과 국가 건설에서 군사적 논리를 추구해야 할 강력한 동기가 있었던 것
이다. 그러던 중 14·15세기에 기술적 정체와 인구 증가의 치명적 결합
이 맬서스식 생존 위기를 촉발하자 지배계급 내의 전쟁이 극심해졌고,
기 부아가 중세 후기 노르망디 역사를 다룬 대작에서 보여 주듯이 특히
백년전쟁(1337~1453년)에서 그 파괴성이 가히 재앙적인 수준에 이르렀
다.[52] 부아와 브레너 모두 이 같은 봉건적 "정치적 축적" 과정을 통해 중
앙집권적 군주 국가들, 즉 절대왕정 국가들이 발전했다는 데 동의한다.
굳이 제후들(국왕보다 더 많은 자원을 보유할 수도 있는)을 견제하려 애
쓰지 않고도 잉여를 추출할 수 있었던 이 절대왕정의 지배자들은 직업
관료제와 상비군을 도입하는 실험을 하기 시작했다.

브레너는 프랑스에서 절대왕정이 형성된 것이, 부아가 기록한 중세 후기와 근대 초(1300~1600년)의 봉건 부담금 징수율 하락에 대한 대응이었다고 한다. 브레너는 또한 봉건 부담금 징수율이 하락한 것은 프랑스 농민들이 영국과 엘베강 동쪽의 농민들과 달리 토지의 많은 부분을 자기 소유로 만드는 데 성공했기 때문이라고 주장한다.

농민에게서 더 효과적으로 잉여를 추출하는 체계를 갖추려면 지배계급이 더 촘촘하고 효과적인 정치 연합을, 즉 더 강력한 '국가'를 구축할 필요가 있었다. 이는 주로 국왕의 가신들에게 이로운 방향으로 "정치 영역의 사유재산"을 재편해서 달성됐다. 역설이지만, 이 때문에 국왕은 (재구성된) 지배계급(전부는 아니지만 상당 부분이 관직에 진출한)에게 또다시 궁극적으로 의존하게 됐다.[53]

이 주장을 굳이 반박까지는 하지 않더라도 이 주장은 브레너 자신이 자본주의 위기론을 다루면서 언급한 지배계급 내의 갈등이라는 "수평적" 측면으로 보완돼야 한다는 것을 금세 알 수 있다(1장 1절 참조). 실제로 정치적 축적에 관한 브레너 자신의 설명을 보더라도 중세 후기와 근대 초 유럽에서 일어난 사법적·군사적 권력의 집중화는 영주와 농민 간의 "수직적" 투쟁뿐 아니라 영주들 간의 영토 싸움도 수반하는 것이었다. 찰스 틸리는 이 중 후자가 "살벌한 경쟁이었고, 대다수 경쟁자들이 사라졌다"고 묘사한다. "1500년에 유럽에는 약 500개의 비교적 독립적인 단위들이 존재했지만 1900년의 유럽에는 약 25개가 존재했다."[54] 만은 근대 초 유럽의 국가 재정을 연구한 결과 19세기까지 국가 기능을 지배한 것은 전쟁이었다고 결론 내린다. "생존하길 원하는 국가는 주어진

영토 내에서 잉여 추출 능력을 증대시켜 징집군 또는 직업 군대를 양성해야 했다. 그렇지 못한 국가들은 전장에서 분쇄되고 다른 국가에 흡수됐다."[55]

결코 단수로 쪼갤 수 없는 복수의 국가 건설 및 확장이라는 이 다윈식[즉, 진화] 과정이 유럽의 자본주의 발전과 어떻게 교차했느냐는 것은 매우 광범한 문제다. 공납제와 마찬가지로 봉건적 생산관계도 폭넓은 상품 교환과 양립할 수 있다. 위컴은 귀족의 수요를 충족시키기 위한 시장 경제의 발전이 서기 800년까지 거슬러 올라간다고 주장한다.[56] 심지어 크리스 하먼은 1300년 이후 발전한 구조적 위기에도 불구하고 중세 후기에 "시장 봉건제가 탄생"했다고까지 한다. 곧,

거의 자급자족적인 영지 단위의 생산 체제로 사회가 회귀하기에는 농촌 인구 일부가, 특히 영주들이 도시에서 생산된 재화에 너무 크게 의존하게 됐다. 재화에 대한 그들의 수요가 커질수록 화폐에 대한 수요도 커졌고, 화폐를 확보하려면 농업 생산물의 점점 많은 부분을 판매하는 수밖에 없었다. 시장 네트워크들이 농촌을 계속 파고들면서 농촌 마을과 가구들을 도시의 상인들과 연결지었다.[57]

이렇게 보면 정치적 분열이 내재적 특징인 봉건적 생산관계 하에서 이탈리아 중부에서 발트해 연안까지 여러 도시에 각별히 밀집된 상인자본주의의 근거지들이 형성된 것도 무리가 아니다.[58] 더욱이, 공산품 수요 증가는 일부 경제사학자들이 "원조 산업화(proto-industrialization)"라고 부른 것을 촉진했다. '원조 산업화'란 '선대제'(상인들이 가내수공업자들에게 원료와 신용을 제공하고 최종생산물을 가져가는 제도)를 바

탕으로 공업이 도시 길드의 제약을 우회해서 농촌으로 확산된 것을 말한다.[59] 그러나 이 장의 앞 절에서 집중적으로 살펴본 것과 같은 이유로, 원조 산업화 덕분에 꼭 상당수의 경제주체가 자본주의 생산관계에 포섭됐다고 볼 수는 없다. 농가들이 가내수공업으로 전환한 것은 소득을 유지하려고 노동강도를 높인 셈인데, 그 과정에서 오히려 생산성이 하락했을 수도 있기 때문이다. 더욱이 중세 후기 유럽에서 아무리 상인자본주의가 발달했다 해도 그것이 중국, 인도, 그리고 이슬람 세계에서 존재했던 상인자본주의보다 질적으로 우월해 보이지는 않는다. 진정 세계사의 틀을 바꾼 최초의 자본주의 국가들이 등장한 것은 두 가지 요인이 상호작용한 결과인 듯하다. 하나는 특히 북부 네덜란드와 영국에서 자본주의 경제 관계들이 우세해지게 만든, 유럽 내부의 상황 전개였다. 다른 하나는 유럽 국가들과 민간 모험사업가들이 지정학적 갈등에서 살아남으려고, 또는 상업적 야심 때문에 유럽 바깥으로 뻗어나간 것이다.

외부 세계를 본격적으로 침범한 최초의 유럽 국가는 비교적 약소국이었던 포르투갈로, 첫 동기는 북아프리카의 이슬람 국가들에 맞선 십자군 전쟁 야욕과 서아프리카의 황금에 대한 욕심이었다. 그런데 포르투갈이 16세기 초에 인도양 무역을 통제 할 수 있게 되고 브라질에서 플랜테이션 경제의 기초를 다지는 등 엄청난 성공을 거뒀다고 해서 유럽에서 포르투갈의 입지가 강화되지는 않았다. 오히려 포르투갈이 더 강력한 포식자들, 특히 네덜란드의 표적이 되는 결과를 낳았다.[60] 신대륙 정복이 반드시 유럽의 사회적·경제적 관계를 바꾼 것도 아니었다. 신대륙 정복을 통해 처음에 가장 큰 이득을 본 합스부르크 왕가 치하의 스페인은 자국 하수인들이 무너뜨린 아즈텍·잉카 제국의 공납적 제국 구조를 고스란히 물려받았다. 스페인 정복자들이 가져온 학살과 전염병 속에서도 살아남은 적지 않은 수의 원주민들은 '엔코미엔다' 제도 하에서 정착민들에게 노예로 할당됐다. 그와 거의 동시인 1540년대 중반에 안데스 고원과 멕시코 북부에서 발견된 방대한 은이 합스부르크 절대왕정의 권력을 더한층 강화시켰다. 세비야 항구로 매년 들어오는 보물선 선단 덕분에 카를로스 5세, 펠리페 2세 및 그 후계자들은 유럽 맹주의 꿈을 좇을 수 있었다. 이에 비해 영국이 북미에서 세력을 확장한 과정은 훨씬 덜 중앙집권적이었고 (부분적으로는 정착민들이 북미 원주민들의 노동을 착취하고자 하지 않고 그들의 땅을 뺏으려 했기 때문에) 인종 청소의 성격이 훨씬 더 강했다. 그러나 J H 엘리엇은 신대륙에서 스페인과 영국이 보인 행태를 비교한 탁월한 연구서에서 다음과 같은 가정을 한다.

> 만약 헨리 7세가 콜럼버스의 첫 항해를 후원했다면, 그리고 만약 영국 남서부 부대(West Coutrymen)의 파견대가 헨리 8세를 위해 멕시코를 정복했다면 역사가 다음과 같이 전개됐으리라고 봐도 결코 비현실적이지 않을 것이다. 아메리카 대륙으로부터 갈수록 많은 양의 은이 국고로 들어옴에 따라 영국 왕실의 부가 어마어마하게 증가하고, 신대륙의 자원을 짜내기 위한 일관된 제국 전략이 개발되고, 신대륙 정착민들과 그들에게 정복된 원주민들을 통치하기 위한 제국 관료제가 구축되고, 국내 문제에서 의회의 영향력이 줄어들고, 아메리카의 은을 돈줄로 삼는 영국 절대왕정이 확립됐을 것이다.[61]

그러나 정말로 자본주의적인 방식으로 유럽 외부로 뻗어나간 국가는 합스부르크 스페인에 대항한 독립 전쟁(1568~1609년) 과정에서 등장한 네덜란드 공화국이었다. 마르크스주의 역사가들은 때때로 네덜란드 공화국을 폄하한다. 가령 엘런 우드는 네덜란드를 "비자본주의적 상업 제국주의"의 한 사례로 취급한다.[62] 이는 훨씬 전에 네덜란드를 "'봉건적 상업' 경제, 즉 거의 국가 규모로 확대된 피렌체, 안트베르펜, 아우크스부르크"로 묘사한 에릭 홉스봄의 견해와 크게 다르지 않다.[63] 그러나 역사를 면밀히 검증해 보면 이런 주장은 허물어지고 만다. 우선 네덜란드 공화국 다른 도시국가와 똑같이 취급하는 것은 네덜란드가 구축한 상업 제국의 크기를 간과하는 것이다. 조너선 이스라엘의 지적처럼, "1780년 이후의 영국을 제외하면 역사상 어떤 국가도 네덜란드만큼 세계무역 과정을 압도적으로 지배한, 그것도 16세기 말부터 18세기 초까지 한 세기 반 동안이나 지배한 경우는 없었다." 17세기 중엽에 이르러서는 네덜란드의 상인 엘리트들이 발트해와 지중해 및 대서양의 주요 무역 세력이 됐다. 이들은 또한 네덜란드 동인도회사(VOC)를 통해 인도양과 인도네시아 군도에서 포르투갈 세력을 대부분 몰아내는 데 성공했다. 이스라엘의 표현을 다시 빌리면, "모든 대륙의 시장들을 단지 연결시키는 데 그치지 않고 지배하기까지 한 본격적인 세계무역 허브가 탄생한 것은 인류사에서 완전히 새로운 현상이었다. 역사상 한 곳에 그처럼 엄청나게 경제력이 집중된 현상은 일찍이 없었고, 어쩌면 그 뒤로도 없었을지 모른다."[64]

이스라엘은 네덜란드가 세계무역을 지배할 수 있었던 핵심 이유는 아메리카와 아시아에서 주로 수입된 은, 설탕, 향신료, 비단, 그리고 (17세기 말부터는) 직물 등 알짜 상품의 교역을 지배했기 때문이라고 한다. 근대 초 유럽 경제의 성장은 아시아에서 수입된 희귀 품목(처음에는 향신료, 나중에는 공산품)에 대한 수요를 창출했다. 이런 제품들이야말로 장거리 무역으로 상당한 이윤을 챙길 수 있는 품목들이었다. 따라서 아시아에 진출한 유럽 무역 회사들은(처음에는 VOC가, 그러나 머지않아 영국 동인도회사도) 이런 제품의 공급과 가격을 마음대로 조종하려고 아시아의 무역 네트워크를 통제(향신료의 경우 생산까지 통제)할 필요가 있었고, 이를 위해 필요하다면 군사력의 도움도 받았다. 반면 유럽에는 아시아 문명권의 고도로 발달한 시장에서 인기를 끌 만한 상품이 딱히 없었다. 그 때문에 인도와 중국의 재화를 구매할 수 있는 화폐로서 스페인의 은이 그토록 중요했던 것이다. 네덜란드 상인들이 네덜란드의 경쟁국이자 옛 종주국인 합스부르크 스페인이나 아메리카의 스페인 식민지들과 무역을 했던 것도 그 때문이다. 그런데 스페인과 무역을 하려면 또한 고급 원단 제조업(네덜란드 독립 전쟁 중에 고급 원단 생산업자들은 네덜란드 남부에서 북부로 대거 이주했다) 같은 각종 공업이 발전해야 했고, 그 밖에 여러 활동(예컨대 네덜란드 선박들이 주름잡은 지중해와 아시아의 해운업)을 통해 화폐를 축적해야 했다.[65]

네덜란드가 이런 성과를 달성할 수 있었던 것은 북부 네덜란드에서 생산성이 향상되는 경향을 띤 자본주의 경제가 등장한 덕분이었다. 얀 더프리스와 아트 판데르바우데가 네덜란드 공화국의 경제사를 다룬 대작에서 썼듯이, "북부 네덜란드의 경제력은 광범한 생산성에 바탕을 두고 있었다. 높은 생산성 덕분에 많은 도시의 다양한 경제 활동이 수익성이 있었고, 특히 농촌과 소도시에서도 그랬다." 일단 농업 생산성이 높았다. 16세기 초에서 18세기 말까지 인구는 갑절로 증가했는데 농업 생산은 세 배 증가했다. 선진적이고 다변화한 해운업도 마찬가지였다. 15세기에 개발된 네덜란드 청어잡이 어선은 "진정한 바다 위의 공장"이라 할 만했다. 이보다 더 폭넓은 공업 기반도 갖춰졌다. 17세기 초에는 임금 소득자들이 "거대한 소수"였고 노동시장에는 "맬서스 법칙이 작용한 흔적이 전혀 안 보였다." "오히려 임금 관련 자료들을 보면 증거들은 [17세기 중엽까지 — 캘리니코스] 활발한 투자로 말미암아 고용 기회가 확대되고 생산성이 증가했음을 알 수 있다."[66] 브레너도 이와 비슷한 주장을 한다.

근대 초에 등장한 네덜란드 경제는 이렇듯 온전한 자본주의 경제였던 듯하다. 경제 외적 강제에 의한 지배계급의 잉여 추출 체계라는 굴레도 없었다. … 더군다나 생산자들은, 특히 농업 생산자들은 전적으로 시장에 의존적이었고 생존을 위한 생산 경쟁에 종속돼 있었기 때문에 전문화를 통해 비용을 최소화하고, 시장 신호에 따라 생산 품목을 바꾸고, 최신 기술을 도입하는 것 외에 선택의 여지가 없었다. 높은 수준의 투자 덕분에 자본 대 노동의 비율이 높아졌고 생산성이 급증했으며 결국 1인당 소득도 높아졌다.[67]

이 그림에 마지막으로 추가해야 할 요소는 도시 상인 엘리트들의 연합체라는 "네덜란드 국가의 특수한 형태"(이스라엘의 표현)다. "네덜란드 공화국이 비대하고 굼뜨다는 온갖 혹평이 있었지만 17세기 프랑스나 스웨덴, 또는 1688년 이전의 영국에 비하면 유난히 강력하고 효율적인 국가였다." 더 구체적으로 보자면,

네덜란드는 전례 없이 넓은 지역에 분포한 산업 기반을 토대로 세계무역에서 우위를 구축했다. 해운업, 어업, 그 밖의 산업 자원은 대부분 암스테르담 바깥에 기반을 두고 있었으며, 비록 연안 지역에 좀 더 쏠리기는 했지만 전국 각지에 분포해 있었다. 베네치아, 안트베르펜, 제노바 등 전에 헤게모니를 쥐고 있었던 도시들과 사뭇 다른 암스테르담은 네덜란드의 이 독특한 여건에서 여러 소(小)도시들로 구성된 거대한 클러스터의 허브일 뿐이었다.

이들 각각의 번성하는 소도시들은 네덜란드의 해외 시장 개척 과정에 직접 동참했다. 네덜란드 국가의 연방적 구조는 (네덜란드라는 거대한 수출입항의 구성 부분들인) 여러 도시와 수로, 외항(外港)들을 하나로 연결시켜서 지속적인 정치·경제적 협력을 위한 틀을 제공했다.[68]

그러나 이토록 강력했던 네덜란드 공화국의 정치적·경제적 위상도 17세기 말과 18세기 초에 유럽 전역으로 확산된 중상주의 정책에 의해 서서히 잠식됐다. 이를 계기로 네덜란드 경제는 암스테르담의 고도로 발달한 자본시장을 중심으로, 그리고 국제무역에서 좀 더 수동적으로 창고 구실을 하는데 주력하는 방향으로 재편됐다. 네덜란드에 맞선 가장 강력한 도전자들은 영국과 프랑스로, 두 나라 모두 17세기 후반에 네덜란드를 상대로 무역 제재를 가했고 몇 차례 전쟁도 치렀다. 부르봉 왕가가 지배한 프랑스 절대왕정은 비록 근본적으로는 봉건적인 사회정치 형태였지만 스페인의 합스부르크 절대왕정과 달리 자국 산업을 의식적으로 육성하려 했고, 그래서 프랑스에서는 상당 수준의 자본주의 발전이 가능했다(18세기 중 프랑스의 해외 무역은 영국보다 빨리 성장했고 산업 생산량은 영국과 동등했다[69]). 루이 14세의 재무장관 콜베르는 1660년대에 네덜란드 출신의 고급 원단 직조공들을 프랑스로 유인해서 섬유 산업을 육성했고, 이렇게 성장한 프랑스 섬유 산업은 9년 전쟁(1689~97년) 중에 프랑스 해군력의 도움을 받아 네덜란드 세력을 핵심 시장인 오스만제국에서 몰아냈다.[70] 그러나 결국 우월성이 입증된 쪽은 영국에서 발전하고 있었던 자본주의적 농업·공업 경제였다. 1640년대의 영국혁명이 가져온 가장 중요한 결과(1688년 명예혁명으로 공고해진)는 네덜란드 공화국보다 더 중앙집권적이면서도 자본주의 발전을 더욱 촉진한 새로운 형태의 국가가 수립된 것이었다.

크리스토퍼 힐은 1640년과 1688년 혁명으로 달라진 영국 국가의 성격을 다음과 같이 요약한다.

따라서 영국혁명은 그 누구도 의도하지 않은, 어쩌다 일어난 사건이었다. 그러나 영국혁명의 결과를 보면, 그러니까 양쪽 진영 모두에 있었던 이상주의자들, 즉 의식적인 의지로 움직인 사람들이 패배한 뒤에 일어난 일을 살펴보면, 이때 등장한 국가는 봉건적 토지 보유와 성실(星室)법정*, 특설 고등법원**, 후견법원*** 등 자본주의 발전을 가장 저해했던 행정기관들이 철폐된 국가였다. 행정부는 유산계급에게 종속됐고 사법부에 대한 통제권을 박탈당했지만 강력한 해군과 항해조례 덕분에 대외 관계에서는 힘이 커졌다. 지방정부는 가장 적격인 통치자들[즉, 젠트리 ― 캘리니코스]의 손에 값싸게 쥐어졌고, 사회 하층부에 규율을 부과한 교회는 의회에 확실히 종속돼 있었다.[71]

힐의 표현대로 "대외 관계에 강하고 국내에서는 약한" 이 새로운 국가 형태의 중요성은 힐이 브로델을 비판하는 대목에서 분명히 드러난다.[72] 힐은 네덜란드 다음으로 17~18세기에 세계경제를 지배한 것이 (루이 14세와 콜베르의 노력에도 불구하고) 프랑스가 아니라 영국이었던 이유를 브로델이 제대로 설명하지 못한다고 비판하면서, 그 이유는 브로델이 "암스테르담의 헤게모니가 확립되고 그것이 런던의 헤게모니로 대체

---

*   14세기 이후 영국 런던의 웨스트민스터 궁전의 성실에서 열리던 특별 재판소.

**   영국의 종교재판소.

*** 봉건적 조세 체계를 관장하던 법원.

되는 과정에서 정치가 수행한 구실을 과소평가하기 때문"이라고 지적한다. 더 구체적으로 보면, "상비군과 상설 관료제를 갖춘 절대왕정은 나름의 군사적 목적 때문에 간혹 무역과 산업 발전을 장려하기도 했지만 어쨌든 무역과 산업을 통제할 힘이 있었다. 반면 네덜란드와 영국의 더 느슨하고 자유로운 국가들에서는 자본주의적 이해관계가 상시적으로 우위에 놓였다." 즉, 프랑스는 실패했지만 네덜란드와 영국은 성공할 수 있었던 결정적 요인은 혁명으로 탄생한 초기 자본주의 국가와 절대왕정이라는 "두 종류의 국가 사이에 존재한 차이"였던 것이다.[73]

혁명 이후의 영국 국가가 얼마나 무서운 힘을 지녔는지는 18세기에 영국이 세계경제에서 지배적 위치를 확보하려고 군비 지출을 대대적으로 늘릴 수 있었던 데서도 드러난다. 영국 국가의 실질 지출은 1700년에서 1815년 사이에 15배 증가했는데, 이 중 대내 지출은 총 지출의 23퍼센트를 한 번도 넘지 않았다.[74] 바로 이 같은 군비 지출 확대 덕분에 영국은 1689년부터 1815년까지 프랑스를 상대로 치른 여러 차례의 전쟁에서 승리했고, 결국 북미와 인도에서 프랑스 세력을 몰아냈다. 또한 네덜란드에 이어 영국이 스페인과 포르투갈 식민지들(네덜란드 동인도회사의 식민지도 포함해서)을 마음대로 침탈하고 빼앗아 갈 수 있게 된 것도 군비 지출 확대 덕분이었다. 혁명 이후 영국 국가의 잉여 추출 능력 덕분에 영국 국가는, 브랜던 심스의 표현에 따르면, 이미 1714년에도 "당대의 가장 선진적인 국가 안보 기구"였다. 18세기 중 영국의 세금 부담은 프랑스보다 높았을 뿐 아니라 꾸준히 증가해서, 그것이 정점에 도달했던 나폴레옹 전쟁 중에는 물리적 생산량의 35퍼센트에 이르렀다.[75]

이것은 자본주의 농업을 근간으로 하고 공업과 금융, 식민지에 이권이 걸려 있었던 영국 토지 귀족들이 영국의 세계적 헤게모니 구축에 필요한 자원을 헌납할 용의가 있었기 때문에 가능했다. 존 브루어는 18세기 영국의 "재정-군사 국가"의 등장을 다룬 명저에서 영국의 국가 재정이 비록 지주들에게도 토지세를 부과하는 획일적 조세 체계에 기반하고 있었지만, 1713년 이후에는 다양한 생필품에 소비세가 부과되는 등 세금 기반이 직접세에서 간접세로 상당히 전환됐음을 보여 준 바 있다. (네덜란드에서 수입된 제도인) 소비세를 징수해 얻은 수입은 18세기 영국 상업 경제의 거대한 팽창을 반영했다. 이 세금을 관리할 필요성 때문에 소비세위원회는 1780년대에 이르러 5000명의 인원을 거느리고 고급 수학 기법을 활용하며 막강한 사회 감시 권력을 행사하는 전문적이고 규율 있는 관료제 기구로 발전했다.[76] 영국은행과 '국채' 제도가 1690년대에 확립되자 영국은 차입(특히 네덜란드에서)을 통해서도 예산을 조달할 수 있게 됐다.[77]

이처럼 대외 팽창을 위한 자원을 확보하는 데서 영국 국가가 보여 준 능력은 영국의 역동적인 경제적 토대와 그 계급적 성격을 반영했다. 반면 대륙의 절대왕정들은 고질적으로 자금 조달에 애를 먹었다. 낮은 생산성과 높은 인구 성장률 때문에 확보할 수 있는 자원에 한계가 있었던 것이다. 또한 대륙에서는 절대주의 국가에 통합된 토지 귀족들이 상당한 세금 면제 혜택을 누렸고, 따라서 농민들이 세금 부담을 대부분 짊어졌다. 지주들은 세제 개혁의 주된 장애물이었다. 게이브리얼 아던트의 표현처럼, "귀족들은 행정부 인원의 일부가 됐고 군 간부들 가운데서는 숫자가 가장 많았으며 하나같이 질서 유지에 이해관계가 있었던 지주들로서 모든 지역에 촘촘히 포진해 있었기 때문에 귀족들의 지지가 없으면 곤란했다."[78] 즉, 절대주의 국가는 강압적 잉여노동 추출에 의존하던 지주 계급에 뿌리를 두고 있었고, 절대주의 국가의 이처럼 근본적으로 봉건적인 성격 때문에 개혁에는 한계가 있었다. 익히 알려진 대로, 프랑스

대혁명을 촉발한 한 가지 계기는 부르봉 왕가의 조세개혁 시도(이는 아이러니이게도 미국 독립혁명에 대한 프랑스의 성공적 개입이 초래한 재정 위기에 대한 대응이었다)였다.

그렇다면 근대 초 유럽에서는 지정학적 경쟁의 성격 변화가 나타났다고 볼 수 있다. 처음에는 정치적 축적의 과정(중세 후기 봉건제의 위기로 말미암아 세력 확장을 추구하도록 내몰린 소수 특권 지배층 간의 영토·왕권 경쟁)으로서 시작된 것이, 네덜란드와 영국에서 자본주의 국가라는 새로운 행위자들이 등장함에 따라 그 양상이 현격하게 달라진 것이다. 이들 국가의 탄생으로 이어진 과정은 국내의 정치적·사회적·이데올로기적 변수들에 크게 영향을 받았다. 비록 합스부르크 스페인에 맞선 반란이 네덜란드 공화국의 탄생에 계기를 제공하기는 했지만 말이다(또한 영국혁명 직전에 의회가 제기한 주된 불만 가운데 하나는 스튜어트 왕가가 오랜 앙숙인 스페인에 맞서 제대로 싸우지 못했다는 것이었다). 그러나 네덜란드 혁명과 영국혁명으로 탄생한 새로운 형태의 국가는 대외적 확장을 촉진했고, 그 결과 네덜란드와 영국은 서로 충돌할 수밖에 없었다. 찰스 1세가 처형되고 영연방이 선포된 지 얼마 안 돼 영국은 또 다른 신교 공화국인 네덜란드의 무역 지배권을 빼앗으려고 1651년 항해조례을 제정했고, 이것이 1차 영국-네덜란드 전쟁을 촉발했다.[79]

그러나 더 중요하기로는 이들 국가의 자본주의적 경제 토대가 절대왕정들에 맞선 지정학적 경쟁에서 우위의 요소로 작용했다. 심스의 표현처럼, 18세기 중엽에 이르자 "영국의 해외 지배력은 유럽의 세력 균형을 지키는 핵심 축으로 여겨졌다." "식민지 확장은 그 자체가 목적이 아니라 유럽에서의 패권 추구에 필요한 자원을 확보하기 위한 수단이거나 경쟁자들이 그런 자원을 차지하지 못하게 하기 위한 수단이었다."[80] 프랑스의 부르봉 왕가는 영국과의 세계적 경쟁 압력을 견디다 못해 결국 안에서부터 무너졌다. 이 같은 갈등을 통해 다져진 유럽의 군사적 기술 우위는 결국 아시아의 공납제 제국들을 정복하거나 침투하는 데도 도움이 됐다. 그뿐 아니라 대외 확장 과정은 이런저런 방식으로 국내의 자본주의 발전을 촉진하기도 했다. 전쟁 수행에 따르는 재정적 압력이 어떻게 영국 국가의 관료화와 합리화를 촉진했는지는 앞서 살펴본 바 있다. 윌리엄 맥닐은 혁명기와 나폴레옹 치하의 프랑스를 상대로 영국이 치른 1793~1815년의 전쟁 중에 매우 높게 치솟은 군비 지출이 산업혁명의 중대한 국면에서 직간접으로 수요를 진작했고 육군과 해군의 군수품 수요가 특히 제철 산업에 큰 영향을 끼쳤다고 지적한다.

그러므로 1793~1815년에 영국 공장과 대장간에서 생산된 제품들은 절대적인 물량 면에서나 품목의 다양성 면에서나 정부의 전쟁 지출에 크나큰 영향을 받았다. 정부 수요는 특히 제철 산업이 일찍부터 발달하는 계기가 됐는데, 1816~20년의 전후 불황에서 볼 수 있듯이 그렇게 해서 발전한 영국 제철 산업의 생산능력은 평시 수요를 뛰어넘었다. 정부 수요는 또한 대형화한 신형 용광로로 철을 값싸게 생산할 수 있게 된 영국 대장장이들에게 철을 활용할 수 있는 새로운 분야를 개척하도록 엄청난 인센티브를 제공해서 제철 산업이 계속 성장할 수 있는 조건을 마련했다. 이렇듯 영국 경제에 대한 군사적 요구는 증기기관의 개량을 가능케 하는 등 산업혁명의 후속 단계에도 영향을 줬다. 철도와 철제 선박 같은 필수적 혁신을 가능케 한 여건도 전시의 철 증산 압력을 빼놓고는 생각할 수 없다. … 당시에는 반쯤만 인식되거나 의도된 일이었지만, 시장에 대한 정부의 대대적 개입은 영국에서 산업혁명을 가속시키고 그 경로를 결정짓는 효과가 있었다.[81]

마지막으로, 그토록 많은 피와 예산이 소모된 식민지 정복의 경제적 비용과 혜택이 무엇이었는가라는 대단히 논쟁적인 쟁점이 있다. 나는 특히 중요한 식민지였던 인도의 사례를 4장 2절과 3절에서 다룰 것이다. 당시 인도 외에 또 다른 핵심 전리품으로 여겨졌던 것은 카리브해의 플랜테이션 경제였다. 그래서 피트와 나폴레옹은 서로 유럽의 맹주 자리를 놓고 사생결단을 벌이던 중에도 카리브해의 가장 부유한 식민지였던 생 도맹그를 장악하기 위해 대규모 병력을 파견했다(그러나 1804년에 아이티 공화국을 선포한 노예들의 혁명에 재앙적인 패배를 당했다). 로빈 블랙번의 면밀한 분석에 따르면 노예무역 시대에 아프리카, 영국, 대서양 식민지들을 잇는 삼각무역에서 발생한 이윤이 영국의 총 자본 형성에서 차지한 비중은 조심스럽게 추정해도 20.9~35퍼센트에 달한다. 이 같은 분석은 삼각무역이 영국의 "생산 체제 전체에 자양분을 공급했다"는 에릭 윌리엄스의 유명한 테제에 힘을 실어 준다.[82] 물론 자본주의 국가 형태가 반드시 근대적 경제성장을 보장하는 것은 아니다. 18세기 초 네덜란드에서는, 더 프리스와 판데르바우데의 표현에 따르면 국가가 도시의 소수 특권층에게 진 막대한 부채를 갚아 나가는 가운데 세수는 갈수록 줄어드는, "국가-금리생활자 복합체"가 형성됐다. 이 같은 경제적 퇴화는 네덜란드가 중상주의를 추구하는 경쟁자들에게 시장을 계속 빼앗긴 결과였다.[83]

　그러나 네덜란드의 쇠퇴는 또한 지금껏 살펴본 근대 초의 지정학을 토대로 이끌어 낼 수 있는 일반적인 교훈 하나를 부각시킨다. 즉, 자본주의적 이해관계에 봉사하도록 설계된 국가는 잘만 하면 대외적 팽창과 국내 경제 발전을 모두 성취할 수 있었다는 것이다. 더욱이, 주로 군사적 분야에 집중된 국가의 활동으로 말미암아 제조업 수요가 증가하는 동시에 부유한 식민지도 확보되는 등 경제적 혜택이 돌아왔다는 점을 보면, 국가가 자본주의 발전을 촉진하기 위해 적극 개입하는 후발 공업화 모델을 한편에 놓고 좀 더 자유방임적인 영국식 모델을 다른 한편에 놓는 흔한 대조법이 꼭 정확하지는 않다는 것을 알 수 있다. 정치적 마르크스주의자들이 그토록 강조하는 자본주의에서의 경제와 정치의 구분(2장 2절 참조)을 다룰 때도 마찬가지로 주의가 필요하다. 1688년 이후의 영국 국가는 분명 어떤 측면에서는 그런 구분을 반영했고 또 촉진했다. 영국 국가는 구체제의 '정치적으로 형성된 재산'과 확실히 선을 그은 혁명적 합의에 기초하고 있었던 것이다. 또한 앞서 살펴봤듯이 영국 국가는 베버가 인정했을 만한 합리적이고 관료적인 기구들을 갖추기 시작했다. 물론 이것이 단숨에 이뤄지지는 않았다. 선거법은 1832년이 돼서야 처음으로 개정됐고 육군 장교 자리를 돈으로 사는 관행은 1868~74년의 글래드스톤 정부 하에서야 폐지됐다(흥미롭게도 영국 국가의 주된 패권 행사 수단이었던 해군은 이보다 훨씬 실력주의적이었다[84]). 그렇다면 구조적으로는 근대 초 영국에서 경제와 정치가 분리되는 강력한 경향이 존재했다고 말할 수 있다. 그러나 국가가 경제에 직접 개입하지 않은 것은 아니며(영국이 항해조례에 따라 영국 생산자와 선박들의 식민지 무역 독점권을 지키려 애쓴 것과 1721년에 로버트 월폴 경이 도입한 포괄적인 관세·보조금 제도가 이를 보여 주는 사례들이다), 국가의 활동이 자본주의 발전을 촉진하거나 저해하는 경제적 효과가 없었던 것도 아니다. 요컨대 국가 건설과 지정학적 팽창은 자본주의적 경제 발전과 일종의 공생 관계에 놓이게 된 것이다. 자본주의적 제국주의는 이런 공생 관계가 일반화한 시점에 등장한 것이라고 볼 수도 있다.[85]

4장
제국주의 시대 구분

4.1 제국주의 시대 구분

로버트 브레너는 데이비드 하비의 《신제국주의》를 언급하면서 다음과 같은 정말 훌륭한 질문을 던진다.

자본축적이 더한층 확대되면 영토 확장도 더욱 늘어나게 된다는 아렌트와 하비 자신이 시사한 경향에 입각해 고전적 제국주의(1884~1945)와 선진 자본주의 세계에서의 미국 헤게모니(1945~2000) 둘 다를 해석하려는 하비는 두 시대의 차이라는 근본적인 물음을 무시한다. 1945년 이전만 하더라도 선진 자본주의 세계에서 제국주의 간 경쟁이 전쟁으로 치달았는데, 그런 경향이 1945년 이후에 보이지 않는 이유는 무엇인가? 제2차세계대전 이후 대부분의 기간에 유럽, 일본, 동아시아의 많은 지역에서 미국의 헤게모니가 제국주의적 형태를(하비의 표현을 빌리면, 이미 공고해진 경제적 우위를 정치적 힘으로 강화하거나 약화시키거나 영속화하는 것) 띠지 않은 이유는 무엇인가?[1]

이 질문이 무척 중요한 이유는 브레너가 계속해서 말하듯이 그 대답이 "현재 시대에 벌어지는 자본 간 경쟁의 형태에 대해 많은 것을 알려줄" 것이기 때문이다. 사실, 이 책의 나머지 부분은 이 질문에 대답하려는 노력의 일환이다. 이 절에서는 몇 가지 예비적 분석을 제시하려 한다. 첫째, 질문을 정확히 제기하는 것이 중요하다. 브레너가 지적하듯이 하비는 자신이 제국주의 개념을 설명할 때 한나 아렌트의 진술, 특히 다음의 진술에 의존한다. "권력의 영원한 축적의 바탕에는 부의 영원한 축적이 있어야 한다. … 자본축적이 무한히 이루어지려면 그렇게 '무한한 권력'의 정치 구조가 필요하고, 그 구조는 계속 더 강력해짐으로써 부의 증가를 보호할 수 있다."[2] 이 구절은 아렌트가 《전체주의의 기원》에서 제국주의를 논의하는 부분 전체가 그렇듯이 꽤 그럴듯하다. 그렇지만 이 구절은 홉스의 《리바이어던》을 다루면서 나온 것이고 아렌트의 저작들에서 흔히 그러하듯 은유와 추론에 의지하는 구절이다. 결국, 아렌트의 진술은 메커니즘이나 경향에 대한 정확한 설명으로 이용하기에는 적합하지 않다. 하비가 아리기에게서 빌려온 자본주의적 논리와 영토적 논리 개념과 함께 본다면, 이런 주장은 (내가 보기에 하비의 본래의 의도와는 달리) 자본주의적 제국주의가 반드시 무한한 영토 확장을 추구하기 마련이라는 뜻으로 받아들여질 수 있다. 그러나 이 명제는 역사적으로 오류일 뿐 아니라(영국 제국은 1919년까지도 확장을 계속하긴 했지만 식민지를 유지하는 데 따르는 어려움이 가중되면서 명백히 곤란에 빠졌다) 미국 제국주의의 특수한 동역학에 들어맞지도 않는다. 그러므로 나는 자본주의적 제국주의를 경제적·지정학적 경쟁의 결합으로 개념화하고자 한다. 이 개념은 이러한 결합이 역사적으로 드러나는 형태가 각기 다르며 변할 수 있다는 점을 배제하지 않는다.

이와 관련해 두 번째로 넘어가 보자. 2장에서 보았듯이 고전적 제국주의 이론가들은 대체로 제국주의가 자본주의 발전의 새로운 단계이며 대개의 경우 자본의 집적과 집중의 고도화로 등장하는 것이고 그 결과로 금융자본이 지배하게 된다고 이해했다. 4장과 5장에서는 이러한 관점을 한걸음 더 진척시켜 제국주의 역사를 세 단계로 구분하겠다.

1. **고전적 제국주의**(1870~1945년): 이 시기는 홉슨과 카우츠키, 룩셈부르크와 힐퍼딩, 레닌과 부하린이 분석한 단계다. 아르노 메이어가 말한 '30년 전쟁'을 낳은 제국주의 시대다(4장 2절 참조).
2. **초강대국 제국주의**(1945~91년): 이 시기는 세계가 미국과 소련이 이끄는 두 진영으로 지정학적·이데올로기적으로 양분된 시대다(4장 3절).
3. **냉전 이후의 제국주의**: 이 시기는 1991년 이후의 시기로, 미국이 우위를 누리면서도 경제력의 세계적 분포가 바뀌는 시대다(5장).[3]

제국주의를 이렇게 시대 구분하게 되면 경제적 경쟁과 지정학적 경쟁의 상호관계가 복합적인 동시에 변한다는 점이 분명히 드러난다. 엘런 우드가 프랑수아 셰네를 다음과 같이 비판하는 것을 보면 이러한 시대 구분에 대해 의구심을 드러내는 듯하다.

[셰네는] 오늘날이든 레닌과 룩셈부르크가 살던 시대든 현대 제국주의의 모든 단계들을 똑같이 자본주의로 취급한다. 그 결과, 오늘날의 상황과 그

원인을 설명하기 곤란해진다. 만일 20세기 초가 레닌이 이해한 대로 이미 자본주의의 운동 법칙과 모순들이 완전히 발전된 자본주의 후기라면 21세기 초의 자본주의와 자본주의적 제국주의의 특수성을 어떻게 설명할 것인가? '고전적' 제국주의 시대에 주요 식민 열강들이 제국주의 경쟁에 뛰어들어 주로 비자본주의적 세계의 영토를 분할하고 재분할했다면, 이를 자본주의 열강들 사이의 갈등 형태가 달라진 오늘날의 자본주의적 제국주의와 어떻게 비교해야 하는가? [4]

우드의 논평은 브레너의 질문보다 덜 적절한 질문이다. 덜 적절한 이유는 무엇보다 역사적 산물인 자본주의에 내적 역사가 없다는 듯이 그리고 "완전히 발전된 자본주의의 운동 법칙과 모순들"이 다른 형태들로 (역사적으로 변화하면서) 나타날 수 없다는 듯이 시사하기 때문이다. 더욱이 이 논평은 마르크스의 《자본론》에서 시도된 방법과 어울리지 않아 보인다(1장 1절 참조). 《자본론》에서는 자본주의 생산양식을 이루는 관계·메커니즘·경향을 추상적으로 개념화했는데, 이 같은 추상성 자체가 자본주의 생산양식의 구성 요소들이 (역사적 상황이나 세계에서 그 경제가 차지하는 지위에 따라) 다양한 형태로 현실화할 가능성이 있음을 시사한다. 우드의 논평은 오늘날 세계경제 안에서 공존하는 자본주의들의 실제 다양성(국가, 금융 시스템, 제조업체 등이 국민국가마다 서로 다르게 제도화돼 있다는 의미에서)에도 확실히 들어맞지 않는다. 예를 들어, 미국·일본·독일·영국 사이의 명백한 차이를 보라.[5]

물론 '자본주의의 다양성'만을 강조하면 자본의 구성적 모순들을 은폐할 가능성이 있다. 우드가 올바르게 말하듯이 "자본주의 논리의 본질 자체를 모호하게 만들면 자본주의의 여러 단계들에 대해 밤새도록 논쟁할 수는 있겠지만 그와 관련한 변화들을 적절하게 설명하지는 못할 것이다."⁶ 더 구체적으로, 로버트 브레너와 마크 글릭은 "자본주의의 역사를, 제도적으로 결정되고 국민국가 안에 국한된 발전 양식들의 변천사로 개념화하려는" 프랑스 조절학파의 기획이 무너질 수밖에 없는 이유를 다음과 같이 옳게 지적한다.

지역에서 이루어지는 자본축적 과정은 사회적 소유관계라는 더 포괄적인 틀뿐 아니라 세계경제의 성격에도 여러모로 영향을 받기 [때문이다]. … 이것은 어느 역사적 시점에 개별 국민경제에서 실현 가능한 제도들과 그러한 제도들이 자본축적에 끼치는 영향이 핵심적으로 생산력의 국제적 분포에 따라 결정되기 때문이다. 왜냐하면 그 제도들은 바깥 세계와 격리돼 있지 않는 이상 국제 경쟁에 직접 대처해야만 하기 때문이다.⁷

그러나 이로부터 도출되는 것은 자본주의 발전의 단계들 또는 자본주의의 변종들(제도화된 형태가 각각 다른)을 구분하는 것이 원칙적으로 그르다는 것이 아니라 그러한 구분은 세계 수준에서 자본축적의 동역학을 분석하는 가운데 이루어져야 한다는 것이다. 이 분석은 마르크스의 자본주의 생산양식에 대한 비교적 추상적인 이론에서 출발해야 한다. 그러나 체제의 구조와 경향들이 어느 역사적 시점에 취하는 형태들을 더 구체적으로 다루기도 해야 한다. 1장 4절에서 보았듯이, 고전적 제국주의론의 가장 큰 약점은 다양한 해석들이 한결같이 자본주의 경제 위기 메커니즘들을 불충분하게 이해했다는 것이었다. 반면에 《신제국주의》의 강점은 바로 하비가 자본주의의 과잉 축적 경향과 제국주의 역사를 체계적으로 관련짓는다는 것이다. 내 강조점은 약간 다르다. 부분적으로 하비의 위기론에 완전히 동의하는 것은 아니기 때문이다. 그러나 나는 이처럼 경제 위기와 제국주의를 관련짓는다는 측면에서(다른 많은 측면들에서도 그렇지만) 하비의 작업을 모범으로 생각한다.[8] 그러므로 지금부터 제시하려는 것은 제국주의 발전사의 대략적인 윤곽을 그려보기 위한 조각들이다. 제국주의 발전사를 상세하게 서술하기보다는 몇 가지 구체적 쟁점들을 다룰 것이다. 특히, 자유주의 세계경제의 형성과 유럽의 영토 확장 간의 관계, 20세기 전반부에 서로 충돌했던 제국주의들의 특수한 성격(4장 2절 참조), 20세기 후반부에 미국을 중심으로 하는 비영토적 제국주의의 득세(4장 3절 1항), 이에 따른 지정학적 경쟁 형태들의 변화(4장 3절 2항)와 남반구·북반구 관계의 변화(4장 3절 3항)를 살펴볼 것이다.

에릭 올린 라이트는 모름지기 사회 발전 이론은 "사회 형태들을 유형별로 분류하는 것을 수반하며, 이 같은 분류는 [사회 발전 이론에] 모종의 방향성을 부여하기 마련"이라고 주장했다.[9] 라이트가 말했듯이, 사회 발전 이론을 이렇게 이해한다고 해서 그것이 목적론적일 필요는 없다. 달리 말해, 어느 단계에서 다음 단계로 넘어가는 것을 발전 과정 전체에 함축된 모종의 목표를 향해 가까이 다가가는 것으로 설명할 필요는 없다. 또, 결정론적일 필요도 없다. 단계가 바뀌는 것은 목적론적 원인이나 역사를 특정한 방향으로 내모는 인과적 과정의 필연적 결과가 아니다. 부하린이 가장 엄격한 고전적 마르크스주의 제국주의론에서 주장했듯이, 자본주의적 제국주의의 역사에 특정 방향성을 부여하는 것은 주로 축적 과정에 내재하는 자본의 집적과 집중 경향이다. 이 경향 때문에 개별 자본의 규모와 상대적 비중이 증가하고 개별 자본이 초국적으로 활동하는 성향이 강화되는 것이다. 그러나 내가 2장에서 개관한 이론적 방법과 모순되지 않으려면 국가 체제의 여러 측면들(지정학적 구조, 국가와 자본의 관계, 군사 조직과 군사 기술) 또한 설명 변수로 다룰 필요가 있다. 더욱이, 역사에서 우연은 무시할 수 없는 구실을 한다. 나의 시대 구분에는 시대가 달라질 때마다 정치적 사건들, 가령 미국과 독일이 영국·프랑스·러시아에 버금가거나 심지어 그들을 능가하는 열강으로 등장하는 역사적 계기가 된 전쟁들(1861~65년의 미국 남북전쟁, 1866년의 프로이센-오스트리아 전쟁, 1870~71년의 보불전쟁), 제2차세계대전과 냉전의 결과들이 자리하고 있다. 그러나 이러한 사건들의 발생이 필연은 아니었다. 전쟁은 잘 알려져 있듯이 전략적 선택과 전투 가능성에 내재하는 불확실성에 달려 있고 냉전 이후의 역사 연구는 1962년 10월 쿠바 미사일 위기 때 세계가 일촉즉발의 핵전쟁 문턱에 얼마나 가까이 다가갔는지를 분명히 보여 주었다.[10] 마지막으로, 제국주의가 각 단계마다 취하는 형태가 다르다고 해서 한 가지 자본주의 모델이 각 단계에서 보편적이었다고(심지어 주요 열강들 사이에서도) 시사하거나 전제하는 것은 아니다. 1장 3절과 2장 1절에서 주장했듯이 레닌과 부하린은 금융자본의 출현에 대한 힐퍼딩의 분석, 특히 19세기 말 독일에 국한된 분석의 결과를 일반화하고 모든 주요 자본주의 국가에 적용하는 오류를 범했다. 제국주의가 세계적 자본축적 과정의 일반적 제약 조건을 벗어날 수 없으므로, 제국주의의 특정 단계마다 특권적 형태의 제국주의가 있는 것은 아니다. 구체적인 국민국가 자본주의가 취하는 제도적 형태와 그와 연결된 영토 국가는 여러 요인들 중에서 특히 경제구조, 지정학적 위치와 성격, 사회정치적 역사의 결과이지 어느 단계에 이른 제국주의의 일반적 특성에서 연역할 수는 없다(참고로, 4장과 2부의 나머지 장에서 언급하는 나라 이름들은 그 맥락상 달리 해석될 여지가 없는 한 해당국의 국가 운영자들, 더 크게 보면 국가 운영자들과 공생 관계에 있는 자본가들도 포함해서 지칭한다는 것을 밝혀둔다).

마지막으로 지적할 방법론적 문제가 있다. 이 책의 이어질 내용은, 자본주의적 제국주의 시대(우리가 지금도 살고 있는)의 국제 체제에서 처음에는 영국이 그 다음에는 미국이 헤게모니 국가가 됐다는 것을 전제로 하며, 이어질 역사적 서술도 그 나라들의 지위와 직면한 문제들을 초점으로 삼는다. 이러한 접근에 대해 역사학계의 강력한 반론이 있다는 것을 알고 있다. 예를 들어, 존 다윈은 "미국의 '패권적' 지위가 빅토리아 시대 영국의 지위와 유사했다고 말하는 저술가들은 무심코 두 나라 역사에 대한 놀랄 만한 무지를 드러낸 셈이다"라고 말한다.[11] 반면, 영국 제국의 역사에 대한 권위자인 버나드 포터는 그러한 비교가 유용하다고 말한다.[12] 나는 영국과 미국 제국주의의 차이와 유사성을 5장 1절에서 더 주의 깊게 살펴볼 것이다. 여기서는 다만 1815~1914년의 영국과 1945년 이후의 미국이 국제 체제에서 세계경제를 조직하고 열강들 사이의 갈등을 조정하는 데서 서로 비슷한 구실을 했다(비록 두 나라가 활용하는 재원과 그 국가 형태는 상당히 달랐지만 말이다)는 점이 상당히 명백하다는 것만 짚고 넘어가자. 영국과 미국을 헤게모니 국가로 부를 때 나는 기꺼이 조반니 아리기가 발전시킨 관점을 따른다. 아리기가 말하는 '세계적 헤게모니'는 "주권국가들의 체제에서 지도력과 거버넌스를 행사하는 국가의 힘"이다. 그 개념을 구체화하면서 아리기는 그람시의 지배와 헤게모니라는 유명한 구분에 의지한다. "지배는 주로 강제에 의존하는 것으로 여겨지지만, 헤게모니는 갈등이 일어나는 모든 쟁점들을 '보편적' 차원에서 다룰 능력 덕분에 지배 집단이 얻게 되는 **부가적** 권력으로 이해된다."[13] 또는, 아리기와 베벌리 실버가 지적한 대로, 헤게모니가 존재하는 곳에서는 "지배 국가는 국가들의 **체제**를 자신이 원하는 방향으로 이끌 수 있고 그렇게 하면서도 전체에게 이롭게 행동하는 것으로 널리 받아들여진다."[14] 이 모든 것은 무척 유용하다. 예를 들어, 헤게모니 국가가 다른 국가들의 자본가와 국가 관리 들한테 지지를 받는 데서 이데올로기적 표상들이 하는 구실을 서술할 때 유용하다(2장 3절 참조).

그러나 영국과 미국의 헤게모니는 세계적 헤게모니의 교체 역사에서 가장 최근에 등장한 것이고 헤게모니 세력의 '체계적 축적 순환'이 이루어질 때마다 똑같은 특징들(특히 금융화 경향)이 반복된다는 아리기의 생각에는 동의할 수 **없다**. 아리기와 그의 동료들은 그들의 주장이 순환론적 역사철학이라는 비판(예를 들어, 하트와 네그리는 아리기의 주장대로라면 "자본주의의 역사는 같은 것의 끝없는 반복이 되고 만다"고 비판한다)을 논박하고자 한다. 그들은 제노바에서 네덜란드 공화국을 거쳐 영국, 마침내 미국(지금까지는)으로 이어지는 순환이 이루어질 때마다 세계경제의 크기와 복잡성이 심화한다고 설명한다. "따라서 우리 모델은 반복의 패턴들(헤게모니가 확장되고 이 확장은 대혼란에 직면하고 이어서 새로운 헤게모니가 탄생한다)을 보여 주면서도 또한 이 패턴들은 변화의 패턴들(새로운 헤게모니가 등장할 때마다 이전 헤게모니보다 조직적 역량들이 더욱 집중되고 체제의 규모와 밀도가 더 커진다)이기도 하다."[15] 그러나 진정한 문제는 이 이론의 순환론적 요소(이것은 부분적으로 아리기식 세계체제론의 장점 중 하나인 역사적 특수성에 대한 강조 덕분에 상쇄된다)라기보다는 이론의 타당성이다. 예를 들어, 제노바의 상인들과 은행가들이 대규모 군사력 행사가 필요해서 스페인 합스부르크 왕가라는 매머드급 군사 대국에 편승할 때조차 이 소국이 빅토리아시대의 영국이나 현재의 미국 같은 '세계적 헤게모니 국가'라는 주장은 타당성을 의심받을 수밖에 없다. 이 주장이 신뢰할 만한 것이 되려면 너무 많은 단서 조항을 추가해야 한다.

네덜란드 공화국에 대해서 아리기는 다음과 같이 쓴다. "지정학적 관점에서 봤을때, 네덜란드 주도로 베스트팔렌에서 수립된 국가 체제는 정말이지 무질서했다. 중앙의 지배가 없다시피 했다."[16] 그렇다면 네덜란드 공화국은 어떤 의미에서 헤게모니 세력이었단 말인가? 네덜란드 공화국이 스페인을 상대로 80년 동안 벌인 독립전쟁(1568~1648년) 덕분에 합스부르크 왕가가 유럽에 가톨릭 제국을 세우는 데 실패한 것은 사실이다. 그러나 합스부르크가의 패배를 이끌어 내는 데 결정적 구실을 한 것은 30년 전쟁(1618~48년)에 개입한 프랑스의 부르봉 왕조였다. 찰스 윌슨의 지적대로, 육상과 해상 공격에 대한 네덜란드의 지리적 취약성 때문에 "동맹과 분쟁에서 극히 조심스러운 정책들"이 추진됐다.[17] 17세기 말 세력 균형을 조율할 때 네덜란드 공화국이 결정적 구실을 한 역사적 순간이 한 번 있었다. 당시 네덜란드 공화국 수반인 윌리엄 3세는 1688년 명예혁명 덕분에 영국 국왕이 돼 힘이 세지자, '세계 황제' 자리를 넘본 최후의 도전자인 프랑스 루이 14세의 권력을 결과적으로 제약하는 동맹을 구축했다. 그러나 과중한 군비 지출과 동맹국에 대한 경제적 지원이 필요한 이 계획 때문에 공적 부채가 엄청나게 늘어났고, 결국 네덜란드 공화국이 귀족 채권자들의 과두정치에 종속되는 결정적 계기가 됐다. 이렇게 허약해진 재정적 처지 때문에 네덜란드 공화국은 독립적인 대외 정책을 추구할 충분한 군사력을 유지할 수 없었고 따라서 유럽에서 분쟁이 일어나면 중립을 지켰다(예외적인 경우로는 미국 독립전쟁에서 영국에 맞서 개입했다가 재앙을 겪은 사례가 있다[18]). 그렇다면 대체로 제노바와 네덜란드는 세계적 헤게모니를 행사했다고 볼 만한 후보들이 아니다. 따라서 나는 이 개념의 적용을 산업자본주의가 실제로 세계를 지배할 수 있게 된 시대에 국한할 것이다.

4.2 고전적 제국주의(1870~1945년)

4.2.1 자유주의 세계경제

다음으로 자본주의적 제국주의를 이해하는 출발점은 미국 남북전쟁과 독일제국의 성립 이후에 새로운 열강들이 등장할 뿐 아니라 진정으로 세계적인 자본주의 세계경제가 모습을 갖추는 역사적 시점에 제국주의가 탄생했다는 것이다. 에릭 홉스봄은 1850~60년대를 다음과 같이 탁월하게 묘사했다. "[그 시대의] 관찰자들이 보기에 세계는 [처음으로 — 캘리니코스] 서로 맞물린 단일한 복합체가 됐을 뿐 아니라 세계의 한 지역에서 일어난 일이 나머지 지역에 영향을 미치고 화폐·재화·인력이 수요와 공급, 이득과 손실이라는 거스를 수 없는 자극과 현대 기술의 도움을 받아 원활하게 그리고 점차 빠르게 이동하는 세계가 됐다." 홉스봄은 교통 비용이 엄청나게 감소해서 "교류 속도가 전례 없이 빨라진 결과"로 나타난 이런 변화의 중요성을 강조한다. 이것은 모두 산업자본주의가 탄생시킨 신기술들, 특히 철도·증기선·전신 덕택이었다.[19] 그러나 이러한 물리적 통합 과정은 경제적 관계들의 국제적 그물망 형성과 결부돼 있었다. 이에 따라 상품·화폐·자본의 이동이 촉진됐다. 베릭 솔은 다음과 같이 썼다.

19세기 거의 내내 세계 무역의 패턴은 자급자족적인 다자간 무역망들로 이루어졌다. 무역망들 사이에서는 의미 있는 교역이 거의 없었다. 따라서 심리적 영향들을 제쳐 두면 어느 한 쪽 무역망의 경제 활동 변화가 다른 무역망에 직접 영향을 줄 이유가 전혀 없었다. 그러나 이 무수한 무역 패턴의 한가운데 자리한 영국의 무역에 영향을 줘서 다른 무역망에 간접적으로 영향을 줄 수는 있었다.[20]

영국은 해외투자의 규모와 이러한 여러 무역망들에서 차지하는 공통 변수 지위 때문에 1870년대와 1880년대 경제 위기 동안 균형추 구실을 할 수 있었다. 예를 들어, 영국 투자자들은 식민지들에 돈을 쏟아부어 미국의 불황에 대처하려는 경향이 있었다. 그러나 이미 1890년대에, 그리고 명백히 1914년에 이르면 다음과 같은 일이 일어났다고 솔은 주장한다 "다자간 무역은 대부분 … 세계적 분업 체제의 등장에서 비롯한, 대륙들과 아대륙들을 모두 포괄하는 복잡한 경제 활동의 그물 속에서 이루어졌다." 이러한 무역과 투자의 "복잡하고 서로 연결된 단일한 패턴"의 등장은 미국과 유럽 대륙이 오스트레일리아, 뉴질랜드, 인도 같은 영국 식민지들의 주요 수출 시장이 되는 것에서 볼 수 있었다. 그 결과 "이전처럼 영국을 통해서가 아니라, 세계경제의 어느 부분의 경기변동이 다른 부분으로 곧장 파급될 가능성은 이제 점점 더 실제적인 것이 됐다."[21] 이러한 무역과 투자의 국제적 양상은 1870년 이후 금본위제에 바탕을 둔 자유주의 경제정책을 추구하는 체제가 급속히 확산되면서 제도적으로 굳건해졌다. 금본위제 때문에 정부는 금이 유출되면 지출 삭감과 증세로 대처해야 하는 압력을 받았다.[22] '건전한' 정책을 추진하는 데 실패해 대부분 서유럽에 있는 채권자들을 만족시키지 못한 변방의 나라들은 외국의 개입과 때로는 1882년 이집트처럼 군사적 점령을 겪을 수 있는 처지에 놓였다.

물론 마르크스가 《자본론》에서 분석한 형태의 산업자본주의(기술 주도의 대량생산 조건에서 임금노동이 자본에 실질적으로 종속되는)는 지리적으로 상당히 협소한(그러나 빠르게 확장하는) 몇몇 지역(유럽 북서부와 미국의 북동부와 중서부)에만 국한됐다. 세계 인구의 대다수는 여전히 소생산자, 주로 농민이었다. 그러나 이 사회경제 체제의 **구조적 논리**는 농촌의 식량과 원료 공급자들과 공업 지역들을 한데 묶어주는 분업이 확립됨에 따라 점차 세계를 지배하게 됐다. 마이크 데이비스는 《후기 빅토리아시대의 홀로코스트》라는 탁월한 연구에서 자유주의 세계경제로의 통합 때문에 특히 인도와 중국에서는 식량 안보가 무너졌고(예를 들어, 공납제 제국인 무굴제국과 청나라의 기아 방지 대책이 붕괴했다), 소생산자들의 교역 조건이 대개 악화했고(특히 1873~96년의 대불황 때), 기아가 닥쳤을 때 국가 관리들의 선택이 크게 제약됐음을 보여준다. 이러한 변화에 엘니뇨 현상에 의한 불운한 기후 조건이 겹치면서 끔찍한 기아가 닥쳤다. 19세기 마지막 사반세기에 인도에서는 1200만~3000만 명, 중국에서는 1950만~3000만 명, 브라질에서는 200만 명이 기아로 목숨을 잃었다.[23]

4.2.2 경제적·정치적 다극 세계

3장 3절에서 보았듯이, 15세기 이후 유럽의 역사는 열강들 사이의 군사·영토 경쟁의 격렬하고 끊임없는 과정으로 점철됐다. 제국주의의 본질을 요약하는 방법 하나는 이러한 경쟁과 산업자본주의의 성장이 맞물린(하비가 강조한 변증법적이고 따라서 잠재적으로 모순적인 형태로) 때가 제국주의 시대를 알렸다고 말하는 것이다(표 4.1). 홉스봄은 19세기 후반의 자본주의에 대해서 "세계경제는 전보다 눈에 띄게 다원화했

표 4.1 세계 제조업 생산량의 상대적 비중, 1750~1980년 (단위: 퍼센트)

	1750	1800	1830	1860	1880	1900	1913	1928	1938	1953	1963	1973	1980
영국	1.9	4.3	9.5	19.9	22.9	18.5	13.6	9.9	10.7	8.4	6.4	4.9	4
오스트리아-헝가리 합스부르크 제국	2.9	3.2	3.2	4.2	4.4	4.7	4.4	–	–	–	–	–	–
프랑스	4	4.2	5.2	7.9	7.8	6.8	6.1	6	4.4	3.2	3.8	3.5	3.3
독일	2.9	3.5	3.5	4.9	8.5	13.2	14.8	11.6	12.7	5.9	6.4	5.9	5.3
이탈리아	2.4	2.5	2.3	2.5	2.5	2.5	2.4	2.7	2.8	2.3	2.9	2.9	2.9
러시아/소련	5	5.6	5.6	7	7.6	8.8	8.2	5.3	9	10.7	14.2	14.4	14.8
미국	0.1	0.8	2.4	7.2	14.7	23.6	32	39.3	31.4	44.7	35.1	33	31.5
일본	3.8	3.5	2.8	2.6	2.4	2.4	2.7	3.3	5.2	2.9	5.1	8.8	9.1
선진국 전체	27	32.3	39.5	63.4	79.1	89	92.5	92.8	92.8	93.5	91.5	90.1	88
중국	32.8	33.3	29.8	19.7	12.5	6.2	3.6	3.4	3.1	2.3	3.5	3.9	5
인도	24.5	19.7	17.6	8.6	2.8	1.7	1.4	1.9	2.4	1.7	1.8	2.1	2.3

1750~1900년, 1928~38년은 3년간 평균치, 1913년, 1953~80년은 연평균 수치.

출처: P. Bairoch, 'International Industrialization Levels from 1750 to 1980', Journal of European Economic History, 11 (1982): 296, 304, tables 10 and 13

다. 영국은 완전히 공업화한 유일한 경제도 아니었고 더는 유일한 선진 공업국도 아니게 됐다"고 말한다.[24] 이 같은 변화에 영향을 준 중요한 요인 하나는 윌리엄 맥닐이 말한 19세기 중반 '전쟁의 산업화'였다. 철도와 증기선의 발명으로 기동성이 대폭 확대됐고 후장식 총포와 기관총 같은 무기들이 대량생산됐다. 국가의 군사력은 이제 산업화 수준과 직결됐다. 절대왕정 비슷한 중부 유럽과 동유럽의 대국들, 즉 프로이센(1871년 이후부터는 독일), 오스트리아-헝가리, 러시아는 이제 현대적 무장력의 물질적 기반을 닦기 위해 산업자본주의의 성장을 촉진하지 않으면 안 됐다. 동시에 산업자본주의의 성장은 열강들 사이의 경쟁을 더욱 부추겼다(특히 독일이 영국의 공업과 해군력의 우위를 위협하자 경쟁은 더 치열해졌다). 그 결과, 급속한 기술 진보에 기댄 해군력 증강 경쟁이 벌어졌고 영국은 결국 1914년에 유럽을 둘로 분열시킨 양대 군사 진영 중 한 편으로 편입됐다. 주로 한 줌의 유럽 국가들이 지배하는 세계에서 경제적 경쟁과 지정학적 경쟁이 상호 강화 요인으로 작용한 것이다.[25]

영국과 독일 사이의 이러한 갈등 심화가 20세기 전반부의 세계에 결정적 영향을 미쳤다. 19세기 세계경제에서 영국의 헤게모니 행사는 부분적으로 산업자본주의의 으뜸 중심지라는 영국의 지위에서 비롯했다. 그러나 이후 영국은 특히 미국과 독일 같은 새로운 중심지들의 도전에 직면했고, 미국과 독일은 보호무역주의를 채택한 덕분에 영국과의 경쟁을 피하면서 공업화를 이룰 수 있었다.[26] 그러나 영국의 헤게모니는 자유주의 세계경제를 관리하는 데서 런던시티*가 했던 구실(부분적으로 이것은 영국이 점점 늘어나는 무역수지 적자를 보전하려고 금융 서비스, 보험, 해

---

* 런던의 중심 지구로, 미국 뉴욕과 함께 세계 최대의 금융시장이다.

운업에서 얻는 수익에 갈수록 크게 의존하게 된 것을 보여 준다[27])과 밀접한 관련이 있었다. 시티의 국제적 구실은 영국 산업에서 그때까지도 지배적이었던 "외향적이며 분권화되고 차별화된 기업 구조"(조반니 아리기, 케네스 바, 슈지 히사에다의 표현이다)에 부합했다. 반면 미국 자본주의는 최초로 수직적으로 통합된 관료적이고 복합적인 대기업을 만들어 냈다. 즉, "19세기 마지막 사반세기에 영국 기업 체계는 고도로 전문화한 중간 규모의 회사들이 복합적인 상거래망(이 망은 영국을 중심으로 하지만 전 세계에 걸쳐 있었다)으로 뭉쳐진 유례 없는 통합체였다."[28] 영국 자본주의의 이러한 구조는 군사전략상의 문제들과 결부돼 있었다. 그래서 1920년대 동안 영미 관계를 크게 손상시킨 해군력 감축협상에서는 전략적 우선순위의 차이가 드러났다. 미국은 일본에 대적할 수 있는 비교적 소수의 대형 순양함을 원한 반면 영국은 좀 더 작은 순양함 70척으로 이루어진 함대를 유지해야 한다고 고집했다. 이것은 스티븐 로스킬의 말대로 "영국 제국이 보호해야 할 무역로가 길었기 때문에 더 많은 순양함이 필요"했음을 보여 준다.[29]

이러한 배경을 고려한다면, 20세기 초 수십여 년 동안 영국 국가 관리들의 "두 가지 중대한 결정"을 앤드루 갬블이 강조한 이유를 이해할 수 있다. "그 하나는 자유무역과 자유주의 세계 질서 제도들을 고수하는 것이었다(원래 이것을 필요하게 만들었던 조건들이 사라져 버린 지 오래됐지만 말이다). 나머지 하나는 미국이 아니라 독일과 싸우기로 결정했다는 것이었다."[30] 영국 자본주의의 분산된 초국적 구조는 첫 번째 결정을 설명하는 데 도움이 될 수 있다. 그러나 두 번째 결정에 대해서는 좀 더 생각해 볼 가치가 있다. 따지고 보면, 20세기 들어 미국은 영국의 공업을 추월했고 강력한 해군도 양성했다. 브룩스 애덤스는 당시의 공업 생산 추세와 2차 보어전쟁(1899~1902년)에서 영국의 '쇠퇴'를 보여 주는 자료를 이용해 '미국의 경제적 우위' 시대가 시작됐다고 선언했고 "미국이 영국, 로마, 콘스탄티노플 못지않게 부와 패권을 확보할 이유는 충분히 많다"고 단언했다.[31] 그동안 학계에서는 (1776년과 1812년 이후) 3차 영미전쟁의 가능성을 배제하는 여러 이론들이 제시됐다. '민주주의 진영의 평화'를 내세우는 자유주의 국제관계 이론가들은 자유주의 국가들 사이의 전쟁은 거의 실현 가능성이 없다고 주장한다. 또, 좌파 진영에서 키스 판데르페일은 영국과 미국이 잇따라 '로크적 중심지' 즉, 영어권 자유주의 자본주의가 주를 이루는 '자기 조절이 가능한 초국적 사회 공간'을 이끌었으며, 그래서 경제적으로 국가 통제 노선을 추구한 '경쟁 국가들'(프랑스·독일·소련)을 물리쳤다는 이론을 전개했다.[32]

그러한 이론들에는 1939~41년에 미국의 주도로 확고해진 미국과 영국의 협력 관계를 더 이전의 과거로 투사하는 역(逆)목적론적 관점이 담겨 있다. 파리드 자카리아는 이 점을 매우 잘 지적했다.

20세기 중반부터 역사가들은 19세기 거의 내내 미국이 영국과 암묵적인 동맹 관계에 있었으며 변덕스러운 세계에서 거의 무적인 영국 해군의 보호를 받았다고 흔히 주장해 왔다. 이러한 19세기 역사 해석을 19세기 말의 미국 정치인들이 들었다면 어안이 벙벙했을 것이다. 그들은 명백히 미국과 그 국익을 가장 위협하는 나라가 영국이라고 생각했고 특히 영국 해군이 미국의 물리적 안전을 가장 위협하는 세력이라고 인식했다. 이 점이 하나도 이상할 것이 없는 이유는 미국이 18세기 이후 영국과 두 번이나 전쟁을 치렀기 때문이다. 미국이 완패한 두 번째 전쟁에서 영국 해군은 미국의 동부 해안으로 와서는 워싱턴에 포격하고 백악관을 불바다로 만들었다.[33]

마찬가지로 케네스 본도 다음과 같이 지적한다. "매우 오랫동안 영국 정치인들은 대서양 저편의 미국 정치인들과 마찬가지로 영미 관계에는 특수한 위험과 적대감이 존재한다고 생각하는 경향이 있었다." 두 번의 전쟁 위기가 있었다. 1840년대에 영국 식민지인 캐나다와 미국의 국경 분쟁으로 위기가 있었고, 1861~62년의 남북전쟁 초기에 전쟁이 벌어질 뻔했다. 영국 국가를 통치한 자유당과 보수당 귀족들은 미국과 공통의 '가치들'을 추구한다는 생각이 전혀 없었으며 19세기 거의 내내 대체로 미국 민주주의가 체제 전복적이고 팽창주의적인 위협 요인이라고 생각했다.[34] 오늘날 유럽연합의 자애로운 제국 구실을 정당화하는 데 열을 올리는 헤어프리트 뮝클러는 노예제 철폐를 원하던 영국이 남북전쟁 중에 미국을 공격한다는 것은 "제국으로서 자신이 추구하는 사명을 스스로 배반하는 꼴"이었을 것이라고 주장하면서[35] 그러한 가능성을 일축한다. 이러한 진술은 뮝클러의 역사 지식이 변변찮다는 것을 보여 준다. 가령, 그는 영국이 쿠바의 설탕이나 브라질의 커피 같은 주요 노예경제 작물들의 시장이라는 점은 차치하고 영국의 섬유 산업이 미국 남부의 노예노동으로 생산된 면화에 기초했다는 점을 알지 못하는 것 같다. 로빈 블랙번은 다음과 같이 쓴다. "자본주의 경제체제는 … 1850년대에 확산된 아메리카 대륙의 노예제도에 철저하게 기생했고 이를 통합했다. 영국 자본은 이렇게 확장되는 노예제 국가들에 들어가서 … 철도를 부설하고 플랜테이션에 설비를 공급하고 무역 자금을 지원해서 이익을 봤다."[36] 남북전쟁 이전의 미국 남부는 여러 면에서 영국 경제의 속주나 다름없었다. 따라서 자유무역은 미국 남부에도 이익이 됐다. 그래서 남부 출신 국회의원들은 북부 출신 의원들이 산업 관세를 올리려는 것을 저지했다. 미셸 아글리에타는 심지어 남북전쟁을 "[영국으로부터의] 독립 투쟁의 최종 단계"로 묘사했다.[37] 영국 총리 파머스턴 경의 내각은 1861~62년에 미국 남부를 지원하고 개입하는 방안을 고려했다. 본에 따르면 당시 식민지부 장관이었던 뉴캐슬 공작은 "안타깝지만 뉴욕과 보스턴을 불태워야 한다고 말했다."[38]

영미 관계의 마지막 위기는 1895~96년에 닥쳤다. 당시 미국 대통령 그로버 클리블랜드는 아메리카 대륙에서의 미국 헤게모니를 주장하면서, 베네수엘라와 영국령 온두라스 사이의 국경 분쟁을 둘러싸고 영국과의 전쟁도 불사하겠다고 위협했다. 국무장관인 리처드 올니는 영국 총리인 솔즈베리 경에게 유명한 편지를 썼다. "오늘날 미국은 실제적으로 아메리카 대륙의 주권자입니다. 이곳에서 미국의 명령은 법이나 다름없습니다."[39] 솔즈베리는 미국과 타협하기로 결정했다. 그러나 그도 1896년 1월에는 다음과 같이 경고했다. "미국과의 전쟁(당장은 아니지만 머지않은 미래에)은 단순한 가능성 이상의 것이 됐다."[40] 그러나 영국의 정책 결정자들은 나중에 가령 미국의 파나마 운하 건설을 묵인하면서 미국을 달래는 방향으로 돌아섰다. 이러한 방향 전환은 북미 대륙에서 드러난 영국 전략의 불가피한 모순 때문이었다. 미국은 서구 열강이 아메리카 대륙에 개입하는 것에 반대한다고 선언한 1823년의 먼로 독트린을 영국이 지지한 이유는 그것이 유럽 국가들의 아메리카 진출을 가로막는 편리한 방편이었기 때문이다. 그러나 이는 미국이 영토와 세력을 확대할 수 있게 해 주는 예상치 못한 결과를 낳았다. 미국이 1846~48년에 멕시코 북부를 합병하고 이후 남북전쟁이 북군의 승리로 끝나자 사실상 아메리카 대륙에서 미국을 견제할 수 있는 가능성은 완전히 사라졌다. 미국과의 전쟁을 염두에 둔 선택을 포기한 결정적 순간은 1905년이었다. 영국 해군성은 육군성(전쟁 발발 시 뉴욕을 점령한다는 계획을 1898년 2월에 승인한)의 반발에도 불구하고 독일 함대에 대적할 영국 함대를 본토의 영해에 집중할 필요성 때문에, 군사력이 급속히 커지고 있는 미국에 맞서 캐나다를 방어하는 데 해군력을 분산시키는 방안은 배제할 수밖에 없다고 주장했다. 즉, 영국이 미국과의 전쟁을 배제한 것은 '앵글로색슨 국가 간의 유대'나 자유주의 국가들 간의 평화주의 성향 때문이 아니라, 독일의 직접적 위협이 더 커지면서 이에 대처하는 것이 영국 해군에게 가장 중요한 문제가 됐기 때문이다. 당시 헨리 애덤스가 더 생동감 있게 썼듯이 "독일이라는 무시무시한 괴물이 갑자기 등장하자 … 영국은 깜짝 놀라 미국의 품에 안겼다."[41] 자카리아는 "미국에 대적하기보다 미국의 발흥을 용인하기로 한" 영국의 결정은 런던으로 하여금 "다른 중요한 전선들에 집중할 수 있게 해 준 탁월한 전략적 승부수"라고 말한다.[42]

그러나 심지어 1917~18년에 미국이 영국을 비롯한 삼국협상 세력에 가담해 독일을 물리친 뒤에도 영미 사이의 긴장은 여전히 심각했다. 로스킬은 주로 1920년대에 초점을 두고 양차 대전 사이의 영국 해군을 서술한 자신의 저작 1권의 부제를 "영미 적대의 시기"라 붙였다. 1921~22년의 워싱턴 회의에서 미 대통령 워런 하딩은 영국 총리 로이드조지에게 일본과의 전략적 동맹을 포기하고 주력함의 수를 미국과 같은 수준으로 맞추라고 압력을 가했다. 이러한 관계 악화에 앞서 1920년 12월 대영제국 국방위원회에서는 로이드조지와 윈스턴 처칠 사이에 갈등이 벌어졌는데 당시 총리 로이드조지는 "경제적·군사적 이유로 미국과 전쟁을 할 수는 없다"고 주장하면서도 "우리가 미국에 휘둘리게 되는, 돌이킬 수 없는 정책"을 피하기 위해 "일본과의 방어적인 동맹"을 유지하고자 했다.[43] 영미 관계가 다시 악화한 1928년에(이번에는 해군 감축을 둘러싼 불화가 새롭게 불거지고 미국이 영국 정부에 디플레이션 정책을 강요한 것이 화근이 됐다) 영국 외무부 미국 담당 책임자인 로버트 크레이기는 다음과 같이 썼다. "말이야 어떻든 간에, 영미 사이의 전쟁은 결코 상상할 수 없는 것이 **아니다**. 오히려, 두 나라 사이에는 과거에 국가 간 전쟁을 촉발했던 갈등 요소들이 모두 갖춰져 있다."[44] 비록 크레이기는 영국이 '확고함'과 '신중한 외교술'을 적절히 결합하면 미국과의 관계가 증진될 수도 있다고 주장하기도 했지만 그의 분석을 살펴보면 1924년 "세계를 가르는 기본적인 적대 관계는 미국과 영국 사이의 이해관계 충돌을 따라 형성된다"는 트로츠키의 주장이[45] 그릇된 판단만은 아니었음을 알 수 있다.

4.2.3 영토 확장

물론 영국은 독일과 두 번째 전쟁을 치르는 동안 결국 "미국에 휘둘리게" 됐다(4장 3절 1항 이하 참조). 이 시기에 경제적 경쟁과 지정학적 경쟁이 상호 강화하는 것임이 드러난 이유를 이해하려면 자본축적과 영토확장의 상호 관계를 더 면밀히 살펴봐야 한다. 레닌은 이러한 상호 관계를 자신의 제국주의론에서 중심으로 삼았다. 그는 "자본주의가 독점자본주의 단계나 금융자본주의 단계로 이행하는 것은 세계 분할을 둘러싼 갈등의 격화와 **연결돼** 있다"고 썼다.[46] 유럽의 식민지는 1860년 270만 제곱마일에 주민 1억 4800만 명에서 1914년 2900만 제곱마일에 주민 5억 6800만 명으로 늘어났다. 확장은 여기서 그치지 않았다. 오스만제국이 지배하는 중동 지역은 제1차세계대전 말에 가서야 영국과 프랑스에 의해 분할되기 시작했다. 식민지 점령으로 유럽의 해외투자가 크게 늘어나서 1862년 20억 파운드에서 1914년에는 440억 파운드가 됐다.[47]

이러한 수치의 중요성은 두 가지 방식으로 그 맥락을 살펴볼 필요가 있다. 첫째, 유럽의 영토 확장 정도를 제대로 가늠하려면 해외 영토의 병합이 아니라 기존 국가들의 국경이 확대된 경우들(특히 제정러시아가 중앙아시아와 아무르 지역까지, 미국이 동부 해안의 영국 식민지였던 13개 식민지를 발판으로 태평양에 닿은 서부와 리오그란데 강까지 확대한 경우)을 살펴봐야 한다. 개러스 스테드먼 존스는 다음과 같이 지적한다. "유럽 열강들의 특징인 정착형 식민주의가 미국에는 없었다고 안이하게 말하는 미국 역사가들은 미국 제국주의의 **국내** 역사 전체가 영토를 빼앗고 점령하는 거대한 과정의 역사라는 점을 감추고 있을 뿐이다. 미국이 '해외'의 영토를 장악하지 않은 이면에는 전례 없는 '본토'에서의 영토 장악이 있었다."[48] 둘째, 자본주의적 제국주의에 종속된다고 해서 반드시 공식적 합병이 수반되는 것은 아니었다. 존 갤러거와 로널드 로빈슨은 '자유무역 제국주의'라는 자신들의 유명한 테제를 내세우면서 예를 들어 라틴아메리카에서 빅토리아시대 영국의 비공식적 제국이 발휘한 영향력을 강조했다. 라틴아메리카에서는 영국이 정치적 힘과 해군력을 동원해, 법적으로 독립적인 국가들에 영국의 상업과 투자를 침투시킬 수 있었다.[49] 이와 비슷하게, 솔도 다음과 같이 쓴다. "1913년에 아르헨티나나 중국 일부 지역과 영국의 관계는 무역과 투자 면에서 캐나다나 카리브제도와 영국 간의 관계보다 더 밀접했다."[50] 그러나 경제적으로 통합된다고 해서 공식 합병처럼 정치적으로 종속되지는 않았다. 제국이 직접 군사 점령하거나 개입한 경우(예를 들어 이집트나 중앙아메리카 공화국들처럼)가 아니라면 주권을 유지한 국가들은 지정학적 경쟁이 격화하는 상황을 이용해 열강들을 서로 대립시켜서 상당한 운신의 자유를 누릴 수 있었다.

그렇다면, 공식 제국이든 비공식 제국이든 제국의 경제적 기능은 무엇이었는가? 그람시는 다음과 같이 쓴다. "자원이 풍부하고 이윤율 하락 경향이 드러나기 시작하는 시점에 도달한 유럽 자본주의는 수익을 창출하는 투자를 늘릴 수 있는 지역을 확대하는 것이 필요했다. 그래서, 1890년 이후 거대한 식민 제국들이 탄생했다."[51] 그람시가 말한 탄생 시점이 다소 늦기는 하지만 세계경제가 1873~96년에 흔히 말하는 대불황을 겪은 것은 사실이다. 아리기는 이 시기가 20세기 말의 '장기 침체'와 유사하다고 했고 두 시기 모두 경쟁의 격화와 상대적 정체가 뒤따랐다.[52] 크리스 하먼은 19세기 말 점차 상승하는 자본의 유기적 구성 때문에 수익성이 압박을 받았다고 말한다. 위기에서 벗어나기 위해 두 가지 다른 전략이 추구됐다.[53] 미국과 독일에서는 힐퍼딩과 부하린이 주목한 '조직 자본주의'의 창출에 기여한 합리화와 카르텔화 때문에 자본의 집적과 집중이 빨라졌다. 이 국가들은 허먼 슈워츠가 말한 '화학/전기 클러스터*'의 신기술에서 결정적으로 앞섰고, 예를 들어 자동차 산업에서 나타난 것과 같은 훨씬 큰 대량생산 체제의 발전을 촉진했다.[54] 반면에 영국은 산업혁명 시대에 발전한 분권적 기업 구조를 유지했지만 해외투자를 크게 늘렸다. 영국의 해외투자는 1870년 7억 파운드에서 1900년 20억 파운드, 1913년 35억~40억 파운드까지 늘어났다.[55] 1914년 이전까지 영국은 미국 제조업 수출이 성장하고 라틴아메리카에서 미국이나 독일과의 경쟁이 한층 거세지자 "인도와 새롭게 성장한 아시아와 아프리카의 나라들을 상대로 잉여를 늘리는 것"에 더욱 의지해야 했다고 솔은 주장한다.[56]

　　[그러나] 레닌이 때때로 강조한 것과 달리 자본을 수출해서 식민지 노

---

* 　비슷한 업종의 다른 기능을 하는 관련 기업, 기관들이 특정 지역에 모여 있는 것.

예들을 착취하는 것이 제국주의 동역학의 동인이었던 것은 아니다. 홉스봄은 다음과 같이 지적한다.

19세기 내내 유럽 전체 무역(수출과 수입을 합쳐)의 거의 80퍼센트는 다른 선진국들과 이루어졌다. 유럽의 해외투자도 마찬가지였다. 투자가 해외로 가더라도 대개는 주로 유럽인 후손들로 이루어진 정착민들이 거주하는 소수의 신흥 개발도상국(캐나다, 오스트레일리아, 남아프리카, 아르헨티나 등과 미국)으로 들어갔다.[57]

표 4.2 영국의 지역별 해외투자 패턴, 1860~1929년 (단위: 퍼센트)

지역	1860~70	1881~90	1911~13	1927~29
영국 제국				
전체	36	47	46	59
캐나다	25	13	13	17
남반구 영연방 자치령	9.5	16	17	20
인도	21	15	10.5	14
기타	3	3	5.5	8
라틴아메리카	10.5	20	22	22
미국	27	22	19	5.5
유럽	25	8	6	8
기타	1.5	3	7	5.5

출처: M. Barratt Brown, *The Economics of Imperialism* (London, 1974), pp. 190-1, table 17

표 4.2를 보면 이러한 패턴을 확인할 수 있을 뿐 아니라 고전적 제국주의 시대에 영국 투자가들에게 공식 제국의 중요성이 커지는 것도 확실히 알 수 있다. 인도의 경우는 특히 더 살펴볼 필요가 있다. 이 수치들만

보면 인도의 경제적 기능은 다소 과소평가된다. 이 점이 특히 중요한 이유는 현대의 일부 마르크스주의적 제국주의 이론가들이 영국령 인도제국을 비자본주의적 지배의 예시로 삼는 경향이 있기 때문이다. 예를 들어 우드는 다음과 같이 쓴다.

자본주의 국가들조차 20세기에 들어서도 식민지 세계를 지배하기에 충분히 강력하거나 방대한 경제적 동인들을 조직할 능력이 없었고 전자본주의 생산양식과 근본적으로 다르지 않은 '경제 외적' 지배 방식에 상당히 의존해 왔다. 인도에서 영국 제국이 보인 행태가 꼭 그런 경우다. 영국의 경제는 분명히 자본주의적이었고 사실 세계에서 가장 발전한 자본주의였다. 그렇지만 인도에서는 영국의 상업 제국이 아니라 공물을 징발하는 군사 독재가 들어섰다.[58]

하비가 "폐쇄적인 인도제국"을 언급하는 것을 보면[59] 이 평가를 지지하는 듯하다. 이 관점이 새로운 마르크스주의 통설이 되는 것을 막기 위해, 이것이 역사적으로 틀린 주장임을 강조해야겠다. 처음에 영국 동인도회사가 인도의 전통적 상업망에 뛰어들어 무굴제국의 쇠퇴를 이용하면서 성장했다는 것은 사실이다. 또, 동인도회사가 7년 전쟁(1756~63년)을 계기로 벵골을 지배하게 되면서 그 지위가 달라졌고, 1793년 영구 합의를 통해 자민다르(잉여 농산물 일부를 세금으로 징수한 세습 지주)를 자본주의적 지주로 변화시켜서 토지세 징수 체계를 개혁하려던 조처가 오히려 농촌의 전자본주의적 관계를 강화시켰다는 것도 사실이다.[60] 영국이 '식민지 유지비' 형태로 인도에서 징발해 간 공물과 더불어 인도를 상대로 한 무역 흑자, 투자에 대한 이자, 기타 유/무형의 이익은 영국이 인도 아대륙을 통치한 200년 동안 변함없었다.[61] 그러나 이러한 잉여수취 과정의 성격과 의미는 크게 달라졌다. 이르판 하빕의 지적대로 "약 1800년부터 1850년까지 식민의 목적은 인도의 상품을 차지하는 것에서 인도의 시장을 차지하는 것으로 변했다. 그 변화로 인도 내 상업과 해외 무역에 대한 동인도회사의 독점권이 쓸모없게 됐을 뿐 아니라 명백히 자유무역이 필요해졌다."[62] 섬유 산업을 중심으로 하는 영국 산업자본주의의 발전으로 인도는 자국 제품의 수출국으로서가 아니라 영국 제품의 수입국으로서 중요해졌다. 경제적 경쟁과 정치적 개입으로 인도의 섬유 산업은 무너졌다(표 4.1 참조). 1813년과 1833년에 동인도회사의 특허장이 수정되면서 회사의 독점권은 사라졌고 동인도회사는 1857년 인도 병사들의 반란 후에 해체됐다. 확실한 비마르크스주의 역사가 P J 케인과 A G 홉킨스는 다음과 같이 말한다.

영국의 수출 산업은 인도에 대한 영국의 지배가 확대되면서, 특히 1858년 동인도회사의 지배에서 영국 정부의 직접 지배로 변하면서 크게 이득을 얻었다. … [인도에 대한] 영국 지배의 온전한 가치는, 즉 18세기에 처음 이루어진 정치적 투자의 대가는 19세기 후반에야 실현됐다. 인도는 랭커셔 면직물의 필수적인 시장이 됐고, 던디의 황저포 제조업자들과 셰필드의 철강업자들 같은 전문화된 분야도 인도 아대륙에서 이해관계가 크게 늘어났다.[63]

따라서, 하비가 "폐쇄적인 인도제국"이라고 언급한 것은 특히나 적절하지 못하다. 자유무역은 인도가 영국산 공산품 수입 시장 구실을 넘어서지 못하게 하는 데 필수적인 제도적 조건이었다. 영국령 인도 정부에 재정 정책의 자율성이 주어진 1919년 이후에야 비로소 관세가 도입돼 영국 섬유 수출업자들이 심각한 타격을 입었다.[64] 영국 강점기의 마지막 수십 년 동안에 인도의 보호무역주의가 강화된 것은 1870년대 이후로 황저포와 직물 같은 공산품을 생산하는 인도의 현대식 공업이 발전한 것의 반영이었다. 이것은 아시아에서 자본주의적 공업화의 시작을 보여 주는 사례의 하나다. 중국과 일본에서도 자본주의적 공업화가 비록 서구의 지배라는 틀 안에서 시작되기는 했지만 아시아 내부 무역으로 촉진되고 토착 상인들과 이주민들의 네트워크에 의해 탄력을 받았다.[65] 인도에서 이 과정은 보호무역주의를 지지하는 압력을 만들어 냈지만 이는 또 영국 자본주의에도 매우 직접적인 이익이 됐다. 1890년대와 1900년대에 국제적 경쟁이 격화하면서 영국은 캐나다와 오스트레일리아 같은 자치령 식민지에서조차 경쟁국들에 밀려났지만 인도 아대륙에 대한 정치적 지배를 통해 인도 시장은 계속 지배할 수 있었다. 게다가 미국, 유럽 대륙, 동아시아에 대한 인도의 무역수지 흑자가 늘어나면서 영국은 인도 이외의 국가와의 무역에서 늘어나는 무역수지 적자를 보전할 수 있었다(표 4.3 참조). 솔은 다음과 같이 쓴다.

[영국의] 무역수지 패턴에서 인도와의 무역이 차지하는 중요성은 결코 지나칠 수 없다. 한편으로 인도는 영국이 수출한 면직물을 비롯한 여러 수출품과 서비스들을 막대하게 소비할 뿐 아니라 다른 한편으로 거대 공업국들의 시장에 쉽사리 접근할 수 있는 공산품, 원료, 식품 등 다양한 수출 산업이 있었다. 비록 인도는 다른 영국령 국가들보다 영국 시장 의존도가 그리 크지 않았지만 말이다.[66]

표 4.3 인도의 무역수지와 금괴수지 (단위: 연평균 100만 파운드)

	1880/81∼1882/83	1894/95∼1896/97	1911/12∼1912/14
영국	−10.7	−13.3	−52.3
유럽의 공업국들	+10.3	+9.9	+32.6
중국과 일본	+8.0	+7.4	+18.6
미국	+0.25	+0.8	+1.8
총계	+15.3	+16.2	+20.1

출처: S.B. Saul, *Studies in British Overseas Trade 1870∼1914* (Liverpool, 1960), p. 204, table LIX

4.2.4 군사적 경쟁과 국가자본주의

헤게모니 국가가 공식적이든 비공시적이든 자기 제국에서 경제적 이득을 얻었다는 사실은 어째서 다른 선진 자본주의 국가들이 헤게모니 국가를 따라 영토 확장의 길로 들어섰는지를 설명해 준다. 20세기에 들어서 독일의 많은 관리, 지식인, 기업인들은 영국·프랑스·미국·러시아가 지배하는 배타적인 보호주의적 제국들이 세계를 분할하고 나면 독일은 수출 시장과 원료 공급원을 잃을 수도 있다는 두려움에 사로잡혔다. 이들은 이에 대한 두 가지 대책 가운데 어느 것이 더 좋은지를 두고 분열했다. 하나는 독일도 나름대로 식민 제국을 건설하는 것이었다. 그러면 독일은 영국이나 프랑스와 충돌할 수도 있었다. 다른 하나는 독일의 세력권을 구축하는 것이었다. 어쩌면 독일 산업계의 로비스트이자 국민자유당 지도자였던 구스타프 슈트레제만이 1913년에 쓴 대로 중부 유럽과 동유럽에서 "원료 확보와 수출을 보증할 배타적 경제 구역"을 확보하는 것도 세력권 구축의 한 방법일 수 있었다. 그리 되면 러시아와, 나아가 러시아의 동맹인 프랑스와 충돌할 수도 있었다. 어느 전략을 선택하든 군사적 결론이 뒤따랐다. 전자를 선택하면 세계 최상급 해군을 양성해야 했고, 후자를 선택하면 이미 막강한 독일 육군을 더욱 확대해야 했다. 사실상, 카이저 빌헬름 2세(재위 1888~1918년)가 통치하는 독일제국은 두 가지 선택 사이에서 동요했고 그 과정에서 영국·프랑스·러시아의 적대감을 불러일으키고 그래서 삼국이 한데 뭉치게 만들었다. 물론 제1차세계대전의 기원은 복잡하기로 악명높고, 독일 산업계 내에서도 개방된 세계경제에 독일이 지속적으로 통합되길 원해서 어느 쪽 전략에도 반대했던 부문(예를 들어 해운업)이 언제나 있었다. 그러나 일단 독일이 북해를 사이에 두고 영국 맞은편에 함대를 건설하기로 선택하자 양국 사이의 충돌은 조만간 일어날 가능성이 높아졌다.[67]

　제1차세계대전 동안 독일이 군사적으로 성공을 거두자 중부 유럽에 공식 제국 수립을 주창했던 사람들의 꿈이 잠시 실현될 수 있었다. 동맹국*이 1918년 3월 볼셰비키 공화국에 강요한 브레스트리토프스크 조약으로 러시아는 인구의 3분의 1, 영토의 2분의 1, 석탄의 10분의 9를 빼앗겼다. 핀란드, 미래의 발트해 연안 국가들, 폴란드, 벨라루스, 우크라이나는 공식이든 비공식이든 독일의 수중에 떨어졌다. 물론 이러한 성공은 잠시뿐이었지만 아브너 오퍼가 탁월한 연구서에서 보여 주었듯이 1918년 독일의 군사적·정치적 붕괴는 영국에게 제국의 중요성을 새삼 일깨웠다. 영국과 독일은 유럽에서 가장 공업화한 양대 열강으로 20세기 초부터 식량과 원료 수입에 상당히 의존하는 대단히 전문화한 경제를 발전시켰다. 그러나 영국에는 결정적 이점이 있음이 드러났다. 영국은 이러한 상품들을 제공할 수 있는 광대한 제국을 지배했고 우월한 해

---

* 제1차세계대전 때 연합국에 맞서 함께 싸웠던 독일, 오스트리아·헝가리 등의 나라들.

군 덕분에 자국의 해상 항로를 보호함과 동시에 독일이 수입하려는 식량과 원료를 차단할 수 있었다. 따라서 경제적 전쟁을 위한 계획은 1914년 이전 영국의 [전쟁] 대비의 중요한 일부였다. 식량과 원료를 둘러싼 다툼이 독일의 패배에 중요한 요소가 된 이유는 영국이 동맹국들을 봉쇄한 여파 때문이기도 했고, 대서양에서 독일 잠수함들의 공세로 미국이 참전하고 따라서 전황이 삼국협상 측에 유리하게 기울었기 때문이기도 했다.[68] 물론 세계대전이 끝났다고 해서 원래 전쟁을 낳은 갈등이 제거되지는 않았다. 가장 근본적으로, 독일이 세계 열강의 지위에 오른 것 때문에 유럽 중심의 국가 체제가 불안정해진 것은 여전했다. 더욱이, 케인과 홉킨스가 지적하듯이 "1914년 이후 시기의 특징은 '주인이 없는' 나머지 지역들, 특히 남아메리카와 중국을 두고 벌어진 제국주의 국가들 사이의 격렬한 다툼이었다." 영국은 양차 대전 사이에도 두 지역에서 가장 큰 외국인 투자자였다. 당시 영국의 경제구조는 기업을 중심으로 마침내 상당한 수준의 집중화를 달성했다. 또 영국의 국가 관리들과 기업인들은 미국과 독일에 맞서, 극동 아시아에서는 일본의 도전에 맞서 기득권을 유지하려고 분전했다.[69]

바이마르공화국(1919~33년)이 잠시 안정을 누리던 1920년대 중반 독일의 영향력 있는 인물인 슈트레제만은 1945년 이후 콘라트 아데나워가 채택한 전략을 예고라도 하듯 비슷한 전략을 추구했다. 독일을 세계 경제에 다시 통합해서, 특히 미국 [시장]을 지향해서 독일의 힘을 재건하겠다는 것이었다. 그러나 애덤 투즈가 (다소 시대착오적으로) '범(汎)대서양주의' 전략이라고 부른 이 구상은 1929년 10월 자본주의 역사상 가장 혹독한 경제 불황이 닥치면서 산산조각났다.[70] 금융 위기가 확산되면서 특히 양대 공업국, 미국과 독일의 공업이 심각하게 몰락했다. 두 나라에서는 1902년대의 투기적 거품이 낮은 수익성을 가리고 있었음이 드러났다. 게다가 세계시장이 분열되면서 국제무역이 심각하게 위축됐고 선진국들은 정치군사적 힘을 사용해 보호무역 블록들을 형성해서 개별 경제를 유지하고자 했다. 십중팔구 결정적 조처는 영국에서 1931년 8월에 구성된 보수당 주도의 연립정부가 금본위제에서 처음으로 탈퇴한 것과, 1년 뒤 오타와 회의에서 영연방 자치령들이나 인도와 협상해서 제국 특혜관세 제도를 도입한 것이었다. 결과적으로 국제적 경제 통합의 정도는 1914년 이전의 수준보다 현저히 낮아졌다(표 4.4 참조).[71]

표 4.4 GDP 대비 상품 무역의 비율

	1913	1950	1973	1995
프랑스	35.4	21.2	29	36.6
독일	35.1	20.1	35.2	38.7
일본	31.4	16.9	18.3	14.1
네덜란드	103.6	70.2	80.1	83.4
영국	44.7	36	39.3	42.6*
미국	11.2	7	10.5	19

* 1994년 수치
출처: P. Hirst and G. Thompson, *Globalization in Question* (2nd edn, Cambridge, 1999), p. 27, table 2.3

부하린의 가장 중요한 통찰 하나는 군사적 경쟁과 국가자본주의화 경향이 서로를 강화한다는 분석이었다. 그는 제1차세계대전 동안 제국주의론을 발전시키면서 이 점을 강조했다. "전쟁은 생산력의 엄청난 파괴를 동반할 뿐 아니라 자본주의의 내적 발전 경향을 유별나게 확산시키고 강화한다."[72] 그러한 강화는 두 가지 방식으로 이루어졌다. 대공황으로 경제 활동의 국가화가 획기적으로 진전됐다. 그러한 변화는 자유민주주의 국가(프랭클린 루스벨트의 뉴딜 정책, 영국 연립정부의 제조업·농업의 국유화와 카르텔 확대)에서 '전체주의적' 독재 국가(스탈린 치하 러시아의 5개년 계획과 이를 모방한 독일 나치와 일본 제국)까지 걸쳐 있었다. 1930년대 초 소련에서 등장한 관료적 국가자본주의 체제는 이 일반적 과정의 가장 극단적인 경우였다.[73] 그러나 국가자본주의는 대공황의 해결책이 되지 못했다. 오히려 열강들이 경제적 자립을 추구하면서 열강들 사이의 갈등만 악화했다. 왜냐하면 식민지 시장이나 원료를 미처 확보하지 못한 열강들에게는 국제 자원에서 더 많은 몫을 차지하려고 군사적 수단들(국가자본주의 정책 덕분에 전보다 증강된)을 이용할 강력한 유인이 생겼기 때문이다. 1939~45년의 총력전을 위한 동원은 모든 교전국들에서 경제의 국가 통제가 더욱 늘어나는 결과를 낳았다.[74]

투즈는 다음과 같이 쓴다. "늦어도 1936년이면 독일이 경제를 아무리 잘 관리해도 현재의 국경 안에서 [식량 — 캘리니코스]의 자급 등을 달성하는 것은 거의 불가능하다는 점이 아주 분명해졌다. 특히 독일 정권이 기존의 생활수준을 유지하고 독일 농업의 기존 구조를 온존시키려 한다면 그것은 더욱더 불가능했다." 더 넓은 차원에서는 재무장 정책을 통해 추진된 경기회복이 원료와 외환 부족으로 한계에 부딪히고 있었다. 투즈는 1939년 가을 전면전을 유발한 히틀러의 결정에는 독일의 국제수지 적자가 심각해지고 있었고 마침 독일 군대가 진격하기에 좋은 타이밍이었다는 두 가지 변수를 고려한 단기적 계산이 깔려 있었다고 한다(물론 그뿐 아니라 '국제 유대인계'의 양대 축인 소련과 미국을 상대로 숙명적인 인종 투쟁을 벌인다는 히틀러의 전략적 구상도 깔려 있었다). 마찬가지로, 히틀러는 1941년 6월의 소련 침공을 제3제국이 영국과 그 후원국인 미국을 공격할 자원을 확보할 수 있는 '경제적 정복을 위한 원정'으로 이해했다. 독일 군부의 전략가들은 우크라이나의 곡물을 독일이 차지하면 '3000만 명에 이르는 슬라브인과 유대인'이 기아로 죽을 것(히틀러가 말했듯이)이라고 추정했다.[75] 정치는 명백히도 이 인종차별적 제국주의의 대량 학살 계획에서 중심을 차지했다. 1937년 이후 4개년 계획국은 괴링의 감독 아래서 경제에 대해 점차 많은 지시를 내렸고 국가 소유의 기업집단인 헤르만괴링 제국공장은 전리품으로 빼앗은 공업 자산을 두고 사적 자본과 경쟁했다.[76]

그러나 나치의 중동부 유럽 침공은 독일 자본의 주요 부문들의 이해와도 일치했다. 볼커 버건은 대공황의 여파로 독일 자본의 주요 부문들 사이에서 "경제 블록 건설이라는 발상이 … 강력히 부활했다"고 쓴다. 거대 화학 기업인 이게파르벤의 총수 카를 두이스베르크는 1931년 11월 다음과 같이 말했다. "보르도에서 소피아에 이르는 단일한 경제 블록만이 유럽의 세계적 위상을 지켜주는 척추가 될 수 있다."[77] 독일이 1914년 이전에 화학과 함께 전기공학 분야에서 유럽의 선두 주자였다는 점은 19세기 말까지 독일에서 발전한 첨단 산업자본주의의 징표였다. 1920년 대에 이 부문의 회사들은 전통적인 수출 지향적 전략들을 되살리려 했다. 철강업이나 석탄 산업과 달리 이들은 보호무역주의에 관심이 없었다. 그러나 공황이 닥치자 파르벤, 지멘스, 아에게(전기회사)는 유럽 전역을 바탕으로 하는 카르텔화를 추진했다. 1933년 이후 파르벤은 국가가 지배하는 국내시장에 점차 의존하는 처지에 놓였다. 이 때문에 이들은 점령된 유럽 지역의 화학 산업을 자신들이 지배하게 해 달라고, 그리고 아우슈비츠에 있는 나치 친위대(SS) 강제수용소에 복합 화학 공장을 짓도록 승인해 달라고 나치에 요청했다. 또 다른 선진적 산업인 자동차 제조업에서 나치는 독일의 주요 기업들(나치가 설립한 폴크스바겐, 다임러, 베엠베, 포르쉐, 만)에게 유리하고 포드와 제너럴모터스 같은 해외 기업에는 불리한 제도를 고수했다. 이는 전후에 독일연방공화국도 대체로 계승한 정책이다.[78]

상황이 상당히 다르지만, 1930년대에 일본 제국주의 또한 시장과 원료를 확보하는 수단으로 마찬가지의 군사적 팽창을 추구했다. 1868년 메이지유신으로 위로부터의 혁명이 추진되면서, 이미 높은 수준의 전자본주의적 공업 발전을 이룩했던 사회의 자본주의적 현대화가 촉진됐다. 이것이 비교적 성공하면서 1890년대에 이르면 일본은 동아시아의 맹주 중 하나가 됐다. 당시 동아시아는 1830년대와 1840년대에 중국에 비공식 제국을 강요한 영국의 지배를 받았다. 20세기 초에 영국은 1899~1900년 미국 국무장관 존 헤이가 제창한 중국의 문호개방정책과, 외세 열강들이 청나라에서 강제로 얻어낸 개항지를 비롯한 각종 조차지 체제 사이에서 균형을 찾고자 했다. 1894~95년의 청일전쟁에서 승리한 일본은 문호개방정책을 인정하고 1902년 영국과 동맹을 맺음으로써 이 체제에 합류하고자 했고 덕분에 1904~05년 러일전쟁에서 승리할 수 있었다. 이 정책으로 일본은 조선, 타이완, 만주 지역을 지배할 수 있게 됐다. 그러나 1920년대에 러시아와 중국의 혁명, 태평양에서 일본의 세력 확장을 적대시한 미국의 태도, 그리고 대공황의 여파로 이 정책은 파탄났다. 1931년 만주 합병과 1937년 중일전쟁의 발발 같은 군사적 팽창에는 5개년 계획(1937~41년)의 틀 속에서 통합적인 제국 경제를 구축하려는 시도가 뒤따랐다. 통합된 제국 경제에서는 조선, 타이완, 만주 지역이 일본의 시장이자 식량, 원료, 단순한 공산품의 공급자 구실을 하도록 돼 있었다. 제2차세계대전이 발발하자 일본은 동남아의 영국, 네덜란드, 프랑스 식민지들로 뻗어나갈 기회를 얻었다. 이 지역은 유럽의 식민지 본국 정부들이 전쟁에 휘말린 덕분에 매우 방비가 허술해진 지역이었고 석유와 고무 같은 핵심 원료가 있는 곳이었다. 영국이 점차 미국에 의존하면서 주도권은 루스벨트 정부로 넘어갔고 1941년 7월 일본이 인도차이나를 점령하자 미국은 일본에 석유 금수 조처를 취했다. 일본 외무장관인 테이지로 도요타는 다음과 같이 썼다. "당장 일본 제국은 영국과 미국이 참여하고 주도하는 포위망이 점차 조여드는 것을 분쇄해야 한다. 잠든 척하는 교활한 용처럼 행동해야 한다." 말레이반도와 인도네시아의 원료로 통하는 길과 함께 진주만으로 가는 길이 열린 것이다.[79]

4.2.5 인종과 제국

제2차세계대전은 인종차별의 분출로 얼룩졌다. 유럽의 유대인을 절멸하려던 나치의 시도가 이 현상의 가장 집중적이고 극단적인 사례였지만, 태평양 전쟁에서도 양 진영 모두 잔인하고 인정사정 없는 전쟁을 정당화하려고 인종차별 이데올로기를 동원했다. 이것의 절정은 미국이 일본 본토를 무차별 폭격하고 히로시마와 나가사키에 핵폭탄을 투하한 것이었다.[80] 인종차별은 양 진영 국가 운영자들의 머릿속에 깊이 스며들었다. 1942년 10월 루스벨트 정부에서 아마도 탈식민주의를 가장 열렬히 옹호했을 사람인 국무부 차관 섬너 웰스는 어느 위원회에서 "검둥이는 가장 열등한 인류"라고 말했다.[81] 현대 제국주의의 성립에서 인종의 구실은 탈식민주의 학자들에게 면밀한 탐구의 대상이었다. 이들은 식민지 지배자와 피지배자 들이 어떻게 담론적 실천과 이데올로기적 표상을 통해 그들 사이의 관계를 규정하는지를 탐구한다. 그러한 연구는 광범하고 복잡한 분야, 그러나 어떠한 제국주의 담론도 비껴갈 수 없는 분야를 파고들었다. 앞서 본대로, 인종차별 이데올로기가 19세기 말에 어찌나 만연했던지 홉슨처럼(1장 3절 참조) '신제국주의'를 강력히 비판하는 사람의 담론에조차 스며들었다. 실제로 현대의 인종차별(특정 집단의 구성원들이 타고났다고 여겨지는 특징을 근거로 그 집단 전체를 차별하는 것)은 자본주의가 형성되는 역사적 과정에서 등장했으며, 특히 신세계 플랜테이션 경제에서 체계적으로 발전한 노예제 때문이었다고 볼 만한 강력한 근거가 있다. 초기에 북아메리카와 카리브제도의 영국 식민지들은 백인 연한(年限)계약노동자(indentured servant)들의 노동에 의지했다. 이들은 유럽에서 공짜로 오는 대가로 3~7년 동안 노예나 다름없이 특정 고용주를 위해 일하는 것에 동의했다. J H 엘리엇의 지적대로 "영국령 아메리카의 인구 늘리기와 개발을 위해서는 부자유 백인 노동이 필수적이었다. 17세기에 체서피크 만으로 이민을 한 정착민의 75~85퍼센트는 연한계약노동자들이었다. 아마 17세기 동안 아메리카의 영국 식민지로 온 이민자의 60퍼센트는 모종의 노동계약을 맺고 이주했을 것이다."[82]

'자유인으로 태어난 영국인'으로서 자유를 누리다 신세계로 와서는 노예나 다름없이 일하면서 다시 자유를 갈망하는 이 노동자들을 관리하기가 쉽지 않았던 데다 재산으로 삼을 수 있는 아프리카 노예들의 공급이 늘어나자(그래서 노예 가격이 하락했다) 1680년대부터 농장주들은 담배나 설탕 같은 식민지 재배 작물 시장의 성장에 맞춰 점차 아프리카 노예노동을 이용하는 것으로 전환했다. 이것이 아프리카인들, 그리고 다른 비백인 '인종들'이 선천적으로 유럽인보다 열등하다는 사고가 자리 잡게 된 배경이었다. 특정 집단이 태생적으로 열등하다는 믿음은 비록 근대 이전에도 존재했지만, 전자본주의 사회에서 이런 믿음은 별로 두드러지지 않았다. 전자본주의 사회에서는 가시적이고 체계적이고 정당하게 자리 잡은 불평등이 일반적이었고 이는 그 사회가 잉여노동의 강제 수취에 의존함을 보여 줄 뿐이었다. 이러한 위계적 사회에서 노예는 수많은 불평등한 지위 중 하나였다. 따라서 특별히 설명이 필요 없었다. [그러나] 자유로운 임금노동의 착취에 의존하는 자본주의 사회에서는 그렇지 않다. 자본주의의 지배를 확립한 위대한 부르주아 혁명은 자유와 평등의 깃발을 내걸었다. 1776년 7월 4일 미국독립선언의 본문은 유명한 다음의 문장으로 시작한다. "우리는 다음과 같은 사실을 자명한 진리로 받아들인다. 모든 사람은 평등하게 태어났고, 모든 사람에게 창조주는 몇 가지 양도할 수 없는 권리를 부여했고, 그 권리 중에는 생명, 자유, 행복 추구가 있다."[83] 물론 이 구절은 버지니아주의 노예소유자인 토머스 제퍼슨이 썼다. 역설적인 것은 바로 자유로운 임금노동의 착취를 수반하는 자본주의가 앞서 살펴본 대로 산업혁명 이후 결정적으로 중요한 발전 단계들을 거치는 동안 인종차별적인 노예제에서 막대한 이득을 얻었다는 것이다. 노예노동에 대한 이러한 의존은 설명이 필요한 변칙이었다. 흑인이 열등한 인간이며 따라서 인간의 권리로 점차 인정되는 평등한 존중을 받을 가치가 없다는 인종차별주의의 득세는 바로 이러한 상황을 배경으로 한다. 바버라 필즈는 '인종차별 이데올로기'가 특히 미국 남부의 백인 '요먼 계층'(소농이나 장인인 이들은 남북전쟁 이전 남부 인구의 거의 3분의 2를 차지했는데 대개는 노예를 소유하지 않았고 플랜테이션 농장주한테서 정치적·경제적으로 독립적인 권리를 추구했다) 사이에서 확고해졌다고 주장한다.

인종차별 이데올로기는 자유와 천부 인권이라는 급진적 신조에 바탕을 둔 공화국에서 주민들에게 노예제 존립의 필요성을 설명하는 수단이 됐다. 중요한 것은 그 공화국에서는 그런 신조가 소수를 제외한 모든 사람들에게 똑같이 적용되는 듯했다는 것이다. 자유의 부정이 유럽계 미국 사회의 가장 둔감하고 무비판적인 사람들에게조차 명백한 변칙으로 보이게 됐을 때 비로소 인종차별 이데올로기가 나타나서 체계적으로 그 변칙을 설명했다.[84]

이와 비슷하게, 피터 프라이어는 18세기 영국에서 인종차별이 "대체로 방어적인 이데올로기(재산, 생활 방식, 권력이 점차 위협받는 계급의 무기)"로 출현한 과정을 보여 주었다.[85] 인종차별 이데올로기를 가장 영향력 있게 설파한 초기 저작인 《자메이카의 역사》(1774)의 저자 에드워드 롱 같은 저술가들은 노예무역뿐 아니라 노예제 자체도 폐지하라는 정치적 압력의 증대에 맞서 카리브해의 농장주와 상인들을 옹호하려 했다. 물론 인종차별 이데올로기는 노예제 폐지 이후에도 살아남았으며 19세기에는 이론적으로 정교해지기까지 했다. '순화'된 다윈의 자연선택설과 경제적 경쟁에 대한 자유주의적 개념을 한데 합쳐 진화생물학으로 인종을 설명한다는 사이비 과학이 등장해 20세기 중반까지 사람들의 세계관에 영향을 끼쳤다.[86] 고전적 제국주의라는 상황도 인종차별 이데올로기의 이러한 체계화를 설명하는 데 도움이 된다. 첫째, 무척 단순하게도, 생존 투쟁의 결과로 인종의 위계가 결정됐다는 관념은 유럽 식민주의뿐 아니라 열강 간 경쟁 격화도 정당화하는 데 도움이 됐다. 둘째, 19세기 세계경제에 남반구가 농산물과 원료 공급자로 통합되면서 강제 노동은 다양한 형태로 살아남았다. 인도 출신 연한계약노동자들이 영국 제국의 플랜테이션 경제에서 일하려고 세계 곳곳으로 이주한것, 식민지 농민에게 가옥세와 주민세와 환금작물 생산 의무를 부과해서 시장을 위한 생산을 강요한 것, 남아프리카의 농업·광산 자본과 나중에는 제조업 자본의 필요에 부응하도록 발전한 이주 노동 시스템과 흑인 이주 제한법 등이 그러한 예다. 20세기 남아프리카공화국의 인종 격리와 아 파르트헤이트는 고전적 제국주의 아래서 노동 억압과 인종 지배가 가장 강렬하게 융합된 사례였지만, 다른 식민지에서도 어디서나 비슷한 요소 들을 찾아볼 수 있었다.[87] 셋째, 자본주의가 전 세계의 지배적인 체제가 되면서 엄청나게 많은 사람들의 이주가 일어났다. 19세기에만 4400만 명의 유럽인(아메리카, 오스트레일리아, 남부 아프리카의 정착 식민지들 로 이주한)과 거의 5000만 명의 인도인과 중국인이 이주했다. 또한, 아 일랜드나 폴란드의 농민들이 공업 중심지들에 싼 노동력을 제공했듯이, '주변부'에서 '중심부'로 이주가 시작돼 현대 세계의 중요한 특징이 됐다. 그렇게 해서 형성된 도시 노동계급 내에서는 노동자들 사이의 경제적 경 쟁이 문화적 차이와 맞물려 인종적 분열이 나타날 수 있게 됐고, 그 결 과 나치를 경험하고 제2차세계대전 후 식민지 제국들이 몰락한 덕분에 생물학적 인종차별주의가 신용을 잃은 뒤에도 인종차별은 살아남았다.[88]

4.3 초강대국 제국주의(1945~91년)

4.3.1 문호개방 제국주의

볼커 버건은 다음과 같이 썼다. "경제적 관점에서 보면, 그리고 용납 할 수 없는 히틀러의 인종차별 이데올로기와 세계적 충돌의 권력정치 차원을 제외하고 보면, 그 전쟁[제2차세계대전]은 세계경제를 조직하는 두 가지 상반된 견해, 즉 자급자족 진영 대 문호개방 진영 사이의 거대 한 투쟁이었다."[89] 그 전쟁의 승자는 대체로 문호개방 진영이라고 할 수 있었다. 역사적으로 문호개방은 단지 중국을 겨냥한 외교정책에 그치지 않고 1890년대 이후 미국의 세계 전략의 근간이 됐다고 주장한 사람은 윌리엄 애플먼 윌리엄스였다. 윌리엄스는 헤이가 1899~90년에 작성한 문호개방 정책 관련 문서들을 논평하면서 다음과 같이 썼다. "문호개방 정책은 브룩스 애덤스가 '미국의 경제적 절대 우위'라고 부른 것을 전제로 미국의 우월한 경제력이 전통적 식민주의의 비효율적이거나 당혹스러운 방식에 의존하지 않고도 미국식 체제를 전 세계로 확대할 수 있게해 주는 조건을 확립하기 위해 고안된 것이었다." 그래서 "헤이는 1899년 9월 6일 작성한 첫번째 문서에서 미국 기업들이 중국 영토 내(**외국 열강들의 세력권을 포함해서**) 어디서나 '통상과 항행 조건에서 완벽하게 평등한 대우를 받아야 한다'고 역설했다."[90] 그렇다면 이 문서는 자본축적이 정치적·영토적 경계를 뛰어넘어 초국적으로 확장돼야 한다는 관념을 구체화한 셈이다. 이런 관념의 확산을 부추긴 것이 현실적 고려 사항들(특히, 1898년 미국·스페인 전쟁 후에 미국이 필리핀을 식민지로 직접 지배하면서 겪은 안 좋은 경험)이었다면, 그 관념이 이데올로기적으로 표현되는 과정의 결정적 단계는 1917~19년에 대통령 우드로 윌슨이 14개 조항을 발표하고 파리강화회의에 개입했을 때였다. 당시 윌슨은 러시아 혁명으로 도전받던 기존 질서를 수호하려 하면서, 세계 평화와 번영의 틀로서 자유민주주의와 자유 시장 자본주의를 제시했다. 그래서 닐 스미스는 다음과 같이 썼다.

당시 우드로 윌슨을 필두로 한 미국의 자유주의적 국제주의자들이 탁월했다는 점은 … 유럽의 자본축적이 지리학과 경제학의 결합으로 뒷받침되는 상태가 필연적이지는 않다는 것, 다가오는 시대는 다른 방식으로 조직될 수 있다는 것, 영토 확장과 경제성장의 분리가 미국의 국익과 잘 들어맞는다는 것을 암묵적으로 인식했다는 점이다. … 자본축적이 점차 국경선과 국내시장의 수준을 넘어서게 되고 새로운 식민주의가 더는 실행 가능하거나 타당하지 않게 되면서, 미국의 국제주의는 새로운 시장에 대한 정치적·군사적 직접 지배와 경제성장을 서로 분리시키는 역사적 위업을 달성했다.[91]

이렇게 식민지를 거느리지 않은 제국주의 모델이 전례가 없는 것은 아니었다. 영국이 라틴아메리카와 극동 지방에서 건설한 비공식적 제국이 이미 그런 선례를 보여 주었다. 그러나 미국식 제국주의의 토대는 영국 헤게모니의 특징인 분산된 초국적 네트워크들과는 사뭇 다른 종류의 자본주의였다. 즉, 미국의 강점은 관료적으로 경영되는 문어발식 기업들로 조직된 대량생산 산업들이, 태평양과 대서양 덕분에 다른 주요 경제·정치 권력의 중심지들과 단절된 대륙 경제에 물자를 공급한다는 데 있었다.[92] 역설이게도, 강력한 공업의 힘과 상대적인 지정학적 고립의 이런 결합 덕분에 미국 자본주의는 다른 지역의 영토를 지배하는 공식적인 제국을 건설하지 않고도 세계적 헤게모니를 확립할 수 있었다. 그러나 이를 위해서는 유라시아의 주요 지역들에 계속 정치적으로 개입해야 할 뿐 아니라 대규모 군사력도 투입해야 한다는 것이 드러났다. 파리강화회의를 이용해서 국제연맹을 중심으로 한 초국적 자유 자본주의 질서를 제도화하려 했던 윌슨의 노력이 실패로 끝났다는 것은 유명하다. 결정적 이유는 윌슨이 프랑스에게는 독일의 부활을 억제해서 프랑스의 안전을 확실히 보장해 주겠다고 약속하면서 그와 동시에 미국의 정치 엘리트들에게는 장차 유럽에서 전쟁이 일어나더라도 미국은 참전하지 않겠다고 보증하는 타협을 달성할 수 없었기 때문이다.[93]

그러나 신화와 달리, 베르사유 조약의 와해 때문에 미국이 고립주의로 후퇴한 것은 아니었다. 오히려, 1921년부터 1933년까지 집권한 미국 공화당 정부는 중앙은행·투자은행 네트워크(특히, 뉴욕 연방준비은행, JP모건 그룹, 대서양 건너편의 영국은행을 포함하는)와 긴밀하게 협력하는 전략을 일관되게 추진했다. 그들의 목표는 미국이 제1차세계대전 후 세계의 주요 채권국으로 떠오르면서 얻게 된 영향력을 이용해서 유럽 자본주의를 다시 안정시키고 재건하는 것이었다. 이런 계획의 직접적 초점은 유럽의 연합국들이 미국에 진 전쟁 부채와 베르사유 조약으로 독일에 강요된 막대한 전쟁 배상금 조정 문제(미국의 주요 개입 사례 두 건, 즉 1924년의 도스(Dawes)안과 영(Young)안의 목표가 그것이었다)라는 뜨거운 쟁점들을 다루는 것이었지만, 특히 미국의 핵심 인물 중 한 명이었던 허버트 후버(상무장관과 대통령을 잇따라 지냈다) 같은 사람들에게는 더 장기적인 목표(1940년대에 미국의 유럽 정책에 다시 등장하는)도 있었다. 그것은 마이클 호건이 "미국식 정치경제"라고 부른 것을 유럽이 받아들이게 하려는 것이었다.

미국식 정치경제는 자율적인 경제 집단들 위에 세워졌고, 서로 협력하는 민·관 엘리트들이 이끄는 정상적인 시장기구들과 조정 기관들에 의해 통합됐고, 적극적인 정부 권력에 의해 육성되면서도 제한됐고, 경제성장의 결실을 누구나 공유할 수 있도록 조직됐다. 이런 노력들은 지역적이고 분리된 19세기의 정치경제와 결부된 구식 전통들(개인주의·사유재산제·경쟁을 포함하는)을, 국민국가 수준의 규모의 경제, 관료적 계획, 행정 규제를 특징으로 하는 20세기의 조직 자본주의 추세와 결합시켰다.[94]

유럽 자본주의를 미국의 구상대로 재건하려는 미국의 노력은 1929년 10월 월스트리트가 붕괴하기 전에도 이미 압박을 받고 있었다. 그것은 영국과 미국 사이의 긴장 고조, 독일로 대거 유입된 미국 단기자본의 파괴적 영향 때문이었다. 대공황이 시작되면서, 특히 영국이 금본위제와 자유무역을 포기하고 (1934년 미국에 전쟁 부채 상환을 거부하고) 난 뒤에 미국의 프로젝트는 산산조각났다. 호건은 다음과 같이 썼다. "민간에 기반한 협력적 다자주의라는 낙관적 구상은 어려운 시절의 곤경을 극복하는 데는 아무 도움이 안 됐다."[95] 뉴딜은 후버가 주창한 기업 자본주의 모델에 새로운 변화를 가져왔고, 키스 판데르페일이 "자유주의와 코포라티즘의 종합"이라고 부른 것의 시작을 알렸다. 그것은 "부활한 자유주의적 국제주의에 '진보적' 국가 개입을 끼워 넣은 것이었다."[96] 그래서 호건은 다음과 같이 썼다. "경제 공황과 뉴딜이라는 능동적 조처 때문에 자본집약적 블록[산업자본 — 캘리니코스]과 대형 투자은행의 대변인들은 새 시대의 공식들[1920년대부터 이어져 온 — 캘리니코스]을 재정립해서, 조직 노동자들에게 더 많은 여유를 허용하고 국가의 구실 확대를 인정하고 종합적 경제관리라는 케인스주의 정책들을 포용했다."[97] 그러나 국내 정책으로서 뉴딜은 미국 자본주의를 구제하기에는 불충분했다. 미국 자본주의는 1937~38년에 다시 한 번 심각한 경기후퇴의 타격을 받았다. 찰스 킨들버거는 다음과 같이 썼다. "미국 역사상 최악의 경기후퇴로 1932년 이후 달성된 경제 지표상의 회복이 대부분 반토막 났고, 미국의 경제 회복은 환상에 입각한 것이었음이 드러났다."[98]

미국의 정책 입안자들이 보기에 해결책은 자유주의적 국제 질서를 건설해서 미국 자본과 상품이 자유롭게 유통되고 유럽 거대 열강들 간의 경쟁이 사라지게 만드는 것이었다. 이것을 가로막는 핵심 장애물은 다른 주요 자본주의 국가들, 특히 영국 제국이 구축해 놓은 보호무역 블록이었다. 문호개방 제국주의를 다시 확인하는 것이나 다름없는 이런 진단을 가장 강력하게 표현한 사람은 루스벨트 정부에서 줄곧 국무장관을 지낸 코델 헐이었다. 그는 1932년 오타와 협정을 "내가 공직 생활을 시작한 이후 미국에 상업적으로 가해진 가장 큰 타격"이라고 평가했다.[99] 데이비드 레이놀즈는 루스벨트 자신은 "상식적 용어로든 전문적 용어로든 '현실주의적 윌슨주의자'라 할 만하다"고 넌지시 주장한다. "다시 말해, 루스벨트는 윌슨이 외교와 정치 문제에서 대체로 순진했고 거대 열강들 간의 관계가 중요하다는 점을 무시했다고 생각했지만" 제2차세계대전을 근본적으로 윌슨식 세계 질서를 건설할 기회로 여겼다는 것이다. 미국과 영국의 군사력으로 뒷받침되는 세계 질서 말이다. 독일과 일본 제국주의의 팽창 야욕에 직면한 역대 영국 정부의 딜레마를 1934년 당시 영국 해군 참모총장인 어늘 챗필드 경은 다음과 같이 순진하게 요약했다. "우리는 이미 세계의 대부분 또는 가장 좋은 부분들을 차지하고 있기 때문에 어느 누구와도 싸우기를 원치 않는 독특한 처지에 있다. 우리가 원하는 것은 오직 우리 것을 지키고 남들에게 빼앗기지 않는 것뿐이다." 네빌 체임벌린과 윈스턴 처칠은 1930년대 말 영국 외교정책을 둘러싸고 가장 치열하게 대립한 맞수였지만, 챗필드가 말한 목표를 공유했고 다만 그 목표를 달성하려는 전략이 달랐을 뿐이다. 영국의 상대적 경제력이 쇠퇴하고 있어서 군사적으로 제국을 방어할 능력이 없다고 생각한 체임벌린은 독일·이탈리아·일본과의 유화정책을 추구했다. 심지어 이 정책이 실패한 뒤에도 그는 미국과 동맹하기를 거부하면서 1940년 1월 다음과 같이 썼다. "맹세컨대, 나는 미국인들이 우리를 위해 싸워 주기를 원하지 않는다. 미국이 만약 강화 조건에 관여할 권리가 있다면 우리는 아주 값비싼 대가를 치러야 할 것이다."[100]

체임벌린의 두려움은 선견지명이었음이 입증됐다. 체임벌린과 달리, 히틀러와의 대결을 추구한 처칠의 전략은 미국의 지원에 의존했는데, 1940년 5~6월 독일의 전격전에 프랑스가 무너진 뒤 미국의 지원은 영국에게 생사존망의 문제가 돼 버렸다. 처음에 루스벨트는 연합국에 대한 지원을 확대할 뿐 전쟁에는 참여하지 않으려 했지만, 영국이 워낙 허약한 데다가 독일과 일본 제국주의가 승리하면 유라시아 대륙에 접근할 수 없을까 봐 미국의 엄청난 경제력을 동원해 독일과 일본을 패퇴시키는 쪽으로 점차 기울었다. 진주만 공습 후는 물론 전에도 미국 정부는 영국에 제공한 물질적·군사적 자원을 이용해서 영국의 대폭적인 정책 양보를 얻어 내려고 꽤 일관되게 노력했다. 당시 미국의 가장 중요한 목표는 영국의 제국특혜관세를 폐지하는 것(이는 미국의 무기대여법에 따라 무기를 지원받은 영국의 대금 상환에 관해 1942년 2월 체결된 협약에 다소 모호하게 포함된 조건이었다), 영국의 식민지 제국을 해체하는 것(루스벨트는 이를 강력하게 압박했고 처칠은 격렬하게 반발했다), 그리고 미국이 중동산 석유에 접근할 수 있는 기회를 확대하는 것이었다.[101] 1944년 7월 브레턴우즈 협정 체결로 국제통화기금(IMF)과 세계은행이 설립될 때까지 길고 지루한 협상 과정에서도 똑같은 양상이 반복됐다. 미국 재무부는 전후의 국제통화 질서가 달러-금환본위제를 바탕으로 하고 미국이 지배하는 IMF의 강력한 통제를 받게 하는 데 성공했다. 당시 영국 대표로 협상에 참가했던 메이너드 케인스는 국제청산동맹(Clearing Union)을 설립해서 채무국의 적자뿐 아니라 채권국의 흑자도 정산하[게 해서 국제수지 균형을 유지할 수 있]도록 인센티브를 주는 제도를 만들려고 노력했지만, 미국은 자신의 세계 채권국 지위에 유리한 제도를 만들려고 이를 묵살했다. 1945년 8월 태평양 전쟁이 끝나고 미국 트루먼 정부가 무기대여법을 폐지한 후 케인스는 미국의 차관을 얻으려고 고군분투했으나 쓰라린 좌절을 겪었다. 그는 1946년 3월 [미국 조지아주] 사바나에서 열린 IMF·세계은행 출범식에 참석했다가 돌아와서는 다음과 같이 말했다. "나는 세계를 만나러 사바나에 갔지만, 내가 만난 것은 한 사람의 폭군뿐이었다."[102]

4.3.2 경제적 경쟁과 지정학적 경쟁의 부분적 분리

독일과 일본이 패배하고 영국도 어느 정도 길들여진 이상, 미국 국가 경영자들이 추구한 자유주의 국제 질서를 가로막는 가장 중요한 장애물은 소련이었다. 그 이유는 소련의 직접적인 군사적 위협 때문이라기보다는(특히 1945~49년에는 미국만이 핵무기를 독점하고 있었다) 소련의 국가자본주의 체제가 제2차세계대전에서 살아남았을 뿐 아니라 1944~45년에 중동부 유럽으로 확장되면서 전후 유라시아 대륙에서 최강대국으로 부상함으로써 경제적·지정학적 블록들이 서로 경쟁하는 전쟁 이전의 질서가 지속됐기 때문이다. 멜빈 레플러는 다음과 같이 썼다.

미국 관리들은 경제적 자급자족 정책이 세계의 불황을 영속시키고 독일과 일본의 힘을 강화시키고 전쟁 발발에 일조했던 1930년대의 상황이 되풀이될까 봐 두려워했다. 그들은 세계경제가 소련 진영과 영국 진영으로 분리되면 다시 한 번 미국의 무역권이 제한되고 경제가 정체하고 완전고용 경제가 위태로워질까 봐 걱정했다. 훨씬 더 불길한 것은 소련이 양자간 통상협정과 합작회사들을 이용해서 경제성장을 촉진하고 군사력을 강화할 수 있다는 것이었다. 소련은 혼란과 경제적 탈구가 만연한 상황을 틈타 다른 나라들을 꾀어 자국의 세력권 내로 끌어들일 수 있을 것이다. 소련은 자신의 영향력을 확대하고, 전략적 지위를 강화하고, 자원과 노동력을 동원해서 전쟁을 벌일 수 있는 능력을 강화하려 할 것이다. 먼 미래의 어느 날 소련이 충분히 강력해지면 그들은 국제 체제에서 미국의 지위에 도전할 수 있을 것이[라고 미국 관리들은 걱정했]다.[103]

이미 제2차세계대전 동안에 미국의 군사 전략가들은 서반구에서 미국의 군사적 우세를 유지하고 유라시아 대륙에서 미국에 적대적인 강대국이나 열강들의 동맹이 나타나지 않도록 억제한다는 목표를 확인한 바 있었다. 이를 위해 전 세계에 미국의 군사기지 네트워크를 구축하려는 세부 계획들도 세웠다.[104] 전후의 질서를 교란할 수 있는 소련의 잠재력에 대한 우려는 머지않아 봉쇄정책(1946년 2월 조지 케넌이 작성한 유명한 '긴 전문'(Long Telegram)에서 분명하게 표현된) 채택으로 이어졌고, 미국은 케넌의 뒤를 이어 국무부 정책기획실장이 된 폴 니츠가 1952년에 "우세한 국가"라고 부른 것을 추구했다.[105] 장기적으로 더 중요한 것은, 서유럽과 일본의 사회·경제가 붕괴하면 소련이 정치적 팽창의 기회를 얻을 수 있다는 두려움 때문에 미국 정부가 1920년대 유럽에서 시도했던 것보다 훨씬 더 협력적이고 야심 찬 재건·안정 계획에 참여하게 됐다는 것이다. 지정학적 고려 사항들이 강력한 요인이었지만 — 그리고 의회의 정치적 지원을 얻어 내려고 트루먼 정부가 지정학적 측면을 다소 과장한 측면이 있지만(당시 미 국무장관이었던 딘 애치슨은 나중에 "우리는 말하고자 했던 바를 진실보다 더 분명하게 강조했다"고 시인했다) — 그런 정책의 이면에는 경제적 동기도 있었다. 토머스 보든은 다음과 같이 썼다.

사실, 전후 미국의 외교정책을 좌우한 것은 1930년에 시작된 25년간의 경제 위기라고 보는 것이 유용하다. 과잉 생산, 수요 부족, 민족주의 정책들이 모두 상업을 짓눌렀다. 전쟁을 거치면서 미국에서는 엄청난 생산 능력이 창출된 동시에 다른 나라들에서는 한없는 수요의 저수지가 생겨났다. 문제는 구매자들이 생산자에게 지급할 돈이 없었다는 것이다.[106]

서유럽과 일본에서 경제 재건이 진행되자, 특히 자본 설비, 식량, 원료를 수입하는 데 필요한 달러가 부족해졌다. 달러 부족액은 1946년 78억 달러, 1947년 116억 달러, 1948년 69억 달러에 달했다. 경화* 사용 지역(핵심적으로는 미국과 미국의 경제적 연장선에 있는 나라들과 스위스)과 연화 사용 지역(영국 파운드화 블록을 포함한) 사이에 분열이 나타났다. 보든은 다음과 같이 썼다.

> 미국이 가장 두려워한 것은 연화 사용 지역과 경화 사용 지역 사이의 경제 관계가 완전히 단절돼서 유럽·아프리카·아시아의 시장이 미국의 제조업체들과 식량·원료 생산자들에게 사실상 차단되는 것이었다. 미국의 수출이 붕괴할 수 있고 따라서 경제 불황이 닥칠 수 있다는 위협이 해외 원조를 해야 하는 근거로 노골적으로 이용될 때도 있었다.[107]

그래서 보든은 1947년 6월 발표된 마셜플랜(유럽부흥계획)이나 일본의 미 군정청이 채택한 비슷한 정책들의 이면에 다음과 같은 목표가 있었다고 주장한다. "유럽과 일본의 '공장' 경제들을 재건하고 그들과 아

---

* 달러나 스위스의 프랑처럼 언제든지 금이나 다른 화폐로 바꿀 수 있는 화폐

시아·아프리카·라틴아메리카의 1차 생산지들 사이에 경제적 유대 관계를 복원해서 세계무역의 대규모 구조적 불균형을 바로잡는 것"과 그래서 "공산주의의 위협이 없더라도 미국 관리들이 직면하게 됐을 경제 위기"를 극복하는 것이었다.[108] 그래서 일본에서는 미 군정청이 전쟁 전에 일본 경제를 지배하던 독과점을 해체한 초기 정책을 뒤집어서 계열(系列), 즉 민간은행을 중심으로 결집한 기업집단들의 발전을 촉진하고 국가 관료들의 권력을 유지하는 정책을 추진했다.[109] 마셜 원조를 관장하는 미국 정부 기관인 유럽협력청이 추진한 더 야심 찬 프로젝트는, 대륙 시장을 창출하고 서로 다른 유럽 국가들 간의 국민적 적대감을 억제하기 위해 유럽의 경제 통합을 촉진하고 미국식 기업 자유주의를 수출하는 것이었다. 앨런 밀워드의 말을 빌리면 "미국은 '유럽 합중국'(United States of Europe)을 창건해서 1914년 이후 사라진 세계무역의 균형을 복원하려" 했다. 그 프로젝트는 영국 노동당 정부의 일관된 반대에 부딪혔다. 노동당 정부는 국내의 사회·경제 개혁을 추진하는 데 필수적이라고 생각한 국가의 통제권을 보존하기를 간절히 원했고, 또 비록 1947년에 인도를 포기함으로써 영국의 세계 열강 지위가 약해지기는 했지만 영국 제국과 파운드화 지역(미국이나 서유럽과 겹치지만 종속되지는 않는)의 중추라는 지위를 유지하려고 애쓰고 있었기 때문이다. 1947년 8월 금융 위기 때문에 영국은 파운드화를 국제 태환지폐로 복원시키려던 단명한 정책(케인스가 참가한 협상에서 합의된 미국의 전후 차관 제공 조건 중 하나인)을 포기할 수밖에 없었다. 이 사건은 다자간 무역 질서를 재건하려는 미국과, 케인스주의 수요 관리, 환율 통제, 양자간 협정으로 자국 경제를 재건하려는 유럽 국가들 간의 갈등을 확실히 보여 주었다. 밀워드는 다음과 같이 말할 정도다. "1944년에 구상했던 '브레턴우즈 체제'가 실제로 존재한 적이 있었다면, 유럽 국가들에게 그 체제는 1947년에 종식되고 말았다."[110]

　지정학적 이해관계와 경제적 이해관계의 융합은 미국이 소련을 우려했기 때문만은 아니었다. 따지고 보면 두 차례의 세계대전은 독일의 성장으로 유럽 국가 체제가 불안정해진 데서 비롯했다. "제2차세계대전 후 미국의 유럽 전략은 일종의 **이중** 봉쇄, 즉 소련과 독일을 모두 봉쇄하는 것이었다"는 울프럼 한리더의 주장을 논평하면서, 크리스토퍼 레인은 다음과 같이 주장했다. "만약 미국이 이중 봉쇄를 바탕으로 한 유럽 전략을 추구할 필요가 없었다면 문호개방 논리 때문에 미국은 단일 봉쇄 전략으로 이끌렸을 것이다."[111] 유럽 자본주의의 부활은 대륙의 주요 경제 대국인 독일의 부활에 달려 있었다. 이 점을 알았기 때문에 미국과 영국은 1946년 중반에 그들의 독일 점령지를 통합하기로 결정했고, 이 결정은 독일과 따라서 유럽을 양대 초강대국 진영으로 분할하는 과정에서 중요한 단계였음이 드러났다. 다른 한편, 프랑스는 독일이 계속 약한 국가로 남아 있기를 원했고, 특히 유럽의 주요 공업 지대이자 석탄과 코크스 산지인 루르 지방(1923년에 프랑스가 잠시 점령한 바 있다)을 차지하고 싶어했다(프랑스 공업을 발전시키려는 모네 계획이 석탄과 코크스에 의존하고 있었던 것이다). 최종 결과는 1950년 5월 프랑스 외무장관 로베르 쉬망이 발표한 쉬망 계획이었다. 이에 따라 '작은 유럽'(프랑스, 서독, 이탈리아, 베네룩스 3국)을 바탕으로 한 유럽석탄철강공동체(ECSC)가 창설됐다. 핵심 내용은 루르 지방의 경제를 집단적으로 통제한다는 것이었고, 그래서 프랑스는 독일이 강대국으로 부활하지 않을 것이라고 안심하게 됐고, 새로운 독일연방공화국은 유럽의 틀 안에서 자국의 이익을 추구하고 유럽 국가 체제에서 자신의 지위를 재건할 수 있게 됐다.

이 기구(유럽석탄철강공동체는 1957~58년 유럽경제공동체(EEC)로 발전했고 지금의 유럽연합은 그 후신이다)는 1945년 이후 유럽 대륙에서 발전한 새로운 경제성장 패턴을 전제하고 있었는데, 서독 경제가 생산성 향상과 수출 증대에 힘입어 성장하면서 나머지 '작은 유럽' 나라 제조업에 시장을 제공하고 있었던 것이다. 반면에, 영국은 여전히 제국 내의 시장들을 지향하고 있었고 특히 한국전쟁이 발발한 후에는 영국의 세계적 지위를 유지하려고 높은 군비 지출 수준을 고수하느라 이 선순환의 외부에 머물러 있었다. 그러나 유럽 통합은 또, 구체적인 지정학적 조건들에도 달려 있었다. 특히, 유럽 대륙이 양대 초강대국 진영으로 분할된 것, 미국이 서유럽 동맹국들에게 소련의 침략에 대비해 안전을 보장하는 한편 프랑스에게는 독일의 경제 부흥이 다시 군사적 위협으로 발전하지 않을 것이라고 보장하는 것이 그런 조건이었다. 미국의 관점에서 보면, 유럽 통합은 독일을 봉쇄하는 데서 핵심 요소였다. 1949년 3월 케넌이 썼듯이 "독일 문제의 해결책은 독일의 관점에서는 존재하지 않고 오직 유럽의 관점에서만 존재한다."[112]

그러나 유럽 대륙의 국가 경영자들이 보기에, 유럽 통합은 국가적 이해관계의 해소가 아니라 각국의 국익을 추구하는 새로운 수단이었다. 그리고 그 바탕에는 1963년 프랑스·독일 우호조약으로 공식화한 양국의 합의가 깔려 있었다. 1956년 11월 6일 영국과 프랑스가 미국의 요구에 굴복해서 이집트한테서 수에즈 운하를 탈환하려는 노력을 포기한 것은 중동 지역의 헤게모니가 영국에서 미국으로 넘어갔음이 드러난 순간이었는데, 바로 그날 서독 총리 콘라트 아데나워는 프랑스 외무장관에게 "유럽이 바로 당신이 복수하는 길입니다" 하고 말했다.[113] 아데나워의 후임자 중 한 명인 헬무트 슈미트는 1976년에 '마르베야 문서'로 알려진

비망록에서 다음과 같이 썼다. 서독이 "서방 세계 2위의 강대국으로 부상하는 것은 다른 나라 정부들이 원하지 않는 위험한 일인데, 실제로 그렇게 되면 그들은 아우슈비츠와 히틀러뿐 아니라 빌헬름 2세와 비스마르크도 떠올릴 수 있을 것이다. … 아마 동방뿐 아니라 서방 진영에서도 그럴 것이다." 따라서 "우리는 되도록 일국적·독자적으로 행동하지 말고 유럽공동체와 [나토 — 캘리니코스] 동맹의 틀 안에서 행동해야 한다. **우리의 행동을 다자주의적으로 포장하려는[abdecken] 이런 노력은 부분적으로만 성공할 것이다. 왜냐하면 우리는 (반드시 그리고 우리의 의지와 반대로) 두 체제[유럽공동체와 나토] 모두에서 지도적 요인이 될 것이기 때문이다.**"[114] 국익을 둘러싼 옥신각신 때문에 미국은 상당한 타협을 할 수밖에 없었다. 예컨대, EEC의 공동 농업 정책에 포함된 높은 수준의 보호무역 정책을 용인해야 했다. 로마조약(1957년 3월)을 앞두고 미국의 아이젠하워 정부는 유럽공동시장이 미국의 경제적 이익을 해칠 수 있다며 반발하는 재무부, 농무부, 연방준비제도이사회의 주장을 묵살했다. 이것은 대통령과 국무장관인 존 포스터 덜레스가 유럽 통합을 전략적으로 지지했음을 보여 준다.[115]

마지막으로 덧붙일 지정학과 경제학의 상호작용 하나가 미국이 지배하는 초국적 질서의 형성 과정에서 결정적 구실을 했다. 니츠는 1950년 4월 애치슨의 감독 아래 작성되고 트루먼에게 보고된 유명한 문서 NSC-68에서, 미국의 정책 입안자들이 원하는 대로 미국이 소련보다 확실한 우위를 점하려면 군비를 대폭 증강해야 한다고 주장했다. 1950년 6월 한국전쟁 발발로 군비 지출 증대가 정치적으로 가능해졌고(트루먼이 국방 예산 상한선으로 정해 놓은 135억 달러를 훨씬 웃도는 500억 달러로 추산된다) 미국과 서유럽 동맹국들의 안보 협약이었던 나토(NATO)는 전면적인 군사 동맹으로 전환돼 미군 몇 개 사단이 유럽에 장기 주둔하게 됐다. NSC-68은 "지금보다 더 적극적인 정부 정책들이 개발되지 않으면 유럽과 그 밖의 자유 국가들은 길어야 몇 년 안에 경제 활동이 크게 쇠퇴할 것이라는 예측은 근거가 있다"고 경고한 후에 막대한 군비 지출 증가 방안을 케인스주의적으로 정당화하기까지 했다.

경제 전체의 관점에서 보면, 그 방안은 생활수준의 실질적 저하를 막을 수 있다. 왜냐하면 그 방안은 추가적인 군사·해외 원조 규모보다 더 많이 국민총생산을 증가시키는 경제적 효과를 낼 수 있기 때문이다. 우리가 제2차 세계대전을 겪으면서 배운 가장 중요한 교훈 하나는 미국 경제가 충분히 효율적으로 가동되면 민간 소비 이외의 용도로 엄청난 자원을 공급하면서 그와 동시에 높은 생활수준도 제공할 수 있다는 것이었다.[116]

그렇다고 해서 미국이 전후 자본주의를 안정시키려고 한국전쟁을 도발했다는 식의 음모론을 지어내는 것은 어리석다. 소련과의 지정학적 경쟁은 그 나름의 동역학이 있었기 때문이다. 그렇지만 미국의 고위 정책 입안자들은 NSC-68에서 제안된 대규모 군비 증강이 이중의 기능에 도움이 된다고 생각했다는 것은 분명하다. 하나는 소련보다 확실한 우위를 점할 수 있다는 것이고, 다른 하나는 양차 대전 사이의 경제 위기 같은 사태의 재발을 피하는 데 도움이 된다는 것이었다. 보든은 다음과 같이 썼다. "미국은 마침내 '역외 조달' 메커니즘, 즉 유럽에서 군수품을 달러로 구매하는 시스템을 통해 달러 부족 문제를 해결했다." 물론 일본에서도 그렇게 했다. 그래서 찰머스 존슨은 "한국전쟁은 여러모로 일본판 마셜플랜과도 같았다"고 지적했다.[117] 그러나 아마도 경제 안정화에 더 큰 기여를 한 것은 (논쟁의 여지는 있지만) 마이클 키드런이 상시 군비 경제라고 부른 것이었다. 미국의 군비 지출은 1948년 국민총생산의 4.3 퍼센트에서 1953년 13.6퍼센트까지 껑충 뛰더니 1969년에도 9.0퍼센트를 유지했다. 이것은 과거의 평화시보다 훨씬 높은 수준이었다. 그러나 크리스 하먼이 지적했듯이 "이 시기 내내 이윤율은 마르크스의 '법칙'과 어긋나는 듯했다." 실제로, 1948년부터 1973년까지 세계 자본주의는 '황금기'였다. 즉, 역사적으로 유례를 찾아볼 수 없는 높은 수준의 경제 성장이 지속된 장기 호황기였던 것이다(표 1.1 참조). 이런 사실들을 케인스주의 수요관리 효과에 의존하지 않고(사실, 전후에 수요관리 정책의 실행 수준은 매우 불균등했다) 서로 연결시키는 방법 하나는 헨리크 그로스만이 개척한 이론을 바탕으로 설명하는 것이다. 즉, 군비 지출은 일종의 비생산적 소비로서, 잉여가치가 생산적 투자에 쓰이는 것을 막아서 축적률을 둔화시키고, 따라서 자본의 유기적 구성 증가 경향도 완화시킨다는 것이다. 그런데 바로 이 유기적 구성 증가가 이윤율 저하의 원인이다(1장 4절 참조). 이런 설명을 뒷받침하는 증거는 1940년대 말에 낮은 수준이었던 자본의 유기적 구성이 1950년대와 1960년대에 아주 느리게 증가했다는 사실이다. 그래서 키드런과 하먼은 전후의 군비 경쟁이 (소련으로 하여금, 군비 지출을 통해 세계적 지위를 유지하려고 애쓰는 영국과 미국을 따라잡으려고 고군분투하게 만들었을 뿐 아니라) 대체로 이윤율 저하 경향을 상쇄하는 뜻밖의 효과를 냈다고 주장한다.[118]

원인이 무엇이었든 1950년대와 1960년대의 장기 호황은 서유럽과 동아시아에서 미국의 동맹 체제를 강화하는 데 일조했고, 그래서 자본주의 간 경쟁 패턴의 장기적 변화에 한몫했다. 이것을 가장 적절하게 요약하면, 지정학적 경쟁과 경제적 경쟁의 부분적 분리라고 할 수 있다.[119] 첫째, 지정학적 경쟁은 냉전이라는 양극 체제 형태로 계속됐다. 어떤 점에서 이 대결은 전보다 더 격렬했는데, 왜냐하면 양 진영이 서로 상대방을 단지 라이벌 강대국으로만 여기지 않고 이데올로기적 적수로 여겼기 때문이다. 그러나 냉전이 전면전으로 치닫지는 않았는데, 양측의 핵무기가 전쟁을 억제하는 효과를 냈기 때문이기도 하고 미국과 소련이 모두 1960년대와 1970년대의 데탕트 시기에는 서로 현상 유지를 원할 뿐 전후의 합의를 뒤바꿀 의도가 없다고 기꺼이 생각했기 때문이기도 하다. 대규모 전쟁은 계속 벌어졌지만, 주로 대리전이었고, 변방(한반도, 베트남, 아프가니스탄)에서 벌어진 전쟁에 기껏해야 초강대국 중 어느 한 쪽만 참여했을 뿐이다(1980~88년의 유혈낭자하고 파괴적인 이란·이라크 전쟁은 다른 종류의 대리전이었는데, 미국이 이란 혁명을 봉쇄하려고 사담 후세인 정권을 지원해서 벌어진 전쟁이었기 때문이다).

둘째, 선진 자본주의 국가들은 미국의 정치적·군사적 지도력 아래 단결돼 있었다. 비록 나토도 중요하고 미·일의 전략적 협력도 중요했지만 그런 단결은 전통적 동맹 체제 이상을 뜻하는 것이었다. 미국은 1940년대 상반기에 루스벨트 정부가 추구했던 자유주의 세계 질서를 달성할 수 없었다. 그렇지만 세계에서 경제적으로 가장 발전한 세 지역(북미·서유럽·일본)이 포함된 초국적 자유 자본주의의 공간이 형성됐다. IMF와 세계은행, 관세무역일반협정(GATT) 같은 국제 금융 제도들이 이 공간에 제공한 정치적 틀은 1914년 이전 시기에 존재했던 것보다 훨씬 더 응집력 있었고, 그 기관들은 무역과 투자의 점진적 자유화를 적극적으로 촉진했다. 유럽 각국의 통화들은 마침내 1958~59년에 국제 태환 화폐가 됐다. 비록 브레턴우즈 협상 당시의 구상과 달리, 호황을 구가하는 유럽 대륙 경제들의 대미 국제수지 흑자가 급증하는 상황에서 그렇게 된 것이었지만 말이다. 새로운 자유주의 세계경제는 로널드 핀들리와 케빈 오로크가 '재(再)세계화'라고 부른 것을 선도하면서 형체를 갖춰 나갔다.[120] 미국의 외환 관리를 우회하려는 노력뿐 아니라 유럽에서 달러화의 잉여도 증대하면서 유러달러* 시장이 탄생하게 됐다. 신자유주의 시대의 방대한 역외 금융시장이 처음으로 나타난 것이다. 미국의 다국적기업들은 특히 장기 호황기에 EEC라는 방대하지만 상대적으로 보호받고 있는 시장에 접근할 기회를 얻으려고 초국적 생산 네트워크들을 개척하고 발전시켰다. 그리고 머지않아 유럽과 일본의 기업들도 미국 기업들을 모방하기 시작했다. 호황기에는 또, 산업자본들이 투자 자금을 자체 이윤으로 조달하는 경향도 증가했다. 그래서 힐퍼딩이 지적했던 은행자본과 생산자본 간의 관계가 느슨해졌다.[121]

셋째, 경제적 경쟁은 더 격렬해졌지만 그렇다고 선진 자본주의 국가 간의 지정학적 충돌로 비화하지는 않았다. 이 점은 고전적 제국주의 시대와 다른 근본적 차이점이다. 앞서 보았듯이 고전적 제국주의 시대에는 경제적 경쟁과 지정학적 경쟁이 서로 상승작용을 일으키는 경향이 있었다. [초강대국 제국주의 시대에도] 경제적 경쟁은 심각했다(지금도 그렇다)는 점을 강조하는 것이 중요하다. 1950년대 말 이후 미국은 점차 두드러지고 있었던 국제수지 적자 문제와 씨름했는데, 적자의 원인은 미국의 비공식 제국을 유지하는 데 드는 비용(해외 군비 지출과 해외 원조)과 국제 공산품 무역에서 처음에는 독일, 나중에는 일본과의 경쟁에서 밀렸기 때문이다. 독일과 일본 자본주의는 모두 정치적으로 종속적인 지위 덕분에 방위비 지출을 비교적 낮게 유지하는 이점을 누렸고, 그 덕

---

* 유럽 은행에 예금된 미국 달러.

분에 생산적 투자를 매우 높게 유지해서(은행과 산업자본 사이의 비교적 긴밀한 유착도 여기에 한몫했다) 수출 경쟁력을 계속 강화할 수 있었다. 1960년대에 파운드화가 위기 끝에 국제 준비통화 구실을 할 수 없게 되자 그보다 훨씬 더 심각한 달러화의 위기가 잠시 은폐됐지만, 결국 닉슨 정부는 달러화 위기 때문에 1971년 8월 금환본위제도를 포기하고 1973년 3월 변동환율제도로 전환하는 과정을 재촉하게 됐다. 1960년대 말과 1970년대 초에 국제적으로 경제적 경쟁이 격화하고(리카르도 파르보니는 1970년대를 "미국과 그 밖의 자본주의 열강들 간의 경제 전쟁이 확대된 시기"로 묘사한다) 베트남 전쟁에서 패배하자 닉슨 정부는 투자 가능한 자원을 민간 산업으로 이전하는 방안의 일환으로 군비 지출을 축소했다. 이런 상시 군비 경제의 쇠퇴가 원인이었든 아니었든 간에 경제적 경쟁의 격화는 1960년대 말 이후 주요 자본주의 국가들의 수익성이 전반적으로 하락한 것과 결합돼 있었다. 그것은 장기 호황이 끝났다는 신호였고, 그 후 경제는 느리게 성장하는 시기가 길게 이어지면서 간간이 심각한 경기후퇴가 발작적으로 찾아오는 양상이 되풀이됐다. 1970년대 중반, 1980년대 초, 1990년대 초에 그런 경기후퇴가 찾아왔고, 새천년 초에는 그보다 더 가벼운 경기후퇴가 찾아왔다(표 5.3 참조).[122]

1973년에 시작된 '장기 침체' 때는 1914~45년의 30년 전쟁 때와 달리 자유주의 세계경제가 산산조각 나지 않았다. 표 4.5에서 드러나듯이, 외국인 직접투자는 1970년대 중반과 1980년대 초의 대불황 때도 줄곧 증가했다. 1990년대 말에 이르면 초국적 경제 통합은 19세기 말 수준에 도달했다(표 4.4 참조). 부하린이 제국주의의 구성 요소라고 주장한 두 경향 중에서 자본의 국제화가 국가자본주의 추세를 압도하고 있었다(1장 3절 참조). 더욱이, 1956년 수에즈 사태, 1958년 샤를 드골의 재집권

후 프랑스의 독자 외교 추구, 개별 서방 국가들이 저마다 데탕트를 자국에 유리하게 이용하려는 노력, 1970년대와 1980년대에 서독의 동방 정책 등을 둘러싸고 미국과 주요 서방 동맹국들 사이에 정치적 긴장이 되풀이됐지만 이런 사건들 때문에 서방 진영이 붕괴할 지경까지 나아간 것은 아니었다. 이렇게 비교적 조화를 유지할 수 있었던 데는 세 가지 주요 이유가 있는 듯하다. 첫째, 소련과의 양극 대결이 선진 자본주의 국가들을 억제시키는 구실을 하는 경향이 있었다. 둘째, 미국이 자신의 헤게모니를 유지하려고 공격적으로 개입하면서 도전자들을 굴복시켰다.[123] 마지막으로, 그러나 마찬가지로 중요한 요인인데, 특히 세계경제 통합이 증대한 덕분에 다른 국가들도 초국적 자유주의의 공간에 참여해서 얻는 이득이 있었다. 이 점은 1930년대에 국제무역이 붕괴한 것과 비교하면 1973년 이후 보호무역주의 압력이 비교적 약했던 이유를 설명하는 데서 분명히 중요한 요인이다. 다시 말해, 경제적 경쟁의 격화에도 불구하고 미국의 헤게모니는 여전히 주요 자본주의 국가들 '전체에게 이롭게' 작동하는 것처럼 포장될 수 있었다(4장 1절 참조). 오늘날에도 그런지 안 그런지(그리고 앞으로도 계속 그럴 것인지 아닌지)가 5장의 주요 주제들 가운데 하나다.

4.3.3 제3세계 — 악의적 무시와 부분적 공업화

초강대국 제국주의 시대에 제3세계, 다시 말해 개발도상국들로 불리게 된 지역의 상황은 역설적이었다. 한편으로 그 지역은 미국과 소련이 서로 상대방의 힘이 얼마나 센지를 실험해 보는 열전이 벌어진 주요 무대였다. 더욱이, 탈식민화 과정에서 장엄한 민족 해방 투쟁이 잇따라 벌어지기도 했다(중국, 인도차이나, 베트남, 알제리 등과 아프리카의 포르투갈 식민지에서). 다른 한편으로, 내가 뒤에서 보여 주겠지만, 전후 시기에 제3세계는 선진 자본주의 국가들에게 경제적으로 덜 중요해졌다. 탈식민화는 이런 사실의 기계적 결과가 아니었다. 즉, 유럽 제국들의 해체는 미국의 압력을 반영한 것이었을 뿐 아니라 제2차세계대전으로 식민주의 열강들의 물질적 능력이 제한되고 그들의 위신이 깎인 것과(후자는 특히 일본이 1941~42년 태평양 전쟁 초기 국면에서 신속하게 승리를 거둔 결과이기도 했다) 1940년대와 1950년대에 혁명적 민족주의가 분출한 것도 반영했다. 버나드 포터는 영국을 예로 들어 다음과 같이 썼다. "제국은 오랫동안 '과잉 확장'돼 있었다. 즉, [식민지 운영에 필요한] 재원은 턱없이 모자랐고 인력도 매우 부족했으며, 군대는 2류로 전락해 제국을 제대로 방어하지 못했고, 국내에서도 [식민지를 지키려는] 의지가 빈약했는데, 특히 심각한 탄압을 해야 할 때는 더욱 그랬다. 영국 제국이 결국 붕괴한 것은 결코 놀라운 일이 아니다."[124] 심지어 1947년에 인도를 포기한 뒤에도 노동당 정부든 보수당 정부든 하나같이 영연방 재건에 집착했다. 그 과정에서 말레이 반도, 키프로스, 케냐의 반란을 잔인하게 진압하는 데 성공했지만, 1960년대에는 마침내 제국을 포기한 채 전에 기피했던 EEC로 방향을 돌려야 했다.[125]

탈식민화의 고통(프랑스는 인도차이나와 알제리에서 두 차례 유혈 낭자한 전쟁을 벌였지만 결국 드골도 영국처럼 1960년대 초에는 방향 전환을 해야 했다)은 전후 자본주의의 변화 덕분에 완화됐다. 레닌이 묘사한 제국주의의 모습, 즉 식민지에 자본을 수출하는 제국주의라는 모습은 1945년 이후 발전한 경제 패턴과는 전혀 맞지 않았다(앞서 4장 2절에서 보았듯이 심지어 레닌이 살아 있을 때도 부분적으로만 진실이었다). 키드런은 전후의 경험을 요약하면서 다음과 같이 썼다. "자본의 대부분은 성숙한 자본주의 나라들에서 개발도상국들로 흘러가지 않는다. 오히려 외국인 투자는 점차 선진국들 사이에서 이루어지고 있다."[126]

표 4.5에서 드러나듯이 이러한 상황은 1965~83년의 세계경제에서도 지속됐다. 당시는 장기 호황이 한창 무르익었다가 붕괴한 때였는데도 그랬다. 1985년에 세계은행 보고서는 다음과 같이 지적했다.

> 1965년 이후 외국인 직접투자의 약 4분의 3이 선진 공업국으로 갔다. 나머지는 대부분 몇몇 개발도상국, 주로 아시아와 라틴아메리카의 고소득 나라들로 집중됐다. 특히, 브라질과 멕시코에 거액의 외국인 직접투자가 몰렸다. 아시아에서는 홍콩·말레이시아·필리핀·싱가포르가 최대 수혜자였다. 최근 아시아 전체로 흘러들어 간 외국인 직접투자 가운데 거의 절반이 싱가포르 한 나라에 집중됐다.[127]

이런 수치들은 당시 안드레 군더 프랑크 같은 종속이론가들이나 아리기, 이매뉴얼 월러스틴, 사미르 아민 같은 부등가교환론자들이 내놓은 세계체제 분석과 모순된다. 후자는 북반구의 이점을 반영하는 세계 가격 덕분에 부유한 나라들이 가난한 나라들을 착취한다고 주장한다. 즉, 북반구는 잘 조직된 노동자들의 고임금에서 비롯한 이점을 누리는 반면, 남반구의 낮은 임금은 국제적으로 이동하는 자본에게 더 높은 이윤율을 보장해 준다는 것이다. 그러나 그들의 주장은 외국인 직접투자의 실제 패턴을 설명할 수 없다. 외국인 직접투자는 부등가교환론의 예상과는 정반대로 흘러갔기 때문이다. 마르크스주의 가치론의 관점에서 보면, 그들의 결정적 오류는 선진국의 높은 노동생산성의 의미를 제대로 파악하지 않았다는 것이다. 나이절 해리스는 정곡을 찌르는 지적을

표 4.5 선별된 국가군의 외국인 직접투자, 1965~83년

국가군	자본 흐름의 연평균 가치(10억 달러)				자본 흐름의 비율(퍼센트)			
	1965~69	1970~74	1975~79	1980~83	1965~69	1970~74	1975~79	1980~83
공업국	5.2	11	18.4	31.3	79	86	72	63
개발도상국	1.2	2.8	6.6	13.4	18	22	26	27
라틴아메리카와 카리브해	0.8	1.4	3.4	6.7	12	11	13	14
아프리카	0.2	0.6	1	1.4	3	5	4	3
중동 포함 아시아	0.2	0.8	2.2	5.2	3	5	4	3
그 밖의 나라들과 분고되지 않은 자본 흐름	0.2	-1.0	0.6	4.8	3	-8	2	10
총계	6.6	12.8	25.6	49.4	100	100	100	100

출처: World Bank, *World Development Report 1985* (New York, 1985), p. 126, table 9.1

한 바 있다. "다른 조건들이 동일하다면, 노동생산성이 높을수록 노동자들의 소득도 높고(왜냐하면 노동력 재생산 비용이 높기 때문이다) **착취율도 높다.** 즉, 노동자들의 생산물에서 자본가가 가져가는 몫도 더 크다."[128] 선진국의 자본가들(과 노동자들)이 제3세계의 빈곤 덕분에 번영을 누린 것이 아니었다. 오히려 자본과 상품의 주된 흐름은 가난한 나라들을 피해 갔다. 그리고 여전히 서유럽 경제에서 부의 집중이 가장 심했다. 앞서 4장 2절에서 보았듯이, 고전적 제국주의에서 식민지의 주된 구실 하나는 본국의 선진 공업 경제에 원료를 제공하는 것이었다. 그러나 1914~45년의 30년 전쟁 동안 자급자족 경제 드라이브 속에서 선진국 경제는 수입 원료 의존도를 낮추려고 끊임없이 노력했고 성공을 거뒀다. 그래서 합성수지를 비롯한 인조 대체품이 대규모로 개발됐고, 원료 사용의 효율성이 높아졌으며, 공업국의 농산물 생산량이 크게 증가했다.[129]

한편, 1950년대와 1960년대에 선진국들은 호황을 누리고 있었다. 해리스는 그 결과를 다음과 같이 자세히 설명했다.

선진 자본주의 나라들의 실질소득이 증가하자 점차 정교한 고가 제품 시장이 확대됐다. 그리고 그 덕분에, 세계의 신규 저축을 점점 더 많이 흡수한 신규 투자도 이윤율을 확실히 보장받을 수 있었다. 노동과 자본은 모두 후진국에서 빠져 나와 선진국 경제로 흘러갔다. 선진 자본주의 나라들 사이의 무역은 1948년 이후 세계무역과 생산량이 전례 없이 증가하고 훨씬 더 많은 자본이 부유한 나라들로 집중되게 한 동력원 구실을 했다. 제국주의자들이 선진 공업국과 후진 원료 수출국 사이의 분업으로 여겼던 것은 사라지고 이제 상대적으로 자급자족하는 선진국과 가난한 의존국의 분열이 나타났다.[130]

그렇다고 해서 미국이 제3세계에 개입할 때 결코 경제 문제를 고려하지 않았다는 말은 아니다. 1950~53년에 벌어진 한국전쟁의 동기 가운데 하나는 산업자본주의의 중심지인 일본을 보호하는 것이었다. 미국이 인도차이나에 처음 개입하게 된 데는 프랑스의 식민주의 제국을 지원하려는 목적도 있었지만 1949년 중국 혁명 이후 일본이 전통적인 중국 시장을 회복하려는 유혹에 빠지지 않게 하려고 동남아시아의 신규 시장을 제공하는 전략도 한몫했다.[131] 그러나 대체로는 미국의 '신뢰성'에 대한 불안 증대와 함께 전통적인 지리전략적 계산이 냉전의 절정기에 미국의 제3세계 개입을 지배했다. 게이브리얼 콜코가 베트남 전쟁의 역사를 다룬 권위 있는 책에서 주장했듯이 "미국이 무력의 성공적 사용('신뢰성')에 집착한 것은, 1945년 이후 미국 주도의 국제 정치·경제 질서를 통합하려는 야심 찬 외교정책의 불가피한 비용이었다."[132] 이런 결합을 탁월하게 표현한 문서는 1965년 봄과 여름에 미국 대통령 린든 존슨이 베트남 지상전에 참전하기로 결정하기 직전에 국방부 차관인 존 맥너튼이 남베트남에서 미국이 추구하는 목표를 다음과 같이 설명한 것이다.

70퍼센트 — 미국의 굴욕적 패배를 피하는 것
20퍼센트 — 남베트남(과 인접 지역)이 중국의 수중에 떨어지지 않게 하는 것
10퍼센트 — 남베트남 국민들이 더 자유롭게 더 잘 살 수 있게 해 주는 것[133]

1960년대에 키드런과 해리스는 선진국과 개발도상국 간의 관계 변화를 처음으로 분석하면서 서방의 수입 원료 의존도 감소 패턴의 중요한 예외 하나를 지적했다. 그것은 석유였다.[134] 중동에서 미국의 헤게모니를

확립하는 것은 1940년대 이후 미국의 세계 제패 전략에서 중요한 축이었다. 사이먼 브롬리는 중동산 석유가 미국에 중요했던 이유는 미국 경제에서 차지하는 직접적 비중 때문이 아니라(미국은 1960년대 말까지도 대체로 자국산 에너지원에 의존하고 있었다) 중동산 석유가 '전략적 상품' 구실을 했기 때문이라고 주장한다. 1945년 이후 "세계 석유에 대한 미국의 지배력은 세계적 지도력을 전반적으로 관리하는 데서 핵심 자원이 됐다." 특히, 서방 자본주의의 다른 중심지들(유럽과 일본)이 수입 석유에 의존하는 경향이 더 커졌음을 감안하면 더욱 그랬다.[135] 그래서 이란 혁명과 소련의 아프가니스탄 침략 직후인 1980년 1월 미국 대통령 지미 카터는 곧 카터 독트린으로 알려지게 된 선언을 발표했다. "페르시아만을 통제하려는 외부 세력의 노력은 모두 미국의 이해관계에 대한 중대한 공격으로 간주할 것이며, 우리는 군사력을 포함한 모든 수단을 사용해서 그런 공격을 격퇴할 것이다."[136] 중동을 보호하는 것은 실제로 지난 25년 동안 미국의 군사 개입의 주요 축이었음이 입증됐다.

그렇지만 석유는 단지 **예외**였을 뿐이다. 제3세계의 상례는 다국적기업들의 집중적 착취가 아니라 대다수 가난한 나라들을 세계무역과 투자에서 사실상 배제하는 것이었다. 이것을 두고 마이클 만은 최근에 "배척하는(ostracizing) 제국주의"라고 불렀다.[137] 아시아·아프리카·라틴아메리카의 노동자·농민·도시빈민이 빈곤 속에서 허우적거린 것은, 그들을 착취한 결실이 제국주의 초과이윤의 주된 원천이었기 때문이 아니라 그들의 노동력이 북미·서유럽·일본 같은 자본축적의 중심지들에 적합하지 않았기 때문이다. 물론 자본을 따라 점차 이들 중심지로 건너온 수많은 제3세계 노동자들은 예외였다.

그러나 종속이론가들의 주장과 달리 남반구 전체가 만성적 정체에 빠진 것은 아니었다. 오히려 일부 상대적 후진국들은 고속 경제성장을 이룰 수 있었다. 특히, 1960년대와 1970년대에 상대적으로 독립적인 자본축적 중심지들이 새롭게 등장했는데, 동아시아(홍콩·싱가포르·한국·타이완이라는 '네 마리 용'과 나중에는 인도네시아·말레이시아·필리핀·태국, 더 최근에는 베트남도)와 라틴아메리카(아르헨티나·브라질·멕시코)에서 그랬다.

전에는 제국주의 중심부 밖에서 일어난 공업화는 대체로 기존의 수입 소비재를 대체 생산하는 식으로 이루어졌다. 양차 세계대전과 대공황 때문에, 남반구의 몇몇 주요 식민지와 국가(예컨대, 인도·이집트·남아공·아르헨티나)는 본국 제조업이 군수생산으로 쏠리는 틈을 타서 그동안 주로 식량과 원료 수출에 의존해서 성장하던 방식에서 벗어나 토착 자본가들로 하여금 자국 국내시장을 위해 생산하도록 장려했다.[138] 1945년 이후 많은 제3세계 국가들은 이 수입 대체 공업화 과정을 계속 추진했는데, 그중 가장 야심 찬 경우(마오쩌둥 치하의 중국, 네루의 인도, 나세르의 이집트)는 소련 스탈린 체제의 관료적 지령 경제 방식을 모방해서 독자적인 중공업 기반을 구축하려 했다. 이런 자급자족적 국가자본주의 노선은 대체로 선진국에서 중공업을 구축하는 데 필요했던 것과 같은 막대한 투자 재원을 자국 국경 안에서 동원할 수 없었다. 그래서 1950년대 말과 1960년대 초에 국가 소유 중공업을 건설하려 했던 나세르의 노력이 성공할 수 있었던 것은 한국전쟁 동안 이집트의 주요 수출품이었던 면화의 풍작으로 비축된 막대한 외환 보유고 덕분이었다. 이 외환 보유고를 이용해 이집트의 중공업 기반 구축에 필요한 기계류·부품과 그 밖의 투입물을 수입하는 비용을 충당할 수 있었던 것이다. 그러나 이 외환 보유고가 바닥나자, 수입을 계속하려면 수출을 하거나(그러나 이집트의 공업은 경쟁력이 없었다) 아니면 소련에서 돈을 빌려서(면화와 쌀로 대신 갚아야 했다) 수입 자금을 조달해야 했다. 나세르의 후임자인 안와르 사다트가 1970년대에 인피타(이집트를 세계경제에 개방하는 조처)를 채택한 이면에는 이렇게 나세르의 국가자본주의 정책이 실패한 것이 깔려 있었다.[139]

동아시아와 라틴아메리카의 신흥공업국들은 이런 패턴과 상당히 달랐다. 마오와 네루와 나세르는 스탈린을 따라 자급자족 경제를 추구한 반면, 한국·브라질 같은 국가들은 세계시장을 겨냥했다. 그들은 주로 국내시장이 아니라 수출을 위해 공산품을 생산했다. 그리고 특히 한국과 타이완처럼 전쟁 전의 일본 식민지 시절 시작된 공업화에서 이득을 얻은 그들은 엄격한 국가자본주의 방식에 따라 세계 공산품 무역 시장 속으로 파고들 수 있었다. 예컨대, 한국 국가는 민간투자를 중앙집권적으로 지도했는데, 이것은 선진국의 특징인 모종의 다변화한 공업 경제를 모방하기 위한 것이 아니라 몇몇 산업에 자원을 집중시킴으로써 한국 자본가들이 뚫고 들어갈 수 있는 국제시장을 지시해 주기 위한 것이었다. 흔히 신고전파 경제학의 원칙들을 무시한 채 활동하는 개입주의 국가는 세계시장에서 도피하는 수단 구실을 하지 않고 세계시장의 장벽을 돌파하는 공성차 구실을 했다.[140] 1980년대 초의 제3세계 외채 위기는 남반구 국가들과 기업들이 북반구 은행들에 의해 떠안게 된 빚을 갚을 수 없게 되자 일어난 사태였다. 북반구 은행들은 1970년대 중반의 불황으로 선진국에서 마땅한 투자 대상이 줄어들자 새로운 고객을 찾아서 남반구 국가들과 기업들에 대출을 강매하다시피 한 것이다. 어쨌든 그 외채 위기 덕분에 IMF와 세계은행은 로널드 레이건과 마거릿 대처가 주장한 신자유주의 경제정책들(워싱턴 컨센서스라고 부르게 된다)을 널리 확산시킬 지렛대를 얻게 됐다. 그 외채 위기의 결과는 남반구에서 북반구로의 순(net) 금융 이전, 그리고 라틴아메리카와 사하라 사막 이남 아프리카 대부분 지역의 경제적 정체였다(물론 그 금융 이전은 선진국으로의 상당한 자본 도피를 은폐한 것이었는데, 제3세계의 부자들은 북반구의 부자들과 연계를 강화하려 했던 것이다). 동아시아의 개발 국가가 대체로 더 생명력이 강하다는 것이 입증됐다.[141]

베네딕트 앤더슨은 동아시아에서 자본주의들이 폭발적으로 성장할 수 있었던 더 광범한 지정학적·역사적 조건들을 다음과 같이 지적했다. 즉, 냉전의 핵심 지역에서 미국이 제공한 군사 안보와 경제 원조, 일본이라는 역동적 경제와의 근접성, 마오 치하 중국의 일시적 내향화로 말미암은 엄청난 잠재적 경쟁자의 부재, 화교 상인 네트워크의 구실이 그것이다.[142] 그러나 남반구에서 자본축적의 새로운 중심지들이 출현한 것은 지정학적 효과도 있었는데, 예컨대 '아류 제국주의'의 등장이다. 아류 제국주의는 초강대국들이 세계 수준에서 휘두르는 정치적·군사적 지배력을 지역 수준에서 휘두르고 싶어하는 제3세계 국가들을 가리킨다. 이런 아류 제국주의의 발전이 20세기의 최장기 재래식 전쟁인 1980~88년의 이란·이라크 전쟁뿐 아니라 1982년 영국과 아르헨티나가 맞붙은 포클랜드 전쟁 또는 말비나스 전쟁의 이면에도 놓여 있었다. 아류 제국주의의 발전에는 세 가지 요인이 작용했다. 첫째, 탈식민화 때문에 이제는 제국주의 강대국이 저마다 식민지 경제를 배타적으로 지배하지 않고 더 유동적인 상태에서 서방 각국의 다국적기업들이 똑같은 나라에 투자하다 보니 현지 국가가 다국적기업들 사이에서 책략을 부릴 수 있는 여지가 생겼고 조세 수입 증대로 토착 자본의 성장을 촉진할 수 있게 됐다. 어떤 경우에는 탈식민화 국가 형성 과정 자체가 지역 분쟁으로 이어지기도 했다. 예컨대, 남아시아에서 인도와 파키스탄이 충돌한 것이나 중동에서 이스라엘과 아랍 국가들이 충돌한 것이 그 사례다.

둘째, 현지 산업자본주의들의 불균등 발전 때문에 전에 자본주의적 제국주의를 출현시킨 것과 똑같은 종류의 동역학이 지역 수준에서 생겨날 수 있었다. 이런 자본주의들의 발전은(그런 발전은 앞서 살펴본 공업화 과정을 통해서만이 아니라 때로는 석유 수출을 통해 이루어지기도 한다) 갑자기 국경선 밖으로 뻗어 나가서 아류 제국주의 간의 지역 분쟁으로 비화할 수 있고(그리스와 터키, 인도와 파키스탄, 이란과 이라크), 그런 경쟁자들이 없을 때는 특정 국가의 지역 지배력이 강해질 수도 있다(예컨대, 아프리카 남부의 남아공). 탈냉전 시대에도 똑같은 동역학이 매우 잔혹하게 작용한 사례는, 오랜 내전으로 고통을 겪은 콩고민주공화국의 인접 국가들이 서로 경쟁적인 동맹들을 결성하고 개입해서 콩고민주공화국의 자원을 약탈하고 지정학적 이득을 추구한 것을 들 수 있다.[143]

그러나 셋째, 지역의 구체적인 경제적·지정학적 동역학이 중요한 것은 사실이었지만 중간 규모의 특정 국가들이 이웃 국가들에게 헤게모니를 행사하는 것은 초강대국들의 정책이 허용하는 한도 내에서만 가능했다. '아류 제국주의'라는 용어의 기원 자체도 미국이 추구한 전략, 즉 베트남 전쟁의 참패에서 벗어나려던 리처드 닉슨 정부의 노력에서 찾아볼 수 있다. 1969년 7월 처음 발표된 이른바 닉슨 독트린은 제3세계에서 서방의 이익을 수호하는 부담의 일부를 지역의 강국들이 지게 하고 그 대가로 그들에게 군사·경제 원조를 제공한다는 구상이었다. 샤 치하의 이란은 공업화하는 제3세계 국가들이 제국주의의 정치적 약화로 생겨난 공백을 어떻게 메우려 하는지를 잘 보여 주는 좋은 사례다(당시 이란은 영국이 1971년 수에즈 동쪽[의 옛 영국 식민지들]에서 군대를 최종 철수한 후 페르시아만에서 생긴 공백을 메우려 했다).[144] 더 일반적으로, 아류 제국주의들이 지역에서 맹주 노릇을 하겠다고 나설 수 있었던 것은 단지 일정 수준의 자본주의 발전 덕분만이 아니라 초강대국의 지원 덕분이기도 했다. 그래서 1975년 이후 베트남은 소련의 지원을 받아 인도 차이나를 군사적으로 지배할 수 있었다. 그렇다고 해서 아류 제국주의가 초강대국의 꼭두각시였던 것은 아니다. 특정 국가들이 지역에서 맹주 노릇을 할 수 있었던 것은 보통은 초강대국이 그 국가들을 통제했기 때문이 아니라 서로 이해관계가 맞아떨어졌기 때문이었다. 그러나 초강대국이 정해 놓은 선을 넘어가는 아류 제국주의들은 가혹한 응징을 당할 수도 있었다. 사담 후세인 치하의 이라크가 대표적인 사례다. 1980년대 동안 이란 혁명을 봉쇄하려는 미국의 지원을 받은 후세인은 냉전 말기에 미국의 신호를 오판하는 치명적 실수를 저질렀다. 1990년 8월 쿠웨이트를 점령한 것이다. 그 대가로 군사적 패배와 경제 봉쇄, 다시 침략과 점령을 당했고 후세인 자신도 결국은 처형당했다. 자본주의적 제국주의에 내재하는 불균등 결합 발전의 근본적 결과인 경제적·군사적 힘의 세계적 위계질서는 해체되지 않았고, 단지 자본축적의 새로운 중심지들이 출현하면서 더 복잡해졌을 뿐이다.[145]

1990~91년 미국과 바트당 정권 치하 이라크의 1차 충돌은 초강대국의 세계 분할이 붕괴하던 역사적 순간에 일어난 일이었다. 1970년대에 소련과의 군사력 경쟁에서 우위가 사라진 듯하고 제3세계에서 잇따라 좌절을 겪게 되자(가장 중요하게는 베트남 전쟁 패배와 이란 혁명) 미국은 군비 지출을 대폭 늘리는 것으로 대응했다. 그 군비 증강은 카터 정부 때 시작됐지만 1981년 레이건 집권 후에 가속됐다. 레이건은 또, 카터가 시작한 우파 게릴라 운동 지원 정책을 크게 확대했다. 처음에는 아

프가니스탄에서 무자헤딘을 지원했고(이 지원은 치명적이었음이 결국 입증됐다), 나중에는 니카라과에서 콘트라, 앙골라에서 앙골라완전독립민족동맹(UNITA)을 지원했다. 그것은 적대적인 제3세계 정권들을 전복하는 수단의 하나였다(다른 하나는 경제적 압력이었다).[146] 그러나 미국 경제보다 상당히 더 작고 덜 생산적인 소련 경제의 중추를 결국 부러뜨리는 데 결정적이었던 것은 군비 지출 증가, 그리고 소련의 경제구조 자체가 세계시장에 통합되는 이점을 누릴 수 없었다는 사실이었다. 소련의 마지막 지도자였던 미하일 고르바초프는 핵무기 경쟁을 끝내고 그래서 국내 개혁의 여지를 확보하려 했지만 "미국 정부는 자신의 강점을 가차 없이 밀어붙이면서, 고르바초프와 [그의 외무장관인 예두아르트 — 캘리니코스] 셰바르드나제에게 일방적 타협을 강요하는 것이 초래한 더 큰 틀에서의 결과를 거의 신경쓰지 않은 채 강경한 태도로 '경쟁에서 이기는 데'만 열을 올렸다"고 레이먼드 가토프는 주장했다.[147] 독일의 나토 회원국 자격을 유지하는 조건으로 독일이 통일된 후 곧바로 소련 자체가 몰락했다. 미국이 냉전에서 이긴 것이다. 그러나 이런 격변의 지정학적 결과는 무엇이었는가? 당시 나는 "경제적으로뿐 아니라 정치적으로도 다극화한 세계로 복귀할 것"이라고 예상했다.[148] 지금 보면 이런 단언은 완전히 틀리지는 않았더라도 상당한 단서를 달아야 할 듯하다. 이 단서의 구체적 내용이 5장의 주제가 될 텐데, 5장에서는 브레너의 질문에 답을 해 보겠다.

5장
오늘날의 제국주의와 국제 정치경제

5.1 미국 제국주의의 특수성

로버트 웨이드는 다음과 같은 가상의 시나리오를 제시한다.

주권국가와 국제시장과 자본주의 경제로 이루어진 오늘날의 세계에서 당신이 현대판 로마 황제로 군림하길 원한다고 가정해 보자. 가끔 어쩔 수 없는 경우를 빼고 군사력 사용을 최대한 피하려면 강압이 아니라 헤게모니로 지배해야 한다. 다른 국가들이 당신의 우위를 공명정대하고 상식적인 제도적 합의에서 도출된 당연한 결과로 받아들이도록 해야 한다. 당신이 단일한 행위자로서 자신의 이익을 증진하기 위해 국제적인 시장 규칙의 틀을 마음대로 정할 수 있다면 과연 어떤 체제를 수립할까?[1]

웨이드는 이어서 금본위제가 없고 오히려 헤게모니 국가의 화폐가 전 세계의 준비통화로 사용되는 "국제 금융 체제"를 상정한다. 이 세계에서는 헤게모니 국가의 금융시장이 "국제 금융계를 장악"하고 "전 세계적으로 단일하게 통합된 사적 자본시장"이 형성돼 자본이 국경을 넘나드는 데 제약이 없다. 이 체제를 관리하는 다양한 국제기구들은 "회원국들의 협력체라는 외피를 쓰고 있고 다자주의적 정당성을 띠지만, 당신[즉, 헤게모니 국가 — 캘리니코스]이 여전히 규칙을 정하고 원치 않는 결과를 차단하는 방식으로 통제할 수 있다." 이 모든 것의 배후에는 "당신의 헤게모니를 강압으로 뒷받침할 수 있는 매우 강력한 군사력[이 존재한다]. 헤게모니 국가는 이처럼 압도적인 군사적 우위를 유지하는 비용을 국제 금융 체제에서 '저렴하게' 조달할 수 있다." 그 결과,

이 국제 경제체제에서 당신이 통치하는 대중은 스스로 생산하는 것보다 훨씬 더 많은 상품을 소비할 수 있다. 또 헤게모니 국가의 기업과 자본이 타국 시장에 신속히 유출입하면서 단기적 이익을 극대화할 수 있다. 헤게모니 국가는 향후 수십 년 동안 다른 나라에서 유입되는 기술지대를 확보해서 자국 기업들의 기술혁신을 장려한다. 정치권력으로부터 자유로운 듯한 자유 시장 방식을 통해 타국에 대한 헤게모니 국가의 지정학적 우위가 강화된다. 이때 당신 나라의 사회과학자들은 구조도 없고 주체도 없는 세계화 과정(시간과 공간을 축소시키는 기술의 부단한 발전)이 이 모든 것의 배경이라고, 그래서 오늘날 당신의 국가를 포함한 모든 국가가 시장의 힘 앞에 무기력해지고 있다고 대중에게 설명하면 그야말로 금상첨화다. 당신이 설정한 세계화의 틀이 강력한 군사력을 보유하고 부유한 민간 부문을 유지할 수 있는 당신 나라의 능력을 강화해 주면서 다른 모든 나라의 능력은

약화시킨다는 것을 다른 나라들이 눈치채면 곤란하다.[2]

짐작했겠지만 웨이드가 묘사하는 헤게모니 국가의 모습은 오늘날의 미국 헤게모니에 꼭 들어맞는다. 웨이드의 멋들어진 은유에 약점이 있다면, 아마도 이런 설명이 '국제 경제체제'의 현재 모습 중 너무 많은 부분을 역사적 필연으로 취급한다는 점일 것이다. 따지고 보면 미국이 선진 자본주의 세계에서 경제적·지정학적으로 오늘날보다 더 큰 우위를 누렸다고 여겨지는 1950년대와 1960년대의 브레턴우즈 체제 시기에도 달러는 금본위제였다. 19세기 영국 제국주의의 헤게모니 또한 금본위제가 일반화한 과정과 떼어 놓고 생각할 수 없다. 게다가 웨이드도 인정했듯이 세계 기축통화로서 달러의 구실은 양날의 칼이 될 수 있다(5장 2절 3항 참조). 그렇지만 그가 오늘날의 초국적 구조와 기구들이 미국 자본주의에 유리하다고 지적한 것은 옳다. 여기서 로버트 브레너의 질문을 떠올려 보자.

1945년 이전만 하더라도 선진 자본주의 세계에서 제국주의 간 경쟁이 전쟁으로 치달았는데, 그런 경향이 1945년 이후에 보이지 않는 이유는 무엇인가? 제2차세계대전 이후 대부분의 기간에 유럽, 일본, 동아시아의 많은 지역에서 미국의 헤게모니가 제국주의적 형태를(하비의 표현을 빌리면, 이미 공고해진 경제적 우위를 정치적 힘으로 강화하거나 약화시키거나 영속화하는 것) 띠지 않은 이유는 무엇인가?[3]

이 질문에 답하려면 미국과 그 밖의 선진 자본주의 국가의 이해관계를 모두 살펴봐야 한다. 미국의 경우 일반적 수준에서 다음과 같이 설명할 수 있다. 미국은 자국 자본주의 특유의 구조와 국제적 영향력 덕분에 전통적 방식의 영토 제국을 건설하지 않고도 다른 주요 자본주의 국가들을 지배하고 이끌 수 있었다. 즉, 비영토적인 문호개방 제국주의가 미국의 이해관계에 더 잘 들어맞았다(4장 3절 참조). 그러나 브레너가 이런 질문을 제기하는 방식은 미국의 헤게모니가 다른 선진 자본주의 국가의 자본에 맞서 미국 자본의 이익을 수호하는 구실을 하지 않았다는 인상을 준다. 출간되지 않은 한 논문에서 브레너는 미국의 헤게모니는 **모든** 자본, 즉 미국 자본과 외국 자본 모두에 유리한 일반적 조건을 구축하는 구실을 해 왔다고 주장한다.[4] 사이먼 브롬리 또한 미국의 이라크 침공과 석유 전략의 관계를 논하며 이와 비슷한 주장을 한다.

미국이 [이라크에 — 캘리니코스] 세우려는 지배 형태는 여러 국가와 기업들의 자본과 상품과 무역에 개방된 경제다. 이것은(아직까지는?) 약탈적 형태의 헤게모니나 경제적으로 배타적인 전략이라고 보기는 어렵다. 오히려 미국은 자신이 선호하는 세계경제 모델을 정치적으로 뒷받침할 지정학적 질서를 세우기 위해 군사력을 사용했다. 그 모델이란 갈수록 더 개방되는 자유주의 국제 질서다. 미국의 정책 목표는 일반적이고 개방된 국제 석유 산업을 창출하는 것이었다. 거대 다국적기업들이 지배하는 시장을 통해 자본과 상품이 분배되는 석유 산업 말이다. 미국 국가의 힘이 동원된 것은 단순히 자국의 소비와 기업 이익을 지키기 위해서가 아니라 세계적 석유 시장의 탄생을 위한 조건을 마련하기 위해서였다. 미국은 세계에서 가장 앞서가는 경제로서 무역을 통해 자국이 필요한 것을 모두 얻을 수 있다는 자신감이 있었던 것이다.[5]

여기서 세 가지 논점을 구분하는 것이 중요하다. 첫째, 내가 앞서 주장했듯이 미국은 자유주의적이고 개방된 국제 질서가 대체로 미국 자본들에 유리할 것이라는 전제하에 비(非)영토적 제국주의 형태를 취하고 있다. 둘째, 미국의 헤게모니가 대체로 안정적으로 유지되려면 어차피 다른 자본주의 국가들에게도 상당한 이익을 보장해 줘야 한다(표 4.1). 셋째, 그렇지만 미국이 만든 여러 기구들과 정책들이 타국 자본들과 자국 자본들의 이해관계 사이에서 중립적인 것은 결코 아니다. 자유주의 국제관계론의 시각에서 존 아이켄베리는 미국의 상대적 힘이 가장 강력했던 두 번의 역사적 순간인 1945년 직후와 냉전 직후에 미국은 일시적 이익을 포기하고 다른 국가에 상당한 양보를 했다고 주장한다. 그것은 모든 국가들의 장기적 이익을 극대화할 국제적인 "구성적 질서"를 수립하기 위해서였다. 아이켄베리는 다음과 같이 썼다. "안정적인 질서에서는 권력의 이익이 비교적 작고 제도의 이익이 비교적 크다. 이런 상황이 바로 가장 발전한 구성적 질서의 특징이다."[6]

그러나 이런 주장은 "제도의 이익"이 어떻게 분배되는지를 설명하기에는 부족하다. 다른 나라보다 미국이 더 많은 이익을 얻었던 두 경우를 생각해 보자. 첫 번째 사례는 웨이드가 미국 자본주의에 유리하게 작동한다고 생각하는 국제 금융 질서에 관한 것이다. 피터 고완도 미국이 1970년대와 1980년대의 금융 불안정에서 이득을 얻었다고 주장한다. 특히 1979년 10월 당시 미국 연방준비제도이사회 의장이었던 폴 볼커가 금리를 급격히 올리면서 미국과 세계경제에 가혹한 통화 규율을 부과한 '볼커 쇼크' 이후에 더 그랬다. 이를 계기로 미국은 고완이 "달러−월스트리트 체제"라고 부른 달러 중심 체제를 구축했는데, 이때 달러는 금태환이 되지 않는 명목화폐로 전락하기는 했지만 여전히 국제 금융 체제의 중심축이었다. 미국은 이 같은 이점을 활용해 미국 투자은행과 다국적기업들의 이익에 부합하는 신자유주의 정책을 전 세계에서 추진했다.[7] 그래서 클린턴 정부가 1994~95년 멕시코 금융 위기에 직면해 주로 미국 투자자들을 구제하는 금융 구제 방안을 내놓도록 선진 7개국, 즉 G7에 압력을 가했을 때 특히 영국이나 독일과 심각한 긴장 관계가 형성됐던 것이다. 더 극적인 것은 똑같은 클린턴 정부가 1997~98년 동아시아 금융 위기 때는 아시아통화기금을 구성하자는 일본의 제안을 막았다는 것이다. 아시아통화기금이 국제통화기금(IMF)의 위기 관리 능력을 제한할 수 있다는 판단 때문이었다. 당시 IMF는 소위 '정실 자본주의'(동아시아 경제 모델의 독특한 특징이라고 여겨지는 국가와 은행과 민간기업 간의 긴밀한 유착)를 약화시키고 위기에 빠진 나라들의 경제에 미국 자본이 침투하기 쉽게 만들려고 동아시아 정부에 경제 자유화를 확대하라고 요구하고 있었다. 이 위기를 분석한 로버트 웨이드와 프랭크 버너로소는 국제 금융기관들과 미국의 특정한 이해관계 사이의 유착을 강조하기 위해 "월스트리트–[미국]재무부–IMF 복합체"라는 표현을 사용한다.[8]

역시 클린턴 정부로 거슬러 올라가는 두 번째 중요한 예는 처음엔 나토(NATO)가, 그 다음에는 유럽연합이 중동부 유럽으로 확장한 것이다. 이 정책은 1990~91년에 소련의 마지막 대통령 미하일 고르바초프와 당시 서독 총리 헬무트 콜과 미 국무장관 제임스 베이커가 협상 끝에 합의한 내용을 위반하는 것이었다. 그 합의 내용인즉 "나토의 현재 영역을 동쪽으로 확장하지 않는다"는 베이커의 확언을 조건으로 통일 독일이 나토에 남는다는 것이었다.[9] 클린턴 정부가 이 합의를 깨뜨린 배경을 미국 민주당의 주요 전략가인 즈비그뉴 브레진스키는 매우 명확하게 설명한다. 그는 유럽연합이야말로 "미국의 패권을 유라시아로 확장시킬 수 있는 교두보이며 민주적 세계 체제를 유라시아까지 확산시키기 위한 잠재적 발판"이라고 주장한다. 나토와 유럽연합을 각각 중동부 유럽까지 확장하는 것은 그에 상응한 미국 패권의 확장을 의미한다. 즉, "유럽연합이 지리적으로 더 큰 공동체가 된다면 … 그리고 그렇게 확장된 유럽이 미국과의 지속적인 동맹을 바탕으로 안보를 유지하게 된다면 지정학적으로 유럽에서 가장 노출된 지역인 중부 유럽 또한 미국과의 동맹을 통해 유럽의 나머지 지역이 누리고 있는 안보 혜택에서 배제할 수 없을 것이다."[10] 스티븐 코언은 미국의 진정한 대 러시아 정책은 "승자가 모든 것을 독차지하는 방식으로 1991년 이후 러시아의 약화를 가차없이 이용한 것"이라고 설명했다. 이것은 "미군과 나토군 기지를 러시아 국경과 인근 지역에 배치하고 군사력을 증강해서 에워싸는 전략"이다. "이미 발트 해 연안국들과 우크라이나, 그루지야, 아제르바이잔 및 중앙아시아 신생국들까지 포함하는 14개 옛 소련 공화국의 절반 이상에 미군과 나토군 기지가 들어서 있거나 계획돼 있다. 그 결과 '철의 장막'이 이번에는 미국에 의해 다시 세워지고 있고 미국과 러시아의 관계가 다시 군사화하고 있다." 이런 상황은 다시 블라디미르 푸틴의 러시아 정부가 더욱 공격적인 외교 정책을 펴도록 부추기고 있다.[11] 미국 정부가 펼치고 있는 전략의 위험성은 이미 러시아와 그루지야 사이에 전쟁이 벌어진 2008년 8월에 충분히 드러났다. 당시 미국과 이스라엘이 무장시키고 훈련시킨 그루지야 군대가 러시아의 보호를 받는 남오세티야 지역을 탈환하려 시도하는 과정에서 전쟁이 일어났다.

멕시코와 동아시아 위기, 그리고 나토 확장을 둘러싼 예들이 특히 의미심장한 이유는 이 사건들이 모두 클린턴 정부 시절 일어났기 때문이다. 다자주의적 접근법(이후 조지 W 부시 정부가 폐기해서 그토록 큰 재앙을 초래한) 때문에 흔히 칭찬받는 클린턴 정부에서 말이다. 그러나 이러한 예가 미국에 의한 제도 구축이 어떻게 미국의 이익에 부합하는지를 잘 보여 주기는 해도, 브레너의 질문에 답하기 위해 필요한 두 번째 측면을 다루기에는 부족하다. 그 두 번째 측면이란 다른 선진 자본주의 국가들의 이해관계에 관한 문제다. 이 국가들이 국제 금융기관들과 (선진 유럽 국가들의 경우) 나토의 일부로 참여하고 있는 이유는, 이 기구들이 미국의 경제적·정치적 이익에 이용되고 있다는 여러 증거에도 불구하고 결론적으로는 거기에 참여하는 것이 이들 국가에게도 이익이 되기 때문인 것으로 보인다. 이 문제와, 전 세계 경제력 분포의 변화가 미치고 있는 지정학적 영향 문제는 다음 절에서 더 자세히 다루겠다. 그렇지만 더 장기적인 역사적 시각을 얻으려면 미국 제국주의가 앞서 간 영국 제국주의와 어떤 유사성과 차이점이 있는지를 비교해 미국 제국주의의 특수성을 더 잘 이해하는 것이 도움이 될 것이다.

먼저 유사성부터 살펴보자.

• 가장 중요한 유사성은 바로 자유무역을 내세운 제국주의라는 점이다. 미국은 19세기에 영국이 처음 사용하기 시작한 비공식적 제국이라는 전략을 일반화했다(4장 2절과 3절 참조). 그러나 미국의 자유무역 옹호는 언제나 비대칭적이었다는 점을 강조해야 마땅할 것이다. 미국은 자국이 아닌 타국의 시장을 개방하는 것에 더 몰두했다. 영국 노동당 정부와 무역 마찰을 빚던 1949년 8월 당시 런던 주재 미국 대사는 오늘날에도 여전히 유효한 미국의 본심을 토로했다. "진실로 정직한 지성이라면 미국이 경쟁 우위를 지닌 분야에서는 다자주의와 비차별주의를 선호하지만 상대적으로 약세인 분야에서는 보조금과 보호주의와 차별주의에 기댄다는 것을 인정해야 한다."[12]

• 영국과 미국의 헤게모니는 모두 국제 금융 체제를 지배하는 것에 바탕을 두고 있다. 실제로 조반니 아리기는 헤게모니 **위기**의 징후 중 하나가 금융화라고 주장한다. 산업과 무역 부문의 투자 수익이 줄어들면서 "자본은 좀 더 유연한 투자 형태로, 특히 화폐 형태로 회귀하는 **경향**이 있다"는 것이다.[13] 아리기의 주장을 역사 전체에 일반적으로 적용하기는 힘들 듯하다. 영국은 1930년대 세계 대공황으로 자국의 헤게모니가 약화하자 금본위제를 포기하고 보호주의적 파운드화 블록을 형성하는 것으로 대응했다. 이로 말미암아 런던시티의 운신의 폭이 매우 **좁아졌고** 이는 런던이 월스트리트에 밀려나는 한 가지 계기가 됐다(4장 2절과 3절 참조). 최근 영국 자본주의가 런던시티를 중심으로 경제를 재구성하고 런던시티가 세계 최고의 금융 중심지가 되고자 월스트리트와 경쟁하는 것이 [영국의] 상대적인 경제력 쇠퇴에 대응하는 조처라는 것은 사실이다. 그러나 정작 영국의 헤게모니는 이보다 훨씬 전에 종말을 맞이했다. 아리기는 또 이렇게 주장한다. "레이건·대처의 신자유주의 반혁명을 … 해결되지 않은 수익성 위기에 대한 대응으로만 볼 수는 없다. 심지어 그것을 주된 동기로 볼 수도 없다. 그것은 [미국] 헤게모니의 위기가 깊어지는 것에 대한 대응이기도 했다." 이같은 대응은 "유례없이 높은 금리, 세금 감면, 생산자본가와 투기꾼들에게 더 많은 행동의 자유를 보장해 주는 것, 그리고 (이 같은 정책들의 이점으로서 실현되는) 달러 강세를 통해 전 세계 자본을 공격적으로 흡수하는 것[을 수반했다]. 이로 말미암아 엄청난 양의 자본이 미국으로 재유입됐다." 아리기의 이 주장은 좀 더 설득력이 있지만, 이는 그의 헤게모니 순환 이론을 뒷받침하는 예가 아닌 특정한 역사적 시기에 대한 해석으로 취급해야 한다.[14]

• 영국과 미국 모두 육군이 아니라 해군력과 공군력에 크게 의존해 왔다.

이들의 해군력과 공군력을 뒷받침하는 토대는 전 세계에 산재한 군사기지 들인데, 이 점은 아무리 비영토적인 제국주의라 해도 국제적으로 그 힘을 투사하려면 최소한의 영토 확장이 필요하다는 것을 보여 준다. 영국 해군은 영국의 공식·비공식 제국을 하나로 결집하는 구실을 했다. 육군 병력이 상대적으로 약했던 것은 영국의 헤게모니에 한계로 작용했다. 영국 제국주의의 황금기였던 19세기 중반에 파머스턴 경이 가장 다루기 힘들었던 강대국은 프로이센과 러시아처럼 지리적으로 내륙에 위치해 영국 해군의 공격이 별로 효과가 없었던 국가들이었다. 제1차세계대전 때 처음 등장한 공군은 영국 정책 입안자들에게 이라크처럼 영국이 새롭게 획득한 영토를 "군대와 돈을 낭비하지 않고도"(윈스턴 처칠의 표현이다) 지배할 수 있는 수단으로 여겨졌다.[15] 인도가 영국 제국에 중요했던 것은 단지 경제적 이유 때문만은 아니었다. 솔즈베리 경은 인도를 가리켜 "공짜 병력을 마음껏 차출할 수 있는 오리엔트 해상의 영국 병영"이라고 불렀다.[16] 실제로 인도 군대는 두 차례의 세계대전뿐 아니라 여러 차례의 식민지 확장 전쟁에서 영국의 군사력에 상당한 보탬이 됐다. 반면 미국은 제2차세계대전을 거치면서 육군 강국으로 떠올랐고 오늘날까지 그 지위를 유지하고 있다. 그러나 이 점에서 영국과 미국의 차이를 과장해서는 안 된다. 제1차세계대전이 거의 끝날 때까지도 미국은 지상군을 충분히 투입하지 못했는데, 1918년 7월 독일의 공세(연합국의 성공적인 반격 때문에 결국 동맹국이 패배했다)는 미국의 지상군 투입이 본격화하기 전에 선제공격을 감행해 승기를 잡으려는 시도였다. 제2차세계대전 참전 여부를 두고 고민하던 프랭클린 루스벨트와 육군 참모총장 조지 C 마셜은 독일과 일본을 패퇴시키려면 육군 사단 215개가 필요하다는 추정에도 불구하고 겨우 90개 사단만을 파병했다. 루스벨트의 핵심 참모였던 아브릴 해리먼은 그 이유를 이렇게 설명했다. "루스벨트는 만약 러시아의 대병력이 독일에 맞서 싸운다면 미국의 개입 수단을 해군과 공군으로만 한정할 수도 있다고 생각한 듯하다."[17] 물론 결국에는 서유럽을 탈환하기 위해 미군이 주축이 된 대규모 원정군이 투입될 수밖에 없었지만 독일군을 파괴한 주력 부대는 다름 아닌 소련의 붉은 군대였다. 제2차세계대전 이후의 지상전에서도 미국 국방부가 세운 기록은 별로 훌륭하지 못하다. 한국전쟁은 교착상태로 끝났다. 베트남 전쟁은 패배했다. 1991년 이라크 전쟁에서 미국은 압도적으로 열세인 적수를 상대로 아주 광범한 연합군을 동원해 승리했다. 당시 이라크의 사담 후세인은 미국이 1950년부터 대비해 온 재래식 지상전을 감행하는 실수를 범했다. 그러나 2003년 3월 미국의 이라크 침공 이후 이라크 저항세력은 사담 후세인의 실수를 반복하지 않았다. 미국의 월등한 해군력과 공군력은 미국이 선호하는 무력 투사 수단으로서 여전히 유지되고 있다. 표 5.1에서 볼 수 있듯이 오늘날에도 미국은 여전히 전례 없는 군사적 우위를 누리고 있다. 그러나 이라크 전쟁은 이 같은 군사적 우위조차도 한계가 있음을 밝히 드러냈다.

그러나 영국과 미국의 헤게모니에는 중요한 차이점이 있다.

• 우선 4장 2절과 3절에서 봤듯이 양국의 헤게모니는 서로 다른 경제구조를 바탕으로 하고 있다. 영국은 비교적 작은 기업들로 이루어진 초국적이고 분산된 네트워크에 기초하고 있었고 미국은 대륙 경제에 바탕을 두고 있다. 이러한 경제구조는 관료적으로 운영되는 대기업들이 대량생산에 따르는 규모의 경제를 실현할 수 있도록 해 준다. 오늘날에도 후자의 구조는 여전히 중요하다. 국제 경쟁이 치열해지고 미국이 전 세계 제조업 생산량에

표 5.1 세계 선진 15개 국가의 2006년도 국방비 지출
(2007년 물가를 기준으로 한 GDP 순위에 따라 나열)

	국방비 지출 (단위: 100만 달러)	GDP 대비 국방비 비중 (퍼센트)
미국	535,943	4.05
일본	41,144	0.9
독일	37,775	1.3
중국	121,872	1.3*
영국	55,444	2.3
프랑스	54,003	2.4
이탈리아	30,635	1.7
스페인	14,415	1.2
캐나다	14,958	1.2
브라질	16,206	1.5
러시아	70,000	4.11**
인도	22,428	2.5
한국	24,645	2.8
오스트레일리아	17,208	2.4
멕시코	3,229	0.4

* 국방비 지출은 PPP 추정치와 예산외 지출을 합산한 것임. GDP 대비 국방비 비중은 공식 환율로 환산한 공식 국방 예산만을 감안한 것임.
** PPP 추정치
출처: International Institute for Strategic Studies, *The Military Balance 2008*[18]

서 차지하는 비중이 상대적으로 낮아지고 있어도 미국계 다국적기업들과 은행들은 여전히 거대한 국내시장이라는 이점을 누린다. 첨단산업과 서비스산업에서 미국 기업들이 높은 경쟁력을 유지할 수 있는 것도 이 같은 국내시장의 규모 덕분일지 모른다.

• 두 번째 차이점은 영국과 미국이 다른 선진 자본주의 국가들과 맺은 관계에서 나타난다. 18세기 말에 영국은 최초의 산업자본주의 국가로 부상하면서 저비용 생산자로서 유리한 입지를 구축할 수 있었고(인도를 정복하고

중국을 개방시키는 데 동원된 군사력도 이 과정을 도왔다), 이러한 이점을 이용해 다른 수공업 경제와의 경쟁에서 우위를 점할 수 있었다. 1815년 이후 영국의 헤게모니는 영국이 상대해야 했던 국가들이 대체로 전자본주의 경제 기반을 지닌 '구체제' 왕정들이었다는 사실과 무관하지 않다. 자본주의 공업화가 유럽 대륙과 대서양 건너편으로 빠르게 퍼져 나간 19세기 후반에야 영국 제국주의가 쇠퇴하기 시작했다. 이때부터 영국은 자국과 동등한(또는 더 발전된) 생산 기술과 조직 형태를 갖춘 다른 공업 경제와의 경쟁에 직면하게 된다.[19] 반면, 미국은 이러한 경쟁자들 중 가장 강력한 상대였고, 그 때문에 항상 다른 선진 자본주의 국가들과의 경쟁 속에서 살아남아야 했다. 그 결과 미국에게는 선진 자본주의 세계 전체를 관리하는 것이 중요한 우선순위가 됐다.

• 이러한 점은 미국 헤게모니의 또 다른 특징을 설명하는 데 도움이 된다. 그것은 바로 국제기구가 미국 헤게모니에서 하는 특수한 구실이다. 유엔 창설은 미국 주도로 (미국과 소련과 영국과 중국을 포함한) '4대 경찰 국가'가 한 지붕 아래 모이자는 루스벨트의 구상이 반영된 매우 미국 중심적인 프로젝트였고, 브레턴우즈 기구들의 창설 역시 마찬가지다.[20] 이후 여러 국제기구들이 속속 생겨난다. 나토(NATO), 유럽연합이나 아시아태평양 경제협력체(APEC)처럼 미국이 그 후원자나 회원국임을 자처하는 각종 지역 협의체들과 G7·IMF·세계은행·WTO 등이 생겨났다. 이 국제기구들의 공통된 기능은 미국이 자신의 주도로 주요 자본주의 국가들을 규합할 수 있도록 돕는 것이다. 그렇다고 해서 이 기구들을 단순히 미국의 지배 도구라고만 말할 수는 없다. 그것들의 성공적인 작동 여부는 그 기구들이 [국가 간] 갈등을 조율하고 합의를 이끌어 내는 효과적인 공간이 될 수 있는지 아닌지에 부분적으로 달려 있다. 그렇지만 배리 부잔의 다음과 같은 지

적은 전적으로 옳다. "미국이 초강대국인 것은 물질적 능력 때문만은 아니다. 유럽연합과 일본을 압도적으로 능가하는 제도적 우위 때문이기도 하다. 만약 미국이 유럽과 동아시아에 대한 제도적 우위를 잃는다면 물질적 능력만으로 초강대국 지위를 유지하기는 불가능할 것이다."[21] 물론 19세기 후반에도 국제기구들이 생겨나, 경제적으로 점차 통합되는 세계를 규제하는 구실을 하기는 했다. 그러나 영국 헤게모니의 관점에서 보면 이 기구들의 구실은 부차적이었다. 20세기 초에는 아일랜드 통합주의자인 리오 에머리 등이 경쟁국들에 맞서 영국의 입지를 강화하려고 '제국 연방' 건설을 추진하기도 했는데, 영국 본국과 식민지 자치령들 사이의 이해관계가 점점 엇갈리면서 이 계획은 좌초되고 말았다(식민지들은 1931년 웨스트민스터 법으로 사실상 정치적 독립을 얻어냈다). 어찌 됐든 이 '제국 연방' 구상은 다른 선진 자본주의 국가들에 대항하기 위한 프로젝트였지, 그들을 영국 헤게모니의 협력자로 규합하기 위한 프로젝트는 아니었다.

- 마지막 차이점은 적어도 표면적으로는 영국에 더 유리하다. 영국 자본은 19세기 동안 자본주의의 세계적 확산에 필요한 자금을 공급했고, 영국이 심각한 경쟁에 직면하기 시작한 1870년부터 1914년 사이에 자본주의의 확산은 더욱 빨라졌다(4장 2절 참조). 미국은 제1차세계대전 때부터 세계적인 채권국이 됐고, 미국의 공식 원조와 민간 해외투자는 1945년 이후의 세계경제 회복에 일조했다. 그러나 1980년대부터 상황이 반전됐다. 현재 미국은 세계적으로 엄청난 국제수지 적자를 내고 있고, 이는 상당량의 외국자본 유입으로 메워지고 있는 막대한 재정 적자와도 긴밀히 연관돼 있다. 웨이드와 고완이 비판적으로 분석한 국제 금융 체제가 조장하는 이 같은 상황은 미 제국주의의 힘을 보여 주는 것일까, 아니면 그것이 몰락하고 있는 징후일까? 이 문제에 답하려면 국제 정치경제를 좀 더 자세히 살펴봐야 한다.

5.2 헤라클레스의 기둥에 서 있는 자본주의?

이윤율 저하 경향과 상쇄 경향들을 논하면서 그람시는 이런 질문을 던졌다. "[자본주의의] 모순이 알렉산더 대왕의 칼이 없이는 도저히 풀 수 없는 고르디우스의 매듭*에 도달하는 순간은 언제일까? 그것은 세계경제 전체가 자본주의화하고 일정 수준의 발전 단계에 도달했을 때, 즉 자본주의 경제의 '움직이는 경계'가 헤라클레스의 기둥**에 닿는 순간일 것이다."²²
자본주의가 실제로 헤라클레스의 기둥에 닿았다는 생각은 오늘날 널리 받아들여진다. 토머스 프리드먼의 지극히 낙관적인 주장을 예로 들 수 있는데, 그는 세계화로 말미암아 "세계가 평평하고 좁아지고 있다"고 주장한다. "그래서 세상을 바꾸는 주체로서 개인들이 점점 더 부각될 뿐 아니라 비서구인이나 비백인처럼 더욱 다양한 개인들이 이 세계를 이끌어 갈 것이다. 평평해진 세계에 사는 모든 개인들의 권한이 강화되고 있다."²³ 〈파이낸셜 타임스〉 같은 권위 있는 신문이 이런 허황된 내용의 책을 2005년 경영 부문 최고 서적으로 선정한 이유는 '신흥 시장'을 둘러싼(특히 2000년대 중반 신용 거품이 한창일 때는 소위 브릭스(BRICs, 브라질·러시아·인도·중국) 시장을 둘러싼) 온갖 환상을 빼놓고는 설명하기 어렵다.

이후 제국주의가 발전할 정확한 경로를 알려면 오늘날 세계경제의 실제 윤곽을 이해하는 것이 중요하다. 주류 국제관계론은 냉전 종식 이후의 지정학적 형세를 분석하는 데서 애를 먹었다. 구조적 현실주의자들은

---

* 전설 속의 왕 고르디우스가 묶은 아주 복잡한 매듭에서 유래된 표현. 이 매듭을 푸는 이가 아시아의 지배자가 될 것이라고 했는데 알렉산더 대왕이 칼로 그 매듭을 절단하여 풀었다고 한다.

** 그 이상 더 나아갈 수 없는 외연적 한계를 말한다.

소련 해체 이후 등장한 (얼핏 보기에) 일극적인 국가 체제가 오래가지 못할 것이라고 재빨리 예견했다. 미국의 우세에 맞서 힘의 균형을 맞추려는 국가들의 연합이 곧 등장할 것이라는 이유에서였다. 케네스 월츠는 1993년에 이렇게 썼다. "어느 한 나라가 우위를 얻으려 하거나 이미 우위를 차지하고 있으면 다른 나라들은 그 나라를 견제해서 균형을 회복하려 한다. 헤게모니는 균형으로 이어진다. … 더디긴 하지만 현재도 이런 일이 일어나고 있다."[24] 물론 현실에서는 그러한 국가들의 연합이 등장하지 않았다. 그러자 월츠는 자신의 주장이 그래도 옳았다고 말하면서, 다만 그런 예측이 언제 실현될지를 알기는 불가능하다고 덧붙인다. "현실주의 이론은 교란된 균형이 언젠가는 회복된다고 예측한다. 그러나 다른 모든 사회과학 이론과 마찬가지로 현실주의 이론도 한계가 있는데, 그 한계는 바로 정확히 언제 그렇게 될 것인지를 말할 수 없다는 점이다."[25] 그런가 하면 윌리엄 울포스는 구조적 현실주의의 전제를 충실히 따르면서도, 1991년 이후의 일극적 체제는 일시적 국면이 아니라 안정된 상태라고 주장한다. 왜냐하면 미국의 하드파워와 소프트파워가 모두 다른 강대국들의 힘을 훨씬 능가하기 때문이다. 또 유럽과 동아시아의 지정학적인 분열은 다른 나라가 미국 헤게모니에 도전하는 데 필요한 정치적 중앙집권화와 자원의 집중을 이루어내는 것을 매우 어렵게 하는 요인이다.[26]

이러한 설명에서 경제적 관계들이 변수로 고려되는 것은 오직 그것이 국가들의 물질적 능력에 영향을 주고 따라서 국가 간의 상대적 힘에 영향을 주는 한에서다. 반면 자유주의 국제관계론자들은 현대 자본주의 세계 경제의 발전으로 말미암아 국제무역은 윈-윈 게임으로 작용한다고 주장한다. 그래서 국내의 사회정치적 구조가 자유주의적이고 자본주의적인 국가들은 서로 협력하고 그 협력을 제도화할 동기가 있고, 이 덕분에 국가 간 전쟁 가능성이 크게 낮아졌다는 것이다. 앤드루 모라비식크가 자유주의 국제관계론을 좀 더 정교하게 다듬으면서 말했듯이, "지난 500년간의 세계경제 발전은 1인당 부의 증가, 민주화, 새로운 집단적 정체성을 강화하는 교육 체계 확립, 국제적 경제 교류에 대한 인센티브 확대와 밀접히 연관돼 있다. 그러나 현실주의 이론은 이러한 변화들에 그 어떤 이론적 중요성도 부여하지 않는다."[27] 이 지점에서 자유주의 국제관계론과 고전 마르크스주의 사이에는 일정한 공통점이 존재한다. 마르크스주의도 자본주의 세계경제를 제로섬 게임으로 보지 않는다. 조건이 알맞으면 자본주의에서도 역동적인 생산력 발전으로 말미암아 이윤과 실질임금이 모두 상승할 수 있다. 1950년대와 1960년대 대부분의 시기에 선진국들이 누렸던 장기 호황이 그런 예다. 더욱이, 헤게모니 국가가 모종의 공공재(안정적인 국제통화제도 같은)를 제공해서 다른 국가들에게 이 헤게모니에 순응하고 협력할 인센티브를 부여한다는 것이 내가 지금껏 다루어 온 자본주의적 헤게모니 개념의 한 가지 함의이기도 하다. 그러나 마르크스주의와 자유주의 사이의 수렴은 매우 부분적이다. 마르크스주의 정치경제학은 자본주의를 구조적으로 모순적이고 불안정한 과정으로 정의한다. 이에 따르면 자본주의는 임금노동 착취에 기초하고 있고, 정기적으로 찾아오는 파괴적인 위기에 취약하며, 체계적으로 불균등한 발전을 낳는다. 오늘날의 세계경제를 정직하게 관찰하는 사람이라면 이러한 마르크스주의적 관점을 뒷받침하는 증거들이 많다는 점을 인정해야 할 것이다.

5.2.1 고착된 불균등 발전

토머스 프리드먼에게는 미안한 말이지만, 세계가 평평해지고 있다는 것은 사실이 아니다. 표 5.2는 1945년 이후 나타난 경제적 배제의 패턴들이 냉전 종식 후에도 여전히 지속되고 있다는 것을 보여 준다(4장 3절도 참조하라). 1992년에서 2006년 사이에 외국인 직접투자(FDI)의 유출입에서 선진국이 차지하는 평균 비율은 67.34퍼센트였다. 물론 다른 모든 수치들과 마찬가지로 이 수치도 면밀히 따져봐야 한다. FDI에는 해외에 새로운 생산 시설을 짓기 위한 투자뿐 아니라 국제적 인수 합병 투자도 포함된다. 후자의 변동을 잘 살펴보면 미국에서 닷컴 버블이 정점에 도달했다가 곧이어 붕괴했던 1990년대 후반에 미국으로의 FDI 유입이 어째서 그토록 크게 요동쳤는지를 짐작할 수 있다.

그렇지만 이런 수치들은 국제적 자본 이동을 통제하는 세력들이 어느 지역의 수익성이 비교적 크다고 생각하는지를 보여 주는 지표다. 이들은 여전히 압도적으로 선진 경제를 선호한다. 중국은 이런 패턴의 가장 중요한 예외지만 다시 한번 이 수치들을 주의 깊게 다룰 필요가 있다. 앨런 러그먼이 지적하듯, "중국으로 유입되는 외국인 투자의 거대한 부분(2002년에 약 36퍼센트로 추정된)이 홍콩에서 온 것인데, 이 중 대부분은 애초에 중국 내륙에서 각종 정부 규제를 피하려고 홍콩으로 빼돌린 자본이다. 개발도상국으로 유입된 FDI의 3분의 1 이상이 홍콩과 중국에 집중돼 있다."[28] 이 사실은 중국 자본주의의 활력을 말해 주는 동시에 자본의 국제적 흐름이 얼마나 부국을 선호하는가를 잘 보여준다. 다른 많은 경우에도 그렇듯이 이번에도 "가진 자는 더 받아 넉넉해지고, 없는 자는 가진 것마저 빼앗길 것이다"[*]

내가 2장 2절에서 인용한 이론적이고 경험적인 연구는 이런 패턴에 대한 가장 명확한 설명을 제시하고 있다. 신고전파의 정설과는 반대로,

---

[*]   마태오복음 25장 29절.

표 5.2 1992~2006년 외국인 직접투자(FDI) 유입(단위: 10억 달러)

지역/나라	1992~97(연평균)	1998	1999	2000	2001	2002	2003	2004	2005	2006
선진국	180.8	472.5	828.4	1108	571.5	489.9	366.6	418.9	590.3	857.5
서유럽	100.8	263	500	697.4	368.8	380.2	310.2	209.2	494.9	566.4
영국	19.5	74.3	88	118.8	52.6	27.8	14.5	56	193.7	139.5
일본	1.2	3.2	12.7	8.3	6.2	9.2	6.3	7.8	2.8	-6.5
미국	60.3	174.4	283.4	314	159.5	62.9	29.8	135.8	101	175.4
개발도상국	118.6	194.4	231.9	252.5	157.6	157.6	172	283	314.3	379
동아시아, 남아시아, 동남아시아*	69.6	92.1	109.1	142.7	102.2	86.3	96.9	149.2	167.2	199.5
중국	32.8	45.5	40.3	40.7	46.9	52.7	53.5	60.6	72.4	69.5
인도	1.7	2.6	2.2	2.3	3.4	3.4	4.3	5.8	6.7	16.9
중동부 유럽**	11.5	24.3	26.5	27.5	26.4	31.2	21			
세계 전체	310.9	690.9	1086.8	1388	817.6	678.8	559.8	742.1	945.8	1305.9
전 세계 FDI 중 선진국으로 가는 FDI 비율(퍼센트)	58.15	68.39	76.22	79.83	69.9	72.17	65.51	56.4	62.4	65.66

* 일본은 제외됨. 남아시아로 향하는 FDI 규모는 25억 달러와 65억 달러 사이에 머물다가 2005년 99억 달러, 2006년 223억 달러로 가파르게 치솟았다.

** 현재는 서유럽 관련 통계에 통합됐다(유럽)으로 재분류됨).

출처: UNCTAD, World Investment Report 2004, 2007: ⟨www.unctad.org⟩

규모의 경제라는 것은 실제로 존재한다. 다시 말하면, 수익성을 높이려면 생산성을 향상시키는 기술혁신에 대한 대규모 투자가 필요하다. 이런 전략이 성공하는 곳에서는 생산 규모가 더욱 커지기 마련이다. 성공적인 대기업들 주변에는 다양한 납품업체들이 모여든다. 그러면 노동자들도 그 지역으로 몰릴 것이고, 적어도 그들 중 일부는 생산성을 향상시키는 기술을 지닌 덕분에 고임금을 받을 것이다. 이 노동자들은 또한 소비자로서 각종 재화와 서비스를 소비해 시장을 확대시킬 것이고 이로 말미암아 생산·유통·사회기반시설 등에 대한 투자가 늘어나 해당 지역의 고용과 시장 확대로 이어질 것이다. 이는 곧 경제적으로 앞서가는 지역에서는 성공이 성공을 부르고 투자와 생산과 소비가 특정 지역에 집중되는 경향이 나타난다는 것을 의미한다. 물론 그렇다고 해서 한번 성공한 지역이 쇠퇴하지 않는다는 보장은 없다. 산업혁명의 발상지였던 잉글랜드 북부 지역이 쇠퇴한 것을 봐도 그렇다. 또한 얼마든지 새롭게 부상하는 지역이 등장할 수 있다. 가장 비근한 예로 중국 남동부 지역의 주장강과 양쯔강 삼각주를 들 수 있다. 그러나 이런 변화들은 경제적 격차를 완화하기보다 오히려 불균등성을 더욱 심화시키는 경향이 있다.[29]

세계가 평평해지고 있지 않은 핵심 이유 중 하나는 부분적으로 앞 문단에서 열거했던 이점들 때문에 선진 경제들에서 노동생산성이 훨씬 높은 경향을 보이기 때문이다. 2006년 10월 〈파이낸셜 타임스〉는 이렇게 보도했다.

미국의 경제 단체인 컨퍼런스보드가 오늘 발간할 예정인 보고서에 따르면 경영자들은 신흥 경제에 투자하려는 유혹에 빠지지 않도록 주의해야 한다. 왜냐하면 저임금에 따른 경쟁력 우위는 흔히 과장돼 있기 때문이다. 중국과 인도, 멕시코, 동유럽의 임금 수준이 낮은 것은 사실이지만 노동력의 생산성이 낮다는 점도 함께 고려해 보면 이런 곳에 투자해서 얻을 수 있는 비용 절감 효과는 흔히 크게 줄어든다. … 멕시코의 경우 제조업 노동자 임금이 미국 노동자의 10분의 1이다. 그러나 생산성 또한 미국 제조업 노동자들의 10분의 1에 그치고 임금마저 상승하고 있어 단위 노동비용은 거의 같다고 볼 수 있다. 중국과 인도는 아직 단위 노동비용이 매우 낮은데, 이는 미국에 비해 중국 제조업 부문의 평균임금이 생산성을 감안해도 매우 낮기 때문이다. 중국 노동자들의 임금이 미국 노동자들의 3퍼센트에도 미치지 못하는 반면 중국 제조업 노동자들의 생산성은 미국의 14퍼센트에 달한다.[30]

이러한 생산성 격차는 독일이 고용주들과 신자유주의 '개혁' 주창자들에게 그토록 원성을 샀던 높은 인건비에도 불구하고 2000년대 중반 들어 세계 최대의 공산품 수출국으로 다시 떠오를 수 있었던 이유를 말해준다. 현대 자본주의 발전의 불균등성은 세계경제의 조직적 하부구조를 이루고 있는 초국적 생산 네트워크들의 성격에 관해서도 말해 주는 바가 있다. 키스 판데르페일이 주요 기업들의 서로 얽히고설킨 이사회 구성을 연구한 결과를 보면 1990년대를 거치면서 두 개의 초국적 기업 네트워크가 출현했다. 미국에 집중된 네트워크와 유럽에 기반을 둔 또 다른 네트워크가 그것이다. 영국과 북유럽 기업들은 이 두 지역 모두에 다리를 걸치고 있다.[31] 다국적기업(MNE)을 연구한 러그먼은 흔히 '세계화'라고 부르는 과정의 대부분이 사실은 '지역화'(regionalization)라고 주장한다.

세계화를 논하는 사람들은 흔히 다음 세 가지 오류를 범한다.

1. 흔히 국제적 매출을 세계화와 혼동한다. 사실 세계 최대 다국적기업들의 매출은 대부분 본국에서 나온다.

2. 미국 다국적기업들이 세계화를 이끈다고 주장한다. 실제로는 미국 다국적기업만큼이나 많은 유럽 다국적기업들이 있고 아시아에도 거대 다국적기업들이 많다. 제조업 부문의 최상위 50대 다국적기업 중 25개는 북아메리카 지역에 소재하며 15개가 유럽에, 10개가 아시아·태평양 지역에 위치한다. 다시 말해 북아메리카·유럽·아시아라는 '삼각축'이 존재하는 것이다. 이 세 지역 중 어느 한 곳도 확실한 우위를 점하지는 못하고 있다.

3. 공통성(commonality)이라는 명제를 뒷받침할 증거가 없다. 즉, 제조업 부문에서 균일하고 전 세계적인 생산의 확대는 이루어지지 않았다. 오히려 이 삼각축에 기반을 둔 다국적기업들은 주되게 자신이 속한 지역 내에서 국제적 생산을 발전시키며 확장시키고 있다고 봐야 옳다. 극소수의 다국적기업들만이 전 세계를 무대로 활동하고 있다. 거의 대부분은 특정 지역에 뿌리를 두고 있다.[32]

러그먼은 (2001년의 수치들을 근거로) 다국적기업의 종류를 네 가지로 분류했다.

1. 본국에 기반을 둔 기업: 매출의 절반 이상을 자신이 속한 지역에서 올리는 다국적기업으로, 제너럴모터스, NEC, 폴크스바겐, 포드, 토탈피나엘프, 지멘스, 필립모리스, 히타치 같은 기업들이 이에 해당한다.

2. 두 지역에 기반을 둔 기업: 3대 지역 중 두 지역에서 최소 20퍼센트의 매출을 올리는 경우다. 도요타, BP, 닛산, 유니레버, 모토롤라, 글락소-스

미스클라인, 바이엘, 에릭슨을 예로 들 수 있다.

3. 타 지역에 기반을 둔 기업: 두 지역에 기반을 둔 다국적기업인 동시에 자국 지역이 아닌 다른 지역에서 절반 이상의 매출을 올리는 기업들이다. 혼다, 다임러크라이슬러, 아스트라제네카 등이 있다.

4. 글로벌 기업: 3대 지역 모두에서 20퍼센트 이상의 매출을 각각 올리지만 어느 한 지역의 매출이 50퍼센트를 넘지 않는 다국적기업들이다. 이런 기업들은 단 아홉 개에 불과하다. IBM, 소니, 필립스, 노키아, 인텔, 캐논, 코카콜라, 플렉스트로닉스, 크리스찬디올이 그들이다. "이 아홉 개 기업 중 일곱은 컴퓨터와 전자기기를 판매하는 회사들이다. 이 부문에서는 부품과 완제품의 가치가 무게에 비해 크기 때문에 운송 비용이 상대적으로 적게 들어간다".[33]

그러므로 자본이 지리적 속박에서 벗어났다는 담론은 여전히 신화일 뿐이다. 아웃소싱에 관한 미국의 어느 흥미로운 연구를 보면, 2002~04년에 생산 기지가 미국에서 중국으로 이전된 경우는 58번 있었고 유럽에서 중국으로 이전된 경우는 55번, 다른 아시아 국가에서 중국으로 이전된 경우가 33번 있었다. 그런데 "미국에서 [다른 지역으로 — 캘리니코스] 생산 기지가 이전된 255개 사례 중 48퍼센트는 중국 등 '역외(offshore)'의 아시아 국가로 생산을 이전함과 동시에 '근해(near-shore)'인 라틴아메리카 국가(주로 멕시코)로도 생산을 함께 이전한 경우였다." 더욱이, "유럽 국가들 역시 생산 기지를 동유럽과 중국으로 이전한 사례들이 여럿 있었는데, 아마 미국 기업들이 멕시코나 중국으로 이전한 것과 똑같은 이유에서였을 것이다. 즉, 생산의 일부를 국외이긴 하지만 역외는 아닌 곳으로 이전해서 육로를 통한 빠르고 값싸며 손쉬운 운송을 보장하기 위한 것이었다."³⁴ 이를 보면 기업들이 투자할 지역을 선정할 때 임금 수준만이 아니라 다른 여러 복잡한 변수들을 종합적으로 고려한다는 것을 알 수 있다. 기술력, 노동생산성, 시장 접근성, 운송 비용 등이 그러한 변수들인데 이것들은 다시 상품의 성격(정보·통신 제품은 제품의 중량 대비 가격이 중요하다)과 연관돼 있다. 그래서 2005년 유럽연합이 논란 속에 중국산 섬유에 대한 관세를 철폐했지만 (이후 부분적으로 부활시켰다) 유럽의 일부 의류 유통업체들은 중국에 있던 생산 기지를 터키, 동유럽, 또는 인도처럼 자국 시장에 좀 더 가까운 곳으로 옮겼는데, 이것은 패션 트렌드의 변화에 재빨리 대응하기 위해서였다.³⁵

지난 수십 년 동안 일어난 변화는 이 삼각축이 저마다 조금씩 확장돼 왔다는 것이다. 미국에서 국경 건너편의 멕시코로, 유럽연합의 중핵인 서유럽에서 동유럽과 터키, 마그레브* 지역으로, 그리고 가장 중요하게는 일본에서 동아시아의 나머지 나라들, 특히 중국으로 확장이 일어난 것이다. 이렇게 세계경제의 구조가 재편되는 것은 앞으로 서술하겠지만 국제적인 권력 분포에 심대한 영향을 미친다. 그러나 그렇다고 해서 마이클 만이 말한 '배척하는 제국주의' 패턴과 단절했다는 뜻은 아니다. 아시아 경제의 고속 성장과 미국의 경기회복에 힘입어 2000년대 중반부터 나타난 원료 호황은 사하라 이남 아프리카에 대한 투자자들의 관심을 다시 불러일으켰다. 특히 석유와 전략적 원료가 풍부한 지역이 관심을 받았는데, 외국자본은 이 지역 나라들의 심각한 빈곤과 정치적 혼란을 틈타 상상을 초월하는 약탈적 행각을 벌일 수 있었다.³⁶ 이런 모습은

---

* 북아프리카의 모로코·알제리·튀니지에 걸친 지역.

19세기 제국주의가 이 지역에 자행했던 끔찍한 악행들을 떠올리게 한다. 벨기에 왕 레오폴드 2세가 악명 높은 '콩고 자유국'을 세웠던 바로 그곳, 콩고민주공화국에서 벌어진 약탈이 특히 더 그렇다. 그렇지만 이 지역이 세계 자본주의의 중심지가 아니라는 사실은 변함없다. 직접투자가 아닌, 회사 주식과 채권에 대한 간접투자가 최근 몇 년 동안 소위 '신흥 시장'에 몰려들었던 것은 사실이다. 또한 실제로 2007년 8월 전 세계적인 신용 경색 발생 이후 공포에 질린 투자자들에게 몇 안되는 위안거리가 바로 신흥 시장들이었다. 그러나 이런 현상을 과장해서는 안 된다. 우선 이 같은 자금 유입은 대부분 1990년대 초반의 신흥 시장 호황(1994~95년 멕시코 외채 위기와 1997~98년 동아시아와 러시아 경제 위기로 좌초된)에 견줄 만한 투기 붐에서 비롯한 것이다. 투기성 자금 흐름이 늘 그렇듯이, 2008년 가을 국제 금융시장이 붕괴하자 신흥 시장으로 향하던 자금 흐름은 금세 반전됐다. 둘째, 역사적 선례에 비춰보면 신흥 시장의 규모는 상대적으로 작다. HSBC의 리처드 쿡슨은 다음과 같이 말했다. "19세기에 평균적인 영국인 투자자들은 자산의 4분의 1을 신흥 시장에 투자했다. 그에 반해 최근 몇 년간 미국 기관투자가들은 겨우 10퍼센트의 자산만을 외국 증권에 투자해 왔고, 신흥 시장에 대한 투자는 그 중에서도 아주 일부에 그쳤다." 런던 증권시장에서 거래되는 신흥 시장 채권의 총 가치는 2005년이 돼서야 전 세계 GDP의 12퍼센트라는, 1905년과 동일한 수준으로 회복됐다.[37]

이처럼 지리적으로 불균등한 경제력 분포의 가장 중요한 함의는 그것이 인류를 깊이 분열시킨다는 것이다. 표 3.1이 보여 주듯, 세계 자본주의의 가장 부유한 중심부와 나머지 지역들 사이의 1인당 소득수준 차이는 여전히 어마어마하다. 좀 더 장기적인 역사적 시각에서 보면 이 차이는 전례가 없을 정도다. 물론 이렇게 말한다고 해서, 중국과 (더 최근에는) 인도에서 빠른 경제성장으로 말미암아 수억 명이 극빈층에서 벗어날 수 있었다는 사실의 중요성을 깎아내리는 것은 아니다. 빈곤과 불평등을 측정하는 것은 매우 복잡하고 논쟁적인 일이다. 그렇지만 심지어 세계은행이 내놓은, 논란의 여지가 다분한 수치를 보더라도 2001년 현재 세계 인구의 44퍼센트인 27억 4천만 명이 하루 평균 2달러 미만으로 생활한다.[38] 현대 자본주의에서는 불균등 발전이 만연하기 때문에 전 세계적 빈곤과 불평등도 지속될 것이다. 게다가 국가 간 소득수준 차이에만 주목하면 개별 국가 내에 존재하는 엄청난 불평등을 간과하게 된다. 잘 알려져 있듯이 신자유주의 시대에는 미국과 영국의 부자들에게 엄청난 부와 소득의 재분배가 이뤄졌다. 1917~40년에 미국에서는 상위 1퍼센트 가구가 전체 가계소득의 16.9센트를 차지했다. 1973년에는 이 수치가 8.4퍼센트까지 떨어졌지만 한 세대 동안 신자유주의를 거친 뒤 2001년에 19.6퍼센트로 다시 상승했다. 반면 1970년대 중반과 2000년 사이에 하위 90퍼센트 가구가 전체 가계소득에서 차지하는 비율은 12퍼센트 감소했다.[39] 영국의 소득 불평등은 대처 정부 시절 급격히 심화해 역사상 가장 심각한 수준에 도달했는데, 신노동당 정부 하에서는 심지어 이보다도 살짝 더 심해졌다.[40] 불평등이 만성화하고 점점 더 심해지는 패턴은 지난 세대 동안 가장 빠르게 성장했던 남반구에서도 똑같이 발견된다. 중국 국가발전개혁위원회의 자료를 보면 중국 도시 거주자의 하위 20퍼센트는 도시 소득의 3퍼센트만을 벌어들인다. 도시 거주자 가운데 상위 10퍼센트 부자들은 도시 자산의 45퍼센트를 소유한 반면 하위 10퍼센트는 1.4퍼센트만 소유하고 있다.[41]

5.2.2 지속되는 수익성 위기

오늘날 세계 정치경제의 두 번째 중요한 특징은 1960년대 말과 1970년대 초에 선진 자본주의에서 시작된 저성장과 낮은 수익성의 위기가 지속되고 있다는 점이다. 표 5.2에서 볼 수 있듯 미국의 이윤율이 1950년대와 1960년대 장기 호황 수준과 비교할 때 여전히 낮은 수준에 머물고 있다는 사실은 매우 놀라운데, 특히 2000~05년에 기업 부문 생산성이 17퍼센트 상승한 반면 시간당 실질 평균임금은 3퍼센트 오르는 데 그쳤다는 점을 감안하면 더욱 그렇다(이로 말미암아 2006년 2/4분기 이윤이 GDP의 13.6퍼센트라는, 근래에 보기 드문 수준까지 오른 반면 국민소득에서 노동이 차지하는 몫은 2005년에 56.8퍼센트로 떨어졌다).[42] 마르크스주의 용어로 말하면, 상대적 잉여가치가 상당히 증가했음에도 전반적인 이윤율 상승으로 이어지지는 못했다는 것이다. 로버트 브레너를 비롯한 마르크스주의 학자들의 연구 결과를 보면 이처럼 만성적인 수익성 위기는 미국뿐 아니라 모든 선진 자본주의 경제가 앓고 있는 문제다. 이는 1950년대와 1960년대 수준의 투자 대비 수익을 회복하기 위해 필요한 과제, 즉 상대적으로 비효율적인 자본들을 제거하는 일이 여러 차례 경제 위기를 거치면서도 제대로 진척되지 못했음을 시사한다. 따라서 프레오브라젠스키의 주장, 즉 자본주의가 더 집중되고 집적될수록 수익성 없는 자본을 파괴하기가 더 어려워진다는 주장은 여전히 유효한 듯하다(1장 4절 참조). 실제로 1990년대 말부터 미국 연방준비제도이사회는 불안정을 초래할 수 있는 대대적인 잉여 자본 청산을 막기 위해 브레너가 "자산 가격 케인스주의"라고 부른 방식에 기대 왔다. 즉, 투기 거품을 용인해서 거품 덕택에 보유 자산 가격이 상승한 가구들이 더 많이 대출받아 소비하도록 부추긴 것이다. 그래서 1990년대 말에는 주식시

장과 채권시장에 거품이 조성됐고, 닷컴 버블 붕괴와 9/11 테러라는 2
중의 충격이 가해진 2000~01년 이후에는 부동산 시장에 거품이 조성
됐다. 2007년 하반기부터 시작된 세계적 신용 경색은 이 같은 거품들이
붕괴한 가장 최근 사례였다. IMF의 말대로 "신용 경색은 대공황 이후
가장 거대한 금융 쇼크로 발전했으며 금융 체제 중심부의 시장과 기관
들에 막대한 손실을 입혔다."[43] 2008년 9월 15일 리먼브라더스가 파산하
면서 발생한 금융 붕괴는 세계경제의 주요 지역을 모두 빨아들인 세계
적 불황으로 급속히 발전했다.

표 5.3 경기순환 주기별로 살펴본 미국 비금융기업 부문의 순 이윤율(1948~2007)

1948–1959	0.1327
1959–1969	0.1459
1969–1973	0.1137
1969–1979	0.1048
1979–1990	0.0979
1990–2000	0.1081
2000–2007	0.0951

출처: 로버트 브레너가 2007년 11월 11일 〈히스토리컬 머티리얼리즘〉 토론회에 제출한 자료를 수
정하고 업데이트한 것임.

이 같은 장기적인 수익성 위기는 신자유주의가 케인스주의를 대신해
지배적인 경제정책 레짐으로 자리잡게 된 배경이다. 무엇보다 재정·통화
정책의 목표가 완전고용 유지에서 고전적인 제국주의 시대에 금본위제
도가 각국 경제에 부과했던 것과 같은 외부 규율을 모방하는 것으로 바
뀌었다.[44] 데이비드 하비는 신자유주의를 1960년대 말과 1970년대 초의
노동자 투쟁과 사회·정치적 반란에 맞선 "계급 권력의 회복"이라고 묘사

한다.[45] 그러나 비록 선진 자본주의 경제에서 국가의 구실이 여러모로 재구성된 것은 사실이지만 총수요의 상당 부분을 차지하는 공공 지출의 비중이 크게 줄어든 것은 아니다.[46] 더 중요한 점은, 2007~08년의 금융 대란으로 촉발된 세계적 경기 침체에서 볼 수 있듯이 신자유주의는 장기 호황을 무너뜨린 모순들과 이후의 장기적 위기를 극복하지 못했다는 것이다. 신자유주의는 자본가들과 국가 관료 모두에게 조직 노동자 세력을 격퇴하기 위한 이데올로기적 응집력과 자신감을 부여했다. 신자유주의는 또한 금융시장의 규제 완화와 국제적 통합을 정당화했다. 더 큰 틀에서 보면, 시장 개방 압력 덕분에 산업자본·상업자본·금융자본 모두 이윤이 나올 만한 곳은 어디든지 샅샅이 찾아다닐 수 있게 됐다. 신자유주의 시대 초기에 프레더릭 제임슨은 "역사적으로 전례 없는 새로운 방식으로 자연과 무의식에 침투해서 그것들을 식민화하는 것"에 대해 이야기한 바 있다.[47] 그렇지만 신자유주의는 이윤율을 장기 호황 수준으로 회복시키지 못했다. 오히려 신용 경색에 직면해 국가가 막대한 비용을 들여 은행 시스템 구제에 나섬에 따라 신자유주의의 장기적 지속 가능성이 의문시되고 있다. 이러한 현실은 중대한 지정학적 함의를 지닌다. 오늘날 세계경제는 커다란 불안정성을 배경으로 선진 자본주의 경제들이 비교적 더디게 성장하고 있고, (부분적으로 그 때문에) 국제적 경쟁이 치열하다는 특징을 보이고 있는데, 이 같은 환경은 지속적이고 전반적인 경제성장으로 말미암아 모든 국가의 형편이 두루 나아지는 상황에 비해 협력적인 세계경제 운영을 어렵게 한다. 게다가 지금처럼 국가 간의 상대적인 경제력 비중에 중대한 변화가 나타나고 있다면 문제는 더욱 심각해진다.

5.2.3 전 세계 경제력의 재분배

　세상이 평평하지 않다고 해서 그 굴곡이 똑같은 모양으로 유지된다는 법은 없다. 레닌이 초제국주의론을 비판했던 근거는 단지 불균등 결합 발전만이 아니었다. 전 세계적으로 불균등성이 분포한 형세, 즉 각국의 상대적 힘이 자본주의의 역동적 성장 때문에 늘 변한다는 사실에 근거한 비판이기도 했다(1장 5절 참조).

　레닌이 살던 시대만큼이나 오늘날에도 여전히 그의 주장은 유효하다. 앞서 지적했듯이 국제적인 경제력 분포의 변화라는 주제에 관해서는 온갖 호들갑이 난무한다. 그러나 오늘날 각국 경제의 규모가 정확히 얼마인지, 그리고 세계화가 전 세계의 빈곤과 불평등을 증대시키는지 아니면 축소시키는지에 관한 논의를 어렵게 만드는 더 큰 골칫거리는 국민소득을 어떻게 측정할 것인가 하는 문제다. 시장환율로 측정하면 인플레이션과 환율 변동 때문에 실제 경제 규모가 왜곡되기 십상이다. 예를 들어 2008년 초반에는 달러 가치가 하락하면서 시장환율로 측정한 유로존의 경제 규모가 미국보다 더 커지기도 했다. 그 때문에 IMF나 세계은행 같은 국제기구들이나 앵거스 매디슨 같은 세계경제사학자들은 구매력평가(PPP) 환율을 측정 수단으로서 더 선호한다. PPP 환율의 장점은 각국의 구매력 차이를 고려해 환율을 조정한다는 점이다. 그러면 PPP 1달러로 전 세계 어느 곳에서든 같은 양의 상품과 서비스를 구매할 수 있다. 남반구에서는 생계비가 더 적게 들기 때문에 PPP 환율을 적용하면 일반적으로 개발도상국 경제들의 규모는 더 커지고 선진 경제들의 규모는 줄어드는 효과가 있다. 그래도 한 가지 남는 문제는, 기업들이 첨단 제품을 구매하고 국가가 무기 체계를 수입할 때는 이론적인 PPP 달러가 아니라 다른 통화 대비 가치가 하루하루 달라지는 실제 달러를 쓴다는 것이다. 로버트 웨이드는 다음과 같이 균형잡힌 결론을 내린다.

원칙적으로 보면 PPP는 각국의 내수 구매력을 서로 비교하거나 일반적인
물질적 복리 수준을 측정하는 데 더 적합하다.
그러나 우리가 국가들의 상대적 소득에 관심을 갖는 이유가 단지 이런 것
만을 측정하기 위해서는 아니다. 우리는 또한 각국 주민들이 **타국**에서 생
산된 상품과 서비스를 구매할 능력이 얼마나 되는지를 말해 주는 대용 지
표로서도 상대적 소득에 관심을 가질 수 있다. 한 국가와 경제와 지역이
다른 국가와 경제와 지역에 미치는 영향력에 관심이 있다면 … FX[시장환
율 — 캘리니코스]를 사용하는 것이 좋다. 시장환율 소득이 경제력과 영향
력을 측정하는 데는 더 나은 대용 지표다.[48]

그래서 표 5.4에서 나는 PPP와 시장환율로 계산한 국민소득을 모
두 표시했다(그리고 2007년의 경우 이 둘을 기준으로 각국이 전 세계
GDP에서 차지하는 몫을 각각 병기했다). 이런 수치들은 브릭스에 관한
과장을 잠재우는 데 효과가 있다. 개발도상국에 좀 더 유리한 PPP를 기
준으로 삼을 때조차 브라질과 러시아가 전 세계 GDP에서 차지하는 몫
은 1990년대 초부터 하락했다. 그렇지만 2007년에 세계 상위 15대 경
제 중 5개가 남반구에 속해 있었다. 또한 중국이 주요 제조업 국가이자
수출국으로 부상한 것은 부인할 수 없는 사실이다. 아리기는 중국의 부
상에 대해 잠재적 패권국이 등장한 것 이상의 의미를 부여한다. 그는 중
국 공산당이 방향을 전환해 "자급자족적인 시장 기반의 발전, 강탈에
의하지 않은 축적, 비(非)인적 자원이 아닌 인적 자원을 동원하는 방식,
정책 결정에 대중이 참여하는 통치 형태라는 중국의 전통을 부활시키고

강화하길" 바라고 있다.[49] 이는 희망 사항 이상의 그 무엇도 아니다. 지난 30년 동안 중국이 연평균 8~10퍼센트의 경제성장을 이룬 것은 가히 세계사적 사건임을 부인할 수 없을 것이다. 그러나 엄밀히 말해 이것은 마르크스가 자본의 시초 축적이라고 부른 과정이 유난히 집중적으로, 그리고 가혹하게 이루어진 것에 불과하다. 그 와중에 전에는 공공 영역에

표 5.4 선진 자본주의 국가들의 1980~2007년 GDP
(2007년 시장환율로 환산한 GDP 순위대로 열거함)

	1980			1992		
	시장환율로 환산한 GDP(단위: 10억 달러)	PPP 환율로 환산한 GDP(단위: 10억 달러)	PPP 환율 기준으로 세계 GDP에서 차지하는 비중 (단위: 퍼센트)	시장환율로 환산한 GDP(단위: 10억 달러)	PPP 환율로 환산한 GDP(단위: 10억 달러)	PPP 환율 기준으로 세계 GDP에서 차지하는 비중 (단위: 퍼센트)
미국	2789.53	2789.53	22.467	6337.75	6337.75	22.807
일본	1067.08	1039.39	8.372	3797.03	2552.04	9.184
독일	826.142	752.905	6.11	2066.73	1635.38	5.885
중국	307.599	249.113	2.006	483.047	1201.53	4.324
영국	537.776	486.488	3.918	1085.4	997.72	3.59
프랑스	691.208	536.55	4.321	1374.29	1113.5	4.007
이탈리아	460.629	507.453	4.091	1271.91	1052.15	3.79
스페인	224.495	272.451	2.194	613.016	603.072	2.17
캐나다	268.927	272.117	2.192	579.778	566.909	2.04
브라질	162.615	443.959	3.576	426.519	831.599	2.992
러시아	N/A	N/A	N/A	85.572	1168.86	4.206
인도	176.624	271.217	2.192	280.933	814.18	2.92
한국	64	94.806	0.764	329.928	405.251	1.458
오스트레일리아	160.643	144.439	1.162	313.419	319.63	1.149
멕시코	205.661	304.522	2.452	363.661	632.269	2.274

투여됐던 생산적 재원과 수많은 사람들이 이제는 세계적 경쟁 논리에 종속됐다.[50]

여기서 중요한 물음은 중국이 세계 자본주의의 주요 행위자로 급부상한 것이 현대 제국주의에 어떤 영향을 미칠 것인가다. 이 물음에 명확하게 답하기 어려운 부분적인 이유는 중국과 현재의 헤게모니 국가인

2000			2007			
시장환율로 환산한 GDP(단위: 10억 달러)	PPP 환율로 환산한 GDP(단위: 10억 달러)	PPP 환율 기준으로 세계 GDP에서 차지하는 비중 (단위: 퍼센트)	시장환율로 환산한 GDP(단위: 10억 달러)	PPP 환율로 환산한 GDP(단위: 10억 달러)	PPP 환율 기준으로 세계 GDP에서 차지하는 비중 (단위: 퍼센트)	시장환율 기준으로 세계 GDP에서 차지하는 비중 (단위: 퍼센트)
9816.98	9816.98	23.603	13843.83	13843.83	21.363	25.5
4668.79	3205.51	7.707	4383.76	4289.81	6.607	8.8
1905.8	2160.69	5.195	3322.15	2809.69	4.344	6.12
1198.48	3006.52	7.229	3250.83	6991.04	10.827	5.99
1453.84	1485.92	3.573	2772.57	2137.42	3.303	5.1
1333.17	1531.09	3.681	2560.26	2046.9	3.166	4.71
1100.56	1393.51	3.353	2104.67	1786.43	2.762	3.88
582.377	897.721	2.158	1438.96	1351.61	2.088	2.65
725.158	886.025	2.13	1432.14	1265.84	1.956	2.64
644.283	1230.93	2.959	1313.59	1835.64	2.811	2.42
259.702	1120.53	2.694	1289.58	2087.82	3.176	2.37
461.914	1519.54	3.667	1098.95	2988.87	4.58	2.02
511.961	730.853	1.757	957.053	1200.88	1.853	1.76
389.983	514.853	1.237	908.826	760.812	1.181	1.67
580.791	953.462	2.291	893.365	1346.01	2.074	1.64

출처: International Monetary Fund, *World Economic Outlook Database*: 〈www.imf.org〉

미국 사이의 관계가 복잡하기 때문이다. 경제적으로 두 국가는 상호의
존적이다. 미국은 엄청난 경상수지 적자를 내고 있는데, 2000년대 중반
에 그것은 국민소득의 5~6퍼센트에 달하는 규모였다. 반면 중국은 다
른 동아시아 수출국들과 마찬가지로 흑자를 유지하고 있다. 국제수지
불균형은 엄청난 양의 공산품이 태평양을 가로질러 동아시아에서 미국
으로 유입되는 현실을 반영하고 있다. 그러나 동아시아 경제가 비축하
고 있는 달러 중 일부를 다시 미국에 빌려 준 덕분에 미국의 적자가 봉
합된다(중국의 외환 보유고는 2008년 6월 현재 1조 8100억 달러에 달
하는 것으로 추정된다). 이런 식으로 미국 소비자들은 동아시아 제품을
계속 구매할 수 있게 된다.[51] 파리드 자카리아는 이 상황을 가리켜 "핵무
기 시대의 상호 확증 파괴* 논리가 세계화 시대에 재현된 것"이라고 묘
사했다. 이 순환 구조의 붕괴가 미국과 중국 모두에게 치명적인 손실을
가할 것이기 때문이다. 많은 경제학자들은 이와 같은 체제의 등장이 브
레턴우즈 체제의 재판(再版)이라고 본다. 예를 들어 동아시아 국가들은
1997~98년 경제 위기 이후 외채를 빌리지 않고, 자국 환율을 달러에
고정시켜 국제 수출 경쟁력을 유지하고, 자본수출을 규제하며, 엄청난
양의 외환 보유고를 비축하는 방식으로 대응했다. 이렇게 보면 미·중 간
의 국제수지 불균형 구조는 동아시아 경제가 미국이 소비할 돈을 계속
대납해 주는 한 수출 주도의 경제성장을 지속할 수 있는, 서로 이익이
되는 안정적인 체제라고 볼 수도 있다.[52]

이러한 미·중 간의 순환 구조가 2000년대 중반의 호황기에 세계경제

---

* Mutually Assured Destruction: 한쪽이 핵무기를 사용하면 다른 쪽도 핵무기
를 사용해서 양측이 공멸할 수밖에 없는 상황.

를 이끌어 간 핵심 동력이었던 것은 분명한 사실이다. 일본·독일·한국 등 일부 공업국들은 중국에 기계류와 설비, 반제품을 수출하는 쪽으로 산업을 재편하기도 했다. 그래서 중국은 미국을 제치고 일본의 최대 수출 시장이 됐다. 비록 중국으로 가는 일본 제품 상당수가 조립을 거쳐 최종 수출되는 곳은 여전히 미국이지만 말이다. 이와 동시에 중국은 아프리카와 라틴아메리카의 원료 생산국들에게 통 큰 고객이자 투자자로 새롭게 떠올랐다. 그러나 이 순환 구조가 얼마나 안정적인가 하는 것은 또 다른 문제다. 일단 중국과 미국 모두 균형성장과는 거리가 먼 사례들이다. 미국의 경우 닷컴 버블이 부른 2000~01년의 경기 침체를 극복할 수 있었던 것은 주로 연방준비제도이사회가 금리를 거의 제로 수준까지 인하해서 세계경제에 값싼 신용이 넘쳐나게 한 덕분이었다. 그 결과는 단지 주택 시장 거품만이 아니라 고전적인 투기적 신용 호황도 나타났다는 것이었다. 그 과정에서 온갖 사기와 의심스러운 금융 '혁신'(부채담보부증권, 구조화투자회사 등)이 난무했고 사모투자회사들은 값싼 신용을 끌어다 써서 기업들을 무더기로 인수했다. 이런 투기 행각들은 결국 호황이 예정된 붕괴를 맞이하자 부실을 금융 체제 전반으로 확산시키는 효과를 냈고, 이에 따른 금융권의 마비는 세계적 경기 침체를 불러왔다. 중국 쪽을 보면, 여전히 국가의 통제를 받는 은행들이 기업들에게 저금리로 대출해 줄 용의가 있어서 매우 높은 축적률이 유지돼 왔다. 이 같은 금융정책과 더불어 기업들이 파산하도록 내버려 두지 않으려는 은행들의 성향 덕분에 중국 자본가들(대개 지방 관료들과 긴밀히 유착돼 있고 치열한 경쟁에서 살아남아야 하는)은 이윤 마진이 줄어드는 상황에서도 투자와 수출을 계속할 인센티브를 얻게 된다. 이로 말미암아 갈수록 강력한 인플레 압력이 형성돼 왔다. 중국의 혼합형 자본주의(국가자본주의와 시장자본주의가 뒤섞인)는 저성장과 물가 상승이 톈안먼 항쟁을 촉발했던 1989년 이후 지금까지 심각한 경제 위기를 피할 수 있었다. 그러나 이러한 줄타기를 무한정 계속할 수는 없다. 중국 공산당 지도부가 경제 상황과 불평등 확대에 대해 효과없는 경고를 계속하는 것을 보면 그들도 이 점을 알고 있는 듯하다. 홍호펑은 다음과 같이 주장했다.

과잉투자와 과소소비 경향이 결합되면 중국은 갈수록 전국적 과잉 축적 위기에 취약해질 것이다. 세계적 잉여 자본이 머무르면서 이윤을 실현하는 주요 터전이자 원료 생산국들과 자본재 수출국들의 주요 수출 시장이라는 중국의 지위를 보건대, 만약 중국이 전국적 과잉 축적 위기에 실제로 빠진다면 그것은 분명 세계적으로 광범한 파장을 끼칠 것이다.[53]

그러나 '제2의 브레턴우즈 체제'의 지속 가능성에 대해서는 이보다 더 구조적인 물음들이 있다. 제2의 브레턴우즈 체제는 강한 달러에 의존하는데, 5장 1절에서 살펴봤듯이 로버트 웨이드는 이를 효과적인 헤게모니를 위한 전제 조건으로 본다. 그러나 웨이드는 나아가서 이렇게 주장한다.

현실에서는 거대한 경상수지 적자를 감당할 수 있고 외국인 투자자들이 거액의 달러화 표시 자산을 쥐고 있도록 만들 수 있는 미국의 능력은 양날의 칼이다. 그런 능력 덕에 미국은 낮은 금리로 필요한 자금을 쉽게 빌려 쓸 수 있는, 거의 무임승차에 가까운 혜택을 누리기는 한다. 그러나 이 같은 '헤게모니를 쥔 채무자의 이득'은 '평범한 채무자의 저주'로 바뀔 수 있다. 만약 지금처럼 미국의 국내외 채무가 증가해서 다른 나라들에게 자국

통화를 절상해 달라고 애걸하고, 또 그들에게 다른 곳의 더 수익률 높은 자산과 유로화 같은 대안적 국제통화로 다변화할 기회를 제쳐 놓고 미화로 표시된 자산을 계속 쥐고 있으라고 복걸해야 할 지경이 된다면 말이다. 다른 나라들의 협력을 잃게 되면 달러화 가치가 갑자기 하락할 수 있는데, 비록 이 때문에 미국이 이자 상환 비용이 높아지는 평범한 채무자의 저주에 빠지지는 않더라도 경제적 타격은 입을 것이다. 외국 정부들이 보유한 미국 재무부 채권이 현재[2003년 — 캘리니코스] 전체 미국 재무부 채권의 약 3분의 1에 달한다는 사실을 고려하면 그 타격은 심각할 수 있다.[54]

실제로 경제적 관점에서 보면 강한 달러는 웨이드가 생각하는 것보다 더 위험한 양날의 칼이다. 1979년 10월에 연방준비제도이사회 의장 폴 볼커가 금리를 급격히 인상하자 달러 가치가 올라 미국 제조업의 경쟁력이 약해졌는데, 이 때문에 강한 달러 정책은 1980년대 중반에 폐기됐다. 비록 10년 뒤 클린턴 정부가 강한 달러 정책으로 돌아오기는 했지만 부시 2세 정부 1기 때 사실상 강한 달러를 포기했다.[55] 그러나 달러 가치가 크게 하락하면 1970년대에 그랬듯이 미국의 헤게모니가 잠식되고 세계경제가 불안정에 빠질 위험이 있다. 2007~08년의 세계적 신용 위기 초기에도 달러 가치 하락세에 가속도가 붙었다(그래서 2002년 초부터 2008년까지 달러 가치는 약 25퍼센트 하락했다).[56] 주요 국가들의 명목화폐가 변동환율제의 적용을 받는 상황에서는 달러 가치 하락이 장기화하면 유로화가 혜택을 보게 돼 있다. 데이비드 맥낼리는 유로화가 중요한 준비통화로 떠오른 것(2008년에 세계 각국의 공식 외환 보유고 중 달러화 비중은 63퍼센트였던 반면, 유로화 비중은 27퍼센트였다)은 유로화를 세계 공용 화폐의 성격을 지닌 통화로 발전시키려는 유로존 주요국들의 의도가 반영된 것이라고 주장했다. 그에 따르면 유로존 국가들은 또한 이를 통해 미국의 세뇨리지(seigniorage) 효과, 즉 미국이 국제 준비통화를 발행해서 얻는 경제적 이익(특히 단지 달러를 찍어내는 것만으로도 국제수지 적자를 메울 수 있는 능력)에서 탈피하려는 의도도 있었다.[57] 어떤 예측에 따르면 유로가 달러를 추월하는 것은 빠르면 2015년이 될 수도 있다.[58] 신용 경색으로 촉발된 세계적 경제 위기의 복잡한 발전 과정은 달러 환율의 극적인 변동을 불러 왔다. 2008년 초에 7퍼센트 포인트 하락했던 달러 가치는 그해 9월까지 다시 10퍼센트 상승했고, 같은 달에 터진 금융 위기는 공포에 질린 투자자들이 안전한 피난처로서 달러화 자산을 단기적으로 선호하게 만들었다.[59] 이와 같은 달러 가치의 요동은 앞으로도 지속될 가능성이 높다. 금융과 경제의 불안정성이 충분히 높다면 국제통화제도가 갑자기 걷잡을 수 없는 혼란에 빠지고, 그 혼란이 각 나라로 순식간에 전염되는 사태가 벌어질 수 있다. 오늘날의 세계경제는 파운드화를 대신해서 달러가 주요 준비통화로 떠올랐던 1920년대와 1950년대 사이의 시기에 비견할 만한 장기적 환율 불안 국면으로 진입하고 있는지도 모른다.

5.2.4 계속되는 지정학적 경쟁

경제적 불안정의 지속과 미국의 상대적 지위 하락은 국가 체제에 어떤 결과를 가져올까? 배리 부잔은 오늘날의 국가 체제를 바라보는 유용한 틀을 제시한다. 그는 "체제 수준에서는 초강대국들과 강대국들이 존재하고 지역 수준에서는 지역 강국들이 존재하는 3층적 구조"를 제안한다. 초강대국은 "국제 체제 전반에 걸친 폭넓은 능력"이 있어야 하고, "강대국이 지역 강국과 다른 점은, 강대국에 대해서는 다른 국가들이 현재와 가까운 미래의 권력 분포에 관한 지역 수준의 계산뿐 아니라 체제 수준의 계산을 바탕으로 대응한다는 것이다." 냉전 이후의 "세계 적 권력 구조"는 부잔이 말한 "1+4" 구조, 즉 미국이 유일한 초강대국으로 군림하고 중국·유럽연합·일본·러시아가 강대국 지위를 차지하고 있는 구조였다. 마지막으로, 부잔이 지적하듯이 "미국은 자신을 3대 주요 지역(아시아·태평양, 북대서양, 서반구)의 일원으로 내세우는 '스윙 파워' (swing-power) 전략을 채택했다. 이를 통해 유럽, 동아시아, 라틴아메리카 지역에 미국이 외부 세력으로서 진출해 있는 현실을 정당화하는 것이다."[60] 부잔의 분석은 우리로 하여금 미국이 각각의 강대국과 한 쌍으로서 맺고 있는 관계에 주목하게 한다.

유럽연합은 동유럽으로 영역을 확장한 덕분에 미국보다 GDP가 더 커졌다. 그러나 5장 1절에서 살펴봤듯이 클린턴 정부는 '유럽-대서양' 세계를 유라시아 대륙 깊숙한 곳까지 확장시키는 거대한 과정의 일환으로서 유럽연합의 확장을 나토의 확장과 연결지음으로써 유럽에 대한 미국의 헤게모니를 유지했다. 그렇다고 해서 미국과 유럽 주요국 간에 이해관계 갈등이 없는 것은 아니며, 현 상태가 무한정 지속될 수 있는 것도 아니다. 프랑스와 독일은 이라크 침략에 반대했고, 이후 부시 정부가 전쟁의 수렁에서 빠져나오려 할 때도 양국은 도와주기를 보란듯이 거절했다. 유럽이 1989년 6월 톈안문 학살 이후 중국을 상대로 유지해 왔던 무기 금수 조치를 2005년에 철회하려 하자 미국이 이를 막은 것도 대서양 양안 관계를 또 한 차례 험악하게 만들었다.[61] 네오콘의 주요 이데올로그인 폴 울포위츠가 2007년 5월 세계은행 총재 자리에서 불명예 퇴진한 것도 다른 여러 가지 타협안을 거부한 독일 대연정 정부의 강력한 사임 요구 때문이었다.[62] 2008년 4월에는 우크라이나와 그루지야를 나토에 가입시키려는 부시 정부의 움직임을 프랑스와 독일이 막았다.

그렇지만 유럽연합이 단기적으로 미국과 '대등한 경쟁자'로 떠오를 것이라고는 보기 어려운 구조적 이유가 있다. 그렇게 되려면 유럽연합이 경제력에 상응하는 군사력을 갖춰야 할 것이다. 미국이 이른바 '소프트파워', 즉 이데올로기적·문화적 영향력을 행사하는 데 주력해야 한다는 조지프 나이의 주장은, 그람시의 용어를 빌리면 헤게모니와 지배가 상호의존적이라는 것을 간과하는 주장이다.[63] 이라크 침공으로 미국이 정당성의 위기를 겪었음은 널리 인정되는 사실이지만, 만약 이라크 점령이 성공했다면 그 위기의 정도는 훨씬 덜했을 것이다. 그러나 유럽이 미국과 비교할 만한 수준의 군사력을 갖추는 데는 커다란 어려움이 있다. 우선 그에 필요한 어마어마한 국방 예산을 확보하려면 엄청난 정치적 어려움이 따를 것이다. 유럽 각국의 신자유주의 '개혁' 시도가 복지국가[사회보장제도]를 지키기 위한 거대한 사회적 저항을 촉발한 현 시기에는 더욱 그렇다. 둘째, 미국은 유럽연합이 자체 군사 역량을 구축하려고 아주 하찮은 시도를 할 때조차 대단히 민감하게 반응해 왔고, 유럽이 안보 독립을 향해 본격적인 행보를 취하기 시작하면 극히 적대적으로 대응할 것이 분명하다. 마지막으로, 이라크 전쟁 전야에 도널드 럼즈펠드가 했던 악명 높은 '새로운 유럽' 발언이 보여 주듯이 유럽연합의 정치 구조에는 미국이 유럽을 분열 지배할 수 있는 여지가 많다(미국뿐 아니라 러시아도 에너지 공급 문제와 캅카스 지역 문제를 둘러싸고 유럽 국가들을 분열시킨 바 있다). 유럽연합은 클로드 세르파티의 훌륭한 표현대로 "하이브리드 구성체(hybrid configuration)"다. 즉, 유럽연합은 비록 어떤 측면에서는 연방 국가의 기능(특히 국제무역과 관련해서)을 갖추게 됐지만 여전히 대부분의 중요한 구실을 회원국 간의 제도화된 협상 과정을 통해 내리며, 그 과정에서 종종 회원국 간에 상당한 이해관계 충돌이 빚어진다. 여기서 영국이 특히 중요한 구실을 할 수 있는데, 왜냐하면 영국의 군사력과 국제 금융 체제에서 영국이 차지하는 전략적 위치를 고려하면 유럽연합을 초강대국으로 만들려는 어떤 시도에도 영국의 참여가 필수적일 것이기 때문이다. 그러나 영국의 국가 운영자들은 처칠이 1940~41년에 채택한 전략, 즉 미국과 긴밀한 동맹을 맺음으로써 세계적 위상을 유지한다는 전략을 여전히 추구하고 있다. 물론 이 모든 제약에도 불구하고 유럽연합이 장차 사하라 이남 아프리카와 특히 유럽 주변부에서 군사적 위상을 강화하는 등 더 적극적인 제국 구실을 하지 않는다는 보장은 없다. 헤어프리트 뮝클러도 "미래의 유럽은 제국 모델을 차용할 수밖에 없을 것"이라고 내다봤다. 그러나 유럽의 제국주의 행보는 미국에 맞서는 형태로 나타나기보다는 미국과 나란히 함께 갈 가능성이 더 크다.[64]

일본이 가까운 미래에 미국 헤게모니에서 벗어날 가능성은 심지어 더 낮아 보인다. 태거트 머피는 미국과 동아시아를 하나로 묶어주는 현재의 제2의 브레턴우즈 체제가 사실은 메이지유신 이후 일본 국가 운영자들이 추구해 온 훨씬 더 오래된 전략, 즉 지배적 강대국의 편에 붙는다는 전략의 최신판이라고 주장한다. 이에 따라 일본은 1930년대까지 영국과 동맹했고 1945년 이후, 특히 자민당의 우위를 확립한 1955년의 합당 이후로는 미국과 동맹했다. 머피의 주장을 좀 더 살펴보면,

이때의 합당은 좌파가 집권할 가능성을 원천 봉쇄할 의도로 단행된 것으로서, 미국이 사실상 점령 종식의 조건으로 강력히 요구한 바였다. 그러나 1955년 체제는 또한 다른 모든 국가적 목표를 경제성장이라는 지상 목표

와 미일 '동맹'에 대한 용인으로 승화시키기 위한 것이기도 했다. 미국의 군사적 보호 아래서, 그리고 달러 중심의 안정적인 국제 금융 질서 속에서 일본을 산업 초강대국으로 육성하는 것이 1955년 체제의 목표였다. ··· 오늘날 일본은 과거 영국에 필요했던 것보다 훨씬 더 미국에 필요한 존재다. 일본 기업들은 미국의 군사적 우위에 절대적으로 필요한 다양한 고부가가치 부품과 완제품을 생산한다. 일본이 다른 누구보다 미국의 무역 적자와 재정 적자를 계속 메워 주고 있다는 사실이야말로 ··· 미국이 과중한 조세 부담 없이도 방대한 세계적 군사력을 행사하고 유지할 수 있는 핵심 이유다. 1970년대 중반 이후 외환시장 대란이 일어나 미국의 과소비에 제동이 걸릴 듯할 때마다 달러와 제2의 브레턴우즈 체제, 나아가 미국 헤게모니를 지키려고 개입한 것도 바로 일본의 지배자들이었다. ··· 일본이 그렇게 하지 않으려면 1955년 체제의 가정들을 근본적으로 재고할 수밖에 없고, 따라서 또 한 차례 해롭고 위험한 지배층 간의 대결[일본을 미국과의 재앙적인 충돌로 이끈, 양차 대전 사이의 갈등 같은 — 캘리니코스]을 감수해야 할 것이다.[65]

그러나 일본이 미국에 전략적으로 종속됨으로써 일본 국가 운영자들과 자본가들이 수출 주도 축적에 바탕을 둔 경제 모델을 추구할 수 있는 안보·재정 여건을 확보한 것도 사실이지만 미국 또한 일본의 전략적 종속 상태를 유지하려고 애써 왔는데, 그 이유는 머피가 제시한 것 외에도 하나 더 있다. 일본은 미국이 중국을 겨냥해 구사하는 주된 전략, 즉 미국의 동맹국들로 중국을 포위하는 전략에서 중추적 구실을 한다. 부시 정부가 2006년 3월 인도의 핵무기 개발에 반대한다는 미국의 오랜 방침을 포기하고 인도의 핵에너지 프로그램을 지원하는 협약을 체결한 것도 이와 동일한 전략의 일환이었다. 〈워싱턴 포스트〉에 따르면 "이 방식을 지지하는 사람들은 이것이 인도를 세계적 강대국이자 중국을 견제할 지역 강국으로 키우려는 백악관의 전략에서 중요한 한 축이라고 했다. 이 전략의 일환으로 부시 정부는 일본의 지역적 위상을 강화하는 방안도 모색하고 있다."[66] 5장 1절에서 봤듯이 러시아도 이와 비슷한 포위 전략의 대상이 돼 왔다. 2000년대의 에너지 호황 덕분에, 그리고 푸틴이 핵심 수출 산업에 대한 정치적 통제력을 회복하고 국제 무대에서 러시아의 목소리를 더 높인 덕분에 러시아 국가 운영자들의 자신감은 상승했다. 그러나 인구 수와 세계 GDP에서 차지하는 비중이 줄어들고 있고 우크라이나와 아제르바이잔 같은 경제적·전략적 요충지까지 박탈당한 러시아는 미국에 맞서 세계 패권을 다툴 처지가 아니다. 물론 러시아가 군사력을 동원해 이라크와 아프가니스탄에 발목 잡혀 있는 미국의 약점을 가차없이 파고들고 자국 주변에 서방 세력이 진출하는 것을 응징할 태세가 돼 있다는 것이 2008년 8월 그루지야 전쟁에서 드러나기는 했지만 말이다.[67]

선진 자본주의 지역들에 대한 미국의 헤게모니가 유지되고 있다는 사실은 세르파티의 다음 결론에 상당한 힘을 실어 준다. "범대서양 지역 국가들 간의 자본주의적 경제 경쟁이, 양차 대전으로 이어진 20세기의 제국주의 간 경쟁이 그랬던 것처럼 군사적 대결로 치달을 위험은 없다." 세르파티는 제국주의 간 전쟁을 억제하는 세 가지 요인을 제시한다. 미국의 압도적인 군사력 우위, 선진국 경제들의 상호의존성, 대서양 세계 주요 국가들을 결속시키는 정치적 연대가 바로 그것이다.[68] 여기에 하나 덧붙이자면, 핵무기의 존재도 경제적 또는 지정학적 갈등을 전쟁으로 해결하려는 충동을 억제하는 또 한 가지 요인이다. 미국은 여전히 '국제사회'의 이름으로 선진 자본주의 영역 바깥의 위험한 변경 지대에 군사력을 투사하고 있다. 미국이 보스니아·코소보·아프가니스탄·이라크 등지에서 벌인 전쟁은 브레진스키가 "유라시아판 발칸반도"라고 부른 지역, 즉 남동부 유럽에서부터 '아프리카의 뿔'(소말리아와 인근 지역), 중동, 중앙아시아, 아프가니스탄, 파키스탄까지 이어지는 방대하고 불안정하지만 에너지자원 매장량이 풍부한 지역을 관리하려는 시도였다.[69] 이 지역에 대한 미국의 개입은 테러라는 반작용을 불렀는데, 그 덕분에 정당화된 '테러와의 전쟁'(부시 2세 정부 이후에도 지속되고 있는)은 미국이 이 지역에 더한층 개입하는 배경이 되고 있다. 이는 분명 새로운 형태의 반작용을 낳으며 피의 악순환을 부를 것이다.

페리 앤더슨은 이와 같은 국제 질서를 나폴레옹 전쟁 종식 이후 메테르니히와 캐슬레이가 유럽에 확립한 질서와 견줄 만한 '강대국들의 세계적 협조 체제'로 규정한다.

미국의 지배는 미국의 파트너들에게 여러 가지 부대 비용을 발생시키며, 앞으로 그 비용이 줄어들 가능성은 별로 없다. 그러나 단지 미국의 특수한 이해관계와 체제 전반의 이해관계가 자동으로 일치하지 않기 때문에라도, 그들 사이의 갈등을 조정하려면 의식적으로 운영되는 강대국들의 협조 체제가 필요하다. 그와 같은 조정 과정은 결코 완벽하지 않을 것이고, 조정의 메커니즘도 아직 완전히 공식화되지는 못했다. 압력과 대항 압력이 서로 뒤얽히는 이 협상 과정은 불평등하지만 무의미하지는 않다. 그러나 아직까지는 체제의 이러한 결함들과 다듬어지지 못한 부분들이 세계 자본주의 질서의 오케스트라로서 '국제사회'가 획득하고 있는 정당성을 심각하게 위협하지는 못했다. 오케스트라의 지휘자가 다소 변덕스럽지만 말이다.[70]

앤더슨의 주장은 너무 멀리 나아갔다. 우선 그는 자본주의 주요국 간의 갈등을 과소평가하고 있다. 체제 중심부의 지속적인 저성장이라는 요인과 세계적 경제력 분포의 변화라는 요인이 서로 맞물리면 이는 주요 자본 블록들을 분열로 이끄는 상당한 압력으로 작용할 공산이 크다. 그리고 이 자본 블록들이 서로 경쟁 관계에 있다는 점을 결코 잊어서는 안 된다. 선진 자본주의 세계의 결속과 그에 대한 미국의 헤게모니를 모두 유지하는 일은 (앤더슨도 인정하듯이) 마치 자기 조절적 체계에서 그렇듯이 저절로 이루어지는 일이 결코 아니다. 그것은 미국이 창의적인 정치적 노력을 계속 기울여야 가능한 일이고, 특히 북미 바깥의 양대 선진 자본주의 영역이 위치한 유라시아 대륙 양 끝단에서 분열 지배 전략을 성공적으로 추진해야만 가능한 일이다. 미국의 정책에 영향을 주는 지식인들이 쓴 수많은 문헌들은 이러한 현실을, 그리고 미국 국가 운영자들이 그러한 현실에 대해 얼마나 신경 쓰고 있는지를 말해 준다. 부시 정부가 2002년에 발표한 국가안보전략 보고서에는 다음과 같은 유명한 구절이 담겨 있다. "우리는 옛날과 같은 강대국 간의 경쟁 패턴이 부활할 가능성에 주목하고 있다. 몇몇 잠재적 강대국들이 현재 내적 변화를 겪고 있다. 이 중 가장 중요한 사례는 러시아, 인도, 그리고 중국이다." "우리는 잠재적 적들이 미국보다 강해지거나 동등해지려는 의도로 군사력 증강에 나서는 것을 억제하기에 충분한 힘을 갖출 것이다."[71] 이는 그저 네오콘들의 허세가 아니라 정치 성향을 불문하고 미국의 정책 입안자들이 공유하는 정립된 견해이기도 하다. 이 점에서 즈비그뉴 브레진스키는 특히 더 분명하다. 부시 2세의 일방주의를 드러내 놓고 비판한 브레진스키는 《거대한 체스판》(1997)의 저자이기도 한데, 이 책은 마치 제국주의적 지배의 교본처럼 읽힌다. 책이 제시하는 구체적 처방 때문에 그렇다기보다는, 어떻게 하면 유럽에서 미국의 헤게모니를 유지하고 동아시아에서는 중국과 일본이 서로 가까워지는 것을 막을 수 있을지를 고심하는 전반적인 전략적 시각 때문에 그렇다.[72]

둘째, 세르파티도 인정하듯이 선진 자본주의 세계의 결속이라는 일반적 패턴에는 중국이라는 예외가 있다. 중국은 경제성장 덕분에 향후 20년 내에 세계 자본주의의 가장 역동적인 지역인 동아시아에서도 가장 강력한 국가가 될 가능성이 높다. 그런데 중국은 미국의 동맹 체제에서 벗어나 있다. 냉전 시대 후반기에 미국과 중국이 러시아에 맞서 결성했던 전략적 동맹 관계는 이제 먼 과거의 기억일 뿐이다. 중국 공산당 지도부는 장차 미국과 갈등을 일으킬 소지가 있는 국가적 목표들을 수립했는데, 특히 타이완 수복과 관련한 목표가 그렇다. 더욱이, 중국의 부상은 이미 국제 관계의 기존 패턴을 불안정에 빠트리고 있다. 미국의 월스트리트-재무부-IMF 복합체는 중국이 투자하거나 대출해 준 자금이 남반구전 지역으로 유입되는 것을 보며 갈수록 안절부절 못하고 있다. 이 같은 중국 자금의 유입 덕분에 가난한 나라들이 세계은행에서 차관을 얻을 때와 달리 신자유주의적 조건들의 제약을 받지 않고도 필요한 자금을 빌려 쓸 수 있기 때문이다. 게다가 중국의 부상은 러시아에게도 운신의 폭을 넓혀줬다. 중국과 러시아는 상하이협력기구를 통해 서로 협력하는데, 이 기구는 일례로 우즈베키스탄이 미국 세력권에서 이탈하도록 유도하는 등 미국의 중앙아시아 진출을 견제하는 데서 일정한 성공을 거뒀다(물론 중국과 러시아의 이해관계는 중앙아시아에서도 그렇고 그 밖의 어느 지역에서도 결코 동일하지 않다). 일부 국제관계학자들은 미국에 맞선 '소프트 밸런싱(soft balancing)' 현상이, 즉 미국을 견제하는 국가들의 동맹까지는 아니더라도 여러 나라들이 미국이 주도하는 계획들을 막으려고 외교적 책략을 부리는 현상이 나타나고 있음을 감지했다. 좀 더 긴 시간을 두고 보면 중국이 미국에 대응하는 또 하나의 무게중심으로서 존재한다는 사실이 이러한 전술에 힘을 실어 줄 가능성이 크다.[73]

이 중 어느 것도 중국 지도부가 미국의 헤게모니에 필연적으로 도전할 것임을 의미하지는 않는다. 중국은 지난 한 세대 동안의 경제성장에도 불구하고 인구 대다수가 여전히 극빈층이다. 자동차 소유자는 인구의 3퍼센트에 불과하다.[74] 중국의 군사력 증강(이제 미 의회는 국방부가 이에 관한 보고서를 매년 제출하도록 의무화하고 있다)도 부분적으로는 타이완을 언젠가 되찾기 위한 수단이고, 다른 한편으로는 (중국 공산당 지도부의 관점에서는 지극히 합리적인 일이지만) 미국의 괴롭힘을 당하지 않기 위한 일종의 보험이기도 하다. 그러나 중국 국가 운영자들의 의도가 무엇이든 간에 중국의 경제적·군사적 부흥은 미국의 헤게모니를 불안정하게 할 위험이 있다. 더욱이 미 국방부의 연례 보고서에서도 드러나듯이 미국은 중국을 위협으로 바라보고 있다. 이런 시각은 미국의 오랜 전략적 사고에도 전혀 어긋나지 않는다. "의도라는 것은 그것을 실행할 능력이 커지면 덩달아 커지기 마련이다." 냉전의 절정기에 미국의 세계 제패 전략을 수립한 인물 가운데 한 명인 폴 니츠가 1980년에 상원 정보위원회에서 한 말이다.[75] 미 국방부가 4년 주기로 작성하는 국방정책검토보고서 2006년 판의 한 가지 주제는 "전략적 갈림길에 선 국가들의 선택에 영향을 주기"였다. 보고서는 이렇게 지적한다. "주요 신흥 강대국 가운데 중국은 미국과 군사적으로 경쟁하고 미국의 대항 전략이 없다면 장기적으로 미국의 전통적인 군사 우위를 상쇄할 수 있는 획기적 군사기술을 보유할 잠재력이 가장 크다." 보고서는 중국군의 급속한 현대화 속도에 우려를 표한 다음 이렇게 선언한다.

미국은 모든 주요국과 신흥국이 국제 체제의 건설적 행위자이자 이해 당사자로서 통합되게끔 할 것이다. 또한 다른 어떤 국가도 지역이나 세계 안보를 좌우하지 못하게 할 것이다. 어떤 군사적 경쟁자도 지역적 헤게모니를 행사하고 미국 또는 기타 우방국에게 적대 행위를 할 수 있게 해 주는 획기적 역량 또는 여타 역량을 보유하지 못하게끔 힘쓸 것이며, 도발이나 강압 행위를 억제할 것이다. 억제가 효과가 없는 경우 미국은 적대국의 전략적·전술적 목표를 좌절시킬 것이다.[76]

다시 말하지만, 미국이 중국을 자국 헤게모니에 대한 위협으로 여긴다고 해서 미·중 간의 충돌이 필연적이라는 뜻은 아니다. 앞서 서술했듯이 미국의 대(對)아시아 전략은 일본의 전략적 종속 상태를 유지하고 더 큰 틀에서는 중국을 견제할 수 있는 국가들의 동맹을 구축하는 것이다. 아시아의 분열돼 있고 경쟁적인 지정학적 구조는 미국에 유리하게 작용한다. 부잔이 지적하듯이,

중국이 아시아에서 갖는 위상은 1870년과 1945년 사이 독일의 위상과 닮은 점이 있다. 비록 중국이 아시아에서 덩치가 크고 상대적으로 강력한 국가이긴 하지만 중국의 이웃 국가들 다수도 만만치 않은 지역 강국들이다. … 중국이 이웃들 사이에서 소프트파워가 없고 … 동아시아의 국제사회가 일반적으로 취약하다는 점을 감안하면, 중국은 자신의 물질적 힘이 압도적으로 우세한 것처럼 보이기 시작할 경우 그 이웃들이 견제에 나서게 되는 (신)현실주의 논리에 직면할 수 있다. 동일한 지역 내에서도 나타날 수 있는 이와 같은 균형 추구 현상은 중국이 초강대국 지위에 도전하는 데 심각한 걸림돌로 작용할 가능성이 충분하다. 중국의 역사가 이웃들에게 불

러일으키는 경계심, 아시아 지역에서 중국이 종주국으로서 정당성이 없다는 점, 그리고 이웃 국가들의 잠재적 또는 실제적 군사력과 경제력을 감안하면 중국이 아시아에 갇힌 신세로 남는 것도 얼마든지 가능하다.[77]

그러나 내가 지금까지 기술한 갈등들이 주요 자본주의 국가들 사이의 경제적 상호의존성을 통해 억제될 수 있다고만 주장하는 것은 뭔가 부족하다. 예컨대 앤더슨은 이렇게 주장한다. "이와 같은 [강대국들의] 협조 체제에서는 국가 간 관계가 고전적 모순 이론에 의해 규정된 적대 관계의 문턱을 넘어서지 않을 것으로 예상할 수 있다. 핵무기 시대인 데다가 금융시장과 상품시장들이 보편적으로 서로 연결돼 있기 때문이다."[78] 이와 같은 주장에는 심지어 카우츠키의 초제국주의론 이전까지 거슬러 올라가는 계보가 있다. 그 원조는 노먼 에인절의 1909년도 베스트셀러인 《거대한 환상》(The Great Illusion)으로서, 이 책도 세계적 경제 통합 덕분에 전쟁이 옛말이 됐다고 주장했다. 1914~45년의 30년 전쟁은 그런 희망을 산산조각냈다. 1914년 전에 영국은 독일의 최대 수출 시장이었고, 런던 금융가도 독일에 제공한 서비스(대출, 보험, 해운 등)를 통해 막대한 이익을 봤다. 그런데도 양국간의 재앙적 충돌은 결국 일어났던 것이다.[79] 일본과 미국의 경우도 마찬가지다. 1900년 이후 일본의 산업화가 성숙 단계에 접어들면서 미국은 일본의 핵심 무역 파트너가 됐다. 미국은 일본에 첨단 공산품과 원료를 공급했고 1920년대에는 일본 수출의 35퍼센트를 흡수하기도 했다. 그러나 종국에는 미·일 간의 긴밀한 경제 관계 자체가 불안정 요소로 작용했다. 1941년 7월 루스벨트 정부가 일본에 석유 금수 조치를 가한 것이 일본의 선제공격을 유발한 중요한 계기가 된 것이다.[80] 역사적 경험을 면밀히 검토해 보면 국가 간의 경제적 상호의존성이 높아질수록 해당 국가 간에 군사적 갈등이 일어날 가능성이 낮아지기는커녕 오히려 더 높아진다는 것을 알 수 있다.[81] 신자유주의적 경제정책 레짐의 광범한 확산이 주요 강대국들을 하나로 묶어주는 힘으로 작용한다는 앤더슨 등의 주장도 설득력이 없다. 우선 중국은 물론이고 다른 동아시아 경제들도 어느 정도는 신자유주의 정책 레짐에서 모종의 예외로 남아 있다. 이들이 제2의 브레턴우즈 체제에 동참하고 있는 것 자체가 변동환율제라는 신자유주의 교리에 대한 위반을 함축한다. 또한 이미 살펴봤듯이 중국의 축적 과정은 여전히 강력한 국가자본주의적 개입에 의존하고 있다. 둘째, 같은 신자유주의 정책 레짐 하에서도 서로 상당히 배치되는 경제 전략들이 공존할 여지는 충분하다. 2007~08년의 신용 경색에 대응해 미국 연준은 금리를 대대적으로 인하한 반면 유럽 중앙은행은 인플레에 대한 기대를 부추길까 봐 금리를 약간만 내렸는데, 이런 엇갈린 대응은 사실 훨씬 더 오래된 패턴(적어도 1970년대까지 거슬러 올라가는)의 최신 사례일 뿐이다. 1970년대 경제 위기가 시작됐을 때도 미국은 케인스주의 정책을 유지하려 했고 달러 가치를 공격적으로 낮추려 한 반면 독일은 인플레 억제를 위해 강한 마르크화 정책을 고수했다.[82] 마지막으로, 동일한 경제정책 레짐을 공유하는 국가들 사이에도 얼마든지 극심한 갈등이 벌어질 수 있다. 1914년의 참전국은 모두 금본위제에 필요한 정설적 재정·통화 정책을 추구한 나라들이었다. 마찬가지로, 1930년대의 대공황에 대한 대응으로 많은 나라들이 국가자본주의로 선회한 것은 전쟁을 억제한 요인이 아니라 부추긴 요인이었다(4장 2절 참조).

물론 역사가 반드시 되풀이될 것이라고 볼 근거는 없다. 그러나 현대 제국주의를 설명할 때 주요 강대국들 사이의 긴장과 잠재적 적대 요인을 간과하는 설명은 어떤 것이든 위험할 정도로 일면적이다. 그것이 미국이 추구하는 세계 전략에 대한 설명인 경우는 특히 더 그렇다. 최근 논의의 초점은 '아들' 부시가 9/11 테러 이후 추구해 온 정책과 특히 이라크 전쟁에 맞춰져 있다. 앤더슨이 올바르게 지적하듯이, "미국은 물론이고 유럽의 거의 모든 평론가들이 이제는 이 전쟁을 철저히 비합리적인 일탈로 바라본다. 한 가지 목적만을 추구하는 이익집단(석유 기업 또는 기업들 일반)이나 특정 이데올로기를 추종하는 광신도(네오콘 패거리)들 때문에 벌어진 전쟁이라는 것이다." 그러나 앤더슨은 나아가서 자기 나름으로 이런 오류를 되풀이하는 설명을 제시한다. 그는 미국 내에서 이스라엘 로비의 영향력에 관한 존 미어샤이머와 스티븐 월트의 주장을 원용해 이라크 전쟁이라는 "일탈"을 설명한다.

그러나 역사적으로 보면 우연인 듯한 비합리적 행동(1941년에 히틀러가 미국을 상대로 선전포고를 한 것처럼 어이없고 치명적인 오판인 경우가 다반사다)은 거의 모두 뭔가 더 큰 구조적 비합리성의 산물이다. '이라크 자유 작전'의 경우도 마찬가지다. 간단히 말해 당시나 지금이나 현실은 다음과 같다. 중동은 현재의 미국 정치 체제가 합리적인 국익 논리에 따라 행동할 수 **없는** 세계에서 유일한 지역이다. 미국의 국익을 압도하는 또 다른 이해관계가 이 지역에 존재하기 때문이다. 아랍 세계(나아가 무슬림 세계)에서 미국이 차지하는 지위는 이스라엘에 대한 미국의 막대하고 과시적인 후원 때문에 송두리째 위협받고 있다. … [이는] 미국 내 강력한 유대인 사회의 도움으로 이스라엘 로비가 미국의 정치·언론 시스템을 꽉 쥐고 있[기 때문이다]. 이스라엘 로비의 해악은 중동과 관련한 '정상적인' 의사결정 과정을 모든 단계에서 왜곡하는 것에 그치지 않는다. 최근까지는 … 이스라엘 로

비라는 문제가 주류 담론 공간에서 거론될 수조차 없었다. 이 같은 금기는 그와 비슷한 모든 억압이 그렇듯이 미국의 중동 정책 수립 과정에 또 한 번 막대한 규모의 비합리성을 주입했다.[83]

이스라엘 로비의 영향력 탓에 미국 내에서 아랍권과 이슬람권에 관한 진중한 공적 논의가 왜곡되고 어느 정도 가로막히기까지 한 것은 분명 사실이다. 그러나 마치 꼬리가 개를 흔들듯이 이스라엘의 이익이 미국의 대외 정책을 좌우한다는 주장은, 그것도 석유 자원을 보유한 덕에 유럽-북미-동아시아 삼각축을 제외하면 세계경제에서 가장 중요한 지역인 중동에 대한 미국의 정책을 좌우한다는 주장은 무척 허황돼 보인다. 중동에서 미국의 헤게모니를 확립하는 것은 1940년대와 1950년대 미국 정부의 핵심 목표 중 하나였다. 1980년에 채택된 카터 독트린의 목적도 그 헤게모니를 유지하는 데 있었다(4장 3절 3항 참조). 미국은 이스라엘과의 동맹으로 두 가지 이점을 누리게 됐는데, 하나는 아랍민족주의와 (더 최근에는) 급진 이슬람주의의 위협을 견제하는 데서 강력한 군사적 동맹을 얻게 된 것이고, 다른 하나는 질베르 아슈카르의 표현처럼 "미국이 경비견[이스라엘]의 목줄을 쥐고 있다는 것을 보여 줌으로써 아랍 국가들에게 [미국 편에 붙으면] 정치적 혜택이 따른다는 것을" 깨닫게 해 준 것이다. 간혹 미국과 이스라엘의 이해관계가 엇갈릴 때면 미국은 주저없이 이스라엘에 압력을 넣었다. 예컨대 1990년대 초에는 '아버지' 부시가 이스라엘 정부를 종용해 팔레스타인 '평화 협상'에 동참하게 했고, 클린턴 정부와 '아들' 부시 정부에서 미 국방부는 이스라엘이 중국에 무기를 수출하지 못하게 했다. '아들' 부시 밑에서 미국의 세계 전략을 수립한 네오콘들은 이스라엘 우파와 각별히 친밀하게 지냈지만, 여기서도 둘 사이의 공통된 이해관계를 보는 것이 중요하다. 두 정부 모두 2000년 9월에 일어난 팔레스타인의 제2차 인티파다로 말미암아, 그리고 미국이 이란의 이슬람 공화국과 바트당 치하의 이라크를 모두 겨냥한 2중 봉쇄 정책에 대해 국제사회의 지지를 계속 확보하기가 갈수록 어려워지면서 중동에서 입지가 좁아지고 있었던 것이다.[84]

이러한 상황에 직면해 결국 이라크를 침공·점령해서 정권 교체를 이룬 조지 W 부시의 대응 또한 냉전 이후 미국의 세계 전략이라는 맥락에서 살펴봐야 한다. 1990년대 클린턴 정부 시절에도 일방적인 군사력 사용을 통해 미국의 대외 정책 목표를 달성하는 쪽으로의 방침 전환은 나타났다. 클린턴은 중국과의 '전략적 파트너십'을 중시했는데도 중국군이 1996년 3월 타이완 해협에서 미사일 실험을 하자 타이완 인근으로 항공모함 두 척을 파견했다. 1998년 이라크에 대한 공중 폭격은 2003년의 침공을 예고하듯 미국과 영국이 둘이서만 수행했다. 1999년 나토의 세르비아 폭격 작전은 유엔 안보리의 승인 없이 이루어졌다. 전 세계 5대 지역을 관할하는 미군의 5개 통합사령부(그중 가장 잘 알려진 것은 아프리카의 뿔과 서아시아를 관할하는 중부사령부다)는 그 사령관들이 국무부의 외교적 기능을 부분적으로 빼앗아 가는 등 점점 더 정치적인 구실을 맡게 됐다. 미국 대외 정책의 이 같은 군사화는 미국의 주된 비교 우위(다른 모든 국가들의 군사력을 합친 것보다 더 강한 미국의 군사력)를 이용해서, 갈수록 다원화하는 세계경제에서 미국의 헤게모니를 유지하려는 시도로서 이해될 수 있다. 신자유주의 세계화에 대한 엘리트들의 자축이 절정에 달했던 1990년대 중반에도 이미 미 국방부의 전략적 교리는 다른 모든 강대국들에 대한 미국의 군사적 우위를 유지하고 중국과 러시아에 맞선 전쟁을 준비하는 것에 방점이 찍혀 있었다. 네오콘의 가장 중요한 이데올로그이자 이라크 전쟁의 주요 기획자 가운데 한 명인 울포위츠의 사고에서도 경제력이 커지는 국가들(특히 중국)을 어떻게 다룰 것인가 하는 고민이 두드러지게 큰 비중을 차지한다. 그렇게 보면 이라크 전쟁의 목적은 결국 세 가지였다. 첫째, 미국의 군사적 우위를 보여 줘서 미국의 헤게모니에 도전하면 어떤 대가가 따르는지를 새삼 확인시켜 주는 것이었다. 조지 프리드먼에 따르면, 9/11 이후 "미국에게는 대대적인 군사적 승리가 필요했다. 피에 굶주렸거나 카우보이 정신 때문이 아니었다. 그것은 바로 신뢰성의 문제였다."[85] 둘째, 이라크를 장악해서 미국의 중동 지배를 고착화하는 것이다. 중동에 매장된 석유가 앞으로 수십 년 동안 특히 유럽연합, 일본, 중국, 인도 등의 국가들, 즉 미국이 그들의 "선택"에 영향을 미치고자 하는 모든 "주요국과 신흥국"들에게 갈수록 경제적으로 중요해질 것임은 다양한 연구들이 보여 주는 바다. 이라크 점령을 통해 미국(과 영국) 석유회사들이 직접 얻는 경제적 이득도 있겠지만, 그와 별개로 데이비드 하비가 미국이 이라크 침략을 통해 얻을 것이라고 말한 "세계의 석유 수도꼭지"는 미국과 헤게모니를 다툴 수 있는 잠재적 경쟁자들에게 미치는 미국의 영향력을 높여줄 터였다.[86] 셋째, (가장 추측성이 강한 설명이긴 하지만) 이라크에서의 자유주의적 자본주의 수립은 중동의 "민주주의 혁명"을 촉발해서 현지 정권들의 친서방 성향을 뒷받침할 확고한 사회정치적 기반을 마련해 줄 수 있을 터였다.[87]

물론 이 모든 의도는 미·영 점령군에 맞선 이라크인들의 결연한 저항 덕분에 수포로 돌아갔다. 이라크 전황은 특히 2006년 2월 사마라의 시아파 황금돔 사원이 폭파된 뒤로 악화일로로 치닫다가, 2007~08년에 이라크 주둔 미군이 '증파'되고 미군과 수니파 민병대들 간의 지역적 동맹 결성 등의 전술이 시도되면서 어느 정도 안정되기는 했다. 그러나 이를 통해 이라크에서 미국의 이해관계에 부합하는 지속가능하고 장기적인 정치적 합의를 이끌어낼 수 있는 미국의 역량이 크게 강화됐다는 증거는 없다.[88] 중동의 '민주주의 혁명'이라는 원대한 구상도 팔레스타인 총선에서 하마스가 승리하고 레바논을 침공한 이스라엘군을 헤즈볼라가 패퇴시킨 2006년에 가서는 폐기됐다. 그러나 부시 정부 정책의 이 같은 실패가 비록 애당초 그것을 구상했던 자들의 기고만장함을 보여 주기는 하지만, 그렇다고 해서 그저 비합리적인 정책이었던 것만은 아니다. 미국 지배계급 내에서 그 정책을 두고 논란이 많았다는 사실도 그 정책의 비합리성을 말해 주지는 않는다. 내가 2장 3절에서 주장했듯이, 한 국가의 이해관계를 명료화하는 과정은 필연적으로 논쟁을 수반한다. 상이한 집단들이 막스 베버가 물질적 이해관계와 관념적 이해관계라고 각각 명명한 것 사이에서의 다양한 균형점들을 국가의 이익으로 내세우고, 이것이 그 국가의 이익을 어떻게 하면 가장 잘 추구할 수 있을지에 관한 논쟁으로 표현되는 것이다. 더욱이, 이라크 전쟁의 경우 의견 불일치의 범위가 비교적 협소하게 설정됐다. 지배층 내에서 부시 정부를 특히 강도 높게 비판하는 인물인 브레진스키조차 무력 사용 자체보다는 유럽연합 전체를 전쟁에 동참시키지 못한 것을 주되게 문제 삼는다. 미국이 우위를 유지하려면 하위 파트너로서 유럽이 필요하다는 것이다(브레진스키는 미국과 유럽의 동맹이 "50대 50의 완벽한 균형을 이루는 협력 관계"라는 생각은 "신화"일 뿐이라며 거부한다). "유럽은 미국의 군사력을 보강할 수 있으며, 미국과 유럽연합의 경제적 자원이 결합되면 전능한 대서양 공동체를 만들 수 있다." 브레진스키는 또한 중동 석유의 지정학적 중요성에 대해서도, 하비와 내가 이라크 침공의 동기로 지목한 바로 그 인식과 동일한 인식을 드러낸다. "미국은 비교적 값싼 중동 석유 덕분에 경제적으로 이득을 볼 뿐 아니라 중동 지역의 안보를 담당함으로써 중동의 석유 수출에 마찬가지로 의존하고 있는 유럽과 아시아 경제들에 대해 간접적이지만 정치적으로 중요한 영향력을 행사할 수 있다."[89] 이렇듯 미국의 정책 엘리트들 간의 의견 차이는 원칙과 전략의 차이라기보다는 전술상의 차이다.

이렇게 본다면 미국의 이라크 점령은 비록 만용과 무능으로 점철된 사건이기는 해도 제국주의 체제(오늘날의 세계체제를 이렇게 부르는 것은 여전히 옳다)의 뿌리깊은 구조적 특성을 드러내는 구실을 했다. 미국은 여전히 지배적인 자본주의 강대국이지만 그 지위를 지키려고 유럽·동아시아·중동, 이 3대 핵심 지역에서 헤게모니를 유지하려는 노력을 아끼지 않는다. 이 같은 상황이 불안정하다고 볼 만한 세 가지 이유가 있다. 첫째, 세계의 경제력 분포 변화로 말미암아 미국의 힘은 제한되고 다른 주요 국가들의 선택권은 확대될 가능성이 있다. 물론 이는 장기적인 과정일 것이고 현재로서는 미국이 경제적으로나 군사적으로나 다른 어떤 국가보다도 훨씬 앞서 있다. 그러나 일단 세계화에 관한 온갖 과장들을 걷어내고 보면 세계는 점점 더 분열이 심해지는 방향으로 가고 있고, 미국이 이러한 세계를 관리하기는 갈수록 힘들어질 것이다. 둘째, 신자유주의 이데올로그들의 주장과 달리 세계경제는 결코 무한한 성장과 번영을 가져다주지 않을 것이다. 자본주의 생산양식의 구조적 경향을 반영하는 2007~08년의 신용 경색과 뒤이은 경제 위기가 보여 주듯이 자본주의 세계경제는 그 자체로 강력한 불안정 요인이 될 수 있고, 그것이 세계의 지정학적 질서에 미칠 영향은 예측하기 어렵다. 마지막으로, 자국 헤게모니를 영속화하려고 자국의 두 가지 핵심 우위(군사적 우위와 주요 국제 기구 및 지역 기구들의 지휘자로서 갖는 위상)를 활용하려 드는 미국의 습관적 충동은 큰 역효과를 낳을 수 있다. 이를 보여 주는 가장 두드러진 사례가 이라크 전쟁이지만, 2008년 8월의 러시아·그루지야 전쟁과 그에 따른 국제적 위기도 그러한 사례다. 에너지 호황 덕에 재력이 튼튼해지고 굴욕적이었던 옐친 시대 이후 군사력을 재건한 러시아는 미국의 영향력을 유라시아 대륙 깊숙이 확장하고 러시아를 포위할 목적으로 추진된 나토의 무리한 확장에 맞서 충분히 예측 가능한 대응을 했다. 그루지야 전쟁이 촉발한 위기는 이라크 침공으로 미국이 얼마나 약해졌는지를 보여 줬다. 미국의 군사적 자산이 대부분 이라크에 묶인 탓에 러시아의 그루지야 주권 침해에 대한 미국의 비난에 힘이 실리지 않았다. 이 사건은 또한 고전 마르크스주의자들이 제국주의 간 경쟁이라고 부른 현상이 현대의 국제 체제에서도 엄연한 현실로 존재한다는 것을 보여 줬다. 비록 그 형태는 20세기 초와는 다르지만 말이다. 조지 프리드먼의 지적처럼, "이것이 뜻하는 바는 러시아가 강대국으로 떠오른다는 것이다. 예전과 같은 글로벌 파워는 아니더라도 절대 만만하게 봐서는 안 될 강대국 말이다."[90]

따라서 21세기의 세계 질서는 신자유주의 하에서 번영을 누리는 강대국들이 합의에 기초해서 서로 협조하는 체제가 아닐 것이다. 게다가 이는 제국의 흥망성쇠라는 모종의 초역사적 순환 법칙 때문이 아니다. 오히려 그것은 자본주의라는 특수한 생산양식이 빚어낸 현대의 지정학적 논리를 반영한다. 따라서 그 해결책은 더 많은 자본주의(자본주의를 옹호하는 자유주의자들은 그렇게 주장하겠지만)에 있는 것이 아니라 자본주의를 민주적이고 진보적인 대안으로 대체하는 것에 있다. 이 책은 제국주의의 이론과 실제를 살펴볼 때 철저히 위로부터의 관점을 취했다.

나는 이것이 잘못이라고 생각하지 않는다. 자본주의적 제국주의는 주로 선진 자본주의 사회의 최상층에 속한 소수 집단에게 이득이 돌아가는 지배와 착취의 체계다. 그러므로 이 체계를 유지하거나 특정 국가 또는 국가군에게 유리한 방향으로 재편하기 위한 각종 전략들도 위로부터 기획되고 실행된다. 1960년대와 1970년대에 이탈리아의 노동자주의자들이 주창했고 여전히 토니 네그리가 받아들이고 있는 명제, 즉 억압받고 착취당하는 사람들이 아래로부터 벌이는 창의적 행동들이 자본주의의 구조 변화를 가져온다는 생각은 안타깝게도 진실이 아니다.[91]

내 의도는 결코 제국주의에 맞선 저항의 의미를 깎아내리려는 것이 아니다. 오히려 이 책의 저자는 '테러와의 전쟁'과 이라크·아프가니스탄 점령에 반대하는 국제적 반전 운동에 동참하고 있다. 역사를 조금만 살펴봐도 제국주의 전쟁과 제국주의 체제에 맞서는 저항이 모두 얼마나 유의미한지를 알 수 있다. 양차 세계대전의 종결 과정에도 식민지의 반란과 결합된 유럽의 혁명적 좌파 및 급진 좌파의 부상이 깊은 각인을 남겼다. 비록 규모는 더 작았지만 그와 비슷한 일이 1960년대 말 베트남 전쟁 중에도 일어났다. 오늘날에도 동일한 메커니즘이 작동하고 있다. 세계 최강의 국가들마저 굴복시킨 민족주의적 저항의 질긴 힘이 이라크에서 다시 한 번 진가를 발휘했다. 비록 그 운동을 이끈 이념은 20세기 중반의 세속적 반식민지 운동들의 이념과는 많이 달랐지만 말이다. 그리고 예기치 않은 일이지만 시애틀과 제노바의 대중 시위를 통해 전면에 등장한 국제적인 신자유주의 세계화 반대 운동 속에서 반제국주의와 반자본주의의 수렴이 나타났다. 이 운동은 2003년 초에 세계 곳곳에서 엄청난 규모로 열린 이라크 전쟁 반대 시위의 발판이 됐다.[92]

과거 투쟁의 역사와 오늘날의 운동들이 발전해 온 과정은 원칙과 전략·전술에 관한 여러 가지 중요한 물음들을 제기한다. 그러한 물음들에 답하는 것이 이 책의 목적은 아니다. 그러나 기존 체제의 성격을 잘 이해하는 것이 지금과는 다른 세상을 만들려는 사람들의 노력에도 도움이 될 것이라고 나는 믿는다. 그래서 나는 이 책을 통해 그러한 이해에 보탬이 되고자 했다. 그와 더불어 나는 마르크스주의 사회 이론이 21세기에도 여전히 설득력이 있음을 나의 책이 보여 줬기를 바란다. 이상의 목표를 달성하는 데서 내가 얼마나 성공했는지에 관한 판단은 기꺼이 독자들에게 맡기겠다. 그러나 이 책에서 다룬 쟁점들의 중요성만큼은 독자들도 부인할 수 없을 것이다. 제국을 쓰러뜨리려면 제국을 알아야 한다.

후주와 참고 문헌

머리말: 이론의 제국, 제국 이론들

1   본 서문은 2007년 10월 15일 킹스 칼리지 런던(King's College London)에서 내가 행한 취임 기념 강의를 기초로 한 것이다.

2   R. Suskind, 'Without a Doubt', *New York Times Magazine*, 17 October 2004.

3   Z. Brzezinski, *The Grand Chessboard* (New York, 1998), p. 10[국역: 《거대한 체스판》, 삼인, 2000].

4   N. Ferguson, *Empire: How Britain Made the Modern World* (London, 2003), p. xxi[국역: 《제국》, 민음사, 2006].

5   N. Ferguson, *Colossus: The Rise and Fall of the American Empire* (London, 2004), pp. 183, 193[국역: 《콜로서스》, 21세기북스, 2010].

6   F. Cooper, *Colonialism in Question* (Berkeley and Los Angeles, 2005), p. 5; 또, 같은 책, ch. 2, 'The Rise, Fall, and Rise of Colonial Studies, 1951-2001'을 보시오. 본 참고 문헌을 내게 알려준 샤라드 차리(Sharad Chari)에게 감사한다.

7   M.W. Doyle, *Empires* (Ithaca, 1986), p. 30. 특별한 이유가 없는 한 나는 이하에서 '제국주의'와 '제국'을 동의어로 사용할 것이다.

8   Cooper, *Colonialism in Question*, pp. 26-7. 쿠퍼는 같은 책, ch. 6, 'States, Empires, and Political Imagination'에서 제국이라는 정치 형태를 자세하게 논한다. C. Calhoun et al., *Lessons of Empire* (New York, 2006)은 과거 제국들에 대한 역사 서술을 토대로 현재를 설명하려 한다. H.

Munkler, *Empires* (Cambridge, 2007)와 이를 비판한 B. Teschke, 'Imperial Doxa from the Berlin Republic', *New Left Review*, I/40 (2006)도 참조할 만하다. 전자본주의 제국들에 관한 마르크스주의적 논의는 E.M. Wood, *Empire of Capital* (London, 2003), chs 2 and 3, and K. Van Der Pijl, *Nomads, Empires, States* (London, 2008), ch. 3을 보시오.

9   V.I. Lenin, *Imperialism, The Highest Stage of Capitalism*, in id., *Collected Works*, XXII (Moscow, 1964), p. 267[국역: 《제국주의》, 돌베개, 1992].

10 F. Halliday, 'The Persistence of Imperialism', in A. Rupert and H. Smith, eds, *Historical Materialism and Globalization* (London, 2002), p. 76. 핼리데이가 현대의 반제국주의 진영을 "낭만주의자와 권위주의자들의 연합"이라고 폄하하면서 정치적으로 적대시하는 것에 비춰 보면 그의 이런 지적은 놀랍다(같은 책, p. 85).

11 P. Patnaik, 'Whatever Has Happened to Imperialism?', *Social Scientist*, 18/6-7 (1990), p.: 73, reprinted as 'Whatever Happened to Imperialism?', in *Monthly Review*, November 1990.

12 N. Geras, 'Reductions of the Left', *Dissent*, winter 2005: ⟨www.dissentmagazine.org⟩.

13 나이절 해리스(Nigel Harris)의 다소 과장스럽지만 빼어난 저작, *The End of the Third Word* (London, 1986)[국역: 《세계 자본주의 체제의 구조 변화와 신흥공업국》, 신평론, 1989]을 보시오.

14 P. Clarke, *The Last Thousand Days of the British Empire* (London, 2007), p. 280. 벵골 대기근에 대해서는 A.K. Sen, *Poverty and Famines* (Oxford, 1981), ch. 6을 보시오.

15 포스트식민주의에 관한 개설서로는 R.J.C. Young, *Postcolonialism: An Historical Introduction* (Oxford, 2001)[국역: 《포스트식민주의 또는 트리컨티넨탈리즘》, 박종철출판사, 2005]을, 역사학자의 더 비판적인 저서로는 Cooper, *Colonialism in Question*을 보시오.

16 J. Darwin, *After Tamerlane* (London, 2007), p. 491.

17 같은 책, p. 505.

18 M. Hardt and A. Negri, *Empire* (Cambridge, MA, 2000)[국역: 《제국》, 이학사, 2001] and *Multitude* (New York, 2004)[국역: 《다중》, 세종서적, 2008].

19 P. Anderson, 'European Hypocrisies', *London Review of Books*, 20 September 2007.

20 N. Chomsky, *Hegemony or Survival: America's Quest for Global Dominance* (London, 2003), pp. 182, 232[국역: 《패권인가 생존인가》, 까치, 2004].

21 B. Porter, *Empire and Superempire* (New Haven, 2006). 린다 콜리(Linda Colley)는 'The Difficulties of Empire: Past, Present and Future', *Historical Research*, 79 (2006)에서 이와 부분적으로 유사한, 통찰력 있는 주장들을 한다.

22 J. Gallagher and R. Robinson, 'The Imperialism of Free Trade', *Economic History Review*, 2/VI (1953): 6.

23 W.A. Williams, *The Tragedy of American Diplomacy* (New York, 1991).

24 R. Wiggershaus, *The Frankfurt School* (Cambridge, 1994), p. 256에서 재인용. 핼리데이는 호르크하이머의 이 말을 이렇게 바꿔 쓰기도 했다. "자본주의를 논하고 싶지 않은 사람들은 국제관계나 세계화에 대해서도 입을 다물어야 한다." 'The Persistence of Imperialism', in A. Rupert and H. Smith, eds, *Historical Materialism and Globalization*, p. 77.

25 M. Kidron, 'Imperialism – Highest Stage but One', *International Socialism*, 9 (1962) and 'International Capitalism', ibid.: 20 (1965), both reprinted in *Capitalism and Theory* (London, 1974) and available at: ⟨www.marxists.org⟩.

26 A. Callinicos, *Althusser's Marxism* (London, 1976)[국역: 《알튀세의 마르크스주의》, 녹두, 1992].

27 R.J.C. Young, *White Mythologies* (London, 1990)[국역: 《백색신화》, 경성대학교출판부, 2008].

28 D. Harvey, *Spaces of Hope* (Edinburgh, 2000), ch. 1[국역: 《희망의 공간》, 한울, 2001].

29 L. Althusser and E. Balibar, *Reading Capital* (London, 1970), p. 180[국역: 《자본론을 읽는다》, 두레, 1991].

30 A. Callinicos, *The Resources of Critique* (Cambridge, 2006), esp. chs 3 and 4를 보시오.

31 D. Harvey, *The New Imperialism* (Oxford, 2003)[국역: 《신제국주의》, 한울, 2005], and A. Callinicos, *The New Mandarins of American Power* (Cambridge, 2003)[국역: 《미국의 세계 제패 전략》, 책갈피, 2005]. 강탈에 의한 축적에 관한 하비의 논의를 비판적으로 다룬 문헌으로는 S. Ashman and A. Callinicos, 'Capital Accumulation and the State System'과 B. Fine, 'Debating the "New Imperialism"', *Historical Materialism*, 14:4 (2006)을 보시오.

32 *Historical Materialism*, 14:4 (2006)에 실린 《신제국주의》 논평들, *Cam-*

bridge Review of International Affairs, 20/4 (2007)에 실린 내 논문 'Does Capitalism Need the State System?'에 관해 같은 문헌과 그 후속 호에 실린 비평들을 보시오.

33 Hardt and Negri, *Empire* and *Multitude*, and W. Robinson, *A Theory of Global Capitalism* (Baltimore, 2004).

34 E. Wood, 'Global Capital, National States', in Rupert and Smith, eds, *Historical Materialism and Globalization*.

35 L. Panitch and S. Gindin, 'Global Capitalism and American Empire', in Panitch and Colin Leys, eds, *The New Imperial Challenge: Socialist Register 2004* (London, 2003)[국역: 《새로운 제국의 도전》, 한울, 2005], 'Finance and American Empire', in Panitch and Leys, eds, *The Empire Reloaded: Socialist Register 2005* (London, 2004), and 'Superintending Global Capital', *New Left Review*, II/35 (2005).

36 페리 앤더슨(Perry Anderson)은 이와 매우 비슷한 시각에서 현대 제국주의를 미국이 이끄는 강대국들의 협조 체제(concert of powers)로 묘사한다. 'Jottings in the Conjuncture', *New Left Review*, II/48 (2007). 이런 관점에서 하트와 네그리를 비판한 책으로는 A. Boron, *Empire and Imperialism* (London, 2005)을 보시오.

37 R. Kiely, 'Capitalist Expansion and the Imperialism–Globalization Debate', *Journal of International Relations and Development*, 8 (2005), pp. 32-4. 하비와 나의 상기 문헌 외에도 W. Bello, *Dilemmas of Domination* (New York, 2005), P. Gowan, *The Global Gamble* (London, 1999)[국역: 《세계없는 세계화》, 시유시, 2001], C. Harman, 'Analysing Imperialism', *International Socialism*, 2/99 (2003)[국역: 《크리스 하먼의 새로운 제국주의론》, 책갈피, 2009], J. Rees, *Imperialism and Resistance* (London, 2006) [국역: 《새로운 제국주의와 저항》, 책갈피, 2008], and C. Serfati, *Imperialisme et militarisme* (Lausanne, 2004)를 보시오.

38 예를 들면 G. Arrighi, *The Long Twentieth Century* (London, 1994)[국역: 《장기 20세기》, 그린비, 2008], and *Adam Smith in Beijing* (London, 2007) [국역: 《베이징의 애덤 스미스》, 길, 2009]에서 그렇게 주장한다.

39 R. Brenner, 'What is, and What is Not, Imperialism?', *Historical Materialism*, 14.4 (2006), and 'Imperialism and Neoliberalism', paper given at *Historical Materialism* conference, London, 10 November 2007. 아이자즈 아흐마드(Aijaz Ahmad)의 이론적 입장도 이와 큰 틀에서 비슷하다. *Iraq, Afghanistan and the Imperialism of Our Time* (New Delhi, 2004).

40 B. Sutcliffe, 'How Many Capitalisms?', in Rupert and Smith, eds, *Historical Materialism and Globalization*, p. 50.

41 B. Sutcliffe, 'Imperialism Old and New', *Historical Materialism*, 14/4 (2006): 74.

42 이와 관련한 나의 초기 저작으로는 다음 것들이 있다: A. Callinicos, 'Imperialism, Capitalism, and the State Today', *International Socialism*, 2/35 (1987), 'Marxism and Imperialism Today', *International Socialism*, 2/50 (1991), and 'Periodizing Capitalism and Analysing Imperialism', in Robert Albritton et al., *Phases of Capitalist Development* (Basingstoke, 2001). 국제사회주의 전통의 문헌으로는 하먼(Harman), 키드런(Kidron), 리즈(Rees)의 상기 저작 외에도 T. Cliff (1957), 'The Economic Roots of Reformism', in id., *Marxist Theory after Trotsky* (London, 2003), N. Harris (1971), 'Lenin and Imperialism Today', in id., *India−China: Underdevelopment and Revolution* (Delhi, 1974), J. Rees, 'The New Imperialism', *International Socialism*, 2/48 (1990), and Callinicos et al., *Marxism and the New Imperialism* (London, 1994)을 보시오. 이 책 1, 3, 4장에는 위에서 언급한 나의 초기 저작 중 첫 두 글의 일부분과 'Bourgeois Revolutions and Historical Materialism', *International Socialism*, 2/43 (1989)의 내용들을 수정·보완해서 덧붙였다.

43 Callinicos, 'Does Capitalism Need the State System?', p. 542와 이에 대한 반론인 G. Pozo−Martin, 'Autonomous or Materialist Geopolitics?', *Cambridge Review of International Affairs*, 20/4 (2007).

1장 고전 마르크스주의의 유산

1 B. Sutcliffe, 'How Many Capitalisms', in M. Rupert and H. Smith, eds, *Historical Materialism and Globalization* (London, 2002), p. 50. 마르크스주의 정치경제학의 역사와 특히 고전적 제국주의 이론의 역사에 관한 연구는 다음 두 편의 탁월한 저작 덕분에 크게 수월해졌다: A. Brewer, *Marxist Theories of Imperialism* (2nd edn; London, 1990)[이 책의 초판 국역은 《제국주의와 신제국주의》, 사계절, 1984], and M.C. Howard and E. King, *A History of Marxian Economics* (2 vols; London, 1989, 1992). 저자들의 네오리카도주의 성향에도 불구하고 두 책 모두 사상사 분야의 명저에 속한다.

2 R. Hilferding, *Finance Capital* (London, 1981), pp. 22-3[국역: 《금융자본》, 새날, 1994].

3 P. Anderson, *Considerations on Western Marxism* (London, 1976), esp. ch. 1 [국역: 《서구 마르크스주의 읽기》, 이매진, 2003].

4 Brewer, *Marxist Theories of Imperialism*, pp. 88-9.

5 Howard and King, *A History of Marxian Economics*, I, chs 2 and 3.

6 Hilferding, *Finance Capital*, p. 21.

7 R. Luxemburg [1913], *The Accumulation of Capital* (London, 1971), p. 417.

8 마르크스의 경제학 수고에 관한 가장 유용한 해설서로는 다음의 것들이 있다. R. Rosdolsky [1968], *The Making of Marx's Capital* (London, 1977)[국역: 《마르크스의 자본론의 형성》, 백의, 2003], E. Dussel [1988], *Towards an Unknown Marx* (London, 2001), and 'The Four Drafts of *Capital*', *Rethinking Marxism*, 13 (2001), and M. Heinrich, review of *MEGA*, Bd. 15, *Historical Materialism*, 15.4 (2007). 이 밖에도 내가 《자본론》를 이해하는 데는 특히 다음 문헌들(대략 내가 읽은 순서대로 나열했다)이 도움이 됐다. I.I. Rubin [1928], *Essays on Marx's Theory of Value* (Detroit, 1972) [국역: 《마르크스의 가치론》, 이론과실천, 1989], E.V. Ilyenkov [1960], *The Dialectics of the Abstract and the Concrete in Marx's Capital* (Moscow, 1982), L. Althusser and E. Balibar [1965], *Reading Capital* (London, 1970), G. Dumenil , *Le Concept de loi economique dans 'Le Capital* (Paris, 1978), J. Weeks, *Capital and Exploitation* (Princeton, 1981), D. Harvey, *The Limits to Capital* (Oxford, 1982)[국역: 《자본의 한계》, 한울, 1997], and J. Bidet [1985], *Exploring Marx's Capital* (Leiden, 2007)[국역: 《자본의 경제학·철학·이데올로기》, 새날, 1995]. 나 자신의 견해는 'The Logic of *Capital*' (DPhil thesis, University of Oxford, 1978)에서 제시된 바 있고 지금은 비록 비평의 형식이긴 하지만 'Against the New Dialectic', *Historical Materialism*, 13.2 (2005)에서 찾아볼 수 있다. 조만간 이 주제에 대해서 책을 쓸 수 있기를 희망한다.

9 K. Marx, [1867], *Capital*, I (Harmondsworth, 1976), p. 90 (강조는 나의 것).

10 R. Brenner, 'The Economics of Global Turbulence', *New Left Review*, I/229 (1998): 23. *Reading Capital*을 제외하면 역사유물론에 대한 가장 중요한 논의를 담고 있는 문헌은 G.A. Cohen, *Karl Marx's Theory of History* (Oxford, 1978)이다. 역사유물론에 관한 나 자신의 견해는 *Making History* (2nd edn, Leiden, 2004)[국역: 《역사와 행위》, 나남, 1997]에 제시돼 있다.

11 K. Marx, [1939] *Grundrisse* (Harmondsworth, 1973), p. 657[국역: 《정치경제학 비판 요강》, 그린비, 2007]. 리카도에 대해서는 D. Ricardo, *Works and Correspondence* (11 vols, Cambridge, 1951-73), I (available at ⟨www.

oll.libertyfund.org)〉에 피에로 스라파(Piero Sraffa)가 쓴 뛰어난 서문을 보시오. 마르크스의 가치론을 둘러싼 논쟁의 기원은 다음 문헌들에서 찾아볼 수 있다. B. Rowthorn, 'Neo-Classicism, Neo-Ricardianism, and Marxism', *New Left Review*, I/86 (1974), I. Steedman, *Marx after Sraffa* (London, 1977), B. Fine and L. Harris, *Rereading* Capital (London, 1979), ch. 2[국역: 《현대 정치경제학 입문》, 한울, 1985], I. Steedman et al., *The Value Controversy* (London, 1981), C. Harman, *Explaining the Crisis* (London, 1984), pp. 160[국역: 《마르크스주의와 공황론》, 풀무질, 1995], E. Mandel and A. Freeman, eds, *Ricardo, Marx, Sraffa* (London, 1984), B. Fine, ed., *The Value Dimension* (London, 1986), D.K. Foley, *Understanding* Capital (Cambridge, MA, 1986), G. Carchedi, *Frontiers of Political Economy* (London, 1991), A. Saad-Filho, *The Value of Marx* (London, 2002)[국역: 《마르크스의 가치론》, 책갈피, 2011], and A. Kliman, *Reclaiming Marx's* Capital (Landham, MD, 2007).

12 Marx, *Capital*, I, p. 739.

13 Marx, *Capital*, I, p. 166 (italics added). 마르크스의 물신성 이론과 그 허점에 대한 논의는 A. Rattansi, ed., *Ideology, Method and Marx* (London, 1989)에서 찾아볼 수 있다. 나의 책 *Making History*, chs 4 and 5에서는 물신성 이론을 지나치게 비판적으로 다루었다는 느낌도 없지 않다.

14 F. Moseley, 'Hostile Brothers: Marx's Theory of the Distribution of Surplus-Value in Volume III of *Capital*', in M. Campbell and G. Reuten, eds, *The Culmination of Capital* (Houndmills, 2002).

15 K. Marx, *Capital*, III (Harmondsworth, 1981), p. 117.

16 같은 책, p. 967.

17 Marx, *Grundrisse*, p. 101.

18 Dumenil, *Le Concept de loi economique dans 'Le Capital'*, p. 89; 또, 같은 책, p. 373ff을 보시오.

19 F. Engels, 'Law of Value and Rate of Profit', Supplement and Addendum to *Capital*, Volume III. 이에 대한 비평으로는 Weeks, *Capital and Exploitation*, pp. 50-62, and C. Arthur, *The New Dialectic and Marx's* Capital (Leiden, 2002), ch. 1을 보시오.

20 Marx, *Grundrisse*, p. 100.

21 Bidet, *Exploring Marx's* Capital, chs 6 and 7.

22 L. Althusser, Avant-propos, Dumenil, *Le Concept de loi economique*

dans 'Le Capital', pp. 17~18. 헤겔 변증법과 마르크스 변증법의 차이에 관해 서는 L. Althusser, 'Marx's Relation to Hegel', in id., *Politics and History* (London, 1972)을 보시오.

23 K. Marx, letter to Ludwig Kugelmann, 11 July 1868, in Marx and Engels, *Collected Works* (50 vols, London, 1975~2005), XLIII, p. 69.

24 K. Marx [1956], *Theories of Surplus-Value* (3 vols, Moscow, 1963~72), II, p. 174.

25 이와 같은 해석은 나의 박사학위 논문인 'The Logic of *Capital*', ch. IV의 해석 을 따른 것이다. 그러나 크리스 아서(Chris Arthur)는 이 논문과 나의 다른 저 작, 특히 *The Revolutionary Ideas of Karl Marx* (London, 1983)[국역: 《칼 맑스의 혁명적 사상》, 책갈피, 2007]에서 내가 제기한 주장, 즉 《자본론》의 구조 가 마르크스가 《그룬트리세》에서 제시한 '자본 일반'(《자본론》 1권과 2권의 1, 2 편)과 '다수 자본'(《자본론》 2권 3편과 3권)의 구분을 따른다는 나의 주장이 틀 렸고 《자본론》 전체가 '자본 일반'을 대상으로 하고 있다고 내게 납득시켰다. 특 히 C.J. Arthur, 'Capital, Competition and Many Capitals', in Campbell and Reuten, eds, *The Culmination of Capital*을 보시오.

26 이 주제를 간략하게 잘 다룬 문헌으로는 M. Campbell, 'The Credit System', in Campbell and Reuten, eds, *The Culmination of Capital*을 보시오. 축적 과 정을 확장하는 동시에 위험에 빠트리는 신용 제도의 구실은 하비가 *The Limits to Capital*에서 제시하는 "위기 이론 '버전 2'"(p. 326에서 인용)의 주요 주제다.

27 Marx, *Capital*, III, p. 515. 비데(Bidet)는 마르크스의 이데올로기 개념을 *Capital: Exploring Marx's Capital*, ch. 8에서 훌륭하게 논한다.

28 K. Marx, letter to Friedrich Engels, 2 April 1858, in Marx and Engels, *Collected Works*, XL, p. 298.

29 Hilferding, *Finance Capital*, p. 21.

30 I. Lakatos, *Philosophical Papers* (2 vols, Cambridge, 1978).

31 나는 자본주의에 상이한 발전 단계들이 있다는 발상 자체에 대한 반론들을 A. Callinicos, 'Periodizing Capitalism and Analysing Imperialism', in R. Albritton et al., eds, *Phases of Capitalist Development* (Basingstoke, 2001)에서 소개한 바 있다.

32 Hilferding, *Finance Capital*, pp. 366, 367.

33 R. Luxemburg [1921], 'The Accumulation of Capital – an Anti-Critique', in id. and N.I. Bukharin, *Imperialism and the Accumulation of Capital* (London, 1972), p. 77.

34　Luxemburg, *The Accumulation of Capital*, Part One.

35　같은 책, pp. 350, 352.

36　Luxemburg, 'The Accumulation of Capital', p. 64.

37　같은 저자, *The Accumulation of Capital*, pp. 364-5, 371.

38　같은 책, p. 446.

39　R. Luxemburg [1916], 'The Junius Pamphlet', in M.A. Waters, ed., *Rosa Luxemburg Speaks* (New York, 1970), p. 269. N. Geras, *The Legacy of Rosa Luxemburg* (London, 1976), ch. I을 보시오.

40　Howard and King, *A History of Marxian Economics*, I, p. 112 (불변자본과 가변자본의 구분에 관해서는 1장 4절을 보시오). 룩셈부르크에 대한 훌륭한 비평으로는 같은 책, ch. 6, M. Bleaney, *Underconsumption Theories* (London, 1976), ch. 9, Brewer, *Marxist Theories of Imperialism*, ch. 3, and T. Cliff [1959], *Rosa Luxemburg*[국역: 《로자 룩셈부르크》, 북막스, 2001], in id., *Marxist Theory after Trotsky* (London, 2003)을 보시오.

41　Luxemburg, *The Accumulation of Capital*, pp. 334-5.

42　N.I. Bukharin [1925], 'Imperialism and the Accumulation of Capital', in Luxemburg and Bukharin, *Imperialism and the Accumulation of Capital*, pp. 163ff.

43　Brewer, *Marxist Theories of Imperialism*, p. 62.

44　같은 책, p. 63.

45　Luxemburg, *The Accumulation of Capital*, pp. 348-9.

46　Bukharin, 'Imperialism and the Accumulation of Capital', pp. 239, 202. 같은 책, chs 1 and 2도 보시오.

47　D. Harvey, *The New Imperialism* (Oxford, 2003), pp. 138, 141, 144. 엄밀히 말하자면 룩셈부르크는 자본화한 잉여가치의 실현 불가능성에 관한 자신의 이론을 경제 위기에 대한 설명으로서가 아니라 자본주의 발전의 일반적 경향에 대한 설명으로서 제시했다. 그래서 재생산의 문제를 "순환과 위기는 고려 대상에서 제외한 채"로 다루었다. *The Accumulation of Capital*, p. 36. 하트와 네그리도 *Empire* (Cambridge, MA, 2000), ch. 3.1에서 제국주의를 논하면서 룩셈부르크의 주장을 다소 양면적으로 원용한다.

48　Luxemburg, *The Accumulation of Capital*, chs XXVI and XXX (p. 361에서 인용).

49　E.M. Wood, *Empire of Capital* (London, 2003), pp. 126, 125, 127.

50 Bukharin, 'Imperialism and the Accumulation of Capital', p. 253. 레닌도 다음 문헌에서 비슷한 논지를 전개한다. [1917] *Imperialism, the Highest Stage of Capitalism*, in id., *Collected Works*, XXII (Moscow, 1964), pp. 268-9.

51 E.V. Preobrazhensky [1931], *The Decline of Capitalism* (Armonk, NY, 1985), p. 18.

52 Lenin, *Imperialism*, pp. 276-85.

53 Sutcliffe, 'How Many Capitalisms?', pp. 49-50.

54 Lenin, *Imperialism*, p. 266.

55 같은 책, pp. 266, 298.

56 G. Arrighi, *The Geometry of Imperialism* (London, 1978), pp. 10-11.

57 같은 책, p. 20.

58 Note from the Editors, *Monthly Review*, January 2004.

59 Lenin, *Imperialism*, p. 269.

60 J.A. Hobson [1902], *Imperialism: A Study* (3rd edn; London, 1938), p. 6[국역: 《제국주의론》, 창비, 1995].

61 Arrighi, *The Geometry of Imperialism*, p. 38.

62 Hobson, *Imperialism*, p. 55.

63 같은 책, pp. 59, 56-7.

64 J.A. Hobson, *The South African War* (London, 1900), Part II.

65 같은 저자, *Imperialism*, p. 191. 더 일반적으로는 같은 책, Part II, ch. II, 'The Scientific Defence of Imperialism', and Part II, ch. IV, 'Imperialism and the Lower Races'을 보시오.

66 같은 책, pp. 85-6. 더 일반적으로는 같은 책, Part I, ch. VI, 'The Economic Taproot of Imperialism'을, 홉슨의 과소소비론에 대한 상세한 비평은 Bleaney, *Underconsumption Theories*, ch. 8을 보시오.

67 Hobson, *Imperialism*, p. 88.

68 Lenin, *Imperialism*, p. 242.

69 Arrighi, *The Geometry of Imperialism*, p. 117.

70 같은 책, pp. 24-5. 이 같은 모호함에 대한 설명은 C. Harman, 'Analysing Imperialism', *International Socialism*, 2/99 (2003): 9-18을 보시오.

71 Lenin, *Imperialism*, p. 277.

72   Hobson, *Imperialism*, p. 314. 또, 같은 책, p. 265을 보시오.

73   Lenin, *Imperialism*, p. 281.

74   레닌의 노동귀족론에 대한 훌륭한 비판은 다음 여러 문헌에서 찾아볼 수 있
     다. T. Cliff [1957], 'The Economic Roots of Reformism', in id., *Marx-
     ist Theory after Trotsky*, H. Weber, *Marxisme et conscience de classe*
     (Paris, 1975), pp. 235-69, Brewer, *Marxist Theories of Imperial-
     ism*, pp. 128-33, and C. Post, 'The Myth of the Labour Aristocracy',
     Against the Current, 123, July/August 2006, and 124, September/
     October 2006. 숙련 금속노동자들의 역할에 관한 본문의 주장을 뒷받침해 주
     는 초기 공산주의 운동에 대한 연구서로는 J. Hinton, *The First Shop Stew-
     ards' Movement* (London, 1973), S. Smith, *Red Petrograd* (Cambridge,
     1985), and P. Broue, *The German Revolution, 1917-1923* (Leiden, 2005)
     등이 있다.

75   Hobson, *Imperialism*, p. 311.

76   Brewer, *Marxist Theories of Imperialism*, p. 107. 같은 책, ch. 6, and
     Howard and King, *A History of Marxian Economics*, I, ch. 13은 레닌과
     부하린의 사상을 훌륭하게 개관한다. 또한 M. Haynes, *Nikolai Bukharin and
     the Transition from Capitalism to Socialism* (London, 1985)을 보시오.

77   N.I. Bukharin, *Selected Writings on the State and the Transition to
     Socialism* (Nottingham, 1982), pp. 16-17.

78   같은 저자, [1920], *Economics of the Transformation Period* (New York,
     1971), p. 37[국역: 《과도기 경제학》, 백의, 1994].

79   같은 저자, [1917], *Imperialism and World Economy* (London, 1972), pp.
     25-6, 125[국역: 《제국주의론》, 지양사, 1987].

80   같은 저자, 'Imperialism and the Accumulation of Capital', p. 256. 자본의
     순환에 대해서는 마르크스의 《자본론》 2권 1편을 보시오.

81   Brewer, *Marxist Theories of Imperialism*, p. 111.

82   Bukharin, *Selected Writings on the State and the Transition to So-
     cialism*, p. 31; id., *Imperialism and World Economy*, pp. 17-18.

83   Marx, *Capital*, I, pp. 92, 799, 783.

84   Marx, *Capital*, III, pp. 343, 357. 이윤율 저하 경향 이론은 또 하나의 커다
     란 논란거리다. 이에 관한 개설서로는 S. Cullenburg, *The Falling Rate of
     Profit*을 보시오. 사이먼 클라크(Simon Clarke)의 *Marx's Theory of Crisis*
     (London, 1994)은 비록 결정론적인 '정설 마르크스주의'의 왜곡을 바로잡으려

는 의도에서 이윤율 저하 경향 이론을 평가절하하기는 하지만 마르크스의 사상적 발전 과정을 추적한 값진 연구서다.

85 Howard and King, *A History of Marxian Economics*, I, p. 316. 1920년대와 30년대에 볼셰비키 경제학자들 사이에 벌어진 풍성한 논쟁에 관해서는 리처드 데이(Richard Day)의 흥미진진한 연구서, *The 'Crisis and the 'Crash'* (London, 1981)를 보시오.

86 룩셈부르크가 'The Accumulation of Capital', pp. 76-77n에서 이윤율 저하 경향 이론을 기각한 것을 보시오. 반면 그람시의 저작들은 비록 정치와 철학에 초점이 맞춰져 있었지만 이윤율 저하 경향 이론을 무시하지 않았다는 점에서 예외였다. 예컨대 *Further Selections from the Prison Notebooks* (ed. D. Boothman; London, 1995), pp. 428-35을 보시오.

87 Hilferding, *Finance Capital*, Part IV, and Bukharin, 'Imperialism and the Accumulation of Capital', ch. 3.

88 Bukharin, *Selected Writings on the State and the Transition to Socialism*, p. 22.

89 Quoted in Howard and King, *A History of Marxian Economics*, I, p. 272.

90 같은 책, pp. 273-5.

91 Bukharin, *Economics of the Transformation Period*, p. 19. 부하린이 '조직'이라는 용어를 시장을 의식적으로 초월한다는 의미로 사용한 것은 가령 그의 철학 에세이 [1921], *Historical Materialism* (Ann Arbor, 1969)에서도 눈에 띄는데, 이는 보그다노프(A.A. Bogdanov)의 '조직' 철학의 영향력이 반영된 것이다. 이를 못마땅하게 여긴 레닌은 이렇게 썼다. "상품 생산도 '조직된' 경제이기는 마찬가지다.' Marginal Notes to Bukharin, *Economics of the Transformation Period*, p. 212. 보그다노프에 관해서는 D. Lecourt, *Proletarian Science?* (London, 1977)의 부록을 보시오.

92 Bukharin, 'Imperialism and the Accumulation of Capital', p. 226. 토니 클리프(Tony Cliff)는 국가자본주의 체제의 경제 위기 문제를 다루면서 부하린의 이 저작에 대해 논평했고, 무기 생산이 국가자본주의에 내재하는 경제적 정체 경향을 지연시킬 것이라고 (이후에 입증됐듯이) 올바르게 예측했다. [1948] 'The Nature of Stalinist Russia'[국역: 《소련 국가자본주의》, 책갈피, 1993], in Cliff, *Marxist Theory after Trotsky*, ch. 8.

93 Bukharin, 'Report on the Programme of the Communist International', *International Press Correspondence*, 8/56, 27 August 1928: 986.

94 같은 저자, 'The International Situation and the Tasks of the Comintern', *International Press Correspondence*, 8/41, 30 July 1928: 729.

95 같은 저자, *Economics of the Transformation Period*, p. 19.

96 같은 저자, 'The International Situation and the Tasks of the Comintern': 729.

97 N. Stone, *Europe Transformed, 1878-1919* (London, 1983), p. 246.

98 Harman, *Explaining the Crisis*, p. 69.

99 B. Warren, *Imperialism: Pioneer of Capitalism* (ed. J. Sender; London, 1980), p. 79. Carchedi, *Frontiers of Political Economy*, ch. 7에서 과점 경쟁을 다룬 부분을 보시오.

100 Preobrazhensky, *The Decline of Capitalism*, pp. 5, 51.

101 같은 책, pp. 29, 15-16. 마르크스는 《자본론》 2권 2편에서 회전율과 고정자본 문제를 다룬다. 이 주제들을 더 큰 틀에서의 자본축적과 위기 이론에 접목시키려는 최근의 시도는 Harvey, *The Limits to Capital*, passim, and M. Itoh and C. Lapavitsas, *Political Economy of Money and Finance* (London, 1999), ch. 6을 보시오.

102 Preobrazhensky, *The Decline of Capitalism*, p. 16.

103 J. Steindl [1952], *Maturity and Stagnation in American Capitalism* (New York, 1976), and P. Baran and P. Sweezy, *Monopoly Capital* (Harmondsworth, 1968). 프레오브라젠스키의 책에 대한 반응은 Day, *The 'Crisis' and the 'Crash'*, pp. 229-47을 보시오.

104 Brewer, *Marxist Theories of Imperialism*, p. 142. 또, 배런(Baran)과 스위지(Sweezy)에 대해서는 Howard and King, *A History of Marxian Economics*, II, ch. 6을 보시오.

105 H. Grossman [1929], *The Law of Accumulation and Breakdown of Capitalism* (ed. J. Banaji; London, 1992), p. 95.

106 같은 책, pp. 122-3, 157. O. Bauer [1913], 'The Accumulation of Capital', *History of Political Economy*, 18 (1986), and Luxemburg, 'The Accumulation of Capital', pp. 107-35를 보시오. 그로스만에 관한 상세한 논의는 Howard and King, *A History of Marxian Economics*, I, ch. 16과 릭 쿤(Rick Kuhn)의 탁월한 전기인 *Henryk Grossman and the Recovery of Marxism* (Urbana and Chicago, 2007)을 보시오.

107 K. Kautsky (1914), 'Imperialism', in J. Riddell, ed., *Lenin's Struggle for a Revolutionary International* (New York, 1984), p. 181.

108 같은 책, p. 180.

109 A.J. Mayer, *Why Did the Heavens Not Darken?* (New York, 1990), p. 31.

110 B. Rowthorn, 'Imperialism in the 1970s – Unity or Rivalry?', *New Left Review*, I/69 (1971): 31-2. 이 글과 더불어 이 논쟁에 기여한 그 밖의 글들은 H. Radice, ed., *International Firms and Modern Imperialism* (Harmondsworth, 1975)에 재수록됐다.

111 H. Magdoff, *The Age of Imperialism* (New York, 1969)과 E. Mandel, *Europe vs. America* (New York, 1970)를 비교해 보시오.

112 M. Hardt and A. Negri, *Empire* (Cambridge, MA, 2000), p. xii. 또한 W. Robinson, *A Theory of Global Capitalism* (Baltimore, 2004)을 보시오.

113 H. Lacher and B. Teschke, 'The Changing "Logics" of Capitalist Competition', *Cambridge Review of International Affairs*, 20 (2007): 574, 576.

114 같은 문헌, p. 576. 레닌과 부하린이 인용한 구절들은 부하린의 *Imperialism and World Economy*, pp. 13-14, 142에서 찾아볼 수 있다.

115 Arrighi, *The Geometry of Imperialism*, p. 24.

116 Lenin, *Imperialism*, p. 272, 295. See also ibid., p. 253.

117 Howard and King, *History of Marxian Economics*, I, p. 249. 저자들은 또한 부하린의 제국주의론에는 불균등 발전과 결합 발전이라는 개념이 모두 빠져 있다고 지적한다.

2장 자본주의와 국가 체제

1 B. Sutcliffe, 'Imperialism Old and New', *Historical Materialism*, 14/4 (2006): 60.

2 같은 문헌, pp. 60, 61.

3 M. Kidron [1962], 'Imperialism: Highest Stage but One', in id., *Capitalism and Theory* (London, 1974), p. 127.

4 R. Hilferding [1910], *Finance Capital* (London, 1981), p. 307.

5 L.D. Trotsky, *The History of the Russian Revolution* (3 vols, London, 1967), I, p. 22[국역: 《러시아혁명사》, 풀무질, 2004].

6 G. Arrighi, *The Geometry of Imperialism* (London, 1978), p. 130.

7 밥 제솝(Bob Jessop)의 *The Capitalist State* (Oxford, 1982)는 지금까지도 마르크스주의 국가론을 비판적으로 다룬 가장 중요한 개론서로 남아 있다. 제솝은 이 책의 1장에서 마르크스와 엥겔스의 사상을, 2장에서 국가독점자본주

의 이론을 논한다.

8 N.I. Bukharin, *Selected Writings on the State and the Transition to Socialism*, pp. 30, 31. 완성된 형태의 레닌 국가론에 부하린이 끼친 영향에 대해서는 M. Sawyer, 'The Genesis of *State and Revolution*', in R. Miliband and J. Saville, eds, *The Socialist Register 1977* (London, 1977)을 보시오. 내가 'Imperialism and Global Political Economy', *International Socialism*, 2/108 (2005): 110에서 부하린의 국가론을 도구주의로 규정한 것이 잘못임을 지적해 준 크리스 하먼(Chris Harman)에게 감사한다.

9 D. Harvey, *The New Imperialism* (Oxford, 2003), pp. 183, 30.

10 G. Arrighi, *The Long Twentieth Century* (London, 1994), p. 33(강조는 나의 것).

11 같은 저자, *Adam Smith in Beijing* (London, 2007), p. 212 n.2.

12 D. Harvey, 'Last Days of Empire', *Socialist Worker*, 30 July 2005.

13 A. Callinicos, 'The Grand Strategy of the American Empire', *International Socialism*, 2/97 (2002), pp. 4 , and *The New Mandarins of American Power* (Cambridge, 2003), pp. 99 06.

14 C. Barker, 'A Note on the Theory of Capitalist States', *Capital and Class*, 4 (1978): 118. 1970년대에 일부 독일 마르크스주의자들도 이와 유사한 논점을 제기했다. O. Nachtwey and T. den Brink, 'Lost in Transition: The German World-Market Debate in the 1970s', *Historical Materialism*, 16/1 (2008)을 보시오. 홀러웨이는 이제 *Change the World without Taking Power* (London, 2002), p 95[국역: 《권력으로 세상을 바꿀 수 있는가》, 갈무리, 2002] 등에서 바커의 지적을 수용한다. 국가 도출 논쟁에 기여한 가장 중요한 글들의 일부를 다음 저작들에서 찾아볼 수 있다. J. Holloway and S. Picciotto, eds, *State and Capital* (London, 1978) and S. Clarke, ed., *The State Debate* (Basingstoke, 1991).

15 무엇보다 K.N. Waltz, *Theory of International Politics* (Reading, MA, 1979)를 보시오[국역: 《국제정치이론》, 사회평론, 2000].

16 A. Giddens, *A Contemporary Critique of Historical Materialism* (London, 1981)[국역: 《사적유물론의 현대적 비판》, 나남, 1991], M. Mann, *The Sources of Social Power* (2 vols, Cambridge, 1986, 1993), W.G. Runciman, *A Treatise on Social Theory* (3 vols, Cambridge, 1983, 1989, 1997), T. Skocpol, *States and Social Revolutions* (Cambridge, 1979).

17 M. Hardt and A. Negri, *Empire* (Cambridge, MA, 2000), p. 182. 제국의 제도적 구조에 관해서는 같은 책, ch. 3.5, 'Mixed Constitution'을 보시오.

18   E.M. Wood, 'The Separation of the Economic and the Political in Capitalism', *New Left Review*, I/127 (1981): 78.

19   같은 문헌: 78-9, 80, 82. Compare K. Marx, *Capital*, I (Harmondsworth, 1976), p. 899.

20   J. Hirsch, 'The State Apparatus and Social Reproduction', in Holloway and Picciotto, ed., *State and Capital*.

21   J. Holloway and S. Picciotto, 'Capital, Crisis, and the State', *Capital and Class*, 2 (1977). 이와 관련 있는 열린 마르크스주의 학파의 논문집은 W. Bonefeld and J. Holloway, eds, *Global Capital, National State and the Politics of Money* (Basingstoke, 1996)이다. 그러나 국가 체제 문제에 대한 이 논문 저자들의 서술은 단지 묘사에 그치고 있다. 예컨대 상기 문헌에 수록된 논문 중 Holloway, 'Global Capital and the National State', and P. Burnham, 'Capital, Crisis and the International State System'이 그렇다.

22   B. Tesckhe, *The Myth of 1648* (London, 2003), pp. 145-6. 이를 뒷받침하는 역사적 논거는 특히 같은 책의 4장과 5장을 보시오.

23   H. Lacher, 'Making Sense of the International System', in M. Rupert and H. Smith, eds, *Historical Materialism and Globalization* (London, 2002), pp. 156-7, 161, 159, 162. 브레너도 사실상 이 주장을 지지한다. 'What is, and What is Not, Imperialism?', *Historical Materialism*, 14/4 (2006): 84.

24   E.M. Wood, 'Global Capital, National States', in Rupert and Smith, eds, *Historical Materialism and Globalization*, pp. 22, 25, 29, 30. 브레너는 "영주권을 근거로 영주들이 농민에게서 직접 잉여를 수취할 수 있게 해 주거나, 또는 주로 과세를 통해 중앙이나 지역에서 재산을 형성함으로써 … 지배계급을 경제적으로 뒷받침하는 것을 핵심 기능의 하나로 삼는 지역적이거나 전국적인 국가 또는 정치적 공동체의 형태들"에 대한 봉건 영주의 의존을 지칭하기 위해 "정치적으로 형성된 사유재산 형태"라는 개념을 개발했다. *Merchants and Revolution* (Princeton, 1993), p. 652. 또한 이 책의 3장을 보시오.

25   E.M. Wood, 'Logics of Power', *Historical Materialism*, 14/4 (2006): 26.

26   같은 저자, 'Global Capital, National States', p. 32 (강조는 나의 것). 우드의 이 같은 대응은 카우츠키의 초제국주의론에 대한 레닌과 부하린의 대응과도 닮았다. 레닌과 부하린은 초제국주의를 이론적 가능성으로서는 인정했지만 이어서 여러 논거를 들어 그것이 실현될 가능성이 별로 없다고 주장했다. 이 책의 1장 5절을 보시오.

27   같은 저자, *Empire of Capital* (London, 2003), p. 141.

28   같은 저자, 'Logics of Power', p. 25.

29   V. Chibber, 'Capital Outbound', *New Left Review*, II/36 (2005): 156-7, 157. 기능에서 형태를 도출하는 것(또는 반대로 하는 것)의 위험성은 국가 도출 논쟁에서 드러난 바 있다. 예컨대 Hirsch, 'The State Apparatus and Social Reproduction', and B. Blanke et al., 'On the Current Marxist Discussion on the Analysis of Form and Function of the Bourgeois State', in Holloway and Picciotto, eds, *State and Capital*을 보시오.

30   R. Brenner, 'The Economics of Global Turbulence', *New Left Review*, I/229 (1998): 23. 이 글을 논평하면서 우드는 경쟁의 중요성을 스스로도 인정했다. 그러나 이때조차 우드는 경쟁을 주로 자본주의적 착취의 전제 조건으로서만 고려한다. 달리 말해, 그녀의 주장에서는 자본과 노동 간의 수직적 관계가 핵심이다. E.M. Wood, 'Horizontal Relations: A Note on Brenner's Heresy', *Historical Materialism*, 4 (1999).

31   K. Marx, *Grundrisse* (Harmondsworth, 1973), p. 414.

32   A. ·Callinicos, 'Does Capitalism Need the State System?', *Cambridge Review of International Affairs*, 20 (2007).

33   R. Rosdolsky, *The Making of Marx's* Capital (London, 1977)을 E. Dussel, 'The Four Drafts of *Capital*', *Rethinking Marxism*, 13/1 (2001) 과 비교해 보시오.

34   마르크스의 자본주의 생산양식 이론에 세금을 간과했다는 허점이 있다는 것을 내가 인식하게 된 것은 콜린 바커와 다년간 나눈 대화 덕분이다. 그런데 이 점은 콜린 바커의 출간되지 않은 두 편의 중요한 수고, 'The Force of Value'와 'Industrialism, Capitalism, Value, Force, and States'에서도 제기된다.

35   E.M. Wood, 'A Reply to Critics', *Historical Materialism*, 15/3 (2007): 155.

36   같은 저자, *Empire of Capital*, pp. 119-20.

37   같은 저자, 'Global Capital, National States', p. 24.

38   Callinicos, 'Does Capitalism Need the State System?', p. 542. 저스틴 로젠버그(Justin Rosenberg)는 현실주의에 대한 마르크스주의적 비판의 고전인 *The Empire of Civil Society* (London, 1994)를 쓴 바 있다.

39   G. Pozo-Martin, 'Autonomous or Materialist Geopolitics?', *Cambridge Review of International Affairs*, 20 (2007): 558, 560.

40   Callinicos, 'Does Capitalism Need the State System?', p. 543 n.11.

41   하지만 A. Callinicos and J. Rosenberg, 'Uneven and Combined Development: The Social-Relational Substratum of the International?', *Cambridge Review of International Affairs*, 21 (2008)를 보시오.

42 Pozo-Martin, 'Autonomous or Materialist Geopolitics?', p. 556.

43 Holloway, *Change the World without Taking Power*, pp. 92, 94.

44 P. Burnham, 'Class Struggle, States and Global Circuits of Capital', in Rupert and Smith, eds, *Historical Materialism and Globalization*, pp. 122, 124, 126. 세계체제론에 관해서는 이 책 3장 1절을 보시오.

45 이러한 메커니즘들을 구체적으로 규명하는 것은, 개인들의 신념과 의도에 환원할 수 없는 역할을 부여하는 미시적 기초를 역사유물론적 설명이 제공해야 한다는 분석적 마르크스주의자들의 요구에도 부합한다. 비록 분석적 마르크스주의자들이 역사유물론적 설명을 그와 같은 미시적 기초로 환원한 것은 잘못이지만 말이다. A. Callinicos, *Making History* (2nd edn; Leiden, 2004), esp. ch. 2, and 'G.A. Cohen and the Critique of Political Economy', *Science and Society*, 70 (2006)을 보시오.

46 F. Block [1977], 'The Ruling Class Does Not Rule', in id., *Revising State Theory* (Philadelphia, 1987), p. 54. See C. Offe, and V. Ronge [1975], 'Theses on the Theory of the State', in A. Giddens and D. Held, eds, *Classes, Power, and Conflict* (Berkeley/Los Angeles, 1982), R. Miliband, 'State Power and Class Interests', *New Left Review*, I/138 (1983), and C. Harman, 'The State and Capitalism Today', *International Socialism*, 2/51 (1991).

47 Block, 'The Ruling Class Does Not Rule', p. 58.

48 같은 문헌, pp. 58-9.

49 같은 문헌, p. 66. 또, F. Block [1980], 'Beyond Relative Autonomy: State Managers as Historical Subjects', in id., *Revising State Theory*, esp. pp. 87-9을 보시오.

50 Harman, 'The State and Capitalism Today', p. 13. 샘 애시먼(Sam Ashman)과 나는 브레너의 재생산 법칙 개념(개별 집단들이 자신들의 사회경제적 지위를 유지하기 위해 따라야만 하는)을 이용해 블록의 주장에 수정을 가했다. 'Capital Accumulation and the State System', *Historical Materialism*, 13/4 (2006): 112-15. 블록의 원래 주장은 국가 운영자들이 비교적 단일한 집단임을 가정하는데, 이는 진실이 아닐 수 있다. 국가를 "계급들과 계급부문들 간의 세력 관계가 특정한 형태로 물질화한 것"으로 정의한 니코스 풀란차스(Nicos Poulantzas)의 국가 개념이 지닌 장점은 국가기관의 여러 부분들 사이에 갈등이 발생할 농후한 가능성을 열어둔다는 점이다. *State, Power, Socialism* (London, 1978), and J. Martin, ed., *The Poulantzas Reader* (London, 2008). 그러나 (1) 이러한 갈등은 꼭 외부적 계급 적대의 수동적 반영

이 아니라 개별 부문의 국가 운영자들 사이의, 혹은 주류 학계에서 말하는 정책 네트워크(policy network)에 포함될 법한 기타 사회 세력들 간의 제법 능동적인 동맹을 수반하는 것일 수도 있고, (2) 효과적으로 작동하기 위해 국가는 이러한 갈등들을 극복하거나 최소한 조절할 수 있는 메커니즘이 필요하며, (3) 풀란차스는 국가 운영자들 자신의 행위 주체성은 평가절하하는 경향이 있다. 블록의 표현처럼, [세력 관계의] "물질화는 권력을 행사할 수 없"기 때문이다. 'Beyond Relative Autonomy', p. 83. 히르쉬(Hirsch)는 "부르주아 국가 기구의 이질적이고 갈수록 혼란스러운 구조"라고 자신이 부른 것을 'The State Apparatus and Social Reproduction', pp. 100-2에서 잘 분석하고 있다.

51　Brenner, 'What is, and What is not, Imperialism?', p. 82. 브레너는 'Imperialism and Neoliberalism', paper given at *Historical Materialism* conference, London, 10 November 2007에서 부시의 전략에 대한 자신의 분석을 가장 완성도 높게 전개했다.

52　Brenner, 'What is, and What is not, Imperialism?', p. 83.

53　K. Marx, *Grundrisse* (Harmondsworth, 1973), p. 414.

54　같은 책, pp. 83-4.

55　L.D. Trotsky, *The Third International after Lenin* (New York, 1970), pp. 18, 19-20[국역: 《레닌 이후의 제3인터내셔널》, 풀무질, 2009]. 최근 몇 년 사이 불균등 결합 발전론은 마르크스주의 국제관계 이론가들에게 점점 더 주목받았다. 특히 저스틴 로젠버그가 불균등 결합 발전을 국제관계에 대한 초역사적 이론의 기초로 삼으려 한 것이 그 계기가 됐다. 이를테면 'Why Is There No International Historical Sociology?', *European Journal of International Relations*, 12 (2006), 우리 사이의 대화인 Callinicos and Rosenberg, 'Uneven and Combined Development', 그리고 불균등 결합 발전론을 특집으로 다룬 *Cambridge Review of International Affairs*, 22/1 (2009)을 보시오.

56　K. Marx, *Capital*, III (Harmondsworth, 1981), pp. 373-5.

57　앨런 프리먼(Alan Freeman)은 'Explaining National Inequality', paper given at *International Socialism* Political Economy Day School, 29 September 2007, available at: 〈www.repec.org〉에서 마르크스의 초과이윤 이론을 이와 매우 비슷하게 활용한다.

58　R. Storper and R. Walker, *The Capitalist Imperative* (Oxford, 1989), and S. Ashman, 'Globalization as Uneven Development' (PhD thesis, University of Birmingham, 2006).

59　R.H. Wade, 'On the Causes of Increasing World Poverty and Inequality,' *New Political Economy*, 9 (2004): 172. 피터 고완(Peter Gowan)은 아

직 출간되지 않은 매우 중요한 논문에서 규모의 이익 체증 경향(즉, 생산과 유통의 확대된 규모로 인해 평균생산비와 한계생산비가 하락하는 경향. 규모의 이익이 일정하다고 가정하는 신고전파 경제학은 이 경향을 인정하지 않는다)을 근거로 경제적 경쟁과 국가간 경쟁을 설명한다. (2005), 'Industrial Dynamics and Interstate Relations in the Core'. 하트와 네그리가 제국을 "매끄러운 세계"로 묘사하는 데 대한 강력한 비판은 G. Arrighi, 'Lineages of Empire', *Historical Materialism*, 10/3 (2002)을 보시오.

60 Harman, 'The State and Capitalism Today', pp. 9–10.

61 Harvey, *The New Imperialism*, pp. 103, 105, 106.

62 마르크스주의자가 그렇게 주장하는 사례로는 B. Jessop, *The Future of the Capitalist State* (Cambridge, 2002)[국역: 《자본주의 국가의 미래》, 양서원, 2010]를 보시오.

63 H. Lacher and B. Teschke, 'The Changing "Logics" of Capitalist Competition', *Cambridge Review of International Affairs*, 20 (2007): 574.

64 같은 문헌, p. 577.

65 F. Cooper, *Colonialism in Question* (Berkeley/Los Angeles, 2005).

66 Lacher and Teschke, 'The Changing "Logics" of Capitalist Competition', pp. 579, 570, 571.

67 나의 원래 글을 비판한 라허와 테슈케 등의 이론가들에 관한 추가적 논의는 A. Callinicos, 'How to Solve the Many–State Problem: A Reply to the Debate', *Cambridge Review of International Affairs*, 22 (2009)를 보시오.

68 A. Wendt, *Social Theory of International Politics* (Cambridge, 1999), pp. 96, 97, 107, 111[국역: 《국제정치의 사회적 이론 구성주의》, 사회평론, 2009]. See also ibid., ch. 6, 'Three Cultures of Anarchy', and id., 'Anarchy is What States Make of It', *International Organization*, 46 (1992).

69 Wendt, *Social Theory of International Politics*, pp. 111, 94–5. 웬트는 아마도 관계를 이처럼 관념으로 환원하는 탓에 코언(G.A. Cohen)이 "생산력에서 생산관계를 도출하려 한다"(같은 책, 252 n. 18)고 주장하는 듯하다. 그러나 이런 해석은 코언이 '생산력'과 '생산관계' 사이에 설정한 기능적 관계를 완전히 오해한 것이다. *Karl Marx's Theory of History* (Oxford, 1978).

70 예컨대 S.B. Greenberg, *Race and State in Capitalist Development* (New Haven, 1980)를 보시오.

71 Wendt, *Social Theory of International Politics*, ch. 2를 보시오. 관계를 환원적으로 취급하는 것에 대한 비판은 내가 *The Resources of Critique*

(Cambridge, 2006), Part 2에서 방어한 유형의 과학적 실재론에서 중요한 주제다. *Philosophical Investigations*[국역: 《논리철학논고/철학탐구/반철학적 단장》, 동서문화사, 2008]에서 비트겐슈타인이 '규칙 따르기'를 논하는 방식은 규칙을 "공유된 관념"으로 취급하려는 일체의 시도를 무의미하게 만든다. C. McGinn, *Wittgenstein on Meaning* (Oxford, 1986).

72 J.J. Mearsheimer and S.M. Walt, 'The Israel Lobby', 23 March 2006, extended into *The Israel Lobby and US Foreign Policy* (London, 2007) [국역: 《이스라엘 로비》, 형설라이프, 2010]. 미어샤이머와 월트의 이라크 전쟁 비판은 'An Unnecessary War', *Foreign Policy*, 134 (January 2003)에 실려 있다. 미어샤이머는 자신의 '공격적 현실주의'를 *The Tragedy of Great Power Politics* (New York, 2001)에서 가장 완성된 형태로 발전시켰다.

73 F. Zakaria, *From Wealth to Power* (Princeton, 1998), pp. 38, 39에서 인용.

74 C. Layne, *The Peace of Illusions* (Ithaca, 2006), pp. 3, 28, 30, 201.

75 특히 같은 책 1장과 8장을 보시오. 또한, 미국을 서반구 바깥의 해외 균형자로 묘사한 문헌은 Mearsheimer, *The Tragedy of Great Power Politics*, ch. 7을 보시오. 윌리엄스는 [1959] *The Tragedy of American Diplomacy* (New York, 1991)에서 문호개방에 대한 자신의 해석을 처음 개진했다. 피터 고완은 'A Radical Realist', *New Left Review*, II/41 (2006)에서 레인의 주장에 대해 우호적인 마르크스주의적 비판을 제시한다.

76 Pozo-Martin, 'Autonomous or Materialist Geopolitics p. 554.

77 *Inter alia*, K. van der Pijl, *The Making of an Atlantic Ruling Class* (London, 1984), *Global Rivalries from the Cold War to Iraq* (London, 2006), and 'Capital and the State System: A Class Act', *Cambridge Review of International Affairs*, 20 (2007).

78 이데올로기 이론에 관한 훌륭한 비판적 개론서로는 T. Eagleton, *Ideology* (London, 1991)를 보시오.

79 Wendt, *Social Theory of International Politics*, ch. 5 (pp. 230, 231-2, 237에서 인용). 나는 *Making History* (2nd edn; Leiden, 2004), chs 3-5에서 이해관계, 이데올로기, 정체성이라는 주제를 집중적으로 다룬 바 있다.

80 특히 다음 문헌들을 보시오. R.W. Cox, 'Gramsci, Hegemony and International Relations', *Millennium*, 12 (1983), 'Social Forces, States and World Order', in R.O. Keohane, ed., *Neorealism and its Critics* New York, 1986), and *Production, Power and World Order* (New York, 1987), A. Morton, *Unravelling Gramsci* (London, 2007), and 'Disputing the Politics of the States System and Global Capitalism', *Cambridge Re-*

view of International Affairs, 20 (2007), A. Bieler and A. Morton, 'The Gordian Knot of Agency–Structure in International Relations', European Journal of International Relations, 7 (2001). 이에 대한 비판은 R.M. Germain, and M. Kenny, 'Engaging Gramsci: International Relations Theory and the New Gramscians', Review of International Studies, 24 (1998)를 보시오.

3장 자본주의와 장기 지속

1   B. Buzan and R. Little, *International Systems in World History* (Oxford, 2000), p. 295.

2   E.J. Hobsbawm, *The Age of Revolution 1789–1848* (London, 1962), *The Age of Capital* (London, 1975), and *The Age of Empire 1875–1914* (London, 1987)[각각 국역: 《혁명의 시대》, 《자본의 시대》, 《제국의 시대》, 한길사, 1998].

3   Id., *The Age of Empire*, p. 56.

4   E.M. Wood, 'A Reply to Critics', *Historical Materialism*, 15/3 (2007): 145.

5   M. Dobb, *Studies in the Development of Capitalism* (London, 1946), p. 126; see generally ibid., chs 2–4[국역: 《자본주의 발전 연구》, 광민사, 1980].

6   R.H. Hilton, ed., *The Transition from Feudalism to Capitalism* (London, 1976).

7   A. Brewer, Marxist Theories of Imperialism (2nd edn; London, 1990), p. 18.

8   Ibid., p. 163. See A.G. Frank, *Capitalism and Underdevelopment in Latin America* (Harmondsworth, 1971).

9   I. Wallerstein, *The Modern World–System*, I (New York, 1974), pp. 7, 15 [국역: 《근대세계체제》, 까치, 1999].

10   Ibid., pp. 91, 127.

11   F. Braudel, [1979] *Civilization and Capitalism, 15th–18th Century* (3 vols; London, 1981, 1982, 1984), III, p.39, II, p.230[국역: 《물질문명과 자본주의》, 까치, 1995].

12   Ibid, II, pp. 231–2, III, pp. 256, 34.

13   G. Arrighi, *The Long Twentieth Century* (London, 1994) pp. 9, 6. See

also G. Arrighi, B. Silver, et al., *Chaos and Governance in the Modern World System* (Minneapolis, 1999)[국역: 《체계론으로 보는 세계사》, 모티브북, 2008] and G. Arrighi, *Adam Smith in Beijing* (London, 2007).

14 Arrighi, *The Long Twentieth Century*, pp. ix–x, 214–15, *Adam Smith in Beijing*, Part 3. 아리기의 자본주의 헤게모니 이론에 관한 더 자세한 내용은 이 책 4장 1절 참조.

15 R. Brenner, 'The Origins of Capitalist Development', *New Left Review*, I/104 (1977), and 'The Social Basis of Economic Development', in J. Roemer, ed., *Analytical Marxism* (Cambridge, 1986; quotations from pp. 24, 26, 27). 브레너의 "사회적 소유관계" 개념은 마르크스가 말한 생산관계와 그 내용이 똑같다. 비록 브레너는 그 둘이 다르다는 설득력 없는 주장을 하지만 말이다(같은 책 p. 46). 자본주의 발전에 관한 브레너의 해석을 상세하게 다시 정리한 최근 문헌으로는 다음을 보시오. 'Property and Progress: Where Adam Smith Went Wrong', in C. Wickham, ed., *Marxist History-Writing for the Twenty-First Century* (Oxford, 2007).

16 Ibid. pp. 32, 34, 33. 여기서는 생계 수단(특히 토지)으로부터의 분리와, 생산도구 등을 포함하는 생산수단으로부터의 분리가 암시적으로 구분돼 있는데, 더 최근의 저작에서 브레너는 이 구분을 더 분명히 한다. 브레너에 따르면 이 중 후자(생산수단으로부터의 분리)만이 마르크스가 말한 '프롤레타리아화'(소생산자들이 임금노동자들로 변하는 것)에 해당하지만 전자(생계 수단으로부터의 분리)도 자본주의 경제의 동역학을 뒷받침하는 시장 의존성을 창출하는 데는 충분하다고 한다. "그것은 경쟁에 대한 종속을 시사하기 때문"이다. 'The Low Countries in the Transition to Capitalism', in P. Hoppenbrouwers and J.L. Van Zanden, eds, *Peasants into Farmers?*(Brepols, 2001) p.278 n.1.

17 임금 형태가 왜 노동자들의 생산성 향상을 촉진하느냐는 질문에 대한 마르크스 자신의 설명은 다음 문헌을 보시오. 'Results of the Immediate Process of Production', appendix to *Capital*, I (Harmondsworth, 1976), pp. 1026–34.

18 Brenner, 'The Origins of Capitalist Development', pp. 70–1. 이 주장을 대체로 뒷받침하는, 근대 초 폴란드에 관한 상세한 연구서로는 다음 문헌을 보시오. W. Kula, *An Economic Theory of Feudalism* (London, 1976).

19 R. Brenner, 'Agrarian Class Structure and Economic Development in Pre-Industrial Development', *Past & Present*, 70 (1976).

20 G. Bois, 'Against the Neo-Malthusian Orthodoxy', *Past & Present*, 79 (1978): 67. 논쟁의 전체 구도는 T.H. Aston and C.H.E. Philpin, eds, *The Brenner Debate* (Cambridge, 1985)[국역: 《신자본주의 이행 논쟁》, 한겨레,

1985]를 보시오. 자본주의의 기원에 대한 브레너의 설명을 설득력 있게 비판한
문헌으로는 다음을 보시오. C. Harman, 'From Feudalism to Capitalism',
International Socialism, 2/45 (1989).

21　E.M. Wood, *Empire of Capital* (London, 2003), pp. 62, 63.

22　K. Marx, *Capital*, III (Harmondsworth, 1981), pp. 442, 444, 445, 452.

23　Ibid., p. 453 (italics added).

24　R. Blackburn, *The Making of New World Slavery* (London, 1997), pp.
376-7. 레닌은 *The Development of Capitalism in Russia* (Moscow, 1967),
ch. III 에서 이행기적 형태라는 개념을 매우 정교하게 개발하여 적용했다. 우드도
이와 상당히 비슷한 입장을 피력했다. "영국 식민지에서 노예제가 발전한 것은 자
본주의가 특정한 발전 국면에서 비자본주의적 착취 양식을 흡수하고 심지어 강화
하기도 했다는 것을 보여 주는 두드러진 사례다." *Empire of Capital*, p. 104.

25　R. Brenner, *Merchants and Revolution* (Princeton, 1993), quotations
from pp. 83-4, 114.

26　Ibid., pp. 652, 668-70, 685-6. 자이루스 바나지(Jairus Banaji)는 'Islam,
the Mediterranean and the Rise of Capitalism', Historical Materialism,
15/1 (2007)에서 자본주의 발전에 대한 상인자본의 기여를 더 높이 평가할 것
을 강력히 주장한다.

27　예컨대 C.A. Baylay, *The Birth of the Modern World 1780-1914* (Oxford,
2004), J. Darwin, *After Tamerlane* (London, 2007) 등의 저작이 그런 경향
을 보여 준다.

28　K. Pomeranz, *The Great Divergence* (Princeton, 2000).

29　J.L. Abu-Lughod, *Before European Hegemony* (New York, 1989)[국역:
《유럽 패권 이전》, 까치, 2006]. Ronald Findlay와 Kevin O'Rourke의 *Power
and Plenty* (Princeton, 2007)는 지난 1000년간의 세계경제사에 관한 또 다
른 명저다. 신고전파의 가정들에 의존한다는 점에서 정설에 가깝고 이 주제와
관련된 마르크스주의 연구 성과를 무시한다는 점에서 확실히 편협한 이 책은 국
가 간 폭력의 중요성을 강조하는 데서는 더 대범하다. 이들보다 이론적 폭이 훨
씬 넓은 Herman Schwartz의 *State versus Markets: The Emergence of
a Global Economy* (2nd edn; Basingstoke, 2000)는 매우 탁월하다. P.M.
Kennedy, The Rise and Fall of the Great Powers (London, 1988)[국역:
《강대국의 흥망》, 한국경제신문, 1997]도 보시오.

30　Ibid., p. 361.

31　고대 노예제에 관해서는 무엇보다 G.E.M. de Ste Croix, *The Class Struggle in the Ancient Greek World* (London, 1981)를 보라.

32 C. Wickham, 'The Uniqueness of the East', *Journal of Peasant Studies*, 12 (1985): 170, 168 187, 185.

33 Ibid., pp. 185-6. 솔직히 위컴은 이제 이 견해에서 후퇴해 "조세 기반 체제"와 "토지 기반 체제"가 "둘 다 인구 대다수인 농민에게서 필요하다면 무력을 동원해 추출한 농업 잉여에 바탕을 두고 있기 때문에 둘 다 동일한 생산양식의 하위 유형들"이라고 보고 있다. *Framing the Early Middle Ages* (Oxford, 2005), p. 60. '공납제 생산양식'이라는 개념을 좌파 진영에서 널리 유포시킨 주역인 사미르 아민도 이와 비슷한 견해를 취했다. *Unequal Development* (Brighton, 1976) 참조. 그 밖에 상당수 저명한 마르크스주의 역사가들도 마찬가지다. H. Berkstay, 'The Feudalism Debate: The Turkish End', *Journal of Peasant Studies*, 14 (1987), J.F. Haldon, *The State and the Tributary Mode of Production* (London, 1993), and C. Harman, 'The Rise of Capitalism', International Socialism, 2/102 (2004) 참조. 그렇지만 나는 전자본주의 계급 사회 대부분이 (취향에 따라) 봉건제 또는 공납제라고 부르는 단일하고 구분되지 않는 생산양식의 지배 하에 있었다는 주장에 동의할 수 없다. 위컴은 자신의 기존 입장을 철회하기에 앞서 조세 기반 체제와 토지(혹은 지대) 기반 체제 사이의 적잖은 차이들을 소개했는데, 그 자세한 내용은 고대 후기의 이행사를 다룬 그의 권위 있는 연구서, *Framing the Early Middle Ages*, pp. 57-60에 상세하게 제시돼 있다. 공납제와 봉건제의 구분을 포기하자는 주장의 주된 논거로서 내가 접해 본 것은 두 가지다. 첫째 논거는 공납제와 봉건제가 핵심적으로 국가의 권력 크기와 토지 귀족으로부터의 독립성 정도에 따라 한쪽에서 다른 쪽으로 변신하는 경향이 있음을 지적한다. 이는 공납제와 봉건제 모두 동일한 피착취계급(즉, 국가에 세금을 내고 지주에게 지대를 바치는 농민들)에 의존했다는 점과 전근대 국가들의 상대적 허약성을 감안하면 충분히 예상할 수 있는 일이다. 그렇지만 둘 사이에 잉여 추출 형태의 차이가 있었다는 사실은 변하지 않으며, 이는 착취계급의 재생산 법칙과 (따라서) 피착취계급의 재생산 법칙에도 차이가 있었을 것을 암시한다. 둘째, 크리스 하먼은 공납제 생산양식을 따로 규정할 경우 "절대왕정 치하의 프랑스는 봉건제가 아닌 셈이 된다. 농민에 대한 착취와 귀족의 배채우기가 주로 왕정의 조세 체계를 통해 이루어졌기 때문이다"라며 좀더 대인논증식 주장을 펼쳤고 베노 테슈케(Bennon Teschke) 등의 정치적 마르크스주의자들도 같은 견해를 취했다. Harman, 'The Rise of Capitalism', p. 85 n.57, Benno Teschke, *The Myth of 1648* (London, 2003), ch. 5 참조. 그러나 절대왕정 치하의 프랑스가 봉건제가 아니었다는 결론이 내 견해에서 필연적으로 도출되는 것은 아니다. 이 책 3장 3절의 근대 초 유럽 국가 건설에 관한 논의를 보시오. Harman [2004], 'Asiatic, Tributary or Absolutist?'에 대

한 닐 데이비슨(Neil Davidson)의 논평(www.isj.org.uk)이 보여 주듯이, 공납제 생산양식이라는 개념을 개발한 부분적 이유는 아시아적 생산양식이라는 마르크스의 불신받는 개념에서 뭔가 옹호할 가치가 있는 것을 건져 내기 위해서였다. 이에 관해서는 P. Anderson, *Lineages of the Absolutist State* (London, 1974), pp. 462-549[국역: 《절대주의 국가의 계보》, 까치, 1997], A.M. Bailey and J. Lobera, eds, *The Asiatic Mode of Production* (London, 1981), and B. O'Leary, *The Asiatic Mode of Production* (Oxford, 1989).

34 I. Habib [1963], *The Agrarian System of Mughal India* 1556-1707 (2nd edn; New Delhi, 1999), pp. 367-8. 하빕이 무굴제국 지배 체제의 일관성과 효과성을 과장했다는 비판도 있다. M. Alam and S. Subrahmanyam, eds, *The Mughal State* 1526-1750 (New Delhi, 1998)에 수록된 논문들을 보시오. 그러나 이 논문들은 하빕의 종합을 반박한다기보다는 보완한다고 봄이 더 적절할 것이다. 이 문제와 관련한 수많은 역사 서술의 미로 속을 안내해 준 존 게임(John Game)에게 감사한다.

35 M. Elvin, *The Pattern of the Chinese Past*(London, 1973), p. 28[국역: 《중국 역사의 발전 형태》, 신서원, 1989]. 비록 공납제와 봉건제를 구분하지는 않지만 존 홀든(John Haldon)은 비잔틴제국과 오스만제국 모두에서 잉여생산물의 분배에 대한 통제력이 황실에서 사적 지주들에게로 넘어가는 경향이 나타났음을 보여 준 바 있다. 비잔틴제국은 11세기부터 '프로노이아'(*pronoiai*: 지대와 세금을 징수할 권리가 부여된 영지) 보유자들과 지주들의 권력이 점점 커졌고 오스만제국은 17세기 중반부터 노예 출신의 중앙정부 엘리트들인 '데브시르메'(*devşirme*) 계급에 맞서 지방 지주 계급인 '아얀'(*a'yan*)의 힘이 커졌다. Haldon, *The State and the Tributary Mode of Production*, pp. 109-39, 158-88.

36 Wickham, *Framing the Early Middle Ages* (quotation from p. 82).이와 동일한 해석의 좀 더 일찍 쓴 버전으로는 같은 저자의 'The Other Transition', *Past & Present*, 103 (1984)를 보시오. 위컴의 입장 변화에 관해서는 앞의 미주 33번을 보시오.

37 Wickham, *Framing the Early Middle Ages*, chs 3 and 11 (quotations from pp. 709, 790). 키스 홉킨스(Keith Hopkins)는 *Conquerors and Slaves* (Cambridge, 1978), ch. 1에서 로마제국 정치경제의 형성에서 군사 정복이 했던 구실을 부각시킨다. 마이클 만(Michael Mann)이 *The Sources of Social Power* (2 vols, Cambridge, 1986, 1993), I, ch. 9에서 로마의 "레기온 경제"를 분석한 것도 참조할 만하다.

38 Habib, *The Agrarian System of Mughal India*, esp. ch. II.

39 A. Das Gupta [1970], 'Trade and Politics in Eighteenth-Century India

in Alam and Subrahmanyam, eds, *The Mughal State*.

40 Elvin, *The Pattern of the Chinese Past*, p. 69.

41 Ibid.,*passim* (quotation from pp. 281-2).

42 Arrighi, *Adam Smith in Beijing*, pp. 314-36 (quotations from pp. 314, 316, 324).

43 K. van der Pijl, *Nomads, Empires, States* (London, 2008), pp. 89-109.

44 Elvin, The Pattern of the Chinese Past, pp. 312, 314.

45 R. Brenner and C. Isett, 'England's Divergence from the Yangtze Delta: Property Relations, Microeconomics, and Patterns of Development', *Journal of Asian Studies*, 61 (2002) (quotations from pp. 615, 616, 631). 식민지 시대 이전 중국의 거시경제 추세에 관한 앵거스 매디슨(Angus Maddison)의 해석도 이 주장과 일치하는 듯하다. *Contours of the World Economy, 1-2030 AD* (Oxford, 2007), pp. 157-65. 베일리(Baily)와 다윈(Darwin) 같은 주류 역사학자들은 브레너와 아이셋이 중국에서 발견한 패턴을 때때로 일반화해서 구(舊)세계가 17·18세기에 노동집약화에 기초한 "근면 혁명(industrious revolution)"을 거쳤고, 이것이 19세기까지 산업혁명보다 훨씬 더 중요했다고 주장한다. 비벡 치버(Vivek Chibber)가 지적하듯이, 이런 주장은 "19세기를 이해하는 틀로서 산업자본주의의 도래의 중요성을 부차화"하는 효과가 있다. 'Sidelining the West?', *New Left Review*, II/47 (2007): 141. 마크 엘빈(Mark Elvin)은 *Adam Smith in Bijing*에 관한 서평에서 이런 주제들을 흥미롭게 다루고 있다. 'The Historian as Haruspex', *New Left Review*, II/52 (2008).

46 Arrighi, *Adam Smith in Beijing*, p. 320.

47 Wickham, 'The Uniqueness of the East', p. 169.

48 G. Bois, *La Mutation de l'an mil* (Paris, 1989). '봉건 혁명'이라는 표현은 조르주 뒤비(Georges Duby)가 만들어 낸 듯하다. 예컨대 *The Three Orders* (Chicago, 1980), ch. 13[국역: 《세 위계, 봉건제의 상상 세계》, 문학과지성사, 1997]을 보시오.

49 Mann, *The Sources of Social Power*, I, ch. 5 (quotation from p. 170). 헤어프리트 뮝클러(Herfried Münkler)는 제국의 무경계성과 위계성을 모두 정치적 형태라고 강조한다. *Empires* (Cambridge, 2007), ch. 1. 반면 하트와 네그리가 보기에는 탈근대 제국은 경계가 없지만 중심도 없다. *Empire* (Cambridge, MA, 2000). 제국과 유목민 간의 관계를 잘 조명한 책으로는 Buzan and Little, *International Systems in World History*, ch. 8, 그리고 Van Der Pijl, *Nomads, Empires, and States*, ch. 3을 보시오.

50   Brenner, 'The Social Basis of Economic Development', pp. 31-2.

51   R. Bartlett, *The Making of Europe* (London, 1993).

52   G. Bois, *The Crisis of Feudalism* (Cambridge, 1984).

53   R. Brenner, 'The Agrarian Roots of European Capitalism', *Past &
      Present*, 97 (1982): 81. 브레너의 논리인즉, 절대왕정이 "구체제[즉 봉건제]의
      변화된 버전'이라는 것이다. 이는 앤더슨(Anderson)이 *Lineages of the Ab-
      solutist State*에서 취한 입장이기도 하다. 이는 테슈케의 다음 주장과는 다르
      다. "절대왕정은 봉건제 또는 '봉건적 생산양식'의 하위 개념으로 볼 수 있는 것
      이 아니다. … 그것은 특수한 통치 양식과 명확히 전근대적이고 전자본주의적
      인 국내적·국제적 '운동 법칙'들을 드러낸 독특한 사회구성체였다." *The Myth
      of 1648*, p. 191. 이렇게 "특수한 통치 양식" 등을 "독특한 사회구성체"와 결부
      시키는 것은, 동일한 경제체제(이 경우 자본주의)가 상이한 영토적 국가 형태들
      과 '공존(co-vary)'할 수 있다는 테슈케 자신의 올바른 주장과 배치된다(이 책
      2장 2절 참조). 어째서 봉건제는 상이한 국가 형태들과 '공존'할 수 없는 것인
      지가 분명하지 않은 것이다. 크리스 하먼은 봉건제와 공납제를 서로 별개로 보
      면 누구든 이런 모순에 빠질 수 밖에 없다고 주장하는데(위의 주 33번을 보시
      오), 이 또한 설득력 있는 주장은 아니다. 근대 초의 치열했던 국가 간 경쟁, 토
      지 귀족의 견고한 지위(프랑스 왕정은 1789년까지도 이 문제 때문에 고전했다),
      당시 발전하고 있었던 자본주의 세계경제 덕분에 유럽 사회들이 서로 교류가 많
      았던 점을 고려하면, 유럽에 공납제 제국이 등장할 가능성은 (합스부르크 왕가
      와 부르봉 왕가의 야망에도 불구하고) 거의 없었다. 봉건 영주들이 절대왕정 국
      가를 식민화하는 데서 거둔 성공(이하에 언급함)은 무굴제국이 '자기르'(봉토)에
      대한 권리자를 몇 년마다 교체한 것이나 오스만제국의 술탄들이 관료제와 군
      대 지휘관들을 노예 출신자들로 채운 것과 같은, 공납제 국가의 지배자들이 추
      구했던 전략이 어떤 동기에서 비롯한 것인지를 짐작케 한다. 전근대 지배자들이
      신하에 의한 국가 찬탈을 어떻게 예방할 수 있었을까 라는 구조적 문제는 가산
      제(patrimonialism)를 다룬 베버(Weber)의 책에서 주요 주제 가운데 하나다.
      Economy and Society (Berkeley/Los Angeles, 1968), II, pp. 1010ff.

54   C. Tilly, 'Reflections on the History of European State-Making', in id.,
      ed., *The Formation of National States in Western Europe* (Princeton,
      1975), p. 15. 브레너 자신도 최근의 저작에서 수직적·수평적 갈등의 구분을 일
      반화했다. 'Property and Progress', p. 58.

55   Mann, *The Sources of Social Power*, I, p. 490; see ibid., I, chs 13, 14,
      II, chs 11-14.

56   C. Wickham, 'Productive Force and the Economic Logic of the Feudal

Mode of Production', *Historical Materialism*, 16/2 (2008).

57 C. Harman, *A People's History of the World* (London, 1999), p. 155[국역: 《민중의 세계사》, 책갈피, 2004].

58 하먼은 자본주의가 유럽에서 처음으로 지배적인 생산양식이 될 수 있었던 이유를 인도와 중국에 비해 "중세 유럽의 상부구조가 더 약하고 분열돼 있었"던 점에서 찾는다. 그러나 그는 이런 상부구조의 차이가 생산양식의 차이에서 비롯했다고 보려 하지는 않는다. 'The Rise of Capitalism', p. 68.

59 근대 초 경제사를 다룬 마르크스주의 연구서 중에서 원조 산업화의 중요성을 크게 강조한 저작으로는 P. Kriedte, *Peasants, Landlords and Merchant Capitalists* (Leamington Spa, 1983)를 보시오. 원조 산업화 개념에 비판적인 문헌은 D.C. Coleman, 'Proto-Industrialization: One Concept Too Many', *Economic History Review*, XXXVI (1983)을 보시오.

60 C.R. Boxer, *The Portuguese Seaborne Empire 1415–1825* (Harmondsworth, 1973).

61 J.H. Elliott, *Empires of the Atlantic World* (New Haven, 2006), p. 411. 프레드 앤더슨(Fred Anderson)과 앤드루 캐튼(Andrew Catton)은 *The Dominion of War* (London, 2005), ch. 1에서 프랑스와 영국이 각각 북미에서 식민화와 전쟁을 수행한 패턴을 대조한다.

62 Wood, *Empire of Capital*, p. 68.

63 E.J. Hobsbawm, 'The Crisis of the Seventeenth Century', in T. Ashton, ed., *Crisis in Europe 1560–1660* (London, 1965), p. 42. 네덜란드 독립전쟁에 관해서는 G. Parker, *The Dutch Revolt* (Harmondsworth, 1979), J. Israel, *The Dutch Republic: Its Rise, Greatness, and Fall* (Oxford, 1998), Part I, and P. Brandon, 'The Dutch Revolt: A Social Analysis', *International Socialism*, 2/116 (2007)을 보시오.

64 J. Israel, *Dutch Primacy in World Trade, 1585–1740* (Oxford, 1989), pp. 12, 13.

65 Ibid., esp. chs 2–5, and, more generally, K.N. Chaudhuri, *The Trading World of Asia and the English East India Company 1660–1760* (Cambridge, 1978).

66 J. de Vries and A. van der Woude, *The First Modern Economy: Success, Failure, and Perseverance of the Dutch Economy, 1500–1815* (Cambridge, 1997), pp. 667, 232, 243, 609, 633.

67 Brenner, 'The Low Countries in the Transition to Capitalism', p. 332.

68　Israel, *Dutch Primacy in World Trade*, pp. 411, 188–9.

69　C. Trebilcock, *The Industrialization of the Continental Powers 1780–1914* (London, 1981), pp. 112, 114.

70　Israel, *Dutch Primacy in World Trade*, pp. 307–13. 네덜란드의 쇠퇴에 관해서는 ibid., chs. 7–11, de Vries and van der Woude, *The First Modern Economy*, ch. 13, and I. Wallerstein, *The Modern World–System II* (New York, 1980)을 보시오.

71　C. Hill, 'A Bourgeois Revolution?', in J.G.A. Pocock, ed., *Three British Revolutions* (Princeton, 1980), pp. 134–5. 영국혁명을 다룬 최고의 마르크스주의 저작은 브라이언 매닝(Brian Manning)의 *The English People and the English Revolution 1640–1649* (London, 1976)이다. 브레너의 *Merchants and Revolution*을 함께 읽으면 더 좋다.

72　Hill, 'A Bourgeois Revolution?', p. 120.

73　C. Hill, 'Braudel and the State', in id., *Collected Essays*, III (Brighton, 1986), pp. 132, 140.

74　Mann, *The Sources of Social Power*, I, pp. 483–5.

75　P. Mathias and P. O'Brien, 'Taxation in Britain and France, 1715–1810', *Journal of European Economic History*, 5 (1976). 18세기에 영국이 아메리카 대륙과 유럽에서 취한 지정학적 행보를 각각 조명한 최근의 중요한 연구서로는 다음 두 권이 있다. F. Anderson, *Crucible of War* (London, 2000), and B. Simms, *Three Victories and a Defeat* (London, 2007), quotation from p. 71.

76　J. Brewer, *The Sinews of Power* (London, 1989), ch. 4.

77　Wallerstein, *The Modern World System II*, pp. 274–88.

78　G. Ardant, 'Financial Policy and Economic Infrastructure of Modern States and Nations', in Tilly, ed., *The Formation of National States in Western Europe*, p. 213.

79　17세기 영국과 네덜란드의 적대 관계를 다룬 훌륭한 연구서로는 C. Wilson, *Profit and Power* (London, 1957)을 보시오.

80　B. Simms, *Three Victories and a Defeat*, pp. 246, 366. 동일한 사안을 프랑스 처지에서 기술한 문헌은 ibid., pp. 368–9를 보시오.

81　W.H. McNeill, *The Pursuit of Power* (Oxford, 1983), pp. 211–12[국역: 《전쟁의 세계사》, 이산, 2005].

82　Blackburn, *The Making of New World Slavery*, ch. XII (figures from p.

542); E. Williams [1944], *Capitalism and Slavery* (New York, 1966) p. 105. 신고전파의 관점에서 산업혁명에 대한 삼각무역의 기여를 강조하는 분석으로는 Findlay and O'Rourke, *Power and Plenty*, pp. 330–45를, 그리고 아이티 혁명과 생도맹그를 반란 세력에게서 탈취하려 한 영국과 프랑스의 시도에 관해서는 R. Blackburn, *The Overthrow of Colonial Slavery 1776–1848* (London, 1988), ch. VI을 보시오.

83 De Vries and van der Woude, *The First Modern Economy*, p. 129; see more generally ibid., pp. 91–129.

84 N.A.M. Rodger, *The Command of the Ocean: A Naval History of Britain 1649–1815* (London, 2004).

85 장하준은 *Kicking Away the Ladder* (London, 2003), esp. pp. 19–24[국역: 《사다리 걷어차기》, 부키, 2004]에서 영국 경제 발전에서 국가가 수행한 능동적 구실을 강조한다. J.V.C. Nye, *War, Wine, and Taxes: The Political Economy of Anglo–French Trade, 1689–1900* (Princeton, 2007)도 보시오. 본 절에서 내가 제기한 주장은 중세 및 근대 초 유럽의 지정학적 경쟁을 자본주의 국가의 등장을 촉진한 자연선택 과정으로 파악한 앨런 칼링(Alan Carling)의 견해에 빚지고 있다. 예컨대 *Social Division* (London, 1992), Part I과 'Analytical Marxism and Historical Materialism', *Science and Society*, 57 (1993)을 보라.

4장 제국주의 시대 구분

1 R. Brenner, 'What is, and What is Not, Imperialism?', *Historical Materialism*, 14/4 (2006): 90.

2 H. Arendt [1951], *The Origins of Totalitarianism* (London, 1986), p. 143[국역: 《전체주의의 기원》, 한길사, 2006]. D. Harvey, *The New Imperialism* (Oxford, 2003), p. 34에서 재인용.

3 크리스 하먼은 제국주의 역사에 대해 많은 면에서 내 분석과 유사한 뛰어난 글을 썼다. 'Analysing Imperialism', *International Socialism*, 2/99 (2003)을 보시오.

4 E.M. Wood, 'A Reply to Critics', *Historical Materialism*, 15/3 (2007): 151-2. 이 글은 같은 책에 실린 F. Chesnais, 'The Economic Foundations of Contemporary Imperialism'을 논평한 글이다.

5 현대 자본주의의 여러 모델에 대한 영향력 있는 연구에는 M. Albert, *Capitalism against Capitalism* (Hoboken, NJ, 1992)과 P. Hall and D. Soskice,

eds, *Varieties of Capitalism* (Oxford, 2001)이 있다.

6 Wood, 'A Reply to Critics', p. 162.

7 R. Brenner and M. Glick, 'The Regulation Approach: Theory and History', *New Left Review*, I/188 (1991): 111.

8 시대 구분을 쟁점으로 하는 폭넓은 논의를 보려면 A. Callinicos, 'Periodizing Capitalism and Analysing Imperialism', in R. Albritton et al., eds, *Phases of Capitalist Development*, (Basingstoke, 2001)와 'Epoch and Conjuncture in Marxist Political Economy', *International Politics*, 42 (2005)을 보시오. 하비의 저작을 간략히 평가한 글은 'David Harvey and Marxism', in N. Castree and D. Gregory, eds, *David Harvey: A Critical Reader* (Oxford, 2006)을 보시오. 아주 간단히 말해, 내가 하비에게 동의할 수 없는 것은 하비가 마르크스의 범주들을 느슨하지만 폭넓게 적용하려는 광범한 기획이자, 많은 점에서 매우 생산적인 이러한 기획의 일부로서 이윤율 저하 경향 이론을 과잉축적론으로 재서술하는 경향이 있기 때문이다. 예를 들어 다음과 같은 구절이 이를 보여 준다. "마르크스의 이윤율 저하 주장은 잉여가치를 낳는 기술혁신에 대한 자본가들의 필연적인 열망이 '축적을 위한 축적'이라는 사회적 지상명령과 결합되면 그 자본을 이용할 기회들에 비해 상대적으로 과잉된 자본을 낳는다는 것을 설득력 있게 논증하지 못한다(*The Limits to Capital* (Oxford, 1982), p. 192)." 그러나 이것이 자본의 **과잉축적**을 이룬다고 할 때의 의미는 분명히 수익성과 연관된 의미다. 즉, 자본을 **수익성** 있게 이용할 기회들에 비해 자본이 과잉 상태에 있다는 것이다. 달리 말해, 과잉축적은 이윤율 저하가 큰 폭으로 일어났을 때의 이면인 것이다. 이것의 함의는 자본주의에 그러한 수익성 하락을 부르는 경향이 있는 이유를 설명할 이론이 필요하다는 것이다. 그러한 이론이 없다면(반드시 마르크스의 이론이 아니더라도, 예를 들어 누구보다 앤드루 글린이 옹호하는 일종의 임금압박설이나 브레너가 발전시킨 이론이 이에 해당할 수 있다. 아래 주 122번의 참고 문헌을 보시오), 과잉축적론은 명백히 공황에 대한 어설픈 불비례설이나 과소소비설로 전락할 가능성이 높아진다(이 비판은 또한 Simon Clarke가 *Marx's Theory of Crisis* [London, 1994]에서 강조 했던 내용에도 적용된다). 하비는 공황론을 과잉축적의 견지에서 재구성해서 설명의 초점을 수익성에서 그가 말한 위기론 버전2와 버전3으로 옮기려 한다. 그 각각은 금융시장과 '공간 조정'을 일컫는다(잉여 흡수의 수단으로서 투자의 지리적 이동). 이러한 초점의 이동에는 부인할 수 없는 성과가 있었다. 그러나 그 성과는 이윤율 저하 이론의 틀 안에서 더 확실하게 자리매김될 필요가 있다. 그렇게 하지 않을 때 나타나는 위험은 하비가 최근에 자본주의 역사 전체를 과잉자본 문제의 해소를 위한 지속적인 시도로 재서술하려는 경향에서 드러난다. 하비에 따르면 이 과정은 16세기까지 거슬러 올라가는데, 당시 "[식민지

강탈]로 인한 과잉자본을 흡수하려는 노력이 실패하면서 바로 유럽 전역에서 거대한 인플레이션을 낳았다"는 것이다. 'In What Ways is "The New Imperialism" Really New?', *Historical Materialism*, 15/3 (2007): 61-5 (p. 61에서 인용). 우드는 올바르게도 이러한 이해는 자본주의 개념을 특수성이 사라질 정도까지 확장하는 것이라고 비판했다. 'A Reply to Critics', pp. 144-7.

9   E.O. Wright, 'Giddens's Critique of Marxism', *New Left Review*, I/138 (1983): 26.

10   역사에서 우연이라는 환원할 수 없는 변수가 하는 구실은 제임스 맥퍼슨(James McPherson)의 뛰어난 미국 남북전쟁 역사서인 *Battle Cry of Freedom* (New York, 1988)의 주요 주제 중 하나다. 제2차세계대전에 대해서는 R.J. Overy, *Why the Allies Won* (London, 1995)을 보시오. 쿠바 미사일 위기에 대해서는 E.R. May and P. Zelikow, eds, *The Kennedy Tapes* (Cambridge, MA, 1997)와 M. Dobbs, *One Minute to Midnight: Kennedy, Khrushchev, and Castro on the Brink of Nuclear War* (London, 2008)을 보시오.

11   J. Darwin, *After Tamerlane* (London, 2007), p. 485. 또한, P.K. O'Brien, 'The Pax Britannica and American Hegemony': Precedent, Antecedent, or Just Another History?'와 J.M. Hobson, 'Two Hegemonies or One?'을 보시오. 두 글은 다 O'Brien and A. Cleese, eds, *Two Hegemonies: Britain 1846-1914 and the United States 1941-2001* (Aldershot, 2002)와 R.S. Nye, *Bound to Lead* (New York, 1991)의 특히 chs 1 and 2 그리고 W.C. Wolforth, 'The Stability of a Unipolar World', *International Security*, 24 (1999)에 실려 있다.

12   B. Porter, *Empire and Superempire* (New Haven, 2006).

13   G. Arrighi, *The Long Twentieth Century* (London, 1994), pp. 27, 28. A. Gramsci, *Selections from the Prison Notebooks* (London, 1971), pp. 56-8와 주류 국제관계학의 패권 안정 이론을 다루는 R. Gilpin, *War and Change in World Politics* (Cambridge, 1981), R.O. Keohane, *After Hegemony* (Princeton, 1984)를 비교해 보라.

14   G. Arrighi and B. Silver, Introduction, Arrighi, Silver et al., *Chaos and Governance in the Modern World System* (Minneapolis, 1999), p. 27.

15   같은 책 p. 34. 하트와 네그리는 *Empire* (Cambridge, MA, 2000), pp. 237-9 (p. 239에서 인용)에서 아리기를 비판한다. 이 비판에 대한 아리기의 가장 포괄적인 응답은 *Adam Smith in Beijing* (London, 2007), pp. 235-49에 실려 있다.

16   Arrighi, *Adam Smith in Beijing*, p. 241.

17   C. Wilson, *Profit and Power* (London, 1957), p. 146.

18 J. De Vries and A. Van der Woude, *The First Modern Economy* (Cambridge, 1997), pp. 117ff. 허먼 슈워츠(Herman Schwartz)는 헤게모니의 경제적 차원에 대해 흥미 있는 해석을 제공한다. "헤게모니 국가들의 높은 생산성과 소득수준은 이 국가들이 대개 세계 수입 시장에서 상당히 큰 부분을 차지한다는 것을 의미한다." 따라서 다른 국가들은 이 국가들에 수출을 하기 위해 "헤게모니 국가들 편에 붙는다." *States versus Markets: The Emergence of a Global Economy* (2nd edn; Houndmills, 2000), pp. 72, 73. 그러나 발전이 여전히 더딘 17세기 세계경제에서 네덜란드가 이러한 구실을 할 수 있었다 해도 네덜란드가 헤게모니의 지정학적 구실을 수행할 능력이 없었다는 맥락의 주장은 여전히 유효하다. 이매뉴얼 월러스틴은 아리기보다 더 소극적으로 네덜란드 공화국은 영국이나 미국과 비교해 "가장 어울리지 않은" 헤게모니 지위를 누렸다고 주장한다. "왜냐하면 네덜란드는 그 시대의 군사 강국 중 가장 약체였기 때문이었다." 또 네덜란드가 "잠시 절정을 구가한" 1625~75년은 1763년 "영국의 최종 승리"로 귀결된 "중단 없는 영불 경쟁의 시대"에 자리를 내주었다고 주장한다. *The Modern World-System II* (New York, 1980), pp. 38, 39, 245.

19 E.J. Hobsbawm, *The Age of Capital 1848-1875* (London, 1975), ch. 3 (pp. 82, 77에서 인용). 산업화 과정에 대한 정교한 역사적 개관은 C. Freeman and F. Louca, *As Time Goes By* (Oxford, 2001)를 보시오. 산업혁명이 세계경제에 미친 영향은 R. Findlay and K.H. O'Rourke, *Power and Plenty* (Princeton, 2007), ch. 7을 보시오.

20 S. B. Saul, *Studies in British Overseas Trade 1870-1914* (Liverpool, 1960), p. 112.

21 같은 책, pp. 44, 114, 115.

22 비록 마르크스주의 가치론에 대한 그릇된 비판이 주된 내용이긴 하지만 A. Cutler et al., *Marx's 'Capital' and Capitalism Today* (2 vols, London, 1977, 1978), II, ch. 3에는 금 및 다른 형태의 화폐와 경제정책 레짐 사이의 관계에 대한 통찰력 있는 논의가 실려 있다.

23 M. Davis, *Late Victorian Holocausts* (London, 2001), esp. Part IV; figures from table P1, p. 7[국역: 《엘니뇨와 제국주의로 본 빈곤의 역사》, 이후, 2008].

24 E.J. Hobsbawm, *The Age of Empire 1875-1914* (London, 1987), p. 51.

25 W.H. McNeill, *The Pursuit of Power* (Oxford, 1982), chs 7 and 8, and P.M. Kennedy, *The Rise of the Anglo-German Antagonism 1860-1914* (London, 1980).

26 존 M 홉슨(John M. Hobson)은 19세기 말 보호무역주의로의 전환이 일어난

것이 국내 재정과 국외 지정학에 대한 고려 때문이었다고 주장한다. 그러나 이것은 이 정책들의 경제적 효과에 대해 아무런 말도 못하는 셈이다. *The Wealth of States* (Cambridge, 1997).

27 관련 연구를 보려면 G. Ingham, *Capitalism Divided?* (Basingstoke, 1984)와 P.J. Cain and A.G. Hopkins, *British Imperialism: Innovation and Expansion 1688-1914* (London, 1997)를 보시오. 이 저자들은 영국 역사의 해석과 관련한 자신들의 발견을 과대평가하기는 하지만 19세기와 20세기 초 런던시티의 국제적 구실에 대해 무척 유용한 분석과 근거를 제시한다.

28 G. Arrighi et al., 'The Transformation of Business Enterprise', in Arrighi, Silver et al., *Chaos and Governance in the World System*, p. 127.

29 S. Roskill, *Naval Policy between the Wars, I* (London, 1968), p. 500.

30 A. Gamble, *Britain in Decline* (London, 1981), p. 58. 20세기 초 영국 정치 엘리트들의 전략적 의사결정에 대한 빼어난 서술은 A. Friedberg, *The Weary Titan* (Princeton, 1988)에 실려 있다.

31 B. Adams [1900], *America's Economic Supremacy* (New York, 1947), pp. 104-5. 브룩스 애덤스(Brooks Adams)와 좀 더 사색적인 인물인 그의 형 헨리 애덤스(Henry Adams) 모두 19세기 말의 워싱턴을 배경으로 한 고어 비달(Gore Vidal)의 훌륭한 역사 소설 *Empire* (London, 1987)에 등장한다.

32 예를 들어 M.E. Brown et al., eds, *Debating the Democratic Peace* (Cambridge, MA, 1996)와 K. van der Pijl, *Global Rivalries from the Cold War to Iraq* (London, 2006)를 각각 보시오. p. xi에서 인용.

33 F. Zakaria, *From Wealth to Power* (Princeton, 1998), pp. 82. 자카리아가 비판한 관점의 사례로는 G.F. Kennan, *American Diplomacy 1900-1950* (Chicago, 1951), p. 5가 있다.

34 K. Bourne, *Britain and the Balance of Power in North America* (Berkeley and Los Angeles, 1967), p. viii에서 인용.

35 H. Munkler, *Empires* (Cambridge, 2007), p. 93. 또, 같은 책 pp. 196-7 n.49을 보시오.

36 R. Blackburn, *The Overthrow of Colonial Slavery 1776-1848* (London, 1988), p. 542.

37 M. Aglietta, *A Theory of Capitalist Regulation* (London, 1979), p. 77[국역: 《자본주의 조절이론》, 한길사, 1994].

38 Bourne, *Britain and the Balance of Power in North America*, pp. 236-7. 남북전쟁 동안 런던 주재 미국 공사였던 헨리 애덤스는 1907년 초판된 *The*

Education of Henry Adams (Oxford, 1999), pp. 99ff에서 영국 상층 계급이 북부에 대해 품은 적대감을 생생하게 묘사한다.

39 Zakaria, *From Wealth to Power*, p. 149에서 재인용.

40 A. Roberts, *Lord Salisbury* (London, 1999), p. 617에서 재인용.

41 Adams, *The Education of Henry Adams*, p. 303; Bourne, *Britain and the Balance of Power in North America*, chs 9 and 10, and Friedberg, *The Weary Titan*, ch. 4. 먼로 독트린의 형성에서 미국의 이해와 영국의 이해 사이의 미묘한 상호작용을 보려면 S.F. Bemis, *John Quincy Adams and the Foundations of American Foreign Policy* (New York, 1956), chs XVIII and XIX를 보시오.

42 F. Zakaria, *The Post-American World* (London, 2008), p. 177[국역: 《흔들리는 세계의 축》, 베가북스, 2008].

43 W.R. Louis, *British Strategy in the Far East 1919-1939* (Oxford, 1971), pp. 53, 54에서 재인용.

44 W.N. Medlicott et al., eds, *Documents on British Foreign Policy 1919-1939*, Series 1A, V (London, 1973)의 R.L. Craigie, 'Outstanding Problems affecting Anglo-American Relations', 12 November 1928, p. 860. 1920년대 영미 관계에 관한 매우 유익한 배경 설명을 M.J. Hogan [1977], *Informal Entente* (Chicago, 1991)와 F. Costigliola, *Awkward Dominion* (Ithaca, 1984)에서 찾을 수 있다. 전자는 영미 간의 협력을, 후자는 갈등을 더 강조한다.

45 L.D. Trotsky, *Europe and America* (New York, 1971), p. 22.

46 V.I. Lenin, *Collected Works*, XXII (Moscow, 1965), p. 255.

47 M. Barratt Brown, *The Economics of Imperialism* (Harmondsworth, 1974), ch. 8. 군사적 측면에 대한 훌륭한 연구로는 V.G. Kiernan, *European Empires from Conquest to Collapse, 1815-1960* (Glasgow, 1982)를 보시오. 중동 문제에 대해서는 D. Fromkin, *A Peace to End All Peace* (London, 1991)를 보시오.

48 G. Stedman Jones, 'The History of US Imperialism', in R. Blackburn, ed., *Ideology in Social Science* (London, 1972), pp. 216-17. 건국 초기 미국의 "공격적인 영토 팽창주의"는 로버트 케이건(Robert Kagan)이 *Dangerous Nation: America and the World 1600-1898* (London, 2006)(p. 4에서 인용)에서 다룬 주제들 중 하나다. 스테드먼 존스(Stedman Jones)의 언급대로, 미국의 사례는 제국주의가 전자본주의적 토지 귀족들의 이데올로기와 이해를 반영하는 한물간 현상이라는 *Imperialism and Social Classes* (New York, 1955)의 조셉 슘페터(Joseph Schumpeter)의 이론을 반박하는 가장 강력한 단일 반례다. 이 이론에 대한 비판으로는 A. Callinicos, 'Marxism and Imperialism

Today', *International Socialism*, 2/50 (1991): 9-12를 보시오.

49   J. Gallagher and D. Robinson, 'The Imperialism of Free Trade', *Economic History Review*, 2/VI (1953).

50   Saul, *Studies in British Overseas Trade 1870-1914*, p. 228.

51   Gramsci, *Selections from the Prison Notebooks*, p. 68.

52   Arrighi, *Adam Smith in Beijing*, pp. 116-20.

53   C. Harman, *Explaining the Crisis* (London, 1984), pp. 51-4.

54   Schwarz, *States versus Markets*, pp. 152-9 (p. 153에서 인용).

55   Cain and Hopkins, *British Imperialism: Innovation and Expansion 1688-1914*, pp. 173-6. 이 책에서는 이 수치들을 둘러싼 사료 논쟁들을 개관한다.

56   Saul, *Studies in British Overseas Trade 1870-1914*, p. 61.

57   Hobsbawm, *The Age of Empire*, pp. 73-4. 또, E.A. Preobrazhensky [1931], *The Decline of Capitalism* (Armonk, NY, 1985), pp. 17-19를 보시오.

58   Wood, 'A Reply to Critics', p. 162. 또, 같은 저자의 *Empire of Capital* (London, 2003), pp. 110-17를 보시오.

59   Harvey, 'In What Ways is "The New Imperialism" Really New?', p. 62.

60   영구 합의에 영향을 끼친 이데올로기에 대한 고전적 연구서로는 Ranajit Guha [1963], *A Rule of Property for Bengal* (Durham, NC, 1996)를 보시오. 인도에서 확립된 영국 권력의 기원에 대해서는 C.A. Bayly, *Indian Society and the Making of the British Empire* (Cambridge, 1990)와 N.B. Dirks, *The Scandal of Empire: India and the Creation of Imperial Britain* (Cambridge MA, 2006)를 보시오.

61   R.P. Dutt, *India Today* (London, 1940), ch. VII.

62   I. Habib, *Essays in Indian History* (New Delhi, 1995), p. 319.

63   Cain and Hopkins, *British Imperialism: Innovation and Expansion 1688-1914*, p. 334.

64   I.M. Drummond, *British Economic Policy and the Empire 1919-1939* (London, 1972), ch. 4.

65   K. Sugihara, ed., *Japan, China, and the Growth of the Asian International Economy, 1850-1949* (Oxford, 2005).

66   Saul, *Studies in British Overseas Trade 1870-1914*, pp. 203-4. 또, 마이크 데이비스(Mike Davis)의 훌륭한 논의는 *Late Victorian Holocausts*, ch. 9에서 보시오.

67 이러한 논의에 대한 뛰어난 요약은 V R 버건(Berghahn)이 편집한 *Quest for Economic Empire* (Providence, 1996)의 'German Big Business and the Quest for a European Economic Empire in the Twentieth Century'에 실려 있다(p. 10에서 인용). 홉스봄은 *The Age of Empire*, ch. 13에서 제1차세계대전의 원인을 훌륭하게 개관한다.

68 A. Offer, *The First World War: An Agrarian Interpretation* (Oxford, 1989).

69 P.J. Cain and A.G. Hopkins, *British Imperialism: Crisis and Deconstruction 1914-1990* (London, 1993), esp. chs 7 and 10 (p. 170에서 인용).

70 A. Tooze, *The Wages of Destruction* (London, 2006), ch. 1. 나치의 경제 정책에 대한 투즈(Tooze)의 연구는 큰 도움이 된다. 그러나 대공황 시기에 슈트레제만의 전략이 성공적으로 유지될 수도 있었다는 암시는 현대의 신자유주의 '유일 사상'을 과거에 투사한 비현실적 생각인 듯하다.

71 Harman, *Explaining the Crisis*, ch. 2, C. Kindleberger [1973], *The World in Depression 1929-1939* (rev. edn, Harmondsworth, 1987), H. James, *The End of Globalization* (Cambridge, 2001)를 보시오. 오타와 회의(영국이 얻은 것이 기대에 크게 못 미쳤던)에 대해서는 Drummond, *British Economic Policy and the Empire 1919-1939*, ch. 3를 보시오.

72 N.I. Bukharin, *Selected Writings on the State and the Transition to Socialism* (Nottingham, 1982), p.19.

73 1948년에 발간된 토니 클리프의 고전, 'The Nature of Stalinist Russia', in id., *Marxist Theory after Trotsky* (London, 2003)를 보시오.

74 A.S. Milward [1977], *War, Economy, and Society 1939-1945* (Harmondsworth, 1987).

75 Tooze, *The Wages of Destruction*, and chs 6, 7, 9, 13, 14 (pp. 197, 459, 479에서 인용).

76 R. Overy, *Goering* (London, 1984).

77 Berghahn, 'German Big Business and the Quest for an Economic Empire in the Twentieth Century', pp. 16, 17.

78 Berghahn, ed., *Quest for Economic Empire*에서 H.G. Schrotter, 'Europe in the Strategies of Germany's Electrical Engineering and Chemicals Trusts, 1919-1939', P. Hayes, 'The European Strategies of I.G. Farben, 1925-1945', and S. Reich, 'Fascism and the Structure of German Capitalism: The Case of the Automotive Industry'. 국가사회주의와 자본

주의의 관계에 대한 나의 주장은 'Plumbing the Depths: Marxism and the Holocaust', *The Yale Journal of Criticism*, 14 (2001)에서 찾아볼 수 있다.

79 D. Yergin, *The Prize* (London, 1993), p. 319에서 인용. 이에 관한 훌륭한 종합은 W.G. Beasley, *Japanese Imperialism 1894-1945* (Oxford, 1987)에서 보시오.

80 J.W. Dower, *War without Mercy: Race and Power in the Pacific War* (New York, 1986).

81 W.R. Louis, *Imperialism at Bay 1941-1945* (Oxford, 1977), p. 170에서 재인용.

82 J.H. Elliott, *Empires of the Atlantic World* (New Haven, 2006), p. 55.

83 T. Jefferson, *Writings*, ed. M.D. Peterson (New York, 1984), p. 19.

84 B.F. Fields, 'Slavery, Race and Ideology in the United States of America', *New Left Review*, I/181 (1990): 114. 또, R. Blackburn, *The Making of New World Slavery* (London, 1997), esp. chs VI and VIII을 보시오.

85 P. Fryer, *Staying Power* (London, 1984), p. 134.

86 예를 들어 R. Holfstadter, *Social Darwinism in American Thought* (Boston, 1955)을 보시오.

87 Schwartz, *States versus Markets*, ch. 5; 남아프리카공화국의 경우 B. Worden, *The Making of Modern South Africa* (Oxford, 1994)와 W. Beinart and S. Dubow, eds, *Segregation and Apartheid in 20th Century South Africa* (London, 1995)에 요약된 역사적 연구를 보시오. 영국 제국주의가 형성되는 과정에서 하는 구실을 강조하는 연구로는 예를 들어 S. Dubow, *Racial Segregation and the Origins of Apartheid in South Africa, 1919-1939* (Basingstoke, 1989)와 J. Krikler, *Revolution from Above, Rebellion from Below* (Oxford, 1993) 그리고 T. Keegan, *Colonial South Africa and the Origins of the Racial Order* (Cape Town, 1996)를 보시오.

88 Schwartz, *States versus Markets*, pp. 118-19. 또, Hobsbawm, *The Age of Capital*, ch. 11을 보시오. 이 절의 주장은 A. Callinicos, *Race and Class* (London, 1993)에 상당히 의존한다.

89 Berghahn, 'German Big Business and the Quest for a European Economic Empire in the Twentieth Century', p. 25.

90 W.A. Williams [1959], *The Tragedy of American Diplomacy* (New York, 1972), pp. 50, 51.

91 N. Smith, *American Empire: Roosevelt's Geographer and the Prelude*

to Globalization (Berkeley and Los Angeles, 2003), pp. 141-2. 'Imperial Power and its Limits', in C. Calhoun et al., eds, *Lessons of Empire* (New York, 2006)에서 줄리언 고(Julian Go)는 20세기 초 미국의 식민지 실험을 명쾌하게 설명한다.

92 G. Arrighi et al., 'Geopolitics and High Finance', and 'The Transformation of Business Enterprise', in Arrighi, Silver et al., *Chaos and Governance in the World System*.

93 윌슨의 실패에 대한 온정적인 설명으로는 G.J. Ikenberry, *After Victory* (Princeton, 2001), ch. 5를 보시오.

94 M.J. Hogan, *The Marshall Plan* (Cambridge, 1987), p. 3. 1920년대에 유럽을 재건하려는 미국의 노력은 Hogan, *Informal Entente*, and Costigliola, *Awkward Dominion*, C.S. Maier, *Recasting Bourgeois Europe* (Princeton, 1975), id., 'The Two Postwar Eras and the Conditions for Stability in Twentieth-Century Europe', *American Historical Review*, 86 (1981), and P.O. Cohrs, *The Unfinished Peace after World War I* (Cambridge, 2006)을 보시오. 미국의 구상대로 유럽을 재편하려는 장기 프로젝트에 대한 두 가지 귀중한 연구 성과는 K. van der Pijl, *The Making of an Atlantic Ruling Class* (London, 1984) and V. de Grazia, *Irresistible Empire* (Cambridge, 2005)를 보시오.

95 Hogan, *Informal Entente*, p. 226. 1920년대 말에 영국과 미국 간의 알력이 커졌는데, 그 알력의 상당 부분은 영국이 1925년 4월 과대평가된 환율을 바탕으로 금본위제로 복귀한 후(미국의 압력을 받아 이뤄진 이 결정은 영국 지배층 내부에서 격렬한 논란을 불러일으켰다) 경쟁력을 유지하기가 점차 어려워진 것 때문이었다. 이 알력을 보여 주는 폭넓은 증거들은 아리기가 *The Long Twentieth Century*, p. 272에서 개진한 주장, 즉 양차 대전 사이에 "월스트리트와 뉴욕 연준은 국제 금본위제를 유지하려는 런던 금융가와 영국은행의 노력에 합류했을 뿐이고 그 주된 수혜자는 여전히 영국이었다"는 주장과 맞지 않는다. Hogan, *Informal Entente*, pp. 208-27, Costigliola, *Awkward Dominion*, chs 4 and 7, and R. Skidelsky, *John Maynard Keynes*, II (London, 1992), ch. 6과 아리기의 주장을 비교해 보시오.

96 Van der Pijl, *The Making of an Atlantic Ruling Class*, ch. 4 (p. 91에서 인용).

97 Hogan, *The Marshall Plan*, p. 13. 호건과 판데르페일의 설명은 존 러기(John Ruggie)가 말한 '착근된 자유주의'(embedded liberalism) 개념과 흡사한데, 러기는 "국내 안정 유지와 다자주의의 결합"을 '착근된 자유주의'로 정의했다. 'International Regimes, Transactions, and Change', *International*

Organization, 36 (1982), p. 396에서 인용.

98 Kindleberger, *The World in Depression 1929-1939*, p. 271 [국역: ≪대공황의 세계≫, 부키, 1998].

99 Gamble, *Britain in Decline*, p. 256 n.21에서 재인용.

100 D. Reynolds, *The Creation of the Anglo-American Alliance 1937-1941* (London, 1981), pp. 261, 5, 78. 랜덜 슈웰러(Randall Schweller)는 *Deadly Imbalances* (New York, 1998)에서 제2차세계대전의 기원을 현실주의 시각에서 해석하는 흥미로운 글을 썼지만, 두 가지 중대한 결함을 드러냈다. 첫째, 제국, 특히 인도가 영국 권력에 기여한 바를 배제한 국가별 능력 척도를 사용하다 보니 영국을 소련·미국·독일의 3극 체제에서 '작은 강대국'(Lesser Great Power)으로 취급하는데, 이런 분석은 양차 대전 사이에 영국이 쇠퇴하는 추세를 옳게 지적하지만 쇠퇴의 정도를 과장한 것이다. 둘째, 전형적 현실주의자인 슈웰러의 설명에서 경제는 국가의 능력에 영향을 미치는 경우에만 변수로 고려되기 때문에 그는 1930년대에 미국이 현상 유지에 무관심했다고 묘사하면서 당시 미국이 세계의 문호개방 정책을 보호하는 데 관심이 있었다는 사실을 무시한다.

101 레이놀즈의 뛰어난 연구서와 게이브리얼 콜코의 선구적인 저작인 *The Politics of War* (New York, 1970)뿐 아니라 다음의 문헌들도 보시오. C. Thorne, *Allies of a Kind* (Oxford, 1979), Louis, *Imperialism at Bay 1941-1945*, C. Layne, *The Peace of Illusions* (Ithaca, 2006), ch. 2, and P. Clarke, *The Last Thousand Days of the British Empire* (London, 2007).

102 R. Skidelsky, *John Maynard Keynes*, III (London, 2000), chs 6-13 (p. 468에서 인용).

103 M.P. Leffler, *A Preponderance of Power: National Security, the Truman Administration, and the Cold War* (Stanford, 1992), p. 35.

104 Id., 'The American Conception of National Security and the Beginnings of the Cold War', in G.J. Ikenberry, ed., *American Foreign Policy* (4th edn; New York, 2002), and Louis, *Imperialism at Bay 1941-1945*, chs 16 and 23.

105 Leffler, *A Preponderance of Power*, p. 446에서 재인용. 케넌의 전문은 인터넷 웹사이트 〈www.gwu.edu/~nsarchiv/coldwar/documents/episode-1/kennan.htm〉에서 볼 수 있다. 그 뒤 케넌이 익명으로 쓴 'X-article'이라는 글이 *Foreign Affairs*, July 1947에 실렸다(공식 제목은 'The Sources of Soviet Conduct'). 케넌은 나중에 자신의 주장이 소련을 군사적으로 봉쇄하는 정책을 옹호하는 것으로 오해됐다고 주장했다. *Memoirs 1925-1950* (London, 1967), ch. 15를 보시오.

106 D. Acheson, *Present at the Creation* (New York, 1969), p. 375; T.S. Borden, *The Pacific Alliance* (Madison, 1984), p. 22.

107 Borden, *The Pacific Alliance*, pp. 7-8; figures from p. 23.

108 같은 책, p. 8.

109 미군 점령기를 다룬 존 다우어(John Dower)의 탁월한 저작 *Embracing Defeat* (London, 1999)[국역: ≪패배를 껴안고≫, 민음사, 2009]를 보시오.

110 A.S. Milward, *The Reconstruction of Western Europe 1945-51* (London, 1984), pp. 59, 44. 밀워드의 책과 호건의 *The Marshall Plan*은 모두 1940년 대 후반 미국과 서유럽 국가들, 특히 영국의 매우 대립적인 협상 과정을 설득력 있게 설명한다. 피터 버넘(Peter Burnham)의 날카로운 마르크스주의적 연구서 *The Political Economy of Postwar Reconstruction* (Basingstoke, 1990)은 당시 영국 국가 운영자들이 단호하게 추진한 독자적 경제정책을 자세히 기록하고 있다. 1947년의 파운드화 위기는 B. Pimlott, *Hugh Dalton* (London, 1985), chs XXVI-XXIX에서도 자세히 분석하고 있다.

111 Layne, *The Peace of Illusions*, ch. 4; pp. 81, 82에서 인용.

112 Layne, *The Peace of Illusions*, p. 87에서 재인용. 유럽 통합의 시작은 Milward, *The Reconstruction of Western Europe, 1945-51*, chs XI-XIV에서 아주 잘 다루고 있다.

113 H. Kissinger, *Diplomacy* (New York, 1994), p. 547에서 재인용.

114 T.G. Ash, *In the Name of Europe* (London, 1994), p. 87에서 재인용. 유럽 재건의 초기 과정에서 국익이 한 구실은 밀워드의 책 *The European Rescue of the Nation State* (London, 1994)의 주제다.

115 Milward, *The European Rescue of the Nation State*, pp. 374-5, 427-8.

116 'NSC 68: United States Objective and Programmes for National Security', 14 April 1950, sections VI and IX. 이 글은 인터넷 웹사이트 ⟨http://www.fas.org/irp/offdocs/nsc-hst/nsc-68.htm⟩에서 찾아볼 수 있다. 이 글을 비판적으로 논한 탁월한 문헌들은 J.L. Gaddis, *Strategies of Containment* (Oxford, 1982), ch. 4, Acheson, *Present at the Creation*, ch. 41, D. Callahan, *Dangerous Capabilities: Paul Nitze and the Cold War* (New York, 1990), ch. 4, and J. Chace, *Acheson* (New York, 1998), chs 24 and 25를 보시오.

117 Borden, *The Pacific Alliance*, p. 56; quotation on p. 146.

118 Harman, *Explaining the Crisis*, pp. 75-90. 수치와 인용문은 p. 80을 보시오. 또, M. Kidron, 'A Permanent Arms Economy', *International Social-*

ism, 1/28 (1967)(이 글은 인터넷 웹사이트 〈www.marxists.org〉에서 찾아볼 수 있다)과 *Western Capitalism since the War* (Harmondsworth, 1970), 또 T. Cliff [1957], 'Perspectives on the Permanent Arms Economy', in id., *Marxist Theory after Trotsky*도 보시오.

119 이런 생각을 처음으로 정식화한 글은 A. Callinicos, 'Imperialism, Capitalism, and the State Today', *International Socialism*, 2/35 (1987): 87을 보시오.

120 Findlay and O'Rourke, *Power and Plenty*, ch. 9.

121 양차 대전 사이에 자체적 자금 조달의 중요성 증가를 지적한 것은 Franz Neumann: *Behemoth* (New York, 1944), pp. 318-19를 보시오. 전후 시기는 M. Kidron, 'Imperialism: Highest Stage but One' and [1965] 'International Capitalism', in id., *Capitalism and Theory* (London, 1974), pp. 129, 151-2를 보시오.

122 Harman, *Explaining the Crisis*, pp. 90-102. 다른 해석, 즉 '장기 침체'를 수익성 위기로 설명하면서도 후자를 주요 자본주의 중심지들의 불균등한 경제 발전 때문으로 분석하는 글은 R. Brenner, 'The Economics of Global Turbulence', *New Left Review*, I/229 (1998)과 *The Boom and the Bubble* (London, 2002)[국역: ≪붐 앤 버블≫, 아침이슬, 2002]를 보시오. 이와 달리, 앤드루 글린(Andrew Glyn)과 그의 동료들은 '장기 침체'를 호황기에 노동자들이 실질임금 상승을 쟁취한 데 따른 이윤 압박 때문으로 설명한다. P. Armstrong et al., *Capitalism since World War II* (London, 1984)와 A. Glyn, *Capitalism Unleashed* (Oxford, 2006), ch. 1을 보시오. 브레턴우즈 체제의 위기를 분석한 문헌은 F. Block, *Origins of International Economic Disorder* (Berkeley/ Los Angeles, 1977)과 R. Parboni, *The Dollar and its Rivals* (London, 1981; quotation from p. 98)을 보시오.

123 Layne, *Peace of Illusions*, ch. 5는 1960년대와 냉전 말기에 유럽에서 미국의 헤게모니에 도전하는 프랑스 드골주의 세력의 위협을 미국이 어떻게 극복했는지를 자세히 설명한다. Van der Pijl, *Global Rivalries from the Cold War to Iraq*, chs 2-7은 전후 수십 년 동안 미국의 헤게모니 유지 노력을 추적하고 있다.

124 B. Porter, 'Trying to Make Decolonization Look Good', *London Review of Books*, 2 August 2007: 6.

125 전후 영국의 전략을 다룬 탁월한 논의는 D. Reynolds, *Britannia Overruled* (London, 1991), chs 7 and 8을, 그리고 말레이 반도, 키프로스, 케냐의 '비상사태들'을 다룬 논의는 각각 C.A. Bayly and T. Harper, *Forgotten Wars* (London, 2007), R. Holland, *Britain and the Revolt in Cyprus, 1954-1959* (Oxford, 1998), D. Anderson, *Histories of the Hanged* (London, 2005)를 보시오.

126 M. Kidron, 'Imperialism', p. 132. 키드런은 *Foreign Investments in India* (Oxford, 1965)에서, 영국 식민지 시절의 인도 경제를 지배한 영국 경영 대행사들(국가의 지원에 크게 의존하던)의 네트워크가 인도 독립 후에는 때때로 현지 자본(사적자본이든 국가자본이든)과의 불편한 협력 속에서 활동하는 다국적기업들의 투자 패턴으로 완전히 바뀌었음을 도표로 보여 준다. 이 연구의 중요성을 나에게 일깨워 준 나이절 해리스에게 감사한다.

127 World Bank, *World Development Report 1985*, p. 126.

128 N. Harris, 'Theories of Unequal Exchange', *International Socialism*, 2/33 (1986): 119-20. A. Emmanuel, *Unequal Exchange* (London, 1972), S. Amin, *Unequal Development* (New York, 1976), 그리고 그 밖의 비판들로는 C. Bettelheim, 'Theoretical Comments', appendix to Emmanuel, *Unequal Exchange*, M. Kidron, 'Black Reformism: The Theory of Unequal Exchange', in id., *Capitalism and Theory*, A. Brewer, *Marxist Theories of Imperialism* (2nd edn., London, 1990), ch. 9, and G. Carchedi, *Frontiers of Political Economy* (London, 1991), ch. 6을 보시오.

129 Kidron, 'Imperialism', pp. 134-7.

130 N. Harris, *India-China: Underdevelopment and Revolution* (New Delhi, 1974), p. 171.

131 Borden, *The Pacific Alliance*, ch. 6.

132 G. Kolko, *Anatomy of a War* (New York, 1985), pp. 111-12.

133 'Annex - Plan for Action in South Vietnam', 24 March 1965, in N. S. Sheehan et al., *The Pentagon Papers* (New York, 1971), p. 432. 베트남에서 미국을 빼내려 한 닉슨 정부의 노력도 신뢰성에 대한 집착의 결과였다. 예컨대, R. Dallek, *Nixon and Kissinger* (London, 2007)을 보시오.

134 Kidron, 'International Capitalism', p. 162, and Harris, *India-China*, pp. 173-4.

135 S. Bromley, *American Hegemony and World Oil* (Cambridge 1991), p. 86. 또, 같은 저자의 'The United States and Control of World Oil', *Government and Opposition*, 40 (2005)와 J. Rees, *Imperialism and Resistance* (London, 2006), ch. 3도 보시오.

136 Yergin, *The Prize*, p. 702에서 인용. 1970년대 말 이후 미국 중동 정책의 당혹스런 사건들을 다룬 로런스 프리드먼(Lawrence Freedman)의 걸작은 제국주의 강대국 되기가 얼마나 힘든지를 명쾌하게 보여 준다. *A Choice of Enemies: America Confronts the Middle East* (London, 2008)을 보시오.

137 M. Mann, 'Globalization and September 11', *New Left Review*, II/12 (2001): 54.

138 남아공의 사례는 D. Innes, *Anglo American and the Rise of Modern South Africa* (London, 1984), ch. 6과 D. Yudelmann, *The Emergence of Modern South Africa* (Cape Town, 1984)를 보시오.

139 P. Clawson, 'The Development of Capitalism in Egypt', *Khamsin*, 9 (1981), and J. Waterbury, *The Egypt of Nasser and Sadat* (Princeton, 1983). 인도의 국가 주도 공업화가 실패한 사례를 연구한 비벡 치버의 저작이 특별히 중요한 이유는 비교 분석의 관점을 채택하고 있을 뿐 아니라 국가와 자본의 관계를 집중적으로 다루고 있기 때문이다. *Locked in Place* (Princeton, 2003)를 보시오.

140 N. Harris, *The End of the Third World* (London, 1986), B. Cumings, 'The Origins and Development of the Northeast Asian Political Economy', *International Organization*, 38 (1984), A.H. Amsden, 'Third Word Industrialization', *New Left Review*, I/182 (1990), and Schwartz, *States versus Markets*, ch. 11.

141 남반구에서 신자유주의가 거둔 형편없는 경제적 성과는 세계은행 이코노미스트도 인정한다. W. Easterley, 'The Lost Decades: Developing Countries' Stagnation in Spite of Policy Reform', *Journal of Economic Change*, 6 (2001)을 보시오.

142 B. Anderson, 'From Miracle to Crash', *London Review of Books*, 16 April 1998. 치버는 한국의 값싼 노동력과 미국 시장 접근 기회를 이용하려 한 일본 자본의 지원이 1960년대 한국의 수출 주도 공업화 정책의 성공을 용이하게 했다고 주장한다. *Locked in Place*, ch. 3을 보시오.

143 이 문제에서 나는 Alexandro Dabat and Luis Lorenzano, *Argentina: The Malvinas and the End of Military Rule* (London, 1984)의 선구적인 분석에 힘입은 바 크다.

144 F. Halliday, *Iran: Dictatorship and Development* (Harmondsworth, 1979), ch. 9; 아류 제국주의 개념을 다룬 유용한 논의는 같은 책 pp. 282-4와 Halliday, *Arabia without Sultans* (Harmondsworth, 1974), 498쪽 이하에 나오는 핼리데의 초기 논의를 보시오. 거기서는 종속이론의 영향이 분명히 드러난다.

145 배리 부잔(Barry Buzan) 등이 발전시킨 지역안보복합체(regional security complexes) 이론은 이 단락과 앞 단락에서 논의된 지정학적 동역학을 이해하는 데 유용할 수 있다. 예컨대, B. Buzan and O. Waever, *Regions and Powers* (Cambridge, 2003)을 보시오. 아류 제국주의에 대한 더 광범한 논의

는 Callinicos, 'Marxism and Imperialism Today', pp. 31-9를 보시오.

146 F. Halliday, *The Making of the Second Cold War* (London, 1983), and *Cold War, Third World* (London, 1989), 그리고 아프가니스탄에 대해서는 J. Cooley, *Unholy Wars* (London, 1999)[국역: ≪추악한 전쟁≫, 이지북, 2001]을 보시오.

147 R.L. Garthoff, *The Great Transition* (Washington, DC, 1994), p. 423 n.24. 특히 핵무기 경쟁의 후기 단계를 자세히 설명한 것은 R. Rhodes, *Arsenals of Folly* (London, 2008)를, 더 일반적인 해석은 C. Harman, 'The Storm Breaks', *International Socialism*, 2/46 (1990)[국역: ≪1989년 동유럽 혁명과 국가자본주의 체제 붕괴≫, 책갈피, 2009]와 A. Callinicos, *The Revenge of History* (Cambridge, 1991)[국역: ≪역사의 복수≫, 백의, 1993]을 보시오.

148 Callinicos, 'Marxism and Imperialism Today', p. 27.

5장 오늘날의 제국주의와 국제 정치경제

1 R.H. Wade, 'The Invisible Hand of the American Empire', *Ethics and International Affairs*, 17 (2003): 77.

2 Ibid., pp 78, 80, 81-82.

3 R. Brenner, 'What is, and What is Not, Imperialism?', *Historical Materialism*, 14/4 (2006): 90.

4 Id., 'Imperialism and Neoliberalism', paper given at *Historical Materialism* conference, London, 10 November 2007.

5 S. Bromley, 'The United States and Control of World Oil', *Government and Opposition*, 40 (2005): 253-4.

6 G.J. Ikenberry, *After Victory* (Princeton, 2001), p. 255.

7 P. Gowan, *The Global Gamble* (London, 1999). 또, R. Parboni, *The Dollar and its Rivals* (London, 1981), ch. 1을 보시오.

8 R.H. Wade and F. Veneroso, 'The East Asian Crisis: The High Debt Model versus the Wall Street-Treasury-IMF Complex', *New Left Review*, I/228 (1998).

9 당시의 협상 주체들은 훗날 그러한 약속이 독일 통일에 관한 최종 합의 내용에 포함돼 있었는지 여부를 놓고 제법 큰 논쟁을 벌였다. M.R. Gordon, 'Anatomy of a Misunderstanding', *New York Times*, 25 May 1997. 그러나 이 협상에

관한 미국의 준공식적인 역사 기록을 보면 동독을 흡수한 통일 독일이 나토 회
원국으로 남는 것조차 고르바초프와 그의 협상단에게는 대단히 수용하기 어려
운 조건이었음이 분명히 드러난다. P. Zelikow and C. Rice, *Germany Uni-
fied and Europe Transformed* (Cambridge, MA, 1997).

10 Z. Brzezinski, *The Grand Chessboard* (New York, 1998), pp. 74, 79.

11 S.F. Cohen, 'The New American Cold War', *The Nation*, 10 July 2006
(online edition), ⟨www.thenation.com⟩. 또, G. Achcar, 'Rasputin Plays
at Chess: How the West Blundered into a New Cold War', and P. Gow-
an, 'The Euro-Atlantic Origins of NATO's Attack on Yugoslavia', in T.
Ali, ed., *Masters of the Universe?* (London, 2000)을 보시오.

12 W.S. Borden, *The Pacific Alliance* (Madison, 1984), p. 240 n.29에서 재인용.

13 G. Arrighi, *The Long Twentieth Century* (London, 1994), p. 5.

14 Id., *Adam Smith in Beijing* (London, 2007), pp. 133, 160. 아리기는 19세
기 말의 대공황과 100년 뒤의 '장기 불황' 사이의 중요한 차이점은 전자의 경우
에 금본위제가 오히려 더 강화되면서 디플레 압력이 형성됐고 그것이 보호주의
정책의 확산을 조장했을지도 모르는 반면 후자의 경우 달러의 금태환 중지가 스
태그플레이션(실업률 상승과 인플레가 동시에 일어나는 현상)이라는 독특한 패
턴의 발생에 기여했다는 점이라고 옳게 강조한다. 같은 책, pp. 116-20. 그러나
아리기는 영국이 전환기인 1930년대와 1940년대에 금본위제에서 탈피하고 제
국특혜관세 제도를 도입한 문제를 설명하지 않는다.

15 D. Fromkin, *A Peace to End All Peace* (London, 1991), p. 500에서 재인용.

16 Arrighi, *Adam Smith in Beijing*, p. 136에서 재인용.

17 J.L. Gaddis, *Strategies of Containment* (Oxford, 1982), p. 7에서 재인용.

18 PPP(구매력 평가)를 이용한 계산에 관한 내용은 5장 2절 3항을 보시오. 중국과
러시아의 국방 지출을 시장환율이 아닌 PPP 환율로 계산한 이유는 이들 국가가
국내 자원의 어느 정도를 군대에 투입하고 있는지 더 정확히 가늠하기 위해서다.

19 P. Anderson, 'The Figures of Descent', *New Left Review*, I/161 (1987):
71-3.

20 유엔 창설에서 미국이 한 구실은 S.C. Schlesinger, *Act of Creation* (Boulder,
2003), and P. Gowan, 'US: UN', *New Left Review*, II/24 (2003)을 보시오.

21 B. Buzan, *The United States and the Great Powers* (Cambridge, 2004),
p. 136.

22 A. Gramsci, *Further Selections from the Prison Notebooks* (ed. D.
Boothman; London, 1995), pp. 429-30.

23 T. Friedman, *The World is Flat* (London, 2005), p. 12[국역: 《세계는 평평하다》, 창해, 2006].

24 K. Waltz, 'The Emerging Structure of International Politics', *International Security*, 18 (1993): 77.

25 같은 저자, 'Structural Realism after the Cold War', *International Security*, 25 (2000): 27.

26 W. Wolforth, 'The Stability of a Unipolar World', *International Security*, 24 (1999).

27 A. Moravcsik, 'Taking Preferences Seriously: A Liberal Theory of International Politics', *International Organization*, 51 (1997): 535.

28 A. Rugman, 'Globalization and Regional International Production', in J. Ravenhill, ed., *Global Political Economy* (Oxford, 2005), p. 264.

29 여기서 나는 특히 S. Ashman, 'Globalization as Uneven Development' (PhD thesis, University of Birmingham, 2006)에 많은 빚을 졌다.

30 C. Giles, 'Warning over Cost Benefits of Emerging Economies', *Financial Times*, 3 October 2006.

31 K. van der Pijl, *Global Rivalries from the Cold War to Iraq* (London, 2006), pp. 283-6.

32 Rugman, 'Globalization and Regional International Production', pp. 269-70.

33 같은 책, pp. 270-84 (quotation from p. 284).

34 K. Bronfenbrenner and S. Luce, 'The Changing Nature of Corporate Global Restructuring', Paper for US-China Economic and Security Review Commission, 14 October 2004, 〈www. uscc.gov〉, pp. i, 21.

35 'Textile production moves away from China as taste for fast fashion grows', *Financial Times*, 30 August 2005.

36 P. Bond, *Looting Africa* (London, 2006).

37 C. Brown-Humes, 'A Grown-Up Brady Bunch', *Financial Times*, 2 March 2006.

38 World Bank, *World Development Indicators 2008*, 〈www.siteresources.worldbank.org〉, table 2.5a.

39 G. Dumenil and D. Levy, 'Neo-Liberal Income Trends', *New Left Review*, II/30 (2004): 111, 119.

40   M. Brewer et al., *Poverty and Inequality in Britain: 2008*, Institute of Fiscal Studies, June 2008, 〈www.ifs.org.uk〉, pp. 27-8.

41   *Globe & Mail*, 9 February 2006. 빈곤과 불평등에 관한 더 일반적인 내용은 B. Milanovic, *Worlds Apart* (Princeton, 2005), R. Kaplinsky, *Globalization, Poverty and Inequality* (Cambridge, 2005), and R.H. Wade, 'Globalization, Growth, Poverty, Inequality, Resentment, and Imperialism', in J. Ravenhill, ed. *Global Political Economy* (2nd edn, Oxford, 2007)의 매우 유익한 논의에서 찾아볼 수 있다.

42   K. Guha et al., 'Middle America Misses Out on Benefits of Growth', *Financial Times*, 1 November 2006.

43   R. Brenner, paper for *Historical Materialism* Conference, 11 November 2007; International Monetary Fund, *World Economic Outlook*, April 2008, 〈www.imf.org〉, p. 4. 수익성에 관한 최신 논의는 Brenner, *The Economics of Global Turbulence* (London, 2006)[국역: 《혼돈의 기원》, 이후, 2001], C. Harman, 'The Rate of Profit and the World Today', *International Socialism*, 2/115 (2007)을 보시오. 이 중 하먼의 글에 대한 짐 킨케이드(Jim Kincaid), 크리스 하먼, 프레드 모슬리(Fred Moseley)의 반박과 재반박은 *International Socialism*, 2/119 (2008)에 실려 있다[국역: 《21세기 대공황과 마르크스주의》, 책갈피, 2009]. 브레너는 *The Boom and the Bubble* (London, 2002) and 'New Boom or New Bubble?', *New Left Review*, II/25 (2004)에서 일련의 버블이 발생한 과정을 설명한다. 그레이엄 터너(Graham Turner)는 그 중 가장 최근의 버블이 붕괴한 과정을 *The Credit Crunch* (London, 2008)에서 논하고 있다.

44   이러한 정책 전환에 대한 명료한 설명은 N. Lawson, (1980) 'The New Conservatism', and (1984), 'The British Experiment', in id., *The View from Number 11* (London, 1992), and at 〈www.margaretthatcher.org〉에서 찾아볼 수 있다. 저자인 로슨(Lawson)은 바로 그 정책 전환을 기획한 인물 중 한 사람이기도 하다.

45   D. Harvey, *A Short History of Neo-Liberalism* (Oxford, 2005)[국역: 《신자유주의》, 한울, 2005].

46   C. Hay, 'Globalization's Impact on States', in Ravenhill, ed., *Global Political Economy*를 보시오. 신자유주의가 효과가 있다는 주장에 대한 마르크스주의 학자들의 회의적인 시각은 C. Harman, 'Theorizing Neoliberalism', *International Socialism*, 2/117 (2008)에서 찾아볼 수 있다[국역: "신자유주의의 진정한 성격", 《21세기 대공황과 마르크스주의》, 책갈피, 2009].

47 F. Jameson, 'Postmodernism, or The Cultural Logic of Late Capitalism', *New Left Review*, I/146 (1984): 78.

48 Wade, 'Globalization, Growth, Poverty, Inequality, Resentment, and Imperialism', p. 390. PPP를 이용한 소득 측정을 비판하는 글은 A. Freeman, 'The Inequality of Nations', in Freeman and B. Kagarlitsky, eds, *The Politics of Empire* (London, 2004)를, 옹호하는 문헌은 A. Maddison, *Contours of the World Economy, 1-2030 AD* (Oxford, 2007), pp. 295-301을 보시오. 2005년에 세계 GDP의 14.39퍼센트를 차지하는 것으로 측정됐던 중국 경제의 크기가 최근에 PPP로 다시 계산해 보니 9.58퍼센트로 크게 줄어들었다는 사실은 이런 문제에 신중한 접근이 필요함을 시사한다. 예를 들어 A. Keidel, 'The Limits of a Smaller, Poorer China', *Financial Times*, 13 November 2007을 보시오.

49 Arrighi, *Adam Smith in Beijing*, p. 389.

50 예를 들어 R. Walker and D. Buck, 'The Chinese Road', *New Left Review*, II/46 (2007), M. Hart-Landsberg and P. Burkett, *China and Socialism* (New York, 2005)[국역: 《중국과 사회주의》, 한울, 2005], 그리고 노동계급 저항의 패턴을 다룬 흥미진진한 연구서로는 C.K. Lee, *Against the Law: Labour Protests in China's Rustbelt and Sunbelt* (Berkeley and Los Angeles, 2007)을 보시오. 이들 저자와 나 사이의 주된 의견 차이는, 내가 볼 때 1978년 덩샤오핑의 개혁 이전의 중국은 사회주의가 아니라 관료적 국가자본주의였고, 따라서 지난 세대에 일어난 이행은 한 가지 유형의 자본주의에서 또 다른 자본주의로의 이행이었다는 것이다. 이를테면 N. Harris, *The Mandate of Heaven* (London, 1978), and C. Hore, 'China's Century?', *International Socialism*, 2/103 (2004)[국역: 《21세기는 중국의 세기가 될 것인가?》, 다함께, 2006]를 보시오.

51 G. Dyer, 'Growth in Chinese Forex Reserves Slows', *Financial Times*, 14 July 2008.

52 F. Zakaria, *The Post-American World* (London, 2008), p. 124; M. Dooley et al., 'The Revived Bretton Woods System', *International Journal of Finance and Economics*, 9 (2004).

53 Ho-fung Hung, 'Rise of China and the Global Overaccumulation Crisis', *Review of International Political Economy*, 15 (2008): 170; 이 자료의 존재를 알려준 키스 판데르페일에게 감사한다. 〈파이낸셜 타임스〉는 중국 호황의 모순에 대한 탁월한 분석을 제공해 왔다. 특히 J. Kynge and D. Roberts, 'Cut-Throat Competitors', *Financial Times*, 4 February 2003, and R.

McGregor, 'China's Unbalanced Economy', ibid., 21 May 2007을 보시오.

54   Wade, 'The Invisible Hand of American Empire', pp. 82-3.

55   H.M. Schwartz, *States versus Markets: The Emergence of a Global Economy* (2nd edn; Basingstoke, 2000), ch. 9, Harman, 'Theorizing Neoliberalism', p. 99, and Brenner, *The Boom and the Bubble*.

56   IMF, *World Economic Outlook*, April 2008, p. 18.

57   Paper at *Historical Materialism* Conference, 10 November 2007; R. Atkins, 'Onwards and Upwards', *Financial Times*, 31 December 2008. 이에 관한 이론적·역사적 분석 틀은 M. Itoh and C. Lapavitsas, *Political Economy of Money and Finance* (London, 1999)에서 찾아볼 수 있다.

58   J. Frankel, 'The Euro Could Surpass the Dollar within Ten Years', 18 March 2008, 〈www.voxeu.org〉.

59   J. Authers, 'Smiling Dollar', *Financial Times*, 4 September 2008.

60   Buzan, *The United States and the Great Powers*, pp. 68, 69-70, 74, 103.

61   A. Callinicos, 'Imperialism and Global Political Economy', *International Socialism*, 2/108 (2005): 122-3.

62   예컨대 'Post-Wolfowitz Planning Begins', *Financial Times*, 19 May 2007을 보시오. 페리 앤더슨의 탁월한 논증은 유럽연합이 자신의 '소프트파워'에 우쭐해 하는 데 대한 소중한 해독제이기는 하지만 미국에 대한 유럽연합의 종속을 과장한다는 약점이 있다. 'European Hypocrisies', *London Review of Books*, 20 September 2007.

63   J. Nye, *The Paradox of American Power* (Oxford, 2002)[국역: 《제국의 패러독스》, 세종연구원, 2002].

64   Serfati, *Imperialisme et militarisme* (Lausanne, 2004), chs 8 and 9 (quotation from p. 198); H. Munkler, *Empires* (Cambridge, 2007), p. 167. 유럽연합의 지정학적 양분은 프랑스와 독일의 컨소시엄인 EADS와 영국의 BAE Systems로 양분된 유럽의 무기 산업에도 반영돼 있다. BAE Systems는 많은 노력 끝에 영국군에 무기를 우선 공급하는 업체로 선정됐지만 최근 몇 년 사이에는 미국의 주요 무기 공급업체가 되려고 애써 왔다.

65   T. Murphy, 'East Asia's Dollars', *New Left Review*, II/40 (2006): 47-9 또, 같은 저자의 'Japan's Economic Crisis', ibid., II/1 (2000), and G. McCormack, 'Remilitarizing Japan', ibid., II/29 (2004)를 보시오.

66   J. VandeHei et al., 'US, India Seal Nuclear Deal', *Washington Post*, 2 March 2006.

67   M. Haynes, 'The Return of Russian Power?', *International Socialism*, 2/116 (2007).

68   Serfati, *Imperialisme et militarisme*, ch. 7 (quotation from p. 184).

69   Brzezinski, *The Grand Chessboard*, ch. 5.

70   P. Anderson, 'Jottings on the Conjuncture', *New Left Review*, II/48 (2007): 11. 메테르니히와 캐슬레이에 관해서는 헨리 키신저의 훌륭한 박사학위 논문인 *A World Restored* (London, 1957)를 보시오. 앤더슨은 다른 많은 급진적 학자들의 견해를 특히 더 날카롭고 유려하게 표현하고 있다. 대표적으로는 리오 패니치(Leo Panitch)와 샘 긴딘(Sam Gindin)의 관점이 앤더슨과 같다. 'Global Capitalism and American Empire', in Panitch and Colin Leys, eds, *The New Imperial Challenge: Socialist Register 2004* (London, 2003), 'Finance and American Empire', in Panitch and Leys, eds, *The Empire Reloaded: Socialist Register 2005* (London, 2004), and 'Superintending Global Capital', *New Left Review*, II/35 (2005)를 보시오. 이들과 내가 주고 받은 논쟁은 Callinicos, 'Imperialism and Global Political Economy', Panitch and Gindin, ' "Imperialism and Global Political Economy" – A Reply to Alex Callinicos', *International Socialism*, 2/109 (2006), and Callinicos, 'Making Sense of Imperialism: A Reply to Leo Panitch and Sam Gindin', ibid., 2/110 (2006)에서 찾아볼 수 있다. 고팔 발라크리쉬난(Gopal Balakrishnan)은 'States of War', *New Left Review*, II/36 (2005)에서 자본주의와 오늘날의 지정학 사이의 관계에 관한 흥미로운 질문들을 제기하나 그에 답하지는 못한다.

71   *The National Security Strategy of the United States of America*, September 2002, 〈www.whitehouse.gov〉, pp. 26, 28.

72   Brzezinski, *The Grand Chessboard*, ch. 6 (on East Asia).

73   R. A. Pape, 'Soft Balancing against the United States', and T.V. Paul, 'Soft Balancing in the Age of US Primacy', *International Security*, 30 (2005).

74   G. Dyer, 'Stirrings in the Suburbs', *Financial Times*, 20 July 2008.

75   D. Callahan, *Dangerous Capabilities: Paul Nitze and the Cold War* (New York, 1990), p. 379에서 재인용.

76   Department of Defense, *Quadrennial Defense Review Report*, February 2006, 〈www.defenselink.mil〉, pp. 29, 30.

77   Buzan, *The United States and the Great Powers*, p. 115. 오늘날 아시아에서 벌어지고 있는 지정학적 경쟁에 관한 연구는 K. E. Calder, *Asia's Deadly Triangle* (London, 1997), and B. Emmott, *Rivals* (London, 2008)을 보시

오. Arrighi, *Adam Smith in Beijing*, ch. 10에서는 중국을 견제하기 위한 다양한 전략을 놓고 미국 정책에 영향을 주는 지식인들이 벌인 논쟁을 흥미롭게 소개하고 있다.

78 Anderson, 'Jottings on the Conjuncture', p. 11.

79 P.M. Kennedy, *The Rise of the Anglo-German Antagonism 1860-1914* (London, 1980), ch. 15.

80 W.G. Beasley, *Japanese Imperialism 1894-1945* (Oxford, 1987), pp. 126-7.

81 K. Barbieri, *The Liberal Illusion: Does Trade Promote Peace?* (Ann Arbor, 2002).

82 1970년대에 관해서는 Parboni, *The Dollar and its Rivals*을 보시오.

83 Anderson, 'Jottings on the Conjuncture', pp. 12-13, 15. 또한 J.J. Mearsheimer and S.M. Walt, 'The Israel Lobby', *London Review of Books*, 23 March 2006, and *The Israel Lobby and US Foreign Policy* (London, 2007)을 보시오.

84 G. Achcar, 'US Imperial Strategy in the Middle East', in id., *Eastern Cauldron* (New York, 2004), quotation from pp. 18-19. 이스라엘 로비에 관한 존경스러우리만치 냉철한 서술은 N. Chomsky and G. Achcar, *Perilous Power: The Middle East and US Foreign Policy* (London, 2007), ch. 3[국역: 《촘스키와 아슈카르, 중동을 이야기하다》, 사계절, 2009]을, 그리고 부시 1세 정부가 이스라엘과 겪은 갈등에 관해서는 A. Shlaim, *The Iron Wall* (London, 2001), ch. 12, and L. Freedman, *A Choice of Enemies: American Confronts the Middle East* (London, 2008), ch. 13을 보시오.

85 G. Friedman, *America's Secret War* (London, 2004), pp. 24

86 D. Harvey, *The New Imperialism* (Oxford, 2003), p. 19; 같은 책, p. 25도 보시오.

87 클린턴 정부의 군사 교리에 관해서는 질베르 아슈카르의 선견지명이 돋보이는 'The Strategic Triad: The United States, Russia, and China', *New Left Review*, I/228 (1995)를, 그리고 1990년대 미국 대외 정책의 군사화에 관해서는 A.J. Bacevich, *American Empire* (Cambridge, MA, 2002), and D. Priest, *The Mission* (New York, 2003)을 보시오. 울포위츠의 지정학적 사고는 'Bridging Centuries', *The National Interest*, 47 (1997)에 소개돼 있다. 네오콘에 관한 탁월한 연구서로는 제임스 만(James Mann)의 *Rise of the Vulcans* (New York, 2004)[국역: 《불칸 집단의 패권 형성사》, 박영률, 2005]가 있다. 나는 *The New Mandarins of American Power* (Cambridge, 2003),

and 'Iraq: Fulcrum of World Politics', *Third World Quarterly*, 26 (2005)에서 이라크 전쟁의 기원을 더 상세하게 다룬 바 있다. 또, 존 리즈가 *Imperialism and Resistance* (London, 2006)에서 제시한 예리한 분석을 보시오. 'Retort'라는 단체명을 쓰는 급진 지식인들이 공동 저술한 *Afflicted Powers* (London, 2005)는 일부 흥미로운 통찰을 보여 주지만 이라크 전쟁이 미국의 "석유-무기-군사-플랜트-건설금융-제약 복합체"(p. 71)의 이익에 봉사했다는 이들의 주장은 설득력이 없다. 그처럼 포괄적인 목록은 설명력이 떨어지기 때문이기도 하고, 그러한 설명은 지정학에 어떤 역할도 부여하지 않기 때문이기도 하다.

88 A.J. Bacevich, 'Surge to Nowhere', *Washington Post*, 20 January 2008, and P. Cockburn, 'Who is Whose Enemy?', *London Review of Books*, 6 March 2008, 'Iran v. America', ibid., 19 June 2008, and 'America Concedes', ibid., 18 December 2008. 나오미 클라인(Naomi Klein)은 *The Shock Doctrine* (London, 2007)[국역: 《쇼크 독트린》, 살림, 2008] pp. 381, 382에서 "이라크 재건은 … 재난 자본주의 복합체[핼리버튼, 블랙워터 등]에게는 전혀 [실패가] 아니었"고, 오히려 그것은 "전쟁과 재건을 사유화하는" 신자유주의적 모델을 정립하면서 "새로운 경제의 폭력적인 탄생"을 알렸다고 주장한다. 이 같은 분석은 진실의 일면을 포착하기는 하지만 이라크 점령이 미국의 지정학적 지위에 끼친 엄청난 손실을 간과한다.

89 Z. Brzezinski, *The Choice: Global Domination or Global Leadership* (New York, 2004), pp. 221, 63[국역: 《제국의 선택》, 황금가지, 2004].

90 H. Cooper, 'Russia Steps Up its Push; West Faces Tough Choices', *New York Times*, 11 August 2008에서 재인용. 프리드먼은 'Georgia and Kosovo: A Single Intertwined Crisis', 25 August 2008, and 'The Medvedev Doctrine and American Strategy', 2 September 2008, 〈www.stratfor.com〉에서 흥미로운 거시적 분석들을 제시한다. 이 자료의 존재를 알려준 크레이그 브랜디스트(Craig Brandist)에게 감사한다.

91 A. Callinicos, *The Resources of Critique* (Cambridge, 2006), ch. 4.

92 이 같은 수렴에 관해서는 Rees, *Imperialism and Resistance*, ch. 7을 보시오. '대안 세계화 운동'에 대해 훨씬 더 자세한 내용은 A. Callinicos, *An Anti-Capitalist Manifesto* (Cambridge, 2003)[국역: 《반자본주의 선언》, 책갈피, 2003], and 'The Future of the Anti-Capitalist Movement', in H. Dee, ed., *Anti-Capitalism: Where Now?* (London, 2004), and Callinicos and C. Nineham, 'At an Impasse? Anti-Capitalism and the Social Forums Today', *International Socialism*, 2/115 (2007)을 보시오.

찾아보기

280, 287, 304, 320

군비 경쟁 98, 99, 258

군비 지출 97, 199, 202, 214, 255~261, 273~274

그람시, 안토니오(Gramsci, Antonio) 212, 227, 289, 314

그로스만, 헨리크(Grossman, Henryk) 39, 44, 95~99, 107, 258

그루지야 42, 281, 313, 317, 331

《그룬트리세》(Grundrisse) 54

그리스 33, 189, 272

글락소-스미스클라인 296~297

글래드스톤(Gladstone, W E) 204

금본위제 216, 235, 27, 276~277, 283, 302, 324

금융 위기 57, 234, 253, 280, 312

금융자본 26, 30, 58, 59, 61, 70, 72, 78, 82, 86, 102, 108, 109, 110, 113, 115, 127, 207, 211, 225, 303

《금융자본》(Finance Capital) 45, 47, 58, 59, 69, 71, 82, 88, 89

기독교 31, 189

기든스, 앤서니(Giddens, Anthony) 116

긴딘, 샘(Gindin, Sam) 36

ㄴ

나가사키 239

나세르, 가말 압델(Nasser, Gamal Abdel) 270

나이, 조지프(Nye, Joseph S) 314

나토 20, 256, 259, 274, 280~282, 287, 313, 327, 331

나폴레옹 전쟁 199, 202~203, 318

남아프리카 전쟁(보어 전쟁) 74, 221

남아프리카(공화국) 27, 67, 75, 228, 242, 243, 269, 272

남오세티야 281

냉전 9, 37, 39, 40, 102, 128, 141,143, 153, 207, 211, 259, 267, 271, 272, 273, 274, 279, 289, 292, 313, 320, 321, 327

네그리, 토니(Negri, Toni) 9, 20, 22, 31, 36~38, 100~101, 116, 139, 213, 332

네덜란드 독립 전쟁 33~34, 195, 201

네덜란드 동인도회사(VOC) 194, 199

네덜란드(공화국) 142, 162, 166, 168, 192~203, 213~214, 235, 238

네루, 자와할랄(Nehru, Jawaharlal) 269~270

네오그람시주의 35, 154

네오콘 13, 34, 313, 319, 325~327

노던록 30~31

노동계급 45, 61, 64, 79, 89, 97, 110, 134, 243

노동귀족(론) 79~80

노동력 29, 49~50, 53~54, 67, 84, 87, 97, 108, 158, 163, 165, 167, 184~185

노예제(생산양식) 50, 118, 170, 171, 179, 186, 187, 193, 203, 222, 240, 241, 242

노키아 297

농민 63, 93, 118, 121, 160, 167, 176~179, 183~185, 188~190, 200, 217, 242~243, 268

뉴딜 236, 247

《뉴 레프트 리뷰》(New Left Review) 36, 99

뉴질랜드 216

니츠, 폴(Nitze, Paul H) 251, 256, 321

니카라과 17, 274

닉슨 독트린 272

닉슨, 리처드(Nixon, Richard M) 261, 272

닛산 296

ㄷ

다국적(초국적)기업 116, 210, 245, 259~260, 268, 271, 278, 286, 295~297

다윈, 존(Darwin, John) 22, 23, 212

다윈, 찰스(Darwin, Charles) 191, 242

다임러-벤츠 297

달러화 249, 252, 257, 260, 261, 277, 279, 283, 304, 308, 310, 311, 312, 316

기타